Massing / Breit (Hrsg.)
Demokratie-Theorien

Schriftenreihe Band 424

Peter Massing/Gotthard Breit (Hrsg.)

Demokratie-Theorien

Von der Antike bis zur Gegenwart
Texte und Interpretationen

bpb: Bundeszentrale für politische Bildung

Bonn 2006
Lizenzausgabe für die
Bundeszentrale für politische Bildung

2. Auflage
Umschlaggestaltung: Michael Rechl, Wanfried
Umschlagabbildungen:
1. Aristoteles, Kupferstich nach antiker Büste;
2. John Locke, Kopie (1697) nach Gemälde von Godfrey Kneller;
3. Charles de Montesquieu, Aquatintablatt von Pierre Michel Alix;
4. Ernst Fraenkel, Foto von Kurt Hamann.
Foto 1-3: akg-images, Foto 4: © Ullstein Bilderdienst
Druck: Druckerei Bercker, Kevelaer
ISBN 3-89331-518-7

Inhalt

III. Moderne

IV. Gegenwart

Peter Massing/Gotthard Breit

Vorwort

Die Demokratie als „Projekt des 21. Jahrhunderts“ (Werner Weidenfeld) scheint in eine Krise geraten zu sein. Prozesse der Individualisierung und der Globalisierung haben die Demokratie in eine grundlegende Reflexion ihrer sozialen, sachlichen, zeitlichen und räumlichen Bestandsbedingungen und Bestandsvoraussetzungen hineingezogen (Klein/Schmalz-Bruns: 13). Politikverdrossenheit, zunehmender Rechtsextremismus und Fremdenfeindlichkeit, wachsende Distanz, insbesondere junger Bürger zum staatlichen System, Vertrauensverlust gegenüber den Institutionen, Entsolidarisierung und Erosion der Gemeinschaftsbindungen scheinen sie von innen auszuzehren (Weidenfeld: 9). Solche Krisendiagnosen sind umso erstaunlicher, als noch vor wenigen Jahren die Dinge für die Demokratie nicht schlecht standen (Schmalz-Bruns: 13). Der Triumph der Demokratie, zumindest als abstrakte Idee, schien fast vollständig und allgemein zu sein. Mit dem Ende des Ost-West-Konflikts glaubte man, die Demokratie würde in eine neue, glanzvolle Epoche eintreten, der Wettlauf der Systeme sei entschieden, die Feinde der Demokratie endgültig besiegt. Mittlerweile ist dieser Optimismus durch pessimistischere Tendenzen abgelöst. Man sieht die Demokratie als Staatsform und als Lebensform vor ihrer größten Belastungsprobe und dafür nur schlecht gerüstet (Lepenies). Doch weder die optimistische noch die pessimistische Variante dieser Szenarien scheint die Realität angemessen wiederzugeben, die immer noch am besten mit der abgewandelten Churchill-These gekennzeichnet ist, dass die Demokratie zwar eine ziemlich schlechte Staatsverfassung sei, aber besser als alle bisher erfundenen Regime (so Manfred G. Schmidt). Anders formuliert: Demokratie ist das Beste, was wir haben, aber es kann sicher bessere Demokratien geben. Wenn es aber bessere Demokratien geben kann, ist dies Anlass, sich immer wieder mit demokratischen Systemen auseinanderzusetzen, sie einer Bestandsaufnahme zu unterziehen und nach Reformmöglichkeiten, nach Verbesserungen zu fragen.

Eine weitere Begründung, immer wieder über Demokratie nachzudenken, liegt auf einer anderen Ebene. Die Stabilität der Demokratie hängt unter anderem auch davon ab, dass der Bürger die Demokratie sowie seine eigene Rolle darin versteht. Die Politikwissenschaftler der ersten Stunde hatten diese Bestandsvoraussetzung der Demokratie begriffen. Sie wird z.B. in der Aussage Theodor Eschenburgs deutlich, der noch 1994 in einem Interview zu seinem neunzigsten Geburtstag betonte, dass man Demokratie klarmachen müsse. „Das ist eine so komplizierte Staatsform, dass man sich in ihr nur zurechtfinden kann, wenn man es gelernt hat. Mit den Gemütsdemokraten kann ich überhaupt nichts anfangen. Wenn ich die Freiheit will, muss ich auch wissen, wie ich sie organisiere. Wenn ich da keinen König mehr haben will oder keine Adelsschicht, wo drei oder vier oder fünf miteinander beraten können, sondern eine Demokratie, dann ergibt sich daraus der unerlässliche Zwang, eine komplizierte Konstruktion aufzubauen." Von dieser Überzeugung getragen, verstand sich die Politikwissenschaft der frühen Bundesrepublik im Wesentlichen als Demokratiewissenschaft. Nachdenken über Politik stand unter dem Eindruck der gerade zurückliegenden geschichtlichen Erfahrungen des Niedergangs der Weimarer Republik, des Aufstiegs des Nationalsozialismus und der in die Katastrophe führenden nationalsozialistischen Herrschaft. Ihr Leitmotiv sah die Politikwissenschaft denn auch in dieser Zeit vor allem in der Vermittlung demokratischen Grundwissens, in der Werbung für die liberale, repräsentative Demokratie und in der Auseinandersetzung mit noch vorhandenem faschistischen Bewusstsein und in der Abwehr des Totalitarismus in all seinen Formen. Die Politikwissenschaft als Demokratiewissenschaft war sich bewusst, dass Unverständnis und Unkenntnis gegenüber der Demokratie auf diese negativ zurückwirken und zu Veränderungen führen kann, die sich unkontrolliert vollziehen und die so nicht gewollt sind. Eine politische Kultur, die um die Voraussetzungen, die Funktionsbedingungen, den Sinn und den Wert der Demokratie nicht weiß, vermag auch ihre Kontinuität und Stabilität nicht zu verbürgen. Vor diesem Hintergrund muss es heute Sorge bereiten, dass das Vertrauen in die demokratischen politischen und gesellschaftlichen Institutionen insgesamt abzunehmen scheint und eine zunehmende Unsicherheit bei der Einschätzung und Beurteilung des demokratischen Systems festzustellen ist. „Über wesentliche Institutionen, Prinzipien und demokratische Verfahren herrscht bei beachtlichen Minderheiten Unkenntnis" (Massing, 8). Gerade auch bei Jugendlichen scheint z.B. die Bedeutung der Grund- und Freiheitsrechte, der Gewaltenteilung, des Pluralismus, des Parlamentarismus und die Regeln rechtsstaatlicher Ordnung weder reflektiv noch emotional tief verankert zu sein. Aber nicht nur bei Jugendlichen, auch bei vielen Erwachsenen, selbst bei politischen Bildnern, nehmen offensichtlich die Schwierigkeiten zu, die Demokratie zu verstehen und adäquat zu bewerten. Einerseits existieren häufig utopische und idealisierte Vorstellungen von Demokratie und überzogene Anforderungen an die Leistungsfähigkeit eines demokratischen Systems, die sich weit von der Realität entfernt haben und vor denen die alltägliche Praxis demokratischer Wirklichkeit unscheinbar, wenn nicht abstoßend wirken muss, andererseits führt diese Wirklichkeit sowie Enttäuschungen über Teilrealitäten der Demokratie leicht zu einer emotionalen Ablehnung und Skepsis gegenüber der Demokratie überhaupt.

Politische Urteilskraft und politische Beteiligung setzen in der Bürgerschaft vor allem

Wissen über die Demokratie voraus. Dazu gehören Kenntnisse über die Ideengeschichte, die strukturellen Grundlagen und die Funktionsbedingungen der Demokratie. „Die moderne Demokratie wurde mit Hilfe von Theorien realisiert. In ihr haben sich politische Ideen sedimentiert und materialisiert …", schreibt Klaus Roth (ders.: 11), und die Beschäftigung mit Demokratietheorien von der Antike bis zur Gegenwart kann eine erhebliche Erklärungsleistung für die Demokratie der Gegenwart erbringen. „Bestehende Ordnungen (sind) nicht zuletzt auch geronnene theoretische Ordnungsentwürfe, aufgebaut auf bestimmten Legitimationsmustern" (Falter/Göhler: 123). Das heißt, in Geschichte und Politik ist keine Frage endgültig beantwortet, aber auch kein Konflikt, keine Idee, keine Illusion, keine Legende ist endgültig verloren gegangen, und die Entschlüsselung dieser historischen „Denkspuren" in unserem aktuellen Demokratieverständnis ist eine wichtige Möglichkeit, Demokratie „besser zu verstehen".

Das vorliegende Buch ist in diesem Sinne eine Einführung in die Demokratietheorien. Es spannt den Bogen von der Antike (Kapitel I), das Mittelalter und die Frühe Neuzeit (Kapitel II) über die Moderne (Kapitel III) bis zu den demokratietheoretischen Konzeptionen der Gegenwart (Kapitel IV). Abgedruckt werden für die jeweilige Theorie typische Ausschnitte aus Orginaltexten. Alle Texte werden von unterschiedlichen Autoren (Gotthard Breit, Hubertus Buchstein, Joachim Detjen, Peter Massing, Volker Pesch, Kerstin Pohl, Klaus Roth, Rudolf Speth) unter drei Aspekten erörtert und interpretiert: 1. Historische Einordnung, 2. Ideengeschichtlicher Zusammenhang und 3. Bedeutung für die Gegenwart. Im Anhang sind wichtige Dokumente zur historischen Entwicklung der Demokratie weitgehend ohne Kommentar abgedruckt. Während die demokratietheoretischen Texte sich im Wesentlichen mit den beiden Fragen auseinandersetzen: Wie soll politische Herrschaft organisiert sein und wie kann das Volk herrschen?, steht im Zentrum der Dokumente die Frage, wie der Missbrauch von Herrschaft verhindert werden kann.

Da im Mittelpunkt des Buches demokratietheoretisch relevante Orginaltexte stehen, kann es als Ergänzung zu den existierenden Einleitungen in die Demokratietheorien, aber auch als eine eigenständige Einführung in die Demokratietheorien gelesen werden.

Bei der Auswahl der Texte war wie immer, wenn man gezwungen ist, Auswahlentscheidungen zu treffen, eine gewisse subjektiv gefärbte Willkür nicht zu vermeiden, mit der Folge, dass die Leserin und der Leser den einen oder anderen Theoretiker bzw. Text schmerzlich vermissen wird. So weit dies möglich war, haben die Autoren in ihren Interpretationen versucht, auf solche Konzeptionen zu verweisen, ebenso auf andere relevante ideengeschichtliche Zusammenhänge. So ist es auch zu erklären, dass zum besseren Verständnis der Demokratie in der Antike eine eigene knappe Einleitung vorangestellt wurde.

Bei der Auswahl der Texte wurde versucht, zusammenhängende Textabschnitte zu nehmen. War dies nicht möglich, wurden Ausschnitte aus größeren Textpassagen so zusammengestellt, dass das Typische und Relevante zu erkennen ist. Auf die Anmerkungen, die in den Originaltexten vorhanden sind, haben wir dabei prinzipiell verzichtet. Auch in den Interpretationen wurden die Anmerkungen und Literaturhinweise so knapp wie möglich gehalten.

Die Herausgeber verdanken den anderen Autoren viele wertvolle Hinweise. Der Vorschlag für die historische Phaseneinteilung stammt von Klaus Roth. Auch eine Reihe von Texten sind erst über Vorschläge der anderen Autoren aufgenommen worden. Die Herausgeber bedanken sich für diese Unterstützung. Defizite und Fehler haben sie natürlich ganz allein zu verantworten.

Das Buch wendet sich gleichermaßen an Studierende der Politikwissenschaft und der Geschichte, an Lehrerinnen und Lehrer der politischen Bildung sowie an Schülerinnen und Schüler der Sekundarstufe II.

Literatur

Falter, Jürgen W./Gerhard Göhler 1986: Politische Theorie. Entwicklung und gegenwärtiges Erscheinungsbild, in: Klaus von Beyme, Politikwissenschaft in der Bundesrepublik Deutschland. Entwicklungsprobleme einer Disziplin, PVS Sonderheft 17, Opladen, S. 118-141

Klein, Ansgar/Rainer Schmalz-Bruns (Hrsg.) 1997: Politische Beteiligung und Bürgerengagement in Deutschland. Möglichkeiten und Grenzen, Bonn

Massing, Peter 1996: Einleitung. Das Demokratiemodell der Bundesrepublik Deutschland, Schwalbach/Ts., S. 5-10

Roth, Klaus 1999: Demokratie in der Antike, in: Peter Massing (Hrsg.): Ideengeschichtliche Grundlagen der Demokratie, Schwalbach/Ts., S. 11-30

Schmalz-Bruns, Rainer 1993: Reflexive Demokratie. Die demokratische Transformation moderner Politik, Baden-Baden

Schmidt, Manfred G. 2000: Demokratietheorien, Opladen, 3. Auflage

Weidenfeld, Werner (Hrsg.) 1996: Demokratie am Wendepunkt. Die demokratische Frage als Projekt des 21. Jahrhunderts, Berlin

I. Antike

Klaus Roth

Einleitung

Die Fundamente unseres Politikdenkens wurden von den alten Griechen gelegt, die im Rahmen der antiken Polis erstmals in der Weltgeschichte die Selbstbestimmung und -verwaltung autarker Bürgerschaften unter Mitwirkung breiter Schichten der Bevölkerung praktizierten und im fünften und vierten vorchristlichen Jahrhundert direkte oder unmittelbare Demokratien realisierten.[1] Die von ihnen erfundene *Politik* basierte auf der Trennung des *Öffentlichen* vom *Privaten*, auf der Abdrängung der wirtschaftlichen Angelegenheiten in die Privatsphäre der Familien und auf der Verselbstständigung und Auslagerung eines spezifischen Handlungsfeldes aus dem natürlichen Lebenszusammenhang. Ihr Ziel und Zweck (télos) war die – als Selbstzweck gedachte – Interaktion der freien Bürger, das Miteinander-Reden und -Handeln, der geregelte Streit, die Verfolgung gemeinsamer Ziele durch kollektives Handeln, die Konstitution und Organisation familienübergreifender Kollektive und ihrer Beziehungen zueinander. Ihr Resultat war die historisch einmalige Organisation von Bürgergemeinden (*Poleis*), von staatsfreien Verbands- und Handlungseinheiten, die über den Familien und den natürlichen Abstammungs- und Kultgemeinschaften, den *Phylen* und *Phratrien*, angesiedelt waren, wirtschaftlich und politisch unabhängig waren und von der Gesamtheit aller freien Bürger (männlichen Geschlechts) konstituiert und verwaltet wurden. Folge der Entstehung der Polis und des Politischen war die Durchbrechung der altaristokratischen Kette von Schuld und Sühne, Hass und Gewalt, Rache und Gegenrache, die Eindämmung der Fehden und die Zivilisierung der Menschen, die in der Politik einen friedlichen und rationalen Umgang miteinander erlernten.[2]

Infolge der Erfindung des Politischen bildete sich für die freien Bürger eine Art Doppelleben aus: neben oder oberhalb des „häuslichen" Lebens entwickelte sich das „politische" Leben. Im Haus, im eigenen *Oikos*, sorgte jeder für sich und seine Familie, in der *Polis* hingegen für das Wohl der Stadt und für die Interessen der Gesamtheit. Mit den wirtschaftlichen Belangen wurde zugleich die *Herrschaft* in den *Oikos* verlagert. Die Politik ereignete sich im Zusammentreffen Freier und Gleicher, die durch keinerlei Befehls-Gehorsams-Beziehungen miteinander verbunden waren. Diese hatten ihren Ort in der vorpolitischen Sphäre der Familie, im *Oikos*, der alles umfasste, was zum antiken „Haushalt" gehörte. Hier herrschten die Hausvorsteher als Despoten über ihre Frauen, Kinder und Sklaven.[3] Der politische Bereich hingegen wurde von freien und rechtlich gleichgestellten Bürgern konstituiert. Voraussetzung dafür und für das Engagement breiter Bürgerschichten war die Existenz von Sklaven, die für die Subsistenz zu sorgen hatten. Funktionsbedingung der Polis und der Politik war ferner der Ausschluss von ortsansässigen Fremden (*Metöken*) sowie von Frauen, denen jegliches Bürgerrecht verweigert wurde. Frauen hatten – als Mädchen, Gattinnen und Mütter – ihre Pflichten im *Oikos* zu erfüllen. Sie wurden von allen öffentlichen Plätzen und Angelegenheiten fern gehalten.

Mit den Reformen des Kleisthenes (508/7 v. Chr.) wurde in Athen – und in der Folge in zahlreichen weiteren griechischen Gemeinwesen – die Aristokratie entmachtet, allgemeine Rechtsgleichheit (*Isonomie*) als Vorstufe der Demokratie und eine auf der Partizipation aller freien Bürger basierende politische Ordnung institutionalisiert. Der alte Adel verlor seine Vorherrschaft und musste sich fortan mit den unteren Volksschichten auseinandersetzen und arrangieren. Die politische Macht (*krátos*) geriet in die Hände des „gemeinen Volkes" (*dêmos*), das seine erlangte Freiheit zur politischen Selbstbestimmung, zur öffentlich-diskursiven Willensbildung, zur strengen Kontrolle und zeitlichen Begrenzung der durch Los besetzten Ämter und zur kollektiven Verwirklichung gemeinwohldienlicher Projekte nutzte.[4] Zwar existierte die alte, vom Adel dominierte Ordnung zunächst neben der neuen fort, doch wurden ihr wichtige Funktionen entzogen. Der *Areopag*, der alte Adelsrat, blieb zuständig für die Blutgerichtsbarkeit und für die Aufsicht über die Beamten, doch verlor er auch diese Rolle noch, als ihn die Bürgerschaft unter Führung des Ephialtes 462/61 v. Chr. gänzlich entmachtete, zahlreiche Areopagiten ermordete oder verjagte und in der Folge alle Ämter demokratisch besetzte und kontrollierte. Künftig wurden alle Entscheidungen in der *Volksversammlung* getroffen, die nun alleine die Oberhoheit ausübte. Durch den Sturz des Areopags wurde der Weg frei zu einer radikalen Demokratie, die in der Zeit des Perikles ihre größten Triumphe feierte und eine kulturelle Blüte ermöglichte, die späteren Zeiten als nie wieder erreichtes Vorbild erschien. Die Gestaltung des Gemeinschaftslebens wurde zur Aufgabe und Pflicht aller Bürger, die ferner an der Selbstverwaltung partizipieren *mussten* und ihren Beitrag zur Schaffung von Ordnung zu leisten hatten. Durch das Losprinzip und durch die Begrenzung der Amtsdauer wurde gesichert, dass möglichst viele Bürger mindestens einmal im Leben ein politisches Amt übernehmen konnten oder mussten.[5]

War die Polis einerseits ein Ort der Entspannung und des Zeitvertreibs, der Eintracht und des „ewigen Gespräches", so war sie andererseits eine Stätte des Streits und der erzwungenen Dienstleistung. Anstatt dem Bürger Freiheits- und Rückzugsrechte zu gewähren, verpflichtete sie ihn zu den unterschiedlichsten Aktivitäten und nahm ihn vollauf in Dienst.[6] Wer sich dem politischen Leben verweigerte, verlor seine Bürgerrechte, wurde als „Idiot", als Eigenbrötler betrachtet und aus der Gemeinschaft ausgeschlossen.[7] Trotz (oder wegen?) dieser Militanz wurde das politische Engagement im fünften vorchristlichen Jahrhundert in Athen zum Lebensmittelpunkt der freien Bürger männlichen Geschlechts.[8] Infolge des Ionischen Aufstandes (500-494 v. Chr.) und der Perserkriege (490-479 v. Chr.) festigte sich die Bürgeridentität. Die Politik avancierte zu einem eigenständigen und autonomen Betätigungsfeld, dem eine höhere Dignität zugesprochen wurde als der Sphäre der materiellen Produktion und Reproduktion, der Akkumulation und Konsumtion von Reichtum und Besitz. Allerdings entwickelten die Athener zugleich einen ungezügelten, von keiner humanistischen Moral gebremsten Machtinstinkt, der sie zu einer rücksichtslosen Politik gegenüber ihren Partnern im Attischen Seebund verleitete. Dadurch kam es zum Bruch mit Sparta, der den mörderischen Bruderkrieg zwischen beiden Städten auslöste und den Niedergang der demokratischen Polis einleitete.

Im Verlauf des Peloponnesischen Krieges (431-404 v. Chr.) verbreitete sich eine allgemeine Unsicherheit über die Umgangsformen und die Institutionen der athenischen Polis. Die seitherigen Gepflogenheiten des politischen Lebens, die lange Zeit nicht weiter hinterfragten Selbstverständlichkeiten, die eingespielten Gewohnheiten, selbst die geltenden Gesetze *(nómoi)* wurden in Frage gestellt und relativiert. Um 430 v. Chr. grassierte in Athen die Pest, der auch Perikles (ca. 500-429 v. Chr.) zum Opfer fiel. Seine Rolle als „Volksführer" übernahmen Epigonen – von Kleon über Kritias bis Alkibiades –, die weniger das Wohl der Bürgerschaft als ihre eigenen Machtinteressen im Auge hatten. Ergebnis war die Zerrüttung der Polis und die schließliche Niederlage Athens gegen Sparta. Das Vertrauen in die integrierende und ausgleichende Kraft des demokratisch herbeigeführten Gesetzes schwand. Die frühere Geltung und Bedeutung der Polis war erschüttert. Eine allgemeine „Politikverdrossenheit" breitete sich aus. Die Bürger zweifelten am Sinn und Zweck der politischen Beteiligung. Innerhalb von nur acht Jahren erlebte Athen eine viermalige Verfassungsänderung, die den ohnehin bereits virulenten Zweifeln an der „Natürlichkeit" des Gesetzes (*nómos*) Auftrieb und neue Nahrung gab. 411/10 v. Chr. wurde die Demokratie beseitigt und mit dem *Rat der Vierhundert* eine Oligarchie errichtet. Dieser folgte zwar die Restitution der Demokratie, die aber mit der Kapitulation Athens (404 v. Chr.) der *Tyrannis der Dreißig* und *der Zehn* wich, bis schließlich 403 v. Chr. *das Volk* wieder die Macht ergriff und alles durch von ihm dominierte Abstimmungen und Gerichtshöfe verwaltete. Zwar wurde die Demokratie damit wiederhergestellt, doch wollte alsbald keiner mehr in die Volksversammlung gehen, weshalb man nach dem Zeugnis des Aristoteles „alle möglichen Listen" ersann, „um die Menge zur beschließenden Abstimmung zu locken."[9] So führte man wieder Diäten für die Übernahme von Mandaten und 392 v. Chr. endlich ein Tagegeld für den Besuch der Volksversammlung ein, das zunächst einen Obolus betrug, alsbald aber auf zwei und schließlich auf drei Obolusse erhöht wurde.

Damit waren aber die Ursachen der Krise und des schwindenden Engagements nicht beseitigt, sondern nur die Symptome angegangen worden. Die Philosophie konnte sich mit solch oberflächlichen Heilmethoden nicht begnügen. Sie musste gründlichere Untersuchungen anstellen, sich über den Sinn und Zweck des individuellen und politischen Lebens verständigen, die Ursachen des Unfriedens und des Sittenverfalls analysieren und die potentiellen Gegenmittel thematisieren. Welche *Tugenden* und *Institutionen* waren nötig, um das städtische Leben in vernünftige Bahnen zurückzulenken? Welche Lebensweise, welche Umgangsformen, welche Sitten und Normen waren erforderlich, um zu Frieden und Eintracht zurückzufinden? Wie konnte man sie hervor- und den Menschen nahe bringen? Sind Werte und Normen überhaupt lehrbar? Kann man die Bürger zu einem tugendhaften und vernünftigen Leben erziehen? Was ist der Mensch, was ist seine Bestimmung? Welches sind die Institutionen einer wohl geordneten Polis? Wie werden sie hervorgebracht und vor dem Zerfall geschützt? – Mit diesen Fragen hatten sich nunmehr die Weisen auseinanderzusetzen. Sie stehen im Zentrum der politischen Philosophie der Sophisten sowie ihrer Gegner und Kritiker Sokrates, Platon und Aristoteles. Unzufrieden mit den Verhältnissen in der Stadt, zweifelnd an den überkommenen Sitten, machten sich die Intellektuellen auf die Suche nach dem Bild einer besseren Polis, nach einem neuen Paradigma für die Politik. Dabei entwickelten sie politikphilosophische Einsichten, die für die Folgezeit mustergültig wurden und auch heute noch die Demokratietheorie stimulieren. Drei Fragenkomplexe schälten sich als besonders dringlich heraus: 1. Wie konnte man einen Maßstab finden, mit dessen Hilfe sich die Wissensbestände (*epistéme*) ordnen und stabilisieren, mit dem sich wahre Erkenntnisse von bloßen Meinungen (*dóxa*) unterscheiden ließen? 2. Welche pädagogischen Vorkehrungen konnte man treffen, um die Menschen zu einem tugendhaften Handeln und zur politischen Beteiligung zu motivieren, sie zu Sittlichkeit und Anstand zu erziehen und zu einem glücklichen und zufriedenen Leben zu befähigen? 3. Welche Institutionen waren erforderlich, um den Frieden zu sichern, die Polis zu restituieren und vor dem Zerfall zu schützen?

Die griechische Philosophie, die zu Beginn des 6. Jahrhunderts in Ionien entstand, hatte sich ursprünglich mit dem Kosmos und der Natur und nur indirekt mit den Problemen des menschlichen Zusammenlebens beschäftigt. Kritische Reflexionen auf die soziale und politische Lage blieben zunächst der Lyrik und der Tragödie vorbehalten.[10] Die ersten Philosophen, die sich eingehend mit den menschlichen und den politischen Angelegenheiten befassten, waren die *Sophisten* (Protagoras, Gorgias u.a.), denen die Kontingenz und Veränderbarkeit der Verfassungen und Gesetze bereits früh bewusst und zum zentralen theoretischen Problem wurde. Sie waren in der Regel Anhänger der Demokratie und überzeugt davon, dass sich „Tugend" oder „Tüchtigkeit" *(areté)* lehren lasse. Sie zogen deshalb als Lehrer durch die Lande, um den Kindern wohlhabender Familien gegen Entgelt die Prinzipien eines gelingenden, eines ehrenhaften und erfolgreichen Lebens beizubringen, sie in Rhetorik und praktischer Klugheit (*phrónésis*) auszubilden, damit sie sich sowohl in den eigenen Angelegenheiten als auch im öffentlichen Leben bewähren, ihr Haus möglichst gut verwalten und in den Belangen der Stadt mithandeln und mitreden konnten (vgl. Platon: Protagoras 319 a). Ihr Ziel war es, ihren Schülern angesichts der Unwägbarkeiten der politischen Praxis einen neuen Lebenssinn und eine neue Orientierung zu vermitteln. Leider sind ihre Schriften verschollen und nur wenige Fragmente (vor allem durch ihren Kritiker Platon) überliefert.

Als ihr philosophischer Gegner profilierte sich *Sokrates* (469-399 v. Chr.), der den Wahrheits- und Werterelativismus der Sophisten attackierte und sich bemühte, die sophistische Kunst und Rhetorik als Dilettantismus, als sinnloses und leerlaufendes Können zu entlarven. Auch er hatte es sich zur Aufgabe gemacht, die jungen Leute zum Nachdenken über die Prinzipien des guten Lebens zu inspirieren. Anders als seine philosophischen Rivalen ließ er sich dafür aber nicht entlohnen und erhob keinen Anspruch, sie zu erfolgreichen Praktikern zu erziehen. Vielmehr wollte er sie den Alltäglichkeiten gerade entfremden, indem er sie zu kritischen Reflexionen über die Grundsätze der Ethik und der Politik und über die Voraussetzungen und Formen einer rationalen Lebensführung anhielt. Er pflegte auf dem Marktplatz zu disputieren und seine Mitbürger zum Nachdenken über ihre Pflichten in den unterschiedlichsten Situationen anzuregen. Von ihm lernten sie, ihre vorgefassten Meinungen zu hinterfragen und alle eingespielten Selbstverständlichkeiten des praktischen Lebens in Zweifel zu ziehen. Von ihm erfuhren sie, dass Tugend und Anstand, dass Sittlichkeit nicht lehrbar sei, dass jeder Einzelne sie für sich selbst erringen müsse durch die bedingungslose Hingabe an die Liebe zum Wissen (*philo sophía*), durch eigene Erfahrung und durch die unermüdliche Suche nach dem Guten, Wahren, Richtigen und Schönen. Am Ende wurde er jedoch gerade von der demokratischen Polis wegen Missachtung der Götter und Verführung der Jugend angeklagt und 399 v. Chr. zum Tode verurteilt.

Während sich Sokrates mit mündlichen Diskussionen begnügte, brachten seine Schüler die Gedanken ihres Lehrers und ihre eigenen zu Pergament. Der bedeutendste unter ihnen war Platon (427/29-347 v. Chr.), dem wir das erste umfassende philosophische System und die entscheidenden Anstöße für die künftige Philosophie verdanken. Ihm gelang es, das gesamte Wissen seiner Zeit und die Erkenntnisse seiner Vorgänger zu synthetisieren bzw. zu kritisieren. Dies leistete er nicht nur für die theoretische, sondern auch für die praktische Philosophie, in der sich die Erfahrungen der antiken Demokratie und ihre einstigen Kämpfe, Erfolge und Missgeschicke reflektierten. Er wurde zum Anreger und Ideengeber aller nachfolgenden Philosophen, die – nach einem Wort von Alfred Whitehead – nur einen großen Appendix zum *Corpus Platonicum* geschrieben haben. Sein bedeutendster Schüler war *Aristoteles* (384-322 v. Chr.), der auf dem von ihm geebneten Weg weiterging und die Einsichten seines Lehrers präzisierte und gegebenenfalls korrigierte.[11]

Im Gegensatz zu den Sophisten waren Sokrates, Platon und Aristoteles keine Anhänger der Demokratie, wie sie in Attika praktiziert wurde. Diese erschien ihnen vielmehr als Verfalls- und Entartungsform des Politischen, die sie für die politische Katastrophe, die Niederlage Athens und den Verfall der Polis, verantwortlich machten. Bereits Sokrates hielt sich von den politischen Tagesgeschäften fern, weil in ihnen die strenge Respektierung der moralischen Gesetze unmöglich war (vgl. Platon: Die Apologie des Sokrates, 31 C f.). Auch Platon und seine Schüler zogen sich enttäuscht aus der politischen Arena zurück und verlegten sich auf die geistige Arbeit in ihrer Akademie. Da Aristoteles kein Athener, sondern Metöke war, hatte er kein Bürgerrecht und konnte folglich seine ganze Kraft der philosophischen Praxis widmen. Die Distanzierung von den konkreten politischen Vorgängen und Entscheidungen ermöglichte es ihnen, grundsätzliche Reflexionen anzustellen und bleibende Einsichten in das Wesen der Politik zu gewinnen. Zwar partizipierten sie selbst nicht am politischen Willensbildungs und Entscheidungsprozess, doch wurden sie nicht müde, ihren Landsleuten den Sinn und Zweck und die Notwendigkeit der politischen Beteiligung zu demonstrieren. Ihr großes Ziel war die Wiederaufrichtung der darnieder liegenden athenischen Polis auf einer erneuerten sittlichen Basis.

Doch nicht allein die Philosophen, auch die griechischen Tragödiendichter (Aischylos, Sophokles, Euripides) und Geschichtsschreiber (Herodot, Thukydides) befassten sich mit den jeweils aktuellen Fragen und den prinzipiellen Schwierigkeiten der Politik, den unterschiedlichen Verfassungen und ihrer Wirkung auf die Lebensführung der Bürger. So erörtert *Herodot* in der berühmten „Verfassungsdebatte" der *Historien* die Stärken und Schwächen, Gefahren und Gebrechen der Demokratie. Er lässt Befürworter und Gegner derselben zu Worte kommen und die Vor- und Nachteile der drei möglichen Regierungsformen – Monarchie, Aristokratie/Oligarchie und Demokratie – erstmals in aller Offenheit abwägen. Mit ihm beginnt deshalb die folgende Präsentation und Interpretation „klassischer" demokratietheoretischer Texte. Ihm folgt ein kurzer Auszug aus *Platons* politikphilosophischem Hauptwerk, der *Politeia.* Darin wird untersucht, wie die Demokratie entsteht, wie sie beschaffen ist und welche Charaktereigenschaften die in ihr agierenden Bürger entwickeln. Im Anschluss an Platon hat *Aristoteles* die von seinem Lehrer aufgeworfenen Fragen weiter verfolgt, seine Antworten kritisch geprüft und in der *Politik* die Eigenart der unterschiedlichen Verfassungen genauer erörtert. Ein ebenso knapper Auszug daraus soll in sein Denken einführen und die Essenz seiner politischen Philosophie verdeutlichen.

Verglichen mit den politischen und philosophischen Gründungsleistungen der Griechen blieb die politische Theorie und Praxis der Römer in der Zeit der Republik auf halbem Wege stecken. Sie vermochte sich nicht aus den Fesseln der aristokratischen Herrschaft und von den Selbstverständlichkeiten der Überlieferung, dem Brauchtum der Väter (*mos maiorum*), zu lösen. Die Demokratie hatte nie eine reelle Chance in Rom. Das politische Denken der Römer erschöpfte sich demgemäß in der

Suche nach pragmatischen Lösungen für die oligarchischen Herrschaftskonflikte und fand diese gewöhnlich in geschichtlichen *Exempla*, in den vorbildlichen Haltungen und Aktivitäten der Vorfahren und Ahnen. Erst in der Krise der Republik setzten theoretische Reflexionen ein, die – animiert durch die Rezeption der griechischen Philosophie – neue Horizonte öffneten. Sie führten zu einer philosophischen Rückbesinnung auf die Grundsätze und Formen, Werte und Institutionen der republikanischen Praxis, die auf Rechtssicherheit und Gewaltenteilung bedacht war und eine Ämterordnung geschaffen hatte, die späteren Zeiten als Vorbild diente und bedeutsam für die Entstehung und Entwicklung des europäischen und amerikanischen Staatensystems, für die Etablierung des bürgerlichen Rechtsstaates, die Machtkontrolle und die Verankerung einer Ämterlaufbahn in den heutigen repräsentativen Demokratien wurde. Der bedeutendste römische Denker war *Cicero* (106-43 v. Chr.), der sich im Anschluss an die mittlere Stoa (Panaitios, Poseidonios) und an die *Historien* des Polybios (ca. 200-ca. 120 v.Chr.) mit den Pflichten der Bürger (*De officiis*), mit den Gesetzen (*De legibus*) und mit den Existenzbedingungen des Gemeinwesens (*De re publica*) befasste.[12] Seine Überlegungen zu den unterschiedlichen Verfassungen und speziell zur Republik sollen deshalb den Abschnitt über die griechisch-römische Antike beschließen.

Anmerkungen

1 Eine genauere Explikation des hier nur knapp skizzierten Sachverhaltes (mit weiteren Literaturhinweisen) habe ich versucht in: Peter Massing (Hrsg.): Ideengeschichtliche Grundlagen der Demokratie. Schwalbach/Ts. 1999, S. 11-30 (Politische Bildung 32/2 [1999], S. 11-30). Für Anregungen und kritische Hinweise danke ich Dieter Löcherbach.

2 Vgl. Christian Meier: Die Entstehung des Politischen bei den Griechen. Frankfurt/M. 1980

3 Vgl. Aristoteles: Politik, I. Buch, 1253 b 1 ff., bes. 1255 b 16 ff.

4 Vgl. Jochen Bleicken: Die athenische Demokratie. Studienausgabe. Paderborn/München/Wien/Zürich 1986

5 Zu den Schwierigkeiten der Einschätzung der Partizipation und der Anzahl der Aktivbürger vgl. etwa Wolfgang Schuller: Griechische Geschichte, Grundriß der Geschichte, Bd. 1. München 1980, 1991[3], S. 126 f. (und die dort genannte Literatur). Die Schätzungen schwanken zwischen 20000 und 30000 Vollbürgern in der Hochzeit der athenischen Demokratie bei einer attischen Gesamtbevölkerung von ca. 200000 Menschen. Das Engagement der mittleren und unteren Schichten wurde mit der Zeit so mächtig, dass Perikles 451 v. Chr. ein Bürgerrechtsgesetz veabschieden ließ, das festlegte, attischer Vollbürger könne ferner nur sein, wer beiderseits von Athenern abstamme.

6 Vgl. Paul Veyne: Kannten die Griechen die Demokratie? In: Christian Meier/Paul Veyne: Kannten die Griechen die Demokratie? Berlin 1998, S. 13-44

7 Vgl. die berühmte Leichenrede des Perikles in: Thukydides: Der Peloponnesische Krieg II (40. Vollständige Ausgabe. Übertragen von August Horneffer. Durchgesehen von Gisela Strasburger. Eingeleitet von Hermann Strasburger. Essen o.J., S. 145): „Wir sind die einzigen, die einen Bürger, der keinen Sinn für den Staat hat, nicht für ein ruhiges, sondern für ein unnützes Mitglied desselben halten."

8 Vgl. Ch. Meier: Die Entstehung des Politischen bei den Griechen (1980), S. 247 ff.; ders.: Politik und Anmut. Berlin 1985; ders.: Die politische Kunst der griechischen Tragödie. München 1988, S. 19 ff.; ders.: Athen. Ein Neubeginn der Weltgeschichte. Berlin 1993, S. 182 ff.; ders.: Bürger-Identität und Demokratie. In: ders./Paul Veyne: Kannten die Griechen die Demokratie? (1988), S. 47-95

9 Aristoteles: Athenaion Politeia, 41. Deutsche Übersetzung von Peter Dams unter dem Titel „Der Staat der Athener". Stuttgart 1970, S. 48 (Eine neue Übersetzung besorgte Martin Dreher: Stuttgart 1993.)

10 Zur Entstehung und Entwicklung des Politikdenkens bei den Griechen vgl. die Überblicksdarstellungen von Kurt Raaflaub: Die Anfänge des politischen Denkens bei den Griechen. In: Iring Fetscher/ Herfried Münkler (Hrsg.): Pipers Handbuch der politischen Ideen. Bd. 1. München/Zürich 1988, S. 189-271; ders.: Politisches Denken im Zeitalter Athens. Ebd., S. 273-368; Klaus Rosen: Griechenland und Rom. In: Hans Frenske/Dieter Mertens/Wolfgang Reinhard/Klaus Rosen: Geschichte der politischen Ideen. Von Homer bis zur Gegenwart (1981). Frankfurt/M. 1987, S. 17-139; Wilfried Nippel: Politische Theorien der griechisch-römischen Antike. In: Hans-Joachim Lieber (Hrsg.): Politische Theorien von der Antike bis zur Gegenwart. Bonn 1991, S. 17-46

11 Zu ihrer politischen Philosophie vgl. Julia Annas: Platon. In: I. Fetscher/H. Münkler (Hrsg.): Pipers Handbuch der politischen Ideen. Bd. 1 (1988), S. 369-395; Peter Spahn: Aristoteles. Ebd., S. 397-437; Helmut Kuhn: Platon. In: Hans Maier/Heinz Rausch/Horst Denzer (Hrsg.): Klassiker des politischen Denkens. Bd. 1. München 1968, 1979^5, S. 1-35; Peter Weber-Schäfer: Aristoteles. Ebd., S. 36-63 (jeweils mit weiteren Literaturhinweisen)

12 Vgl. etwa Karl H. Gugg: Cicero. In: Hans Maier/Heinz Rausch/Horst Denzer (Hrsg.): Klassiker des politischen Denkens. Bd. 1. München 1968, 1979^5, S. 64-86; Eckart Olshausen: Das politische Denken der Römer zur Zeit der Republik. In: I. Fetscher/H. Münkler (Hrsg.): Handbuch, Bd. 1 (1988), S. 485-519; bes. S. 512 ff.; K. Rosen: Griechenland und Rom (1981), S. 119 ff.; Peter Weber-Schäfer: Einführung in die antike politische Theorie. 2 Bde. Darmstadt 1976, Bd. 2, S. 108 ff.

Herodot

Ausgewählt und interpretiert von Klaus Roth

Historien

80. Als die Erregung sich gelegt hatte und fünf Tage vorüber waren, hielten die Verschwörer Rat über die Verfassung des Reiches, und es wurden folgende Reden gehalten, die zwar einigen Hellenen unglaublich erscheinen, die aber trotzdem wirklich gehalten wurden. Otanes sprach sich dafür aus, die Herrschaft an das ganze persische Volk zu geben. Er sagte: „Ich halte dafür, daß nicht wieder ein einziger über uns König werden soll. Das ist weder erfreulich noch gut. Ihr wißt, wie weit Kambyses sich von seinem Hochmut hat hinreißen lassen; ihr habt auch den Hochmut des Magers gekostet. Wie kann die Alleinherrschaft etwas Rechtes sein, da ihr gestattet ist, ohne Verantwortung zu tun, was sie will? Auch wenn man den Edelsten zu dieser Stellung erhebt, wird er seiner früheren Gesinnung untreu werden. Das Gute, das er genießt, erzeugt Überhebung, und Neid ist dem Menschen schon angeboren. Wer aber diese zwei hat, hat alle Schlechtigkeit beisammen. Er begeht viele Verbrechen: einige, übersättigt, aus Selbstüberhebung, andere wieder aus Neid. Freilich sollte er ohne Mißgunst sein, denn ihm als Herrscher gehört ja alles. Doch das Gegenteil davon ist der Fall. Er mißgönnt den Edelsten Leben und Luft, er freut sich der Elendesten. Trefflich weiß er den Verleumdungen sein Ohr zu leihen. Am sonderbarsten von allem ist, daß er sich über maßvolle Anerkennung ärgert, weil man nicht ehrerbietig genug sei, und sich über hohe Ehrerbietung ärgert, weil man ein Schmeichler sei. Und damit ist das Schlimmste noch nicht gesagt: er rührt an die altüberlieferten Ordnungen, er vergewaltigt die Weiber, er mordet, ohne rechtlich zu verurteilen. Die Herrschaft des Volkes aber hat vor allem schon durch ihren Namen – Gleichberechtigung aller – den Vorzug; zweitens aber tut sie nichts von all dem, was ein Alleinherrscher tut. Sie bestimmt die Regierung durchs Los, und diese Regierung ist verantwortlich; alle Beschlüsse werden vor die Volksversammlung gebracht. So meine ich denn, daß wir die Alleinherrschaft abschaffen und das Volk zum Herrscher machen; denn auf der Masse beruht der ganze Staat."

81. Das also war die Meinung, die Otanes aussprach. Megabyzos dagegen riet zur Oligarchie und sagte:

„Was Otanes über die Abschaffung des Königtums sagt, ist auch meine Meinung. Wenn er aber rät, die Menge zum Herrn zu machen, so hat er damit nicht das Rechte und Beste getroffen. Es gibt nichts Unverständigeres und Hochmütigeres als die blinde Masse. Wie unerträglich, daß wir die Selbstüberhebung der Tyrannen mit der Selbstüberhebung des zügellosen Volkes vertauschen sollen! Jener weiß doch wenigstens, was er tut; aber das Volk weiß es nicht. Woher sollte dem Volk Vernunft kommen? Es hat nichts gelernt und hat auch in sich selber keine Vernunft. Ohne Sinn und Verstand, wie ein Strom im Frühling, stürzt es sich auf die Staatslenkung. Nur wer den Persern Unheil sinnt, spreche vom Volk! Wir sollten vielmehr einem Ausschuß von Männern des höchsten Adels die Regierung übertragen. Zu diesen Männern gehören wir ja selber. Es ist doch klar, daß von den Adligsten auch die edelsten Entschlüsse ausgehen."

82. Das war die Meinung, die Magabyzos aussprach. Als dritter sagte Dareios seine Meinung und sprach:
„Was Megabyzos gegen die Masse gesagt hat, billige ich, nicht aber, was er über die Oligarchie sagt. Drei Verfassungen sind möglich; nehmen wir sie alle in ihrer höchsten Vollendung an, stellen wir uns also die vollkommenste Demokratie, die vollkommenste Oligarchie und die vollkommenste Monarchie vor, so verdient die letztere, behaupte ich, bei weitem den Vorzug. Es gibt nichts Besseres, als wenn der Beste regiert. Er wird untadelig für sein Volk sorgen, und Beschlüsse gegen Feinde des Volkes werden am besten geheimgehalten werden. In der Oligarchie, wo viele sich um das Allgemeinwohl verdient machen wollen, pflegt es zu heftigen Privatfehden zu kommen. Jeder will der Erste sein und seine Meinung durchsetzen; so verfeinden sie sich aufs ärgste miteinander, Unruhen entstehen, und in den Unruhen kommt es zu Mordtaten. Das pflegt dann wieder zur Monarchie zu führen, und man sieht daraus, daß sie doch die beste Verfassung ist. Herrscht dagegen das Volk, so kann es nicht ausbleiben, daß Schlechtigkeit und Gemeinheit sich einstellen. Drängt sich aber die Schlechtigkeit in die Sorge um die Allgemeinheit, so kommt es zwar nicht zu Fehden unter diesen Schlechten, aber umgekehrt zu festen Verbrüderungen. Sie verschwören sich gleichsam, um den Staat auszubeuten. Das dauert so lange, bis ein Führer des Volks ihrem Treiben ein Ende macht. Und dafür preist ihn dann natürlich das Volk und der Gepriesene wird Alleinherrscher! So zeigt sich auch hier wieder, daß die Monarchie die beste Verfassung ist. – Um aber alle Gründe für und wider zusammenzufassen: Wie ist denn Persien frei geworden? Wer hat ihm die Freiheit geschenkt? Das Volk, die Aristokraten oder ein Monarch? Ich meine, weil wir durch einen Alleinherrscher die Freiheit gewonnen haben, müssen wir daran festhalten, und überhaupt sollten wir die altüberlieferte Verfassung nicht umstoßen. Das ist vom Übel."

Herodot: Historien. Deutsche Gesamtausgabe. Übersetzt von A. Horneffer. Neu herausgegeben und erläutert von H. W. Haussig. Mit einer Einleitung von W. F. Otto, Stuttgart 1971[4], III. Buch. 80.-82., S. 217-220

Interpretation

Die hier abgedruckte „Verfassungsdebatte" entstammt den *Historien* Herodots (ca. 485-425 v. Chr.), des Ahnherrn der abendländischen Geschichtsschreibung, der in neun Büchern die lange währenden Beziehungen und den schließlichen Zusammenprall zwischen Europäern und Asiaten, „Hellenen und Barbaren" untersucht. Der Kampf der beiden feindlichen Kulturen fand seinen Höhepunkt in den für die Asiaten so tragisch, für die Griechen hingegen überaus glücklich verlaufenden *Perserkriegen* (490-479 v. Chr.), durch die das Vordringen der persischen Weltmacht nach Europa verhindert wurde. Herodot spürt den Ursachen der Spannungen und Konflikte nach und findet sie schon in der Frühzeit, in der sich unterschiedliche Lebensformen herausgebildet haben, die gewöhnlich als Gegensatz von *hellenischer Freiheit* und *orientalischem Despotismus* umschrieben werden. Während die Griechen im Rahmen der antiken *Polis* seit der archaischen Zeit *politische Verhältnisse* entwickelten, d.h. den geregelten Streit der Bürger und Faktionen an die Stelle der aristokratischen Herrschaft setzten und schließlich im 5. und 4. vorchristlichen Jahrhundert Demokratien praktizierten, verharrten die Perser im Rahmen der *traditionalen Herrschaft,* die von mächtigen Dynastien überwölbt und geleitet wurde.

Im Verlauf des 6. vorchristlichen Jahrhunderts waren die kleinasiatischen Kolonien Griechenlands vom Lyderkönig Kroisos unterworfen worden, der sich aber 547 v. Chr. den von Kyros (558-529 v. Chr.) angeführten Persern beugen mußte, die in der Folge ein Weltreich errichteten. Dem großen Eroberer folgte sein Sohn Kambyses (529-522 v. Chr.), der 525 v. Chr. zur Eroberung Ägyptens aufbrach. Während seiner Abwesenheit unternahmen zwei Brüder aus dem Stamme der Mager einen Aufstand und usurpierten den Thron, den sie sieben Monate innehatten. Nachdem Kambyses auf der Rückreise eines natürlichen Todes gestorben war, wurden die Mager von sieben Persern unter der Führung des Otanes gestürzt und ermordet. Das Reich wurde in der Folge von Aufständen erschüttert, ehe Dareios (522-486 v. Chr.), der Sohn des Satrapen von Parthien, die Macht ergreifen und die Monarchie restituieren konnte. In Athen hingegen wurde 508/7 v. Chr. unter Kleisthenes die alte Phylenordnung reformiert und mit der *Isonomie* eine gemäßigte Demokratie institutionalisiert, die auf Rechtsgleichheit und auf der Partizipation aller freien Bürger (männlichen Geschlechts) basierte. 500-494 v. Chr. erfolgte der Ionische Aufstand gegen die Perser, der von Athen unterstützt wurde, aber erfolglos blieb. Sein Scheitern demonstrierte die Überlegenheit des persischen Großkönigs und seiner straffen Herrschaftsorganisation. Anders sah die Lage in den darauffolgenden Perserkriegen (490-479 v. Chr.) aus, in deren Verlauf es den verbündeten griechischen Städten gelang, die gewaltige Übermacht der feindlichen Truppen zu brechen und dem Gegner eine vernichtende Niederlage beizubringen. Die kleinen, autonomen Poleis bewiesen dadurch ihre Überlebensfähigkeit und Überlegenheit.

490 v. Chr. besiegten die Athener unter Führung des Miltiades ein persisches Heer bei Marathon. 480 v. Chr. versuchte Xerxes I. (486-465 v. Chr.) auf dem Landweg die Eroberung Griechenlands. Nach der Bezwingung des Thermopylen-Passes fiel ganz Mittelgriechenland in seine Hände. Athen wurde zerstört. Der Feldzug endete jedoch mit einem Debakel für die Perser. Es gelang den Athenern unter Themistokles, die feindliche Flotte bei Salamis vernichtend zu schlagen (479 v. Chr.). Die persische Landmacht wurde bei Platäa, die restliche persische Flotte bei Mykale besiegt. Athen schloss sich 478/77 v. Chr. mit den griechischen Städten im Attischen Seebund zusammen und wurde alsbald zur führenden Macht in der Ägäis. 462 v. Chr. wurde unter Ephialtes der Areopag, der alte Adelsrat, gestürzt und gänzlich entmachtet, so dass sich in Athen eine radikale Demokratie entwickeln konnte, die unter Perikles (462-430 v. Chr.) ihre größten Erfolge feierte und in anderen Poleis demokratische Bewegungen zur Nachahmung inspirierte. 449 v. Chr. wurden die Perserkriege im Kallias-Frieden formell beendet. Die Ruhe währte aber nur wenige Jahre. Die Rücksichtslosigkeit der Athener gegenüber ihren Verbündeten schürte den Konflikt mit Sparta und löste alsbald den Peloponnesischen Krieg (431-404 v. Chr.) aus. Da Persien 412 v. Chr. aufseiten Spartas intervenierte, war die Niederlage Athens besiegelt und der Niedergang der demokratischen Polis eingeleitet, die schließlich von den Truppen Philipps II. von Makedonien und Alexanders des Großen (338 v. Chr.) unterworfen wurde.

Während der Peloponnesische Krieg den Abstieg der athenischen Polis bewirkte, waren die Perserkriege zum Fanal des Aufstiegs und zum Katalysator der Demokratisierung geworden. Sie provozierten erste theoretische Reflexionen über die Prinzipien und Formen, Regeln und Normen der Politik, die ihren Niederschlag in den Tragödien des Aischylos, den philosophischen Fragmenten der Sophisten sowie im Geschichtswerk von Herodot fanden. Der Aufeinanderprall der beiden antagonistischen Ordnungsformen führte die Relativität und Fragilität der menschlichen Einrichtungen und Gesetze vor Augen und zwang zur Suche nach stabileren Institutionen und moderateren Umgangsformen, die eine dauerhafte Konfliktlösung versprachen. So erinnert *Aischylos* in den *Persern* (aufgeführt 472 v. Chr.) an die zahlreichen Toten und führt den siegreichen Griechen das Schicksal ihrer Opfer vor Augen. Er verdeutlicht den Unterschied zwischen westlicher und östlicher Ordnung und erweist beide als gleichermaßen berechtigte Formen der Organisation des menschlichen Zusammenlebens. Während die orientalische Despotie durch bedingungslose Unterwerfung unter den Despoten gekennzeichnet ist, zeichnet sich die Polis aus durch rechenschaftspflichtige Regierung, durch Redefreiheit und durch Mitbestimmung der Bürger (Die Perser, 241. ff., 591. ff.). Nichtsdestoweniger werden die siegreichen Griechen zur Versöhnung mit dem alten Gegner aufgerufen. Indem die Tragödie das unbegreifliche Leid der geschlagenen Perser zum Thema macht, führt sie den Siegern zum einen ihren Triumph vor Augen und weckt zum andern Verständnis und

Empathie für die Unterlegenen. Hellas und Persia werden als „Schwestern eines Stammes“ (ebd., 181. ff.) betrachtet und an ihre gemeinsame Herkunft erinnert. Herrschaft und Freiheit, Despotismus und Politik werden als alternative Formen der Ordnung erwiesen, die gegenseitigen Respekt verdienen und sich nicht länger bekämpfen sollen.

Von ähnlichen Ambitionen wurde *Herodot* getrieben, der die beiden feindlichen Lager und ihre unterschiedlichen Lebensformen und Traditionen möglichst vorurteilsfrei darzustellen suchte, um so gegenseitiges Verständnis zu wecken. In eindringlichen Studien rekonstruiert er die Entwicklung der Beziehungen zwischen Griechen und Orientalen von den frühesten Anfängen bis zur Vernichtung der persischen Flotte und zur Befreiung Ioniens. In diesem Kontext steht die berühmte „Verfassungsdebatte“, in der die Vorzüge und Nachteile der drei möglichen Regierungsformen – Demokratie, Aristokratie/Oligarchie und Monarchie – erstmals in aller Offenheit erörtert werden. Herodot verlegt die Kontroverse nach Persien und datiert sie in die Zeit vor der Machtergreifung des Dareios (522 v. Chr.). Dabei handelt es sich um einen Anachronismus, da seinerzeit auch in Athen, dem Geburtsort der Demokratie, noch keine „Volksherrschaft“ verwirklicht war. Sie wurde erst im Gefolge der Reformen des Kleisthenes auf den Weg gebracht und konnte sich infolge der Entmachtung des Areopags unter Ephialtes stabilisieren und schließlich in der Zeit des Perikles als direkte Demokratie etablieren, die nach dem Tod des großen „Demagogen“ jedoch von zwielichtigen „Volksführern“ für ihre eigenen Machtinteressen instrumentalisiert und missbraucht wurde. Herodot projiziert demnach athenische Erfahrungen aus der perikleischen und nach-perikleischen Zeit nach Persien und in die Frühzeit zurück, wenn er die Stärken und Schwächen der Demokratie erörtert. Er versucht dem Anachronismus-Verdacht vorzubeugen, indem er den einschlägigen Absatz mit den Worten eröffnet, es seien seinerzeit Reden gehalten worden, „die zwar einigen Hellenen unglaublich erscheinen, die aber trotzdem wirklich gehalten wurden“.

Im Gegensatz zur Alleinherrschaft eines Mannes verdiene die *Herrschaft des Volkes* schon durch ihren Namen, die Gleichberechtigung aller, den Vorzug, lässt Herodot den ersten Redner (Otanes) sagen. „Sie bestimmt die Regierung durchs Los, und diese Regierung ist verantwortlich; alle Beschlüsse werden vor die Volksversammlung gebracht“. Dagegen rät der zweite (Megabyzos) zur *Oligarchie,* da es „nichts Unverständigeres und Hochmütigeres [gebe] als die blinde Masse“. „Wir sollten vielmehr einem Ausschuss von Männern des höchsten Adels die Regierung übertragen.“ Der dritte schließlich (Dareios) begründet die Vorzüge der *Monarchie* mit dem Hinweis auf die immer wieder ausbrechenden Privatfehden in der Oligarchie und auf die zwangsläufig sich einstellende „Schlechtigkeit und Gemeinheit“ des Volkes in der Demokratie.

Diese Überlegungen wurden später von der *Politischen Philosophie* aufgegriffen und weiter vertieft. Sie fanden ihren klassischen Ausdruck in Platons Dialogen und in der

Politik des Aristoteles, die zum Ausgangspunkt und zur Grundlage des späteren abendländischen Politikdenkens wurden. Auch sie erörtern ausgiebig die Stärken und Schwächen der einzelnen Regierungsformen und plädieren schließlich für ein Philosophenkönigtum (Platon) bzw. für eine Mischverfassung (Aristoteles), da alle reinen Formen die Gefahr der Entartung in sich bergen. Auch in der heutigen Demokratiediskussion finden sich die von Herodot kontrastierten Topoi in nur wenig verwandelter Gestalt. Zwar wird in den Industriegesellschaften des Westens kaum mehr ernsthaft die Rückkehr zur Monarchie gefordert – allenfalls der Ruf nach einem „starken Mann" und einer Diktatur ertönt von Zeit zu Zeit –, doch handelt es sich bei den dort etablierten repräsentativen Demokratien um „Mischverfassungen", wie sie bereits Aristoteles für die antike Polis vorgeschlagen hatte. Umstritten bleibt allerdings, wie die moderne Demokratie zu verstehen und zu praktizieren ist. Können die Verfechter einer weitergehenden Demokratisierung von Gesellschaft und Staat zur Untermauerung ihrer Ambitionen auf die Erfolge der antiken Demokratie rekurrieren, so können ihre Gegner mit gleichem Recht auf ihren Missbrauch unter den Nachfolgern und Epigonen des Perikles und auf die schon von Herodot benannte „Schlechtigkeit", „Dummheit" und „Unberechenbarkeit" des Volkes verweisen, die der Einführung plebiszitärer Formen der Demokratie im Wege stehen.

Platon

Ausgewählt und interpretiert von Klaus Roth

10. Die Demokratie ist nun offenbar das nächste, was wir betrachten müssen: auf welche Weise sie entsteht und wie ihr Charakter beschaffen ist. Dann können wir auch den Charakter des entsprechenden Menschen kennenlernen und ihn neben die anderen stellen, um unser Urteil abzugeben.

„So würden wir wenigstens in gleicher Weise vorgehen, wie wir es bisher gemacht haben."

Der Wandel von der Oligarchie zur Demokratie, sagte ich, ergibt sich doch aus der Unersättlichkeit des Verlangens nach dem, was man sich als höchstes Gut vorgesetzt hat, daß man nämlich möglichst reich werden müsse.

„Wieso denn?"

Die Regenten in der Oligarchie, glaube ich, regieren ja nur dank ihrem großen Vermögen. Deshalb sind sie nicht willens, durch ein Gesetz die jungen Leute, die ein zügelloses Leben führen, in Schranken zu halten; sie haben nichts dagegen, daß diese ihr Vermögen verschwenden und zugrunde richten. Sie selbst möchten den Besitz solcher Jünglinge aufkaufen oder Darlehen darauf geben und können so noch reicher und angesehener werden.

„Ja, das vor allem haben sie im Sinn."

Das ist doch wohl klar, daß man in einer Stadt unmöglich den Reichtum ehren und zugleich Besonnenheit unter den Bürgern erlangen kann. Entweder das eine oder das andere muß man drangeben.

„Das ist ziemlich klar."

Indem man sich also in den Oligarchien um die Zuchtlosigkeit nicht kümmert und sie einreißen läßt, werden bisweilen Menschen von gar nicht unedler Art in die Armut hineingedrängt.

„Ja, gewiß."

Da sitzen sie denn in der Stadt, denke ich, mit Stacheln und Waffen versehen. Die einen haben Schulden, die anderen sind ihrer bürgerlichen Rechte verlustig gegangen, bei den dritten ist beides der Fall. Sie hassen die, welche nun ihr Vermögen in Besitz genommen haben, und stellen ihnen und auch den übrigen nach und sind auf Umsturz bedacht.

„So ist es."

Die Geldmenschen aber ducken sich und tun so, als ob sie diese nicht sähen. Doch jeden von den übrigen jungen Leuten, der sich mit ihnen einläßt, schädigen sie, indem sie ihr Geld bei ihm anbringen. Indem sie dann Zinsen im vielfachen Betrag des verliehenen Kapitals einstreichen, machen sie die Zahl der Drohnen und Bettler in der Stadt immer größer.
„Natürlich, viel größer", sagte er.
Und sie wollen diesen schlimmen Brand auch nicht löschen, fuhr ich fort. Weder schränken sie die Freiheit ein, daß jemand sein Vermögen nach Belieben verwenden kann, noch beseitigen sie diese Mißbräuche durch folgendes Gesetz.
„Durch welches denn?"
Durch das, das als zweites auf jenes folgen sollte und das die Bürger verpflichtet, sich um Tüchtigkeit zu kümmern. Wenn man nämlich die Vorschrift erließe, daß jeder seine freiwilligen Finanzgeschäfte in der Regel auf eigene Rechnung und Gefahr abschließen müsse, dann würden in der Stadt weniger schamlos Gewinne gemacht, und es käme dort auch weniger zu den schlimmen Zuständen, von denen wir eben sprachen.
„Ja, viel weniger", versetzte er.
Jetzt aber, fuhr ich fort, bringen aus all diesen Gründen die Regenten ihre Untergebenen in der Stadt eben in diese üble Lage. Und was sie selbst und die Ihrigen betrifft, so gewöhnen sie ihre Söhne an Schwelgerei und machen sie zu jeder körperlichen und geistigen Anstrengung zu schlaff, um in Freuden und Schmerzen standhaft zu sein, und dem Müßiggang ergeben.
„Zweifellos."
Sie selbst aber kümmern sich um nichts als um den Gelderwerb und bemühen sich ebensowenig um die Tüchtigkeit wie die Armen.
„Freilich nicht."
Wenn nun Regenten und Regierte solcher Art miteinander in Berührung kommen, auf Reisen oder sonst bei gemeinsamen Anlässen, etwa bei Festgesandtschaften, oder wenn sie bei Feldzügen auf demselben Schiff sind oder im selben Heer dienen, oder wenn sie einander gar mitten in Gefahren beobachten, dann sind es durchaus nicht immer die Armen, die von den Reichen verachtet werden. Wenn dann manchmal so ein Armer, hager und sonnverbrannt, in der Schlacht neben einem Reichen steht, der im Schatten verweichlicht wurde und viel überflüssiges Fleisch mit sich trägt, und wenn er dann sieht, wie dieser außer Atem und völlig unbeholfen ist – meinst du nicht, daß er sich dann sagt, daß diese Leute ihren Reichtum nur der Feigheit der Armen verdanken? Und wenn sie dann unter sich allein sind, dann wird wohl der eine dem anderen zurufen: Diese Leute sind in unserer Hand; sie sind ja nichts wert.
„Ja, ich weiß wohl, daß sie das tun", sagte er.
Und wie es bei einem kränklichen Leib nur einen kleinen Anstoß von außen braucht, daß er wirklich krank wird, ja wie er manchmal sogar ohne äußere Einwirkung in sich selbst uneins wird, so geschieht es doch auch mit der Stadt, die

sich in einem ähnlichen Zustand befindet: aus einem geringfügigen Anlaß, wenn etwa die eine Partei aus einer oligarchischen, oder die andere Partei aus einer demokratischen Stadt fremde Hilfe herbeiholt, wird sie krank und gerät in einen inneren Streit; manchmal wird sie sogar ohne äußere Einwirkung in sich uneins.

„Ja, gewiß."

Nach meiner Ansicht entsteht also eine Demokratie, wenn die Armen die Oberhand gewinnen und dann ihre Gegner entweder umbringen oder verbannen und den Übrigbleibenden an der Verwaltung der Stadt und den Ämtern im gleichen Maße Anteil geben, wobei denn in der Regel die Ämter in der Demokratie durch das Los besetzt werden.

„Ja, das ist die Art, wie die Demokratie eingeführt wird", sagte er, „mag das nun durch Waffengewalt geschehen, oder indem ihre Gegner aus Furcht das Feld räumen."

11. Auf welche Weise leben nun diese Menschen? Und wie ist ferner eine solche Verfassung beschaffen? Denn offenbar wird sich der Mensch, der ihr entspricht, als der demokratische erweisen.

„Ja, offenbar", sagte er.

Das erste ist doch wohl, daß sie selbst frei sind, daß die Stadt voll Freiheit und Redefreiheit ist, und daß jeder in ihr tun darf, was er will?

„So behauptet man wenigstens", erwiderte er.

Wo das aber erlaubt ist, da wird sich doch offenbar jeder seine Lebensweise so gestalten, wie es ihm gefällt.

„Das ist klar."

Unter einer solchen Verfassung, denke ich, wird sich also die größte Mannigfaltigkeit unter den Menschen finden.

„Ohne Zweifel."

So wird dies wahrscheinlich die schönste von allen Verfassungen sein, fuhr ich fort. Gleich einem bunten Kleid, geziert mit allen Farben, so mag uns auch diese Stadt in der Buntheit aller ihrer Sitten sehr schön erscheinen. Und vermutlich, sagte ich, werden sie auch die meisten für die schönste erklären, wie die Kinder und Weiber, wenn sie etwas buntes sehen.

„Gewiß", sagte er.

Und es ist auch bequem, du Glücklicher, sich in ihr eine Verfassung auszusuchen, fuhr ich fort.

„Wieso?"

Dank der Freiheit, die in ihr herrscht, enthält sie alle Arten von Verfassungen. Und wer eine Stadt gründen will, wie wir das vorhin taten, der braucht anscheinend nur in eine Demokratie zu gehen und sich dort, wie in einem Trödlerladen mit Verfassungen, das Modell auszusuchen, das ihm zusagt; hat er dann seine Wahl getroffen, so kann er seine Stadt einrichten. (...)

Platon: Politeia VIII, 555 a - 557 e. In ders.: Jubiläumsausgabe sämtlicher Werke. 8 Bde. Zürich, München 1974, Bd. IV: Der Staat. Übersetzt von Rudolf Rufener, S. 414-418

Interpretation

Der hier abgedruckte Text entstammt dem politikphilosophischen Hauptwerk Platons (427/29-347 v. Chr.), der *Politeia* – zumeist mit dem anachronistischen und irreführenden Titel „Der Staat" ins Deutsche übersetzt. Die *Polis*, Organisationsprinzip und Verwaltungseinheit im antiken Griechenland der archaischen und klassischen Zeit, war kein Staat, da ihr die entscheidenden Wesensmerkmale der so bezeichneten politischen Form fehlten: Souveränität nach innen und nach außen, Konzentration und Verselbstständigung der politischen Entscheidungs- und herrschaftlichen Zwangsgewalt durch stehende Heere und Bürokratie. Im Gegensatz zu dieser neuzeitlichen Organisationsform war die Polis kein verselbstständigter politischer Apparat, sondern die autarke Bürgerschaft, die sich selbst bestimmte und regierte. Dementsprechend befasst sich Platons *Politeia* nicht mit dem Aufbau und den Strukturen eines hierarchisch geordneten und bürokratisch verwalteten „Staates", sondern vielmehr mit den Bedingungen und Formen, Institutionen und Normen der bürgerlichen Selbstverwaltung, mit der *Verfassung*, der Zusammensetzung, den Sitten und Institutionen der antiken *Bürgerschaft*, die ihre Probleme nicht an einen Staat delegieren konnte, sondern in Eigenregie lösen musste. (Da kein deutsches Synonym existiert, sollte auf eine Übersetzung des Begriffs *Polis* verzichtet werden.)

Platon wurde ca. 427/29 v. Chr. als Sohn einer aristokratischen Familie in Athen geboren. Er erlebte seine Kindheit und Jugend während des Peloponnesischen Krieges (431-404 v. Chr.) und wurde durch die nicht enden wollenden inneren und äußeren Kämpfe mit den Unwägbarkeiten des Lebens vertraut. Durch seinen Lehrer Sokrates wurde er als junger Mann in die Philosophie eingeführt und zum Nachdenken über die Grundlagen und Formen, Werte und Normen der Ethik und Politik sowie zur kritischen Infragestellung der in der Polis zirkulierenden Meinungen angeregt. Von ihm erlernte er den radikalen Zweifel, der alle seitherigen Gepflogenheiten und Dogmen vor den Gerichtshof der Vernunft zitierte. Durch die mehrfache Verfassungsänderung zwischen 411 und 403 v. Chr., durch die Niederlage und den Zerfall der athenischen Polis wurde er sensibilisiert für die Fragilität und Kontingenz der politischen Institutionen und für die Relativität und Unbeständigkeit der Sitten. Der Prozess gegen Sokrates, der 399 v. Chr. mit der Verurteilung und dem Tod des Angeklagten endete, musste das ohnehin vorhandene Misstrauen des jungen Philosophen gegen die Demokratie schüren. Platon zog sich in der Folge enttäuscht aus der politischen Arena zurück und konzentrierte sich mit seinen Schülern auf die geistige Arbeit in der von ihm gegründeten Akademie. Er begann, alle damaligen Wissensgebiete systematisch zu durchdringen, unterzog die Erkenntnisse seiner Vorgänger einer kritischen Revision und entwickelte das erste umfassende und in sich geschlossene philosophische System, das zur Inspirationsquelle und zum permanenten Bezugspunkt der künftigen Philosophie wurde.

In der Entwicklung des platonischen Werkes werden gewöhnlich drei Phasen unterschieden: 1. die frühen Dialoge, die sich vor allem mit ethischen Fragen des richtigen und guten Lebens befassen; 2. die mittleren Dialoge, deren bedeutendster die *Politeia* ist; 3. die späten Dialoge, in denen die Suche nach dem Guten durch die grundsätzlichere Frage nach dem Sein des Seienden überlagert bzw. verdrängt wird. Es gab seinerzeit keine unproblematischen Anknüpfungspunkte mehr. Man konnte sich auf keine Vorgaben der Tradition stützen, sondern war genötigt, ganz von vorne zu beginnen und neue Fundamente für das Denken zu legen. Vor allem im Bereich der Ethik und Sittlichkeit gab es keine irreversiblen Gewissheiten mehr, vor denen die Skepsis hätte Halt machen können. Die widersprüchlichsten Auffassungen über das richtige Leben standen unvermittelt neben- und gegeneinander. Die Sophisten waren deshalb zu der Einsicht gelangt, dass Aussagen über das Wahre, Gute und Richtige relativ und situationsabhängig sind. Vordringlich war folglich die kritische Durchdringung und Dekonstruktion der kursierenden Meinungen, die auf ihren rationalen Kern zu reduzieren waren. Platon verfasste deshalb *Dialoge*, in denen zumeist Sokrates der Wortführer ist, der im Gespräch mit wechselnden Partnern das Für und Wider der unterschiedlichen Auffassungen bedenkt, seinen Gesprächspartnern ihre theoretischen Grenzen vorführt, ihre Prämissen verwirrt und sie zu neuem Nachdenken inspiriert, damit sie durch eigene Einsicht zur Erkenntnis des Richtigen und Wahren gelangen. Seine Methode war die *Mäeutik*. Sokrates führte nach seinem Selbstverständnis das Handwerk seiner Mutter fort, die einst Hebamme gewesen war. Er wollte keine neuen Dogmen und Einsichten verkünden, sondern aus seinen Mitbürgern nur das herauskitzeln, was ohne ihn bereits in ihnen war. In eben dieser Weise erörtert er in Platons *Politeia* mit seinem Gegenspieler Glaukon die Prinzipien und Erfordernisse eines vernünftigen Lebens und die Funktionen und Probleme der Polis, die seinerzeit ziemlich im Argen lag und eine Totalreform an Haupt und Gliedern nötig hatte.

In den *Frühdialogen* konzentrierte sich Platon auf die Sitten und Umgangsformen. In einer schroffen Kritik des sophistischen Wahrheits- und Werterelativismus suchte er zu zeigen, dass sich ein „richtiges", ein vernünftiges und glückliches, ein gerechtes, ehrenwertes und zufriedenes Leben nur führen lässt, wenn man *allgemeine Interessen* verfolgt und sich um *Tugendhaftigkeit* oder *Tüchtigkeit* bemüht. Tugend oder Tüchtigkeit *(areté)* sei aber nur als Einheit aller ihrer einzelnen Momente möglich: als Ganzes aus Tapferkeit *(andreía)*, Besonnenheit *(sōphrosýne)*, Gerechtigkeit *(dikaiōsýne)*, Frömmigkeit *(eúsébeia)* und Einsicht/ Klugheit/Weisheit *(sophía)* – unter der strengen Kontrolle und Leitung der Vernunft *(lṓgos)*. Keine dieser Tugenden könne für sich, ohne alle anderen sein. Alle komplettieren sich im einzelnen Menschen zu einem Ganzen, das entweder als Totalität aller Einzelmomente oder aber gar nicht existiert (vgl. Laches, 199 c-e; Charmides, 166 e; Protagoras, 329 c, d; 349 b ff.; Gorgias, 481 b ff. und passim). Platons Tugendideal war demnach die allseitig entwickelte Persönlichkeit, die nicht auf Einzelheiten fixiert ist und einzelne Vermögen oder Kräfte auf Kosten der anderen ausbaut, sondern sich um die gleichmäßige Entwicklung aller Anlagen bemüht. Nur dann könne das menschliche Zusammenleben in vernünftige Bahnen zurückgelenkt und die Polis zu einem harmonischen Ganzen werden. Im Anschluss an die sokratische Kritik an den Sophisten lehrte Platon, dass Tugendhaftigkeit oder Tüchtigkeit nicht lehrbar ist, dass jeder Einzelne sie für sich selbst erringen muss, indem er seine Triebe und Leidenschaften durch Vernunft und Einsicht zügelt.

Auch die späteren Werke Platons beschäftigen sich mit den Problemen der Tugend/Tüchtigkeit. Seit den mittleren Dialogen verlagerte sich der Akzent jedoch von der individuellen Handlungsorientierung auf die politischen Institutionen. Da Weisheit und Tugendhaftigkeit seinerzeit längst keine Wesensmerkmale der athenischen Bürgerschaft mehr waren, da sich der Appell an die menschliche Einsichtsfähigkeit und Vernunft als vergeblich erwies, ging Platon auf die Suche nach stabileren Ordnungsformen, die dem individuellen Handeln einen Außenhalt und dem Zusammenleben Sicherheiten bieten konnten, die dabei aber allen menschlichen Anlagen und Neigungen Rechnung zu tragen hatten. Den Ausgangspunkt und den zentralen Gegenstand der *Politeia* bildet die *Gerechtigkeit*, die nun nicht länger als individuelle Tugend, sondern als unverzichtbares Konstitutionsprinzip einer wohl geordneten Polis begriffen wird. Ihr Fehlen wird als Hauptgrund der allgemeinen Misere diagnostiziert. Sokrates hinterfragt und widerlegt zunächst die Auffassungen seiner Gesprächspartner und holt dann zu einer weitläufigen Betrachtung aus, um das Wesen der Gerechtigkeit zu erkennen. Besser als in den Handlungen der Einzelnen lasse sich diese Idee anhand der Polis studieren, die als ein *großer Mensch* vorgestellt wird.

Neben der *sokratischen Ethik* wurde die *Ontologie* des *Parmenides* zur zweiten Säule, auf der Platons Philosophie errichtet wurde, die Suche nach dem Sein des Seienden, nach dem Festen und Ruhenden hinter den Erscheinungen. Die Synthese beider Fragestellungen führte zur *Ideenlehre*, wie sie in der *Politeia* entwickelt ist (vgl. 502 d ff.). Durch sie gewann Platon den Maßstab, mit dessen Hilfe sich Wahres von Falschem, gesichertes Wissen (epistéme) von bloßer Meinung (dóxa) sowie Gutes von Schlechtem unterscheiden ließ. Der letzte Grund der menschlichen wie natürlichen Dinge liegt demnach in den *Ideen*, die Platon als *Urbilder* aller empirischen Erscheinungen begreift. Sie vermitteln den einzelnen Erfahrungstatsachen Zusammenhalt und Struktur. Die ordnungsstiftenden Ideen sind keine bloßen Behelfskonstrukte des denkenden Kopfes, der sich mit ihrer Hilfe Orientierung verschafft und das Erfahrungsmaterial zurechtlegt, sie sind subsistierende Wesenheiten und für Platon das eigentlich Reale und Existierende. Die konkreten Phänomene dagegen gelten als bloße, mehr oder weniger gelungene oder missratene Verkörperungen oder Nachbildungen, die nur durch ihre Teilhabe an den Ideen existieren und nur verstanden werden können, wenn sie zurückgeführt werden auf diesen ihren Ursprung. Sollen die real existierenden Dinge erkannt werden, so müssen sie auf ihr Urbild *(eidos, idéa)* reduziert werden. Hinter den schönen Dingen ist die Idee der Schönheit *(kállos)*, hinter den guten Taten und Institutionen die Idee des Guten *(agathón)* zu erkennen – und diese letztere ist für Platon die höchste Idee, die allen anderen zugrunde liegt. Sie zu erfassen ist folglich Aufgabe der Philosophie und das Ziel aller mittleren und späteren platonischen Dialoge.

Den Sinn und Zweck *(télos)* des menschlichen Lebens sieht Platon in der „Vervollkommnung der Seelen", in der Entfaltung und Steigerung der ethischen und dianoetischen Anlagen und Fertigkeiten. Aufgabe der Polis ist es, diese zu ermöglichen und zu fördern. Erkenntnisleitende Frage der *Politeia* ist demzufolge, welche Einrichtungen vonnöten sind, um dieses Ziel zu erreichen. Da alle Institutionen im Dienst der „Seelenpflege" stehen sollen, werden sie aus dem Bild einer „vollkommenen Seele" abgeleitet. Die menschliche *Psyche* setzt sich nach Platon aber aus drei Teilen zusammen: den *Begierden und Leidenschaften*, den *Tugenden* und der *Vernunft*. Diese müssen folglich ein organisches Ganzes bilden und sich gegenseitig stützen. In Analogie dazu sieht Platon in der Polis eine Arbeitsteilung vor. Die drei menschlichen Grundvermögen werden von drei *Ständen* realisiert: für die Vernunft sind die *Regenten* zuständig, tugendhaft oder tüchtig müssen vor allem die *Wächter* sein, die Begierden und Leidenschaften sind vornehmlich Sache des einfachen Volkes, der *Handwerker* und *Bauern*. Nicht die Gesamtheit der Bürger soll demnach befähigt werden, alle Fertigkeiten gleichermaßen zu entfalten, vielmehr soll jeder „das Seine tun" und die seiner Stellung entsprechenden Pflichten erfüllen (431 d ff.). Für das politische Geschehen sind neben oder nach den Regenten die Wächter ausschlaggebend, die für die Sicherheit der Gemeinschaft und für die innere Ordnung verantwortlich sind. Ihrem Amt und ihrer Erziehung widmet Platon deshalb ganz besondere Sorgfalt (374 e ff.). Sie haben sich der Verwirklichung des Gemeinwohls und der Optimierung der Einheit zu widmen und dafür auf jegliches privates Glück zu verzichten. Ihre Aufgabe ist die Selbstaufopferung für die durch Wissen erfolgreich gegründete und regierte Stadt. Bei der von ihnen geforderten Tugend oder Tüchtigkeit *(areté)* sollen wieder alle Einzeltugenden in Rechnung gestellt und Vorkehrungen getroffen werden, die ihre gleichmäßige Ausprägung ermöglichen. Da die vier Grundtugenden (Tapferkeit, Besonnenheit, Gerechtigkeit, Einsicht) – wie schon die Frühdialoge zeigten – ein untrennbares Ganzes bilden (427 e), müsste die unverhältnismäßige Entwicklung einer Einzeltugend – etwa der Tapferkeit – ohne gleichzeitige Ausbildung aller anderen eine Dissonanz zur Folge haben (Verwegenheit, Tollkühnheit usw.). Nur dann, wenn sie sich wechselseitig balancieren, kann sich die Polis zu einem harmonischen Ganzen entfalten, das die Einzelnen zu einem gerechten und geglückten Leben befähigt, dessen Ziel und Zweck in der vollkommenen Gemeinschaft und in der Identifikation aller mit dem Ganzen besteht.

Die Polis entstehe, weil kein Mensch sich selbst genügen kann, schreibt Platon (369 b ff.). Jeder hat viele andere nötig und ist auf seine Mitmenschen angewiesen.

Dies gilt bereits für die Selbsterhaltung und die materielle Reproduktion. Noch deutlicher wird es hinsichtlich der Idee des richtigen und guten Lebens. Im Ausgang von der *Idee des Guten*, auf die nach Platon letztlich alle guten Dinge, Eigenschaften und Aktivitäten zurückgehen, kann Sokrates seine Gesprächspartner mit nur geringen Schwierigkeiten davon überzeugen, dass in der vollkommen eingerichteten Polis die *Frauen* und *Kinder* allen gemeinsam gehören, dass folglich nicht die Eltern über die Eheschließung entscheiden und dass die Erziehung der Kinder kollektiv zu erfolgen hat. Ferner kann er einsichtig machen, dass *Privateigentum* für das allgemeine Wohlergehen abträglich und die gemeinschaftliche Arbeit auf der Basis gemeinsamen Besitzes vorzuziehen ist – im Frieden wie im Krieg. Der *Tausch* und seine Medien, *Geld* und *Vertrag*, sollen abgeschafft und verboten werden, weil ihnen der Betrug substantiell innewohnt. Schließlich kann Sokrates zeigen, dass die *Regenten* wissbegierig oder weisheitsliebend, also *Philosophen* sein müssen, weil Ignoranten, Narren und Idioten nur selten richtige Entscheidungen im Interesse der ganzen Bürgerschaft treffen (vgl. 472 d ff.).

Welche Regierungsform wollte Platon etablieren? – Als beste aller denkbaren Verfassungen zeichnet er die *gemäßigte Aristokratie* und die *konstitutionelle Monarchie* aus, d.h. Regierungen, die dem Gemeinwohl dienen und sich den Gesetzen der Stadt unterordnen, ohne an ihnen zu rütteln (445 e). Nur in diesen Ordnungen herrsche Gerechtigkeit und Güte. Neben diesen gebe es vier weitere Grundtypen von Verfassungen, die Platon als *verfehlt* betrachtet (544 b ff.): 1. die kretische und lakonische Verfassung, die ausschließlich auf den Krieg ausgerichtet ist; 2. die Oligarchie, die auf der Einschätzung des Vermögens beruht, in der die Reichen herrschen und die Armen keinen Anteil an der Regierung haben; 3. die Demokratie, in der die vielen Armen die wenigen Reichen unterdrücken; 4. „die edle Tyrannis, die vierte und letzte Krankheit einer Stadt". Patriarchalische Herrschaft, korrupte Königsherrschaft und dergleichen lägen in der Mitte zwischen diesen Formen und seien bei Hellenen ebenso wie bei „Barbaren" anzutreffen. Alle diese Verfassungen resultieren aus der Natur der Bürgerschaft und formen ihrerseits bestimmte Charaktere. Die lakonisch-kretische beispielsweise, die Platon mangels besserer Ausdrücke *Timokratie* oder *Timarchie* zu nennen pflegt, entspringe einer streit- und ehrsüchtigen Bürgerschaft und fördere eben diese Eigenschaften.

Von diesen Beobachtungen ausgehend gelangt Platon zu einer Verfallstheorie bzw. einer Theorie des Verfassungskreislaufs: Der Mensch der *Aristokratie* sei gut und gerecht (545 a), er folge den Gesetzen und bemühe sich um Tüchtigkeit und ein ehrbares Leben. Aus der Aristokratie erwachse die *Timokratie*, da die nachfolgende Generation der Machthaber die Sitten ihrer Väter missachte und sich in zügelloser Streitlust und Ehrsucht übe. Ihr folgt die *Oligarchie*, die alle Regierungskompetenzen in den Händen weniger Reicher konzentriert. Ihr Übergang in die *Demokratie* sei gesetzmäßig und erfolge wegen der Unersättlichkeit des Verlangens nach Reichtum.

Es sei offensichtlich, schreibt Platon, „dass man in einer Stadt unmöglich den Reichtum ehren und zugleich Besonnenheit unter den Bürgern erlangen kann. Entweder das eine oder das andere muss man drangeben“ (555 c). Eine Demokratie entstehe immer dann, wenn die Armen in der Stadt die Oberhand gewinnen und ihre Gegner entweder umbringen oder verbannen, um schließlich die Ämter unter sich zu verlosen (557 a). Damit erinnert Platon an den Sturz des Areopags (462/61 v. Chr.) und die Ermordung und Vertreibung der Areopagiten. Die Umwandlung der Demokratie schließlich führe zur *Tyrannis* (562 a ff.), und zwar wegen der übersteigerten Freiheit. Da die Menschen der Demokratie „darin unersättlich und gegen alles andere gleichgültig“ sind, ertöne irgendwann der Ruf nach einer starken Hand, die wieder Ordnung in die aufgewühlte Gesellschaft bringt. Damit schließt sich dann der Kreis. Der Tyrann erzwingt die innere Ruhe, gewöhnt die Bürger wieder an Recht und Ordnung und schafft so die Voraussetzungen für die Rückkehr zur Monarchie bzw. zur gemäßigten Aristokratie usw. Jede Veränderung der Verfassung resultiere daraus, „dass in dem Teile der Bürgerschaft, der die Herrschaft innehat, Uneinigkeit entsteht“ (545 c). Der Hauptgrund dafür, dass eine Stadt in Bewegung und Aufruhr gerät, liege in der Entzweiung der Wächter, die sich gegenseitig zu übervorteilen und zu unterjochen suchen (546 a ff.).

„Wenn nicht entweder die Philosophen Könige werden in den Städten“, so resümiert der platonische Sokrates, „oder die, die man heute Könige und Machthaber nennt, echte und gründliche Philosophen werden, und wenn dies nicht in eines zusammenfällt: die Macht in der Stadt und die Philosophie, und all die vielen Naturen, die heute ausschließlich nach dem einen oder dem anderen streben, gewaltsam davon ausgeschlossen werden, so wird es, mein lieber Glaukon, mit dem Elend kein Ende haben, nicht für die Städte und auch nicht, meine ich, für das menschliche Geschlecht“ (473 d). – Ein solcher Philosophenkönig stand seinerzeit nicht zur Verfügung. Aus diesem Grunde suchte Platon in seinen späten politikphilosophischen Dialogen *(Politikos, Nomoi)* nach einer zweitbesten Verfassung, die er in der *Herrschaft des Gesetzes* fand. Weil aber die Gesetze, die durch willkürliche Entscheidungen irgendwelcher Bürgerschaften zustande kommen, selbst problematisch bleiben, unternahm Platon in seinem letzten und umfänglichsten Werk eine eindringliche Untersuchung eben der „Gesetze“, ihres Wesens, ihrer Entstehung und Beschaffenheit, ihrer Wirkung und Notwendigkeit, um gute von schlechten Gesetzen unterscheiden zu können.

Platons *Politeia* wurde gelegentlich als Utopie und als Chimäre, als müßige Konstruktion des denkenden Kopfes kritisiert, die, wie die Erfahrung lehre, entweder keine Chance auf Verwirklichung habe oder aber, wo sie versucht würde, zwangsläufig zu „totalitären“ Verhältnissen führe. Mit dem zweiten Argument werden Erfahrungen des 20. Jahrhunderts in die Antike rückprojiziert. Das erste brachte bereits Immanuel Kant, außerhalb jeglichen Totalitarismus-Verdachtes stehend, in Rage, der – ähnlich wie später auch Hegel – solchen Feststellungen entgegenhielt, nichts könne „Schädlicheres und eines Philosophen Unwürdigeres gefunden werden, als die pöbelhafte Berufung auf vorgeblich widerstreitende Erfahrung, die doch gar nicht existieren würde, wenn jene Anstalten zu rechter Zeit nach den Ideen getroffen würden, und an deren statt nicht rohe Begriffe, eben darum, weil sie aus Erfahrung geschöpft worden, alle gute Absicht vereitelt hätten" (Kritik der reinen Vernunft, A 316/B 372 f.). Legt man die Maßstäbe der heutigen Weltanschauung an, so ist nicht zu leugnen, dass Platons Grundidee – Erziehung der Bürger zu Tugendhaftigkeit oder Tüchtigkeit – „antiliberale" Implikationen und Konsequenzen hat. Der Liberalismus entstand jedoch erst zweitausend Jahre später. Die Ideen der repräsentativen Demokratie und des bürgerlichen Rechtsstaates waren seinerzeit noch nicht entwickelt. Das große Ziel der klassischen griechischen Philosophie war die Krisenbewältigung, die Restitution der zerrütteten Polis und die Wiedergewinnung der zerfallenen Sittlichkeit. Dafür war Platon bereit, autoritäre Einrichtungen und die Aufhebung der Trennung des Öffentlichen und Privaten in Kauf zu nehmen. Auch die familiale Sphäre und das Privatleben der Bürger sollte von den Wächtern kontrolliert werden. Verlangt wurde die bedingungslose Aufopferung der Einzelnen für ihr Gemeinwesen. Jegliche Rückzugsrechte wurden verweigert. Erst der moderne Liberalismus hat die Konsequenzen aus dem Scheitern „erziehungsdiktatorischer" Konzeptionen gezogen und die Befreiung der Individuen aus holistischen Strukturen gefordert. Es war Adam Smith, der erkannte, dass kein Mensch, weder ein Philosoph noch ein Staatsmann, verbindlich begründen kann, was für jeden Einzelnen das Beste ist. Deshalb sollte es jedem selbst überlassen bleiben, nach welcher Fasson er selig werden möchte. Die Folge war das von Platon konstatierte Überhandnehmen der Freiheit, die alles andere (Tugendhaftigkeit/Tüchtigkeit, Solidarität etc.) neben sich als gleichgültig erscheinen ließ. Da auch diese Entwicklung ungeahnte Risiken und ungewollte Nebenwirkungen mit sich führte, mehren sich heute wieder die Stimmen, die eine Rückbesinnung auf die Grundsätze der antiken Ethik verlangen und den modernen Freiheits- mit dem antiken Gemeinschaftsgedanken konfrontieren (Kommunitarismus, Neoaristotelismus). Der Erste, der in diesem Rahmen versuchte, die allzu rigiden Vorschläge Platons zu mildern und zu korrigieren, war sein Schüler Aristoteles.

Aristoteles

Ausgewählt und interpretiert von Klaus Roth

6. Unterschiede der Staatsverfassungen (politeía)

(I. a) Nachdem aber dies festgestellt ist, schließt sich hier zunächst die weitere Untersuchung an, ob man mehrere Verfassungen *(politeía)* oder nur eine anzunehmen hat, und wenn mehrere, welche dies sind und wieviele und welches ihre Unterschiede sind. Nun ist ja Verfassung die Ordnung *(táxis)* des Staates *(pólis)* in bezug auf die Staatsämter *(arché)* und vor allem in bezug auf das oberste von allen, denn das oberste von allen ist die Regierung *(políteuma),* und diese wiederum ist die Verfassung. (b) Zum Beispiel in den demokratischen Verfassungen ist das Volk *(dêmos)* oberste Staatsgewalt, in den Oligarchien dagegen die Wenigen, und eben deshalb nennen wir dort die Verfassung eine andere als hier, und ganz nach demselben Gesichtspunkt werden wir auch über alle anderen Verfassungen urteilen. (c) Demgemäß muß denn nun die Grundlage fürs erste der Zweck ausmachen, um dessentwillen der Staat sich gebildet hat, und sodann die Frage, wieviel Arten des Regierens es für den Menschen und seine Lebensgemeinschaft gibt. Da haben wir aber in den Anfängen unserer ganzen Erörterung, in denen die Bestimmungen über die Hausverwaltung *(oikonomía)* und das Verhältnis des Herrn zum Sklaven *(despoteía)* getroffen wurden, auch gesagt, daß der Mensch von Natur ein politisches Lebewesen (*zôon politikón*) ist. Und aus diesem Grunde treibt es denn die Menschen, auch ganz abgesehen von dem Bedürfnis gegenseitiger Unterstützung, zum Zusammenleben. Damit soll jedoch nicht gesagt sein, daß nicht auch der gemeinsame Nutzen sie zusammenführt, insoweit einem jeden sein Teil zukommt an der Vollendung des Lebens. Vielmehr ist dies gerade das eigentliche Ziel *(télos),* das sie alle gemeinsam und jeder einzelne für sich dabei verfolgen, jedoch auch schon um der bloßen Erhaltung des Lebens willen treten sie zusammen und halten an der staatlichen Gemeinschaft *(politiké koinōnía)* fest. Denn im Leben liegt, wie es scheint, eben schon selber ein Teil des Guten, solange nicht die Art, wie man lebt, allzu drückende Lasten mit sich bringt. Sieht man doch, daß die große Mehrzahl der Menschen aus Liebe zum Leben viel Ungemach zu ertragen bereit ist, so daß doch wohl in demselben schon ein gewisses Glück und eine natürliche Süßigkeit liegen muß.

(2.a) Aber auch die in Frage stehenden Arten des Regierens sind nicht schwer zu unterscheiden, denn schon im gewöhnlichen Verkehr pflegen wir häufig die Bestimmungen über sie zu treffen. Die Herrschaft des Herrn über den Sklaven *(despoteía)* nämlich, obwohl in Wahrheit der Vorteil des Sklaven von Natur und des Herrn *(despótes)* von Natur derselbe ist, wird dennoch im eigentlichen Sinne zum Vorteil des Herrn und zu dem des Sklaven nur zufällig *(katà symbebekós)* ausgeübt, nämlich nur insofern, als die Herrschaft nicht aufrechterhalten werden kann, wenn der Sklave zugrunde geht. (b) Die Regierung dagegen über Weib und Kind und das ganze Haus, die wir die Hausverwaltung nennen, besteht um der Regierten oder, wenn man lieber sagen will: um des gemeinsamen Wohles beider Teile willen, doch an sich nur um desjenigen der Regierten und abgeleiteterweise auch um der Regierenden willen, wie wir ja ein ähnliches Verhältnis bei anderen Künsten *(téchne)*, wie z.B. der Heilkunst und der Gymnastik wahrnehmen. Denn nichts hindert ja den Gymnastikmeister, zuweilen auch selber einer von den Athleten zu sein, so gut wie der Schiffsführer immer auch zugleich einer der Schiffsleute ist: Gymnastikmeister und Schiffsführer haben nun aber das Wohl derer, die sie regieren, im Auge; sofern sie aber selbst einer von diesen sind, kommt in abgeleiteter Weise der Vorteil derselben auch ihnen mit zugute, denn der eine ist eben auch ein Schiffsmann und der andere wird, obwohl er Gymnastikmeister ist, doch selber einer der Athleten. Hiernach war denn auch in bezug auf die Regierungsämter im Staat, wo derselbe auf der Ebenbürtigkeit und Gleichheit der Bürger gegründet ist, das Verlangen der letzteren, daß die Bekleidung der Ämter unter ihnen abwechsle, früher der Natur der Sache entsprechend darauf gerichtet, daß man abwechselnd dem Staate diene und daß für das Wohl eines jeden auch wieder einmal ein anderer sorge, gleichwie er selbst vorher als Regierender für das Beste dieses anderen gesorgt habe; jetzt aber möchte jeder wegen der Vorteile, die ihm aus Staatsmitteln durch sein Amt erwachsen, gern für immer an der Regierung bleiben, und es ist gerade, wie wenn die Leute alle kränklich wären und der Besitz der Ämter ihnen die Gesundheit brächte, denn dann würden sie sich auch wohl nicht mehr um sie reißen. (c) Hieraus erhellt denn nun, daß alle diejenigen Verfassungen, welche den gemeinsamen Nutzen im Auge haben, richtige sind nach dem Recht *(díkaion)* schlechthin, diejenigen dagegen, welche nur den eigenen Vorteil der Regierenden, fehlerhafte und sämtlich bloße Abarten der richtigen Verfassungen, denn sie sind despotisch, während doch der Staat eine Gemeinschaft von freien Leuten ist.

7. Verfassungsformen

(I.) An diese Feststellungen schließt sich nun unmittelbar jene Betrachtung selber an, wieviele Verfassungen es gibt und welches dieselben sind. Und zwar beginnen wir dabei mit den richtigen Verfassungen, denn sind diese erst festgestellt, so müssen sich daraus auch ihre Abarten ergeben. Da nun Staatsverfassung *(politeía)* und Staatsregierung *(políteuma)* ein und dasselbe bedeuten, die Staatsregierung aber die oberste Gewalt *(kýrion)* der Staaten *(pólis)* ist, so muß diese Gewalt entweder von einem oder von wenigen oder von der Mehrzahl des Volkes repräsentiert werden. Wenn dieser eine oder diese wenigen oder die Mehrzahl des Volkes bei ihrer Regierung das allgemeine Wohl im Auge haben, so ergeben sich in allen drei Fällen richtige Verfassungen, wenn aber nur den eigenen Nutzen des einen oder der wenigen oder der großen Mehrzahl, dann bloße Abarten, denn entweder verdienen die Teilnehmer gar nicht den Namen von Staatsbürgern *(polítes)*, oder aber sie müssen auch alle Anteil an den Vorteilen haben. Diejenige Art von Alleinherrschaft nun aber, welche auf das Gemeinwohl ihr Augenmerk richtet, pflegen wir Königtum *(basileía)* zu nennen, die Herrschaft von wenigen, aber doch immer von mehr als einem Aristokratie, sei es nun, daß dies heißen soll Herrschaft der Besten oder daß es bedeutet, ihr Zweck sei das Beste des Staates und der Gemeinschaft; wenn endlich die Mehrzahl des Volkes den Staat mit Rücksicht auf das Gemeinwohl verwaltet, so wird dies mit dem gemeinsamen Namen aller Verfassungen, nämlich Politeía benannt. Dies mit Recht: denn daß ein einzelner oder eine Minderzahl sich durch besondere Tugend *(areté)* auszeichnet, kann leicht vorkommen, daß aber eine größere Zahl es zu jeder Art von Tugend im strengen Sinne bringt, ist schon eine schwierige Sache, und am ehesten ist dies noch möglich in bezug auf die kriegerische Tüchtigkeit, denn das ist eine Tugend der Massen. Daher ist auf Grund dieser Verfassung die oberste Staatsgewalt bei der wehrhaften Bevölkerung, und diejenigen, welche an den Staatsrechten teilhaben, sind hier die Waffentragenden.

(2.) Die Abarten der genannten Verfassungen sind nun aber: vom Königtum die Tyrannis, von der Aristokratie die Oligarchie und von der Politeía die Demokratie. Denn die Tyrannis ist eine solche Art von Alleinherrschaft, welche lediglich zum Vorteil des Monarchen, Oligarchie eine solche Herrschaft, welche zu dem der Reichen, und Demokratie eine solche, welche zu dem der Armen geführt wird, und auf das, was dem ganzen Gemeinwesen frommt, sieht keine von ihnen.

Aristoteles: Politik III, 1278 b 6 - 1279 b 10.
Nach der Übersetzung von Franz Susemihl mit Einleitung, Bibliographie und zusätzlichen Anmerkungen von Wolfgang Kullmann. Reinbek 1994, S. 139-142

Interpretation

Im Unterschied zu Platon musste Aristoteles (384-322 v. Chr.) nicht ganz von vorne anfangen, er konnte an die Vorgaben seines Vorgängers und Lehrers anknüpfen und auf den von ihm gelegten Fundamenten aufbauen. Er musste sich nicht erst durch die Flut konkurrierender Meinungen durcharbeiten, sondern konnte die einzelnen Wissensgebiete durch kritische Analyse der platonischen Dialoge systematisieren. Aristoteles wurde 384 v. Chr. in Stageira, einer kleinen Polis auf der Chalkidike, geboren. Er war ca. 43 Jahre jünger als Platon, kam 367 v. Chr., als Siebzehnjähriger, nach Athen und trat in Platons Akademie ein, der er zwanzig Jahre lang als Lernender und Lehrender angehörte. Nach Platons Tod (347) verließ er Athen und zog auf die Insel Lesbos, wo die Zusammenarbeit mit Theophrast, seinem bedeutendsten Schüler, begann. Dieser gründete später den *Peripatos*, die aristotelische Schule in Athen. Aristoteles kehrte 335/34 nach Athen zurück und verließ es erst wieder 323/22, nach Alexanders des Großen und kurz vor seinem eigenen Tod (322). Zwar war der größte Teil seines Werkes – einschließlich der praktischen Philosophie – lange Zeit verschollen, doch wurde es im späten Mittelalter über arabische Quellen (Avicenna und Averroës) erschlossen und in der Folge zur Basis des europäischen Politikdenkens, das sich mit seiner Hilfe aus den Fesseln des christlichen Glaubens emanzipierte. Vor allem die *Ethik* und die *Politik* erzielten eine gewaltige Wirkung, da sie dem menschlichen Leben eine neue Würde und den sozialen und politischen Institutionen – von der Familie über die Nachbarschaft und das Dorf bis hin zur Stadt und zum Reich – eine Eigenbedeutung und -berechtigung zuerkannten, die ihnen im Rahmen der christlichen Theologie bestritten worden war.

Die *Politik* des Aristoteles ist Teil der praktischen Philosophie und Fortsetzung der *Ethik*. Sie fragt nach den Bedingungen und Formen, Regeln und Normen des menschlichen Handelns, um herauszufinden, was für den Menschen das Gute ist *(anthrópinon agathón)*. Gut für den Menschen ist ein glückliches Leben, weshalb sich die praktische Philosophie auf die Frage nach dem Weg zum Glück bzw. zur Glückseligkeit *(eudaimonía)* konzentriert. Im Unterschied zu Platon geht Aristoteles dabei nicht von der *Idee des Guten* aus, sondern von der empirischen Realität. Er will kein Ideal begründen, sondern untersuchen, welche Möglichkeiten sich unter den gegebenen geschichtlichen Bedingungen eröffnen. Zu diesem Zweck zerschlägt er den Begründungszusammenhang der Philosophie Platons und legt ihn in seine Einzelbestandteile auseinander, die er dann neu sortiert und komponiert. Während nach Platon allein den ewigen und unveränderlichen *Ideen* wahres Sein zukommt und die empirischen Erscheinungen als bloße – mehr oder weniger gelungene oder missratene – Abbilder derselben gelten, verwirft Aristoteles die Ideenlehre. Er ist zwar ebenfalls überzeugt davon, dass die Wissenschaft nicht bei der ungeordneten Vielfalt der einzelnen und unverbundenen Erfahrungstatsachen stehen bleiben kann, sondern das ihnen Gemeinsame und Allgemeine zu erkennen hat, doch sucht er dieses nicht hinter, sondern in den Einzeldingen. Er findet es in der ewigen „Form", die als schaffendes Prinzip *(Entelechie)* den Primat über die Materie besitzt und ihr Gestalt, Bewegung und Veränderung vermittelt (vgl. Metaphysik I (A), 9; II (B), 3, 4; XIII (M), 4.).

Hatte Platon in der *Politeia* eine auf philosophischer Einsicht basierte vollkommene Stadt konstruiert, die ohne Rücksicht auf die Bedürfnisse und Interessen der Einzelnen die Idee des Guten und die Prinzipien der Gerechtigkeit realisiert, so geht Aristoteles aus vom Streben der Menschen nach Glückseligkeit, das nicht einem Höheren untergeordnet, sondern selbst der höchste Lebenszweck ist. Die von den Ideen verbürgte Sicherheit ist entfallen, der Mensch wird nicht mehr von der vorgegebenen Gesamtordnung der Polis behütet, er hat sie in Kooperation mit seinen Mitbürgern selbst hervorzubringen. Demzufolge erhalten die ethischen und dianoetischen Tugenden wieder einen anderen, höheren Stellenwert. Sie sind keine Charaktereigenschaft irgendwelcher „Wächter", sondern müssen von den Bürgern entwickelt werden und zeichnen verantwortlich für das Gelingen der politischen Selbstverwaltung. Während die verstandesmäßigen Tugenden (Wissenschaft, Technik, Einsicht, Klugheit, Vernunft, Weisheit) zum größten Teil durch Belehrung entstehen und wachsen, resultieren die ethischen aus Gewöhnung und Sozialisation (Nikomachische Ethik II.1. 1103 a 14 ff.). Aristoteles beschränkt sich bei ihrer Analyse nicht auf die vier von Platon erörterten Kardinaltugenden, sondern nimmt das Gesamtspektrum aller möglichen Charaktereigenschaften in den Blick. Er gelangt deshalb zu einer präziseren Beschreibung und bestimmt die erforderlichen Tugenden jeweils als *Mittelmaß* zwischen zwei Extremen (II, 1104 a 20 ff.; III, 1115 a 5 ff.; IV, 1119 b 21 ff.). Tapferkeit und Besonnenheit werden als rechte Mitte *(mesótes)* zwischen Tollkühnheit und Feigheit, Zügellosigkeit und Stumpfheit bestimmt, die Freigebigkeit und der Stolz als Mitte zwischen Geiz und Verschwendung bzw. Eitelkeit und Kleinmut, die Sanftmut als „Mitte beim Zorn" usw. Auch die *Gerechtigkeit* wird „mesotisiert" und als Mitte zwischen Unrechttun und Unrechtleiden begriffen (V. 9. 1133 b 30 ff.). Da diese Bestimmung aber unzureichend bleibt, unternimmt Aristoteles eine gründliche und weit ausgreifende Analyse (V, 1129 a 3 ff.), die bis heute die ethischen Debatten und den Gerechtigkeitsdiskurs belebt.

Aristoteles begreift den Menschen als *zôon lógon echón*, als sprach- und vernunftbegabtes Lebewesen, sowie als *zôon politikón*, als ein politisches Lebewesen, das seinen Sinn und Zweck *(télos)* nicht in sich selbst, sondern nur in der Interaktion und Kooperation mit seinesgleichen finden kann (Politik I, 1253 a 2 f.; III, 1278 b 19 ff.). Ein sinnerfülltes Leben lässt sich demzufolge nicht durch Rückzug von den anderen führen, sondern nur im Zusammenwirken mit ihnen. Der freie Bürger soll seinen Lebenssinn nicht in der Arbeit *(poíesis)*, der Herstellung von Gütern oder Werken, bzw. in der Akkumulation und Konsumtion von Reichtum und Besitz suchen und finden, sondern einerseits in der *Kontemplation*, der theoretischen Betrachtung der

Welt, andererseits in der *Praxis,* im kollektiven Handeln, in der Gemeinschaft, der Kommunikation und Interaktion mit anderen, die sich – wie Aristoteles betont – von der *Poiesis,* dem Herstellen und Machen, dadurch unterscheidet, dass sie ihren Zweck in sich selber trägt, während jene Ziele verfolgt, die außerhalb der Tätigkeit gelegen sind (Nikomachische Ethik VI, 1139 a 36 ff., 1140 b 6.). Das politische Engagement, die Mitwirkung an der Selbstverwaltung der Polis und ihren Unterabteilungen, gilt folglich als Selbstzweck und als unverzichtbares Moment eines geglückten oder glücklichen Lebens (Politik VII, 1324 a 5 ff.).

Die Polis – als agierende und interagierende Bürgerschaft – realisiert bei Aristoteles jene *Gesetzesherrschaft* oder *Nomokratie,* die Platon in seinen späten Dialogen, im *Politikos* und in den *Nomoi,* begründet hatte. Der Akzent liegt nunmehr eindeutig auf der Ordnung, auf den Ämtern und Institutionen, die dem richtigen und guten Leben dienen sollen. Im Zentrum der *Politik* steht die *Politeía,* die Verfassung und die Ämterordnung. Als *Bürger* gilt jeder, der an der regierenden, beratenden oder richterlichen Gewalt teilhat (Politik III, 1275 b 18 ff.). Ausgeschlossen bleiben Frauen und Sklaven. Hatte Platon noch die „ökonomische" Freiheit, den Warentausch und das Privateigentum, aus der guten Polis und der Idee der Gerechtigkeit verbannt, da sie die Gefahr, ja die Notwendigkeit des Betruges in sich birgt, so wirft Aristoteles diesen Begründungszusammenhang über Bord, um zu zeigen, dass es neben der universalen Gerechtigkeit noch partikulare Formen derselben gibt: die distributive (austeilende), die kommutative (ordnende) und die ausgleichende oder wiedervergeltende, kurz: die Tausch-Gerechtigkeit (Nikomachische Ethik V. 4. 1130 a 15 ff.; Politik I, 1256 b 40 ff.). In diesem Rahmen entwickelt Aristoteles den Gedanken der Billigkeit *(epieíkeia),* der auch in den heutigen Diskussionen fortwirkt. Zugleich gelangt er zur Idee der Gleichheit, die aber nicht auf die numerische, sondern auf die qualitative Gleichheit der Menschen zielt, die von ihrer jeweiligen Würde und Leistung abhängt. Das Wesen der Gerechtigkeit besteht demnach in der Gleichbehandlung, der Fürsorge und im Sich-Kümmern um die anderen Menschen.

Platons Lehre, wonach das höchste Ziel einer vernünftig eingerichteten Polis die größtmögliche Einheit und deshalb die Weiber- und Kindergemeinschaft nötig sei, wird einer scharfen Kritik unterzogen (Politik II, 1261 a 10 ff.). Aristoteles insistiert auf der Trennung des Öffentlichen und Privaten. Die Polis dürfe nicht als große Familie bzw. als Haushalt *(oîkos)* missverstanden werden. Ihr Wesen sei nicht Einheit, sondern Vielheit, sie müsse die Unterschiede zwischen den einzelnen Familien respektieren und dürfe ihre Freiheit nicht beschneiden (II, 1261 a 16 ff.). Das Endziel der Verfassung sei die Glückseligkeit der Bürger, die in der vollkommenen Verwirklichung und Anwendung der Tugend *(areté)* besteht (VII, 1332 a 5 ff.). Die Tugend aber sei bedingt durch die Natur *(phýsis),* die Gewöhnung *(éthos)* und die Vernunft *(lógos).* Zwar sind einzelne zur Tüchtigkeit erforderliche Charaktereigenschaften durch die Erbanlagen festgelegt, doch müssen die meisten erst durch Sozialisation und

Lernprozesse aktiv erworben werden. Ihrer Entfaltung hat die Erziehung in der Polis zu dienen (1332 b 12 ff.).

Obgleich die Prinzipien seiner Ethik den Gedanken der Demokratie nahe legen, war Aristoteles ein Gegner und Verächter derselben. Ähnlich wie zuvor Platon (Politikos, 291 c ff., 301 a ff., 303 a, b), unterscheidet auch er sechs Regierungsformen, die sich aus der Verdoppelung der traditionellen Trias ergeben. Neben die numerische setzt er eine normative Unterscheidung, indem er Monarchie, Aristokratie und Demokratie nach ihrer Qualität befragt und in sich differenziert (siehe den obigen Auszug). Das Qualitätsmerkmal resultiert aus der Art, wie die Regentschaft jeweils ausgeübt wird. Ist das Tun der Regenten am Gemeinwohl orientiert, so ist die Regierung „gut". Orientiert sie sich aber nur am eigenen Nutzen der Regenten selbst, so ist sie „schlecht". Entsprechend ergibt sich folgendes Schema:

gute Formen	schlechte Formen
Monarchie	*Tyrannis*
Aristokratie	*Oligarchie*
Politie	*Demokratie*

Diese Ordnungen müssen nicht, wie Platon meinte, in einem endlosen Kreislauf ineinander über- oder auseinander hervorgehen. Vielmehr gelangt Aristoteles bei der Analyse der Umwälzungen *(metabolé)* der Verfassungen *(politeía)* zu einer Kritik an Platons Verfallstheorie (Politik V. 12. 1312 b 11 ff.). Eine Regierungsform verwandelt sich nicht zwangsläufig in die ihr nächstliegende. Sie kann durch alle möglichen abgelöst werden. Die Transformation der Aristokratie in die Oligarchie erfolge ferner nicht dadurch, dass die Regenten geld- und wuchersüchtig werden, sondern weil die Reichen es nicht für richtig halten, dass die Besitzlosen die gleichen politischen Rechte haben (1316 b 1 ff.). Die Monarchie gilt als eine gute oder richtige Verfassungsform, sofern der Alleinregent sich an die geltenden Gesetze bindet und das Wohlergehen der Allgemeinheit im Auge hat. Es sei aber besser, wenn die Entscheidungen der Regierung von einer Mehrzahl guter Männer getroffen werden als von einem Einzelnen, vorausgesetzt, dass diese Männer nicht gegen das Gesetz verstoßen (III. 15. 1286 a 25 ff). Das konstitutive Prinzip der Aristokratie erblickt Aristoteles in der Tugend, das der Oligarchie im Reichtum. Die Demokratie/Politie hingegen basiere auf der Freiheit (IV. 8. 1294 a 10 f.). Da Aristoteles den ärmeren Schichten unterstellt, sie würden blindlings ihren Volksführern folgen, die ihrerseits nur ihre eigenen Interessen verfolgen und die Wohlhabenden übervorteilen und unterdrücken (V. 9. 1310 a 2 ff.), sucht er nach einer Ordnung, in der die Interessen *Aller* gleichermaßen zur Geltung kommen, in der also ein Ausgleich möglich wird. Präferiert wird die *Politie,* in der die wenigen Reichen insgesamt so viel Gewicht haben wie die vielen Armen (Zensusstimmrecht) und alle Bürger sich im Sinne eines Rotationsprinzips in der Rolle der Regenten und Regierten abwechseln (I. 12. 1259 b 4 ff.; VI. 2. 1317 b 1). Weil aber alle „reinen“ Formen die Gefahr der „Entartung“ in sich bergen, empfiehlt Aristoteles den Völkern, sie mögen die einzelnen Prinzipien durch einander relativieren und *Mischverfassungen* – er nennt sie ebenfalls *Politie* – institutionalisieren, in denen auch das monarchische Element verankert und mit den beiden anderen ausbalanciert ist.

Dieser Vorschlag wurde in der Folgezeit beherzigt. Zwar wurden die demokratischen Einrichtungen in Athen beibehalten, doch wurden sie zusehends ihrer Substanz beraubt. Die politische Macht geriet in die Hände der alten Eliten, die Masse der Armen verzichtete gegen Ende des 4. Jahrhunderts nach und nach auf ihr Bürgerrecht. Sie zog sich freiwillig aus der Politik zurück und übertrug die städtische Macht den wenigen Reichen. Die Demokratie verwandelte sich in die Oligarchie der Honoratioren. Der antike Euergetismus, die Armenfürsorge der Wohlhabenden, ersetzte die politische Partizipation. Die Rolle des Monarchen in der praktizierten Mischverfassung übernahm der einstige Zögling des Aristoteles, der Makedonier Alexander der Große, der die Ära der autonomen Poleis 338 v. Chr. beendete, indem er sie unterwarf und seinem Weltreich eingliederte. Die Idee der Mischverfassung blieb jedoch lebendig. Sie wurde von den Peripatetikern hochgehalten und gelangte von ihnen zu den Anhängern und Verteidigern der römischen Republik (Polybios, Cicero). Auch in der Moderne wurde dem aristotelischen Ratschlag entsprochen. In den *repräsentativen Demokratien* westlichen Typs wurden Verfassungen institutionalisiert, in denen sich die drei Regierungsformen gegenseitig relativieren und balancieren: alle Bürger („Demokratie“) wählen *einige* ins Parlament („Aristokratie“), die wiederum einen zum Kanzler oder Präsidenten berufen, der alleine die Richtlinien der Politik bestimmt („Monarchie“). In Präsidialsystemen erfolgt auch noch die Wahl des „Monarchen“ durch das souveräne Volk. Es handelt sich folglich um *Mischverfassungen*, die im Sinne des Aristoteles die drei gegensätzlichen Prinzipien miteinander verschränken und konstitutionell begrenzen. Allerdings handelt es sich hierbei nicht mehr um *Poleis*, sondern um *Staaten*, die mit Hilfe von Bürokratien und stehenden Heeren das Monopol der legitimen physischen Gewaltsamkeit ausüben.

Cicero

Ausgewählt und interpretiert von Klaus Roth

1 25 (39) „Es ist also", sagte Africanus, „das Gemeinwesen die Sache des Volkes, ein Volk aber nicht jede irgendwie zusammengescharte Ansammlung von Menschen, sondern die Ansammlung einer Menge, die in der Anerkennung des Rechtes und der Gemeinsamkeit des Nutzens vereinigt ist. Ihr erster Beweggrund aber zusammenzukommen, ist nicht so sehr die Schwäche als eine sozusagen natürliche Geselligkeit der Menschen; ist doch diese Gattung nicht einzellebend und einzelgängerisch, sondern so geartet, daß sie nicht einmal im Überfluß an allen Dingen ... [die Gemeinschaft entbehren kann ...]"

26 (41) *(Scipio)* „‚Denn gäbe es im Menschen nicht zur Gerechtigkeit' bestimmte Samen sozusagen, würde man weder irgendeine Entwicklung der übrigen Tugenden noch des Gemeinwesens selbst finden. Diese Versammlungen also, aus dem dargelegten Grund gebildet, setzten zum ersten an einem bestimmten Ort ihren Wohnsitz fest, ihrer Behausungen wegen. Hatten sie diesen durch günstige Lage und der Hände Werk geschützt, nannten sie eine solche Vereinigung von Wohnstätten eine Burg oder eine Stadt, die durch Heiligtümer und öffentliche Plätze gegliedert war.

Jedes Volk also, das eine Ansammlung einer solchen Menge ist, wie ich sie darlegte, jede Bürgerschaft, die eine Ordnung des Volkes darstellt, jedes Gemeinwesen, das, wie ich sagte, die Sache des Volkes ist, muß durch vernünftiges Planen gelenkt werden, damit es dauernd ist. Dieses vernünftige Planen ist zum ersten immer auf die Ursachen zu beziehen, die den Staat hervorgebracht haben. (42) Dann ist es entweder einem zu übertragen oder einigen Auserwählten, oder die Menge oder alle müssen es übernehmen. Wenn deshalb die Vollmacht aller Dinge bei einem ist, nennen wir jenen einen König und den Zustand dieses Gemeinwesens Königtum. Wenn sie aber bei Auserwählten ist, wird jener Staat, sagt man, nach Willen der Optimaten gelenkt. Das aber ist ein Volksstaat – denn so heißt man ihn –, in dem alles beim Volke ist. Und eine jegliche dieser drei Arten, wenn sie nur jenes Band festhält, das zuerst die Menschen durch die Gemeinschaft der gemeinsamen Sache untereinander fesselte, ist zwar nicht vollkommen, noch meiner Ansicht nach am besten, aber doch tragbar und so, daß eine besser sein kann als die andere. Denn ein weiser und gerechter König oder auserlesene und

fürstliche Bürger oder auch das Volk selbst – obwohl diese Art am wenigsten zu billigen ist – können doch, wenn keine Ungerechtigkeiten oder Begierden sich beimischen, wie mir scheint, von einem bestimmten festen Zustand sein.
27 (43) Aber in Königreichen sind die übrigen allzusehr ohne Teil an dem gemeinsamen Recht und Planen, und unter der Herrschaft der Optimaten kann die Menge kaum Anteil an der Freiheit haben, da sie jeglichen gemeinsamen Planens und jeglicher Macht entbehrt, und wenn alles von einem noch so gerechten und maßvollen Volk geleitet wird, so ist doch eben die Gleichmäßigkeit unbillig dadurch, daß sie keine Stufen der Würde kennt. Wenn deshalb der berühmte Perser Kyros der gerechteste und weiseste König war, so scheint mir doch jene ‚Sache des Volkes' – das ist nämlich, wie anfangs gesagt, das Gemeinwesen – nicht besonders erstrebenswert gewesen zu sein, da sie durch eines Mannes Wink und Maß gelenkt wurde. Wenn die Massilier, unsere Schützlinge, von auserwählten und fürstlichen Bürgern mit höchster Gerechtigkeit regiert werden, liegt doch in dieser Lage des Volkes eine gewisse Ähnlichkeit mit der Dienstbarkeit; wenn die Athener zu bestimmten Zeiten nach Aufhebung des Areopags alles durch Volksbeschlüsse und Volksentscheide betrieben, hielt der Staat, da sie ja keine unterschiedenen Stufen der Würde kannten, seine ihm eigene Zier nicht fest.
28 (44) Und dieses sage ich über die drei Arten von Gemeinwesen, wenn sie nicht aufgewühlt und durcheinander gebracht sind, sondern ihren Zustand bewahren. Diese Arten sind erstens einzeln mit den Fehlern behaftet, die ich eben genannt habe, dann haben sie andere Fehler, die in Verderben führen; es gibt nämlich keine Art unter jenen Gemeinwesen, die nicht einen jäh abstürzenden und schlüpfrigen Weg hätte zu einem benachbarten Übel hin.
29 (45) *(Scip.)* „[...] es gibt merkwürdige Perioden und gleichsam Umläufe der Veränderungen und Ablösungen in den Gemeinwesen; es ist Sache des Weisen, sie zu kennen, sie aber vorauszusehen, wenn sie drohen, in der Lenkung des Gemeinwesens die Entwicklung beherrschend und in seiner Gewalt behaltend, das ist das Werk eines großen Bürgers und eines fast göttlichen Mannes. Und so meine ich, ist eine vierte Art des Gemeinwesens sozusagen besonders gutzuheißen, die aus diesen drei, die ich erste nannte, ausgewogen und gemischt ist."
31 (47) *(Scip.)* „Und so beschaffen ist ein jedes Gemeinwesen, wie das Wesen oder der Wille dessen, der es lenkt. Deshalb hat in keinem anderen Staate als in dem, in welchem die Macht des Volkes die höchste ist, die Freiheit eine Wohnstatt; im Vergleich mit dieser kann sicher nichts angenehmer sein, und wenn sie nicht gleich ist, ist es auch nicht Freiheit. Wie aber kann sie gleich sein – ich will nicht sagen im Königtum, wo die Knechtschaft nicht einmal versteckt oder zweifelhaft ist, aber in den Staaten, in denen dem Wort nach alle frei sind? Sie geben ihre Stimme ab, sie übertragen Kommandos, Ämter, werden umworben, gefragt, aber sie geben das, was sie, auch wenn sie nicht wollten, erst recht geben müßten und was sie selbst, von wo es andere erbitten, nicht haben. Sie sind nämlich ohne Anteil

an Herrschaft, öffentlichem Planen, Gericht aus ausgewählten Richtern, Dinge, die nach dem Alter und nach dem Geld der Familien abgewogen werden. In einem freien Volk aber wie in Rhodos, wie in Athen gibt es keinen von den Bürgern, der (nicht selbst alles werden könnte, was er vergibt ...)".

32 (49) Sie sagen aber, man dürfe wegen der Ausartung eines ungezügelten Volkes nicht die ganze Form des freien Volkes zurückweisen; es gäbe nichts Unveränderlicheres, nichts Festeres als ein Volk, das einträchtig sei und alles auf seine Unversehrtheit und seine Freiheit bezöge. Am leichtesten aber möglich sei in dem Gemeinwesen die Eintracht, in dem allen dasselbe nutze; aus den Verschiedenheiten des Nutzens, wenn dem einen dies, dem anderen jenes von Vorteil sei, entstünde Zwietracht; daher sei der Zustand des Staates nie fest, wenn die Väter sich der Macht bemächtigten. Viel weniger gar noch in Königreichen, bei denen, wie Ennius sagt, ‚keine heilige Gemeinschaft im Herrschen noch Treu ist'. Deshalb: da das Gesetz das Band bürgerlicher Gemeinschaft ist, Recht aber die Gleichheit des Gesetzes, mit welchem Rechte kann die Gemeinschaft der Bürger behauptet werden, wo die Bedingung der Bürger nicht gleich ist? Wenn man nämlich die Vermögen gleichzumachen nicht gewillt ist, wenn die Begabungen aller nicht gleich sein können, müssen sicherlich wenigstens die Rechte derer unter sich gleich sein, die Bürger in demselben Gemeinwesen sind. Was ist denn der Staat *(civitas)*, wenn nicht die Rechtsgemeinschaft der Bürger?"

Marcus Tullius Cicero: De re publica/Vom Gemeinwesen I, 25 (39) - 32 (49).
Lateinisch/Deutsch. Übersetzt und herausgegeben von Karl Büchner.
Stuttgart 1979, S. 131-145 [Auszüge]

Interpretation

Die politische Theorie und Praxis der Griechen fand seinerzeit keine Entsprechung in anderen Regionen. Verglichen mit ihr blieb die der Römer in der Zeit der Republik unterentwickelt. Gemessen an den Höhen, die das philosophische Denken mit Platon und Aristoteles erreichte, hatten die Römer nichts Ebenbürtiges aufzuweisen. Bürgerliche Selbstverwaltung durch Partizipation der unteren Volksschichten *(plebs)* war kein Thema. Die Demokratie stand zu keiner Zeit auf dem Programm. Die Republik war und blieb ein aristokratisch-oligarchisches Regime. Die Römer waren Praktiker und Pragmatiker. Sie orientierten sich an den Sitten der Väter *(mores maiorum)* und an geschichtlichen Vorbildern *(exempla)*. Ihr Denken kreiste um die aristokratischen Techniken des Machterwerbs, der Machtverteilung, des Machteinsatzes und des Machterhaltes. Als Leitbilder dienten ihnen die großen Persönlichkeiten der Vergangenheit, die zu Heroen verklärt wurden. Zwar kam es in der Zeit der Ständekämpfe im 5. und 4. vorchristlichen Jahrhundert zur Erschütterung der oligarchischen Ordnung, doch gelang es den Plebejern nicht, sie abzuschütteln und den Bann der Tradition zu brechen. Sie mussten sich mit Kompromissen und mit Verbesserungen ihrer rechtlichen Stellung und ihrer materiellen Lage zufrieden geben. Eine grundsätzliche Änderung der Senatsaristokratie war weder intendiert noch möglich. Das römische Denken konnte folglich die Demokratietheorie kaum stimulieren, doch wurde die auf Rechtssicherheit bedachte republikanische Praxis bedeutsam für die Entstehung und Entwicklung des europäischen und amerikanischen Staatensystems, für die Genealogie des bürgerlichen Rechtsstaates und die Verankerung des „aristokratischen" Elements, der elitären Machtstrukturen und des Ämterwesens, in der repräsentativ-demokratischen „Mischverfassung".

Als wichtigster Beitrag Roms zur Entwicklung der europäischen Kultur wird gewöhnlich das Römische Recht und die mit ihm befasste Rechtswissenschaft angesehen. Mit ihrer Hilfe wurde im spätmittelalterlichen Europa die Trennung von Religion und Politik, die Verselbstständigung der weltlichen Herrschaft und die Befreiung des politischen Ordnungsdenkens aus der religiösen Umklammerung forciert. Darüber hinaus hatten die Römer in der Republik ein ausgetüfteltes System der *checks and balances*, der Gewaltenteilung und -verschränkung, institutionalisiert, das späteren Zeiten als Vorbild diente und die neuzeitliche Staatstheorie (von Machiavelli bis Montesquieu, von Thomas Jefferson bis Robespierre) inspirierte. Es wurde als Muster einer gelungenen Organisation von Regierung und Verwaltung betrachtet und auf den neuzeitlichen Staat übertragen. Nach dem Sturz des letzten Königs L.Tarquinius Superbus (509 v. Chr.) und der Vertreibung der Tarquinier aus Rom hatten die römischen Patrizier eine aristokratisch-oligarchische Ämterordnung und ein System der Machtbalance errichtet, das die Erstarkung einzelner Geschlechter oder Sippen und den Rückfall in monarchische bzw. tyrannische Herrschaftsformen verhindern sollte. Die politische Ordnung der Republik resultierte aus dem Zusammenspiel von Senat, Magistrat und Volksversammlung. Die Macht lag beim *Senat*, der die ehemaligen Kompetenzen des Monarchen bei sich konzentrierte und kooperativ organisierte. Die in ihm versammelten Patrizier praktizierten ein Rotationsprinzip, das den jährlichen Wechsel der Amtsinhaber garantierte. Der *Magistrat* (Konsuln, Prätoren, Zensoren, Kurulische Ädilen, Quästoren) wurde beraten und beaufsichtigt vom Senat, dessen Ratschläge bindend waren. Die oberste Jahresmagistratur *(Konsulat)* wurde geteilt, die Entscheidungsgewalt an zwei Amtsinhaber vergeben, von denen seit 367 v. Chr. einer Plebejer sein durfte, der andere Patrizier sein musste. Konsuln und Prätoren verfügten – wie die in Krisenzeiten eingesetzten Diktatoren – über eine unbeschränkte Amtsgewalt, während die anderen Beamten nur eine beschränkte innehatten. Das *Volk*, die nicht-aristokratischen freien Bürger konnten ihren Willen nur in der *Kurienversammlung* artikulieren, die von den Patriziern dominiert und kontrolliert wurde. Erst infolge der Ständekämpfe wurden die Mitspracherechte der Plebs erweitert und neue Arten der Volksversammlung geschaffen. Dennoch blieb die Verfassung der Republik die einer Oligarchie. Die Macht kam nach den Ständekämpfen in die Hände der neuen patrizisch-plebejischen *Nobilität*. Die Mitwirkung des Volkes bei der Rechtsprechung und Gesetzgebung entpuppte sich als Schein, die politischen Entscheidungen wurden durch Absprachen der *Nobiles* untereinander getroffen.

Solange dieses System ohne allzu große Reibungen funktionierte, benötigte man keine Theorien, die das Handeln anleiteten. Erst in der *Krise der Republik*, als ihre Existenz in Frage gestellt war, als mit Pompeius, Caesar und Octavian die Ära der Magnaten und die Rückkehr zur Alleinherrschaft einzelner Männer begann, wurden theoretische Reflexionen unternommen, die sich um die Rettung und Stabilisierung der bedrohten Ordnung bemühten und den Übergang in die Monarchie des Imperium Romanum zu verhindern suchten. Dabei half die Rezeption der griechischen Philosophie, mit der die Römer im Zuge ihrer Eroberungen in Berührung kamen. Im Spiegel des ganz anders gearteten Denkens der Griechen verlor die römische Überlieferung ihre Selbstverständlichkeit. Sie wurde verfremdet und reflexiv. Traditionsfixierte Römer wie der ältere Cato wehrten sich deshalb vehement gegen die drohende Überfremdung der römischen Kultur. Angesichts des unaufhaltsamen Aufstiegs Roms zur Weltmacht erwiesen sich vor allem die hellenistischen Herrschaftstheorien als adäquater Resonanzboden für die erforderlichen theoretischen Bemühungen. War doch hier längst von der Existenz autonomer Poleis und vom Engagement der sich selbstbestimmenden Bürgerschaft abstrahiert worden. Nicht die Klassiker des politischen Denkens, sondern ihre Nachfolger gelangten entsprechend zu Einfluss. Insbesondere die ethischen, anthropologischen und kosmopolitischen Spekulationen der mittleren Stoa (Panaitios, Poseidonios) konnten zu einem vertieften Verständnis der allgemeinen menschlichen Lage im entstehenden Imperium Romanum beitragen. Ihre Überlegungen zu den natürlichen und göttlichen Gesetzen, zu Gerechtigkeit und

Wohlfahrt, Rechten und Pflichten des Bürgers, ihre Dekadenztheorie und Affektenlehre, ihre Konzeption des gerechten Krieges *(bellum iustum)* usw. konnten die Selbstverständigung der Römer stimulieren. Ferner konnten die geschichtstheoretischen Reflexionen des Polybios helfen, die Probleme der römischen Herrschaftsordnung besser zu verstehen. Seine Analysen zum Aufstieg Roms, seine Thesen zum Verfassungskreislauf, seine Auszeichnung der klassischen Republik als gelungene Verwirklichung einer Mischverfassung konnten bei der Erforschung der Krisenursachen und bei der Suche nach Auswegen aus der desolaten Lage helfen.

Doch auch die Hellenisierer gewannen nicht die erforderliche Distanz zur Tradition und schufen kein wirklich neues Orientierungssystem. Sowohl die Griechen selbst, die (über den „Scipionenkreis") in Rom wirksam und bedeutsam wurden (Panaitios, Polybios, Poseidonios u.a.), als auch die von ihnen inspirierten Römer (Cicero, Sallust) blieben der alten republikanischen Ordnung verhaftet und kritisierten die schlechte Gegenwart am Maßstab der glorreichen Vergangenheit. Der bedeutendste römische Denker war Cicero (106-43 v. Chr.), der vor allem als Rhetor und Anwalt, aber auch als Politiker Karriere machte und schließlich in der Philosophie reüssierte. Zwar entwickelte er kaum neues Gedankengut, doch gelang ihm die Adaptation der griechischen Einsichten auf die römische Republik, die er im Anschluss an Polybios als adäquate Verwirklichung der von Aristoteles und den Peripatetikern begründeten *Mischverfassung* interpretierte und zur besten aller denkbaren Ordnungen stilisierte. Jeder Bürger hat demnach Anteil an der Regierungsgewalt – nach Maßgabe seiner Würde *(dignitas)*. Die Konsuln verkörpern das monarchische, der Senat das aristokratische und die Volksversammlungen das demokratische Prinzip. Das Mit- und Gegeneinander dieser drei Elemente auf der Basis eines allgemeinen Konsenses über das geltende Recht und das gemeine Wohl *(consensus iuris et utilitatis communio)* habe Rom zu seiner Blüte geführt [De re publica I, 26-29 (42-45)]. Die egoistischen Bestrebungen der Stände seit der Zeit der Gracchen (133-121 v. Chr.) hätten diese ideelle Grundlage jedoch zerstört und damit den Niedergang und Verfall der Republik eingeleitet, die nunmehr durch Bürgerkriege zerrissen war und im Begriff stand, über die Diktatur Caesars (48-44 v. Chr.) zur Monarchie überzugehen. Das Volk *(populus)* war nicht mehr durch die Anerkennung des Gesetzes und durch gemeinsame Interessen verbunden, hatte demnach aufgehört, als *Volk* im Sinne Ciceros zu existieren (siehe den Beginn des obigen Auszugs). Es hatte sich in Parteien und Faktionen zersplittert, die sich aufs heftigste bekämpften. Um den Zerfall der Republik aufzuhalten, beschwor Cicero noch einmal die aristokratischen „Bürger"-Tugenden, den Patriotismus und die Idee der Gerechtigkeit *(iustitia)*. Er begriff die res publica als „Sache des Volkes" *(res populi)* und rief zur Eintracht *(concordia)* und zum gesteigerten Bürgerengagement, zur Disziplin und zur Selbstaufopferung der Einzelnen fürs Gemeinwesen und fürs Vaterland *(patria)* auf.

Wie einst Platon und Aristoteles so war auch Cicero kein Anhänger der Demokratie.

Er war Verfechter der alten republikanischen Senats- und Optimatenherrschaft, die er als Herrschaft der Besten und Würdigsten begriff. Die Leitung des Gemeinwesens gebühre denen, die durch höhere Einsicht *(consilium)* und größere Tatkraft *(animus)* am besten dazu befähigt sind. Die Menschen sollen die ihnen jeweils auferlegten Pflichten erfüllen, wobei sich, wie schon die mittlere Stoa zu zeigen versuchte, der legitime Herrschaftsanspruch der „Besseren" unmittelbar mit dem Nutzen der Schwachen verbindet [De re publica III, 24 (36)]. Ähnlich wie Sallust (86-35 v. Chr.) erklärte Cicero die Krise der Republik als Folge der nach Karthagos Niederlage einsetzenden moralischen Degeneration, der um sich greifenden Korruption und des damit verknüpften allgemeinen sittlichen *Verfallsprozesses.* Er bemühte sich deshalb um die Wiedergewinnung der alten Tugenden und Sitten. Seine politikphilosophischen Bemühungen blieben jedoch epigonal. Sie kamen über Adaptionen und Akkomodationen, über Anmerkungen und Kommentare zu den Griechen kaum hinaus. Sein großes Ansehen gründete auf seiner Leistung als Rhetoriker, der in Rede und Gegenrede das Für und Wider der unterschiedlichen Auffassungen bedachte und deshalb auch in seinen philosophischen Schriften das Wahre und Richtige – wie zuvor Platon – in Gestalt von Dialogen zu ermitteln suchte. Diese Form ermöglichte es ihm (wie einst schon Herodot), Fürsprecher und Gegner der unterschiedlichen Verfassungen ihre Argumente vortragen zu lassen. Für die Rolle des Apologeten in der „Demokratenrede" (siehe Auszüge) wählte er, um keinen noch Lebenden zu brüskieren, Scipio Aemilianus Africanus den Jüngeren († 129 v. Chr.), der einst Karthago (146 v. Chr.) und Numantia (133 v. Chr.) bezwungen hatte. Seine beiden – leider nur fragmentarisch überlieferten – politikphilosophischen Hauptwerke, *De re publica* und *De legibus,* enthalten wertvolle Erläuterungen zum Funktionieren der republikanischen Ordnung und zu den Prinzipien und Techniken der oligarchischen Herrschaft, mit deren Hilfe die *Plebs* in Schach und von den Schalthebeln der Macht fern gehalten wurde. Ihr philosophischer Wert ist umstritten und wurde in jüngerer Zeit gelegentlich überschätzt. Ciceros bleibende Leistung war, das römische Politikdenken auf neue, von den Griechen übernommene Grundlagen gestellt zu haben. Den Römern aber bleibt insgesamt das Verdienst, das Recht auf neue Art systematisiert und eine Ämterlaufbahn kreiert zu haben, die in der Nachwelt zahlreiche Bewunderer fand und in modifizierter Gestalt von den modernen Staaten übernommen wurde.

II. Mittelalter und Frühe Neuzeit

Aurelius Augustinus

Ausgewählt und interpretiert von Joachim Detjen

Vom Gottesstaat

In diesem Werk (...) möchte ich den ruhmreichen Gottesstaat verteidigen, ihn, der in dieser Weltzeit unter Gottlosen pilgert und „im Glauben lebt", ihn, der in der ewigen Behausung seine sichere Ruhestatt finden wird, deren „er jetzt in Geduld wartet, bis die Gerechtigkeit sich wendet zum Gericht", und die er dereinst herrlich erlangen wird, wenn der Endsieg errungen und vollkommener Friede eingekehrt ist. (...)

Es gibt solch einen Gottesstaat, dessen Bürger zu sein wir in jener Liebe begehren, die uns sein Begründer eingeflößt hat. Diesem Begründer des heiligen Staates ziehen die Bürger des irdischen Staates ihre Götter vor. (...) Nun aber will ich (...) die Erörterung über beide Staaten, den irdischen und himmlischen, die in diesem Weltlauf, wie gesagt, einstweilen gewissermaßen ineinander verwirrt und vermengt sind, über ihre Entstehung, ihren Fortgang und ihr verdientes Ende, soweit meine Kraft reicht, in Angriff nehmen. (...)

Demnach wurden die beiden Staaten durch zweierlei Liebe begründet, der irdische durch Selbstliebe, die sich bis zur Gottesverachtung steigert, der himmlische durch Gottesliebe, die sich bis zur Selbstverachtung erhebt. Jener rühmt sich seiner selbst, dieser „rühmt sich des Herrn". (...) In jenem werden Fürsten und unterworfene Völker durch Herrschsucht beherrscht, in diesem leisten Vorgesetzte und Untergebene einander in Fürsorge und Gehorsam liebevollen Dienst. (...) In Gleichnisrede sprechen wir hier von zwei Staaten, das ist zwei menschlichen Genossenschaften, deren eine vorherbestimmt ist, ewig mit Gott zu herrschen, die andere, mit dem Teufel ein ewiges Strafgericht zu erleiden. (...) Ihren Anfang nahmen sie teils mit den Engeln, deren Zahl uns unbekannt ist, teils mit den beiden ersten Menschen. (...) Von den beiden Eltern des Menschengeschlechts ward also zuerst Kain geboren, der dem Menschenstaate angehört, darauf Abel, der Angehörige des Staates Gottes. (...) Von Kain nun steht geschrieben, daß er einen Staat gründete, Abel aber als Fremdling tat dies nicht. Denn droben ist der Staat der Heiligen, wenn er auch hienieden Bürger erzeugt, in denen er dahinpilgert, bis die Zeit seines Reiches herbeikommt. (...)

Demnach strebt auch der irdische Staat, der nicht im Glauben lebt, nach irdischem Frieden und versteht die Eintracht der Bürger im Befehlen und Gehorchen als gleichmäßige Ausrichtung des menschlichen Wollens auf die zum sterblichen Leben gehörenden Güter. Der himmlische Staat dagegen oder vielmehr der Teil desselben, der noch in dieser vergänglichen Welt auf der Pilgerfahrt sich befindet und im Glauben lebt, bedient sich notwendig auch dieses Friedens, bis das vergängliche Leben selbst, dem solcher Friede not tut, vergeht. Solange er darum im irdischen Staate gleichsam in Gefangenschaft sein Pilgerleben führt, trägt er (...) kein Bedenken, den Gesetzen des irdischen Staates, die all das regeln, was der Erhaltung des sterblichen Lebens dient, zu gehorchen. Da ja das sterbliche Leben beiden Staaten gemeinsam ist, kann zwischen ihnen in allen darauf bezüglichen Angelegenheiten Eintracht bestehen. (...)
Der himmlische Staat (...) weiß nur von der Verehrung eines einzigen Gottes und ist in frommem Glauben überzeugt, daß man nur ihm jenen Dienst weihen soll, der auf griechisch „Latreia" heißt und allein Gott gebührt. So konnte er unmöglich die Religionsgesetze mit dem irdischen Staate teilen, sondern mußte darin von ihm abweichen und somit den Andersdenkenden lästig fallen und ihre Zornes- und Hassausbrüche und Verfolgungen ertragen (...) . Er fragt nichts nach Unterschieden in Sitten, Gesetzen und Einrichtungen, wodurch der irdische Friede begründet oder aufrechterhalten wird, lehnt oder schafft nichts davon ab, bewahrt und befolgt es vielmehr, mag es auch in den verschiedenen Völkern verschieden sein, da alles ein und demselben Ziele irdischen Friedens dient. Nur darf es die Religion, die den einen höchsten und wahren Gott zu verehren lehrt, nicht hindern. So benutzt auch der himmlische Staat während seiner Erdenpilgerschaft den irdischen Frieden, sichert und befördert in allen Angelegenheiten, die die sterbliche Natur des Menschen betreffen, die menschliche Willensübereinstimmung, soweit es unbeschadet der Frömmigkeit und Religion möglich ist, und stellt diesen irdischen Frieden in den Dienst des himmlischen Friedens.

Aurelius Augustinus: Vom Gottesstaat (De civitate Dei), München 1977 und 1978, übersetzt von Wilhelm Thimme, I (Vorwort), XI (1), XIV (28), XV (1), XIX (17)

Interpretation

Aurelius Augustinus wurde 354 in Thagaste in Numidien (Nordafrika) als Sohn eines heidnischen Vaters und einer christlichen Mutter geboren. Er starb 430 in Hippo Regius (Nordafrika). Nach jugendlichen Ausschweifungen führte ihn die Bekanntschaft mit einer Schrift Ciceros zum Studium der Philosophie. Er gehörte zunächst der Religionsgemeinschaft der Manichäer an, war dann ein Vertreter des philosophischen Skeptizismus, aus dem er sich durch das Studium neuplatonischer Schriften (insbesondere Plotins) befreite, bis er 387 zum Christentum übertrat. 395 wurde er zum Bischof von Hippo Regius geweiht und lebte hier als Philosoph und theologischer Schriftsteller. In seinen Arbeiten bekämpfte er zunächst die „Irrlehren", die er selbst lange vertreten hatte. Als sein eigentliches Hauptwerk gilt seine Schrift „Über den Gottesstaat". Er schrieb sie 413 bis 426. Angeregt wurde er von der Plünderung Roms durch das Gotenheer des Königs Alarich (410) und der Frage, ob der Fall Roms durch die Abkehr von den alten Göttern und durch die Hinwendung zu Christentum zu erklären sei. Augustinus vertrat die Auffassung, dass Rom allein durch Selbstsucht und Sittenlosigkeit zugrunde gegangen sei und setzte sich in seinem Werk mit der Verwerflichkeit des Heidentums, der Unzulänglichkeit der bisherigen Philosophie und dem Staat Gottes, verkörpert in der Kirche Christi, auseinander. Der Einfluss der Civitas Dei auf die abendländische Christenheit sowie auf die Theologie und Philosophie der nachfolgenden Zeit ist kaum zu überschätzen und vielleicht nur noch mit Platons Schriften zu vergleichen.

Augustinus lebte eigentlich in der Antike. Der Einfluss des Augustinischen Gedankenguts prägte aber die ganze nachfolgende Zeit des frühen Mittelalters so stark, dass er hier in diese Phase eingeordnet wird.

Auf den ersten Blick scheint der vorliegende Text keine übermäßigen Verständnisschwierigkeiten zu bereiten. Denn es werden lediglich zwei Staaten kontrastierend gegenübergestellt. Merkwürdig ist allerdings, dass es sich bei diesen Staaten einmal um einen „Gottesstaat" und zum anderen um einen „irdischen Staat" handelt. Insbesondere die Ausführungen über den Gottesstaat dürften dem modernen, säkular geprägten Leser nicht ohne weiteres eingängig sein, so dass es sich bei näherem Hinsehen um einen sehr anspruchsvollen Text handelt.

Augustinus versieht den Gottesstaat, den er auch als himmlischen oder heiligen Staat bezeichnet, mit sehr positiven Prädikaten: Er ist „ruhmreich", „lebt im Glauben" und praktiziert eine Gottesliebe, die sich bis zur Selbstverachtung steigern kann. Zwischen Vorgesetzten und Untergebenen herrschen „Fürsorge und Gehorsam". Seine Zielperspektive ist der „himmlische Frieden", der in einem „Endsieg errungen" werden wird und sich dann als „vollkommener Frieden" erweist. Den irdischen Staat zeichnet Augustinus in einem ersten Zugriff dagegen in eher düsteren Farben: Er lebt nicht im Glauben. Genauer: Die Bürger dieses Staates ziehen dem einen Gott ihre Götter vor.

In diesem Staat dominiert die Selbstliebe, die sich bis zur Gottesverachtung erheben kann. Die Fürsten lassen sich von Herrschsucht bestimmen und wenden diese Herrschsucht auch auf unterworfene Völker an.

In einem zweiten Zugriff versieht Augustinus den irdischen Staat mit weiteren Eigenschaften, die diesen nicht nur in einem deutlich helleren Licht erscheinen lassen, sondern ihm auch – ganz im Unterschied zum Gottesstaat – deutlichere Konturen als Staat verleihen. Der irdische Staat strebt nämlich nach „irdischem Frieden". Es gibt in ihm eine „Eintracht der Bürger im Befehlen und Gehorchen". Dies könnte man als eine vom Konsens getragene Arbeitsteilung zwischen Regierenden und Regierten bezeichnen. Inhaltlich bezieht sich diese Eintracht auf die „gleichmäßige Ausrichtung des menschlichen Wollens auf die zum sterblichen Leben gehörenden Güter". Damit ist offenkundig eine Übereinstimmung hinsichtlich der von der Politik zu verwirklichenden Gemeinwohlwerte gemeint. Im irdischen Staat gibt es weiterhin Gesetze, „die all das regeln, was der Erhaltung des sterblichen Lebens dient".

Ausführlich befasst sich Augustinus mit dem Verhältnis zwischen beiden Staaten. Das auffälligste Merkmal bei dieser Verhältnisbestimmung ist, dass beide Staaten nicht getrennt nebeneinander existieren, sondern „ineinander verwirrt und vermengt" sind. An einer Stelle charakterisiert Augustinus das Verhältnis sogar als das einer „Gefangenschaft" des Gottesstaates im irdischen Staat. Diese Aussage ist ungewöhnlich, wenn man dabei an die moderne Definition des Staates denkt, gemäß der ein Staat aus Staatsgebiet, Staatsvolk und Staatsregierung besteht. Augustins Aussage passt auf keinen Fall zum Definitionsmerkmal Staatsgebiet, denn dieses setzt räumliche Abgrenzungen voraus. Ungewöhnlich ist auch die mehrfache Erwähnung der „Pilgerschaft" des Gottesstaates. Diese Pilgerfahrt findet „unter Gottlosen" „in dieser Weltzeit", mit anderen Worten: im irdischen Staat, statt. Das für Pilgerschaft stehende lateinische Wort *peregrinatio* enthält neben der zentralen Bedeutung *Wanderschaft zu einem religiös bestimmten Ziel* auch die Bedeutungskomponente *Fremdheit*. Beide Bedeutungen drücken das Verhältnis des Gottesstaates zum irdischen Staat treffend aus.

An einer Stelle führt Augustinus genauer aus, dass nicht der himmlische Staat als solcher auf Pilgerfahrt ist, sondern nur ein Teil desselben, genauer: derjenige Teil, der sich „in dieser vergänglichen Welt" befindet. Hiermit meint Augustinus offensichtlich die Lebenden. Aus dem Zusammenhang kann mithin geschlossen werden, dass zu den Angehörigen des Gottesstaates nicht nur lebende Menschen gehören. Es kann zusätzlich daraus geschlossen werden, dass es sich beim Gottesstaat nicht um einen Staat im herkömmlichen Sinne handeln kann, setzt sich das Staatsvolk doch üblicherweise aus der lebenden Bevölkerung zusammen. Schließlich kann gefolgert werden, dass nur der in dieser Welt befindliche Teil des Gottesstaates überhaupt in eine Beziehung zum irdischen Staat treten kann.

Obwohl Augustinus von der Gefangenschaft des Gottesstaates spricht, stellt er sich dessen Verhältnis zum irdischen Staat keineswegs so vor, als sei dieses durch Leiden oder Unterdrückung bestimmt. Vielmehr steht die Handlungsautonomie des Gottesstaates für ihn außer Frage. Vor diesem Hintergrund hält er den Gottesstaat zur Gesetzesbefolgung und Unterstützung der Politik des irdischen Staates an, weil nämlich auch die Bürger des Gottesstaates im Weltstaat leben und von dessen Ordnungs- und Friedensleistung profitieren. Da die Erhaltung des „sterblichen Lebens" das Anliegen beider Staaten ist, ist die Einigkeit zwischen ihnen in der Regelung aller diesbezüglichen Angelegenheiten ohne weiteres gewährleistet. Augustinus geht sogar so weit, aus der Sicht des Gottesstaates die Unterschiede in Sitten, Gesetzen und Einrichtungen, mit anderen Worten: in den Verfassungsordnungen, zwischen den verschiedenen irdischen Staaten für unerheblich zu erklären, wenn diese nur den irdischen Frieden bewahren und damit ihre entscheidende Grundfunktion erfüllen.

Eine Bedingung muss der irdische Staat allerdings erfüllen, wenn er sich der Loyalität der Bürger des Gottesstaates versichern will. Was immer auch er tut, er darf nicht die Religion, „die den einen höchsten und wahren Gott zu verehren lehrt", behindern. Damit meint Augustin nicht irgendeine Religion, sondern einzig und allein das Christentum. Dieser Punkt ist ihm so wichtig, dass er an einer Stelle von der abstrakten Erörterung abweicht, die seine Gedankenführung sonst prägt. Er erwähnt einen offensichtlich zurückliegenden geschichtlichen Zustand, der durch einen grundsätzlichen Konflikt zwischen beiden Staaten gekennzeichnet war: Der Gottesstaat konnte die Religionsgesetze des betreffenden irdischen Staates nicht akzeptieren. Er musste „darin von ihm abweichen und somit den Andersdenkenden lästig fallen und ihre Zornes- und Hassausbrüche und Verfolgungen ertragen."

Trotz aller Erläuterungen ist im Grunde immer noch nicht geklärt, was sich genau hinter den Begriffen Gottesstaat und irdischer Staat verbirgt. Es könnte nahe liegen, unter dem Gottesstaat die Institution Kirche und unter dem irdischen Staat den bestehenden Staat, bei Augustinus also das römische Reich, zu verstehen. Für diese Interpretation gibt es im Text immerhin zwei Anhaltspunkte. So kennt der Gottesstaat konstruktiv miteinander umgehende Vorgesetzte und Untergebene, worunter man Bischöfe, Priester und Gemeindemitglieder verstehen könnte. Und die erwähnten Religionsgesetze des irdischen Staates beziehen sich ganz offensichtlich auf die Zeit der Christenverfolgungen im römischen Weltreich vor dem Toleranzedikt von Mailand (313).

Dass mit den beiden Staaten aber weder die Kirche noch ein konkret vorfindbarer Staat gemeint sind, geht aus anderen Texthinweisen deutlich hervor. So sind die Ausführungen über den irdischen Staat nicht nur sehr allgemein und grundsätzlich gehalten, sondern bestehen zum Teil auch aus Aussagen, die den Bereich der politischen Sprache zweifellos überschreiten. Dies ist der Fall, wenn Augustinus diesen Staat teils auf Engel, teils auf Kain zurückführt und seine Zukunft in einem ewigen Strafgericht sieht. Auch die Beschreibungen des Gottesstaates sind augenscheinlich nicht empirisch gemeint. Denn worin könnte der „himmlische Frieden" bestehen und was bedeutet die „ewige Behausung", in der der Gottesstaat „seine sichere Ruhestatt finden wird", nachdem sich die Gerechtigkeit zum „Gericht" gewendet haben wird?

Es ist offensichtlich, dass Augustinus gar nicht politisch oder politikwissenschaftlich denkt und schreibt und daher auch keine institutionellen Ordnungen im Sinn hat. Augustinus ist Theologe und argumentiert in eschatologischen Kategorien. Nur in diesem Rahmen wird der gesamte Gedankengang überhaupt verständlich. Die Eschatologie ist die offenbarungstheologische Lehre von den letzten Dingen wie dem Ende der Welt, der Auferstehung der Toten, dem Jüngsten Gericht, der Sonderung der Guten, d.h. der Erwählten, von den Bösen und der ewigen Seligkeit für die einen, der ewigen Höllenpein für die anderen.

Eschatologisches Denken trägt vor allem geschichtsspekulative Züge. Unter eschatologischen Vorzeichen gibt es einen heilspädagogischen und religiösen Sinn der Geschichte, der am Ende der Zeit offenbar werden wird. Am Ende der Geschichte erlebt nämlich das prophezeite Reich Gottes einen letzten Triumph über das Reich des sündigen Menschen. Diese Heilsgeschichte ist ein geheimes Geschehen innerhalb der Geschichte der Welt, sichtbar nur für jene, die mit den Augen des Glaubens sehen. Wer das Geschichtliche ausschließlich empirisch versteht, versperrt sich das Verständnis für die eschatologische Erfüllung der Weltgeschichte. Weil die meisten Menschen Geschichte aber im Sinn empirischer Faktizität verstehen, wird klar, warum der Text so schwer zu verstehen ist.

Was Gottesstaat und irdischer Staat eigentlich bedeuten, zeigt sich also erst bei einer Entschlüsselung auf der Basis eschatologischer Begriffe: Beide Staaten reichen über den Bezirk der irdischen Geschichte hinaus. Beide haben ihren Ursprung im Engelreich. Dabei entsteht der irdische Staat durch den Hochmut und die Selbstliebe des Teufels, d.h. eines gefallenen Engels, und springt von diesem durch seine Verführung des Menschen zur Ursünde auf die Erde über. Die beiden Engelstaaten sind Ausgangs- und Zielpunkt des Erdendramas der beiden Gemeinschaftsgebilde. Während der Gottesstaat, da er seinen wahren Ort im Himmel hat, auf Erden nur als Fremdling und Pilger in Erwartung baldiger Heimkehr zu Gott wandelt, bleibt der irdische Staat dagegen mit seiner Schwerkraft ganz im Irdischen gefangen, bis er am Jüngsten Tag in die Gesellschaft der Teufel verstoßen werden wird.

Dass Augustinus als Theologe schreibt, wird an der einen Stelle besonders deutlich, wo er Kain und Abel als Gründer des irdischen Staates bzw. als Angehörigen des Gottesstaates erwähnt. Anhand von Kain beschreibt er den Menschen gemäß der gefallenen Natur nach dem Sündenfall. Es zeugt von tiefer Einsicht in den schuldhaften Grund aller Geschichte, wenn Augustinus den Brudermord, die verhängnisvolle Frucht der Erbsünde, symbolisch mit dem Beginn irdischer Herrschaft verknüpft. Gleichzeitig zeigt er an Abel exemplarisch die Situation der Bürger des Gottesstaates in der gegenwärtigen Weltzeit auf.

Auf der Folie des eschatologischen Grundverständnisses wird auch klar, dass die

Verwendung des deutschen Wortes *Staat* für die von Augustinus thematisierten Gemeinschaftsgebilde wenig glücklich ist. Augustinus spricht von der *civitas Dei* sowie von der *civitas terrena. Civitas* meint zur Zeit Augustins Bürgergemeinde, Bürgerschaft oder Stadt. Ein deutsches Wort, dessen Bedeutungsmöglichkeiten ebenso gelagert wären wie die von *civitas,* gibt es nicht. Am geeignetsten ist wohl die Übersetzung als Bürgerschaft. Augustinus muss von seinen Lesern folglich erwartet haben, dass sie die *civitas Dei* als Bürgerschaft Gottes, als Stadt Gottes oder als die Gemeinschaft der Bürger Gottes verstehen. Hätte er nicht dieses, sondern die Kirche gemeint, hätte er nicht von *civitas,* sondern von *ecclesia* gesprochen.

Man könnte die *civitas Dei* folglich als die im Jenseits gründende Gemeinschaft der von Gott Erwählten bezeichnen. Entsprechend ist die *civitas terrena* auch nicht einfach der irdische Staat, sondern die Bürgerschaft derer, die dieser Welt verpflichtet sind. In den beiden Bürgerschaften stehen sich also die Schar der Gotteskinder und die Schar der Weltkinder gegenüber. In beiden Fällen handelt es sich um mystische Gemeinschaften, die spiritualistisch abgehoben sind von den konkreten Organismen Kirche und Staat.

Dass *civitas* dennoch die Bedeutung von Staat angenommen hat, hängt damit zusammen, dass die *civitas terrena* in der Gestalt eines staatlichen Gemeinwesens empirisch am ehesten sinnfällig wird. Die *civitas terrena* dürfte vermutlich auch von den Lesern Augustins mit dem römischen Weltreich identifiziert worden sein. Und ebenso ist es nicht ganz abwegig, die *civitas Dei* mit der Kirche gleichzusetzen, zumal Augustinus dies selbst an verschiedenen Textstellen nahe legt. In der Rezeptionsgeschichte hat sich diese Lesart jedenfalls durchgesetzt.

Augustinus schrieb die Abhandlung *De civitate Dei,* der der Textauszug entnommen ist, aus aktuellem Anlass. Im Jahre 410 eroberten und plünderten die Westgoten die Stadt Rom. Die Wirkung dieses Ereignisses auf die gesamte damalige zivilisierte Welt war ungeheuer. Unter dem frischen Eindruck des Geschehens bäumten sich die zahlreichen Anhänger der altrömischen heidnischen Kulte gegen die Christen auf. Ihnen wurde die Schuld an der Katastrophe zugeschrieben. Man sah in ihr eine Rache der beleidigten Götter, von denen das christliche Rom sich abgekehrt hatte. Selbst viele Christen im römischen Reich, seit Konstantin dem Großen daran gewöhnt, das Heil der Christenheit mit dem Heil Roms gleichzusetzen, gerieten in Verwirrung und Verzweiflung. Sie sahen mit der *civitas Romana* zugleich die *civitas Christiana* untergehen. Die Mehrheit der Christen hatte sich daran gewöhnt, dass die Anbetung Gottes auch die politischen Probleme löse. Sie waren darin bestärkt worden durch eine politische Theologie, die in Rom das Werkzeug des göttlichen Heilsplanes erblickte.

Adressat von *De civitate Dei* waren diese Christen. Zu ihrer Ermutigung und Glaubensstärkung verfasste Augustinus über den langen Zeitraum von 413 bis 426 die zweiundzwanzig Bücher, aus denen das Werk zusammengesetzt ist. Die Bücher I bis

X bilden den apologetischen Teil der Schrift. Sie lassen sich in zwei Abschnitte unterteilen: Die ersten fünf Bücher wenden sich gegen die heidnische Auffassung, die römischen Götter müssten um der Bestandserhaltung der politischen Ordnung willen verehrt werden. Die folgenden fünf Bücher weisen die stoische und neuplatonische Meinung zurück, die Verehrung der Götter sei wegen des Weiterlebens nach dem Tode nützlich. Die Bücher XI bis XXII bilden den aufbauenden Teil der Schrift. Hier werden Ursprung, geschichtlicher Verlauf und Ende der beiden Bürgerschaften, also des Gottesstaates und des Weltstaates, unter heilsgeschichtlich-eschatologischer Perspektive dargelegt.

Augustins Antwort auf die Herausforderung des Jahres 410 lautet, dass die *civitas Dei* als Gemeinschaft der von Gott Erwählten auf irdische Reiche nicht angewiesen ist, mag sie auch, solange sie auf Erden pilgert, mit dem Weltstaat verbunden sein. Der Christ soll irdischen Reichen, wenn sie vergehen, keine Träne nachweinen, denn ihn erwartet ein höheres, nämlich ein himmlisches Reich. Die epochale Lösung Augustins besteht folglich darin, das christliche Denken aus der Verbindung mit dem politischen Rom gelöst und damit jeder Art von politischer Theologie den Boden entzogen zu haben.

Das augustinische Denksystem erwies und erweist sich als außerordentlich wirkmächtig im philosophischen, theologischen und politischen Raum. Ein Beispiel hierfür ist Martin Luther, der Augustins Lehre der zwei Bürgerschaften zur Zwei-Reiche-Lehre weiterentwickelte. Wie Augustinus sieht auch Luther die Grenze zwischen den beiden *civitates* als scharf und unbedingt an. Wie Augustinus kommt es auch Luther darauf an, dass der Staat sich nicht in die Freiheit der christlichen Religionsausübung einmischt. Die neuprotestantische Theologie im 20. Jahrhundert dehnte die Autonomie und Eigengesetzlichkeit des weltlichen Reiches dabei so weit aus, dass sie die Dämonisierung der Macht in der Diktatur als innerweltliche, den religiösen Kernbereich nicht tangierende Angelegenheit betrachtete und damit politisch versagte.

Abgesehen hiervon kann die befruchtende Wirkung Augustins auf die Entwicklung der westlichen politischen Zivilisation bis zur Gegenwart kaum überschätzt werden. Es sind im Wesentlichen drei Aspekte, mit denen Augustinus bis heute das politische Denken beeinflusst. Sie lassen sich benennen als Profanierung des Staates, als Gewalteilung zwischen temporaler und spiritueller Gewalt sowie als Grundlegung eines eschatologischen Politikverständnisses. Die ersten beiden Punkte werden von den meisten Menschen der Gegenwart für selbstverständlich gehalten, obwohl sie es historisch in keiner Weise sind. Der dritte Punkt bildet eine existentielle Herausforderung für den demokratischen Verfassungsstaat.

Die *Profanierung des Staates* besteht in der Entlastung des Staates von Heilserwartungen. Die irdische Gewalt wird metaphysisch entmächtigt. Staat und Politik werden *sub specie aeternitatis* relativiert. Der Staat hat keinen Anspruch auf kultische Verehrung. Das bedeutet eine scharfe Ablehnung der die gesamte Antike bestimmenden Polisreligion, ja eine Ablehnung des Prinzips der Einheit von Kult und Politik. Der Staat wird somit nicht mehr wie in der Antike begriffen als eine *alle* Lebensverhältnisse umfassende, sakrale Gemeinschaft. Er wird verstanden als eine irdischen Zwecken (Gemeinwohl) dienende Institution. Er hat sich in der Aufgabe zu bewähren, das Zusammenleben der Menschen so zu ordnen, dass der Friede und die Gemeinschaft unter den Menschen erhalten bleiben.

Die *Gewaltenteilung zwischen temporaler und spiritueller Gewalt* ist Ausfluss der von Augustinus angebahnten, wenn auch von ihm keineswegs systematisch entwickelten und geforderten institutionellen Bipolarität von „Reich" (*regnum*) und „Priestertum" (*sacerdotium*), die das gesamte Mittelalter durchzieht und in der Spannung zwischen Kaiser und Papst ihren sinnfälligen Ausdruck findet. Diese bipolare Relation stellt insofern eine Verkürzung der Vorlage aus *De civitate Dei* dar, als die zwei Bürgerschaften in der politischen Praxis des Mittelalters zur Legitimierung von Reich und Kirche herangezogen und dabei enteschatologisiert werden.

Das uminterpretierte Modell Augustins befähigt die europäischen Völker, Modelle der Koexistenz zwischen weltlicher und geistlicher Macht zu entwickeln. Die Bipolarität von Kirche und Staat ist ein Aspekt der Gewaltenteilung von gewaltigen historischen Ausmaßen. Auch wenn heute der Kampf der „zwei Schwerter" nicht mehr so demonstrativ zutage tritt, basiert gleichwohl eine wesentliche und grundlegende Garantie des begrenzten Staates (*limited government*) und damit der Mäßigung und Freiheitlichkeit im großen Dualismus von geistlicher und weltlicher Gewalt. Das wird besonders deutlich im Kontrast zu kirchenpolitischen Systemen der Einheit von Kirche und Staat, seien es Formen des Kirchenstaatstums (Theokratie, Hierokratie) oder des Staatskirchentums (Cäsaropapismus, kirchlicher Staatsabsolutismus).

Obwohl Augustinus seine eschatologischen Überlegungen im Rahmen einer bibeltheologischen Argumentation darlegt und weit davon entfernt ist, ein politisches Programm zu verkünden, ist er doch der Begründer eines *eschatologischen* – und damit sehr problematischen – *Politikverständnisses.* Nicht die Beschreibung des erwarteten Reiches Gottes als solche ist schon politisch. Eine politische Virulenz steckt aber in der Kontrastierung der unvollkommenen, als Werk des Teufels abgewerteten irdischen Politik mit der verheißenen Stadt Gottes und der darin zum Ausdruck kommenden Aufforderung zur existentiellen Veränderung des Menschen. Politisch virulent ist auch die Scheidung der Gemeinde der Heiligen von der Menge der dem Bösen folgenden Menschen. Denn daraus lässt sich ein Antagonismus der Guten und Bösen konstruieren, der in einer weltgeschichtlich letzten entscheidenden Auseinandersetzung ausgefochten werden muss.

Augustinus hat das abendländische Geschichtsbewusstsein wie kaum ein anderer Denker beeinflusst. So gehen, wenn auch in Modifikationen, die Auffassungen maßgeblicher Vertreter der europäischen Geschichtsphilosophie wie Voltaire, Comte, Hegel und Marx auf die biblische Auslegung der Geschichte als einer Heilsgeschichte durch Augustinus zurück. Am wirkmächtigsten ist dabei Marx mit seinem Einfluss auf den sowjetischen Bolschewismus gewesen. Analog zum heilsgeschichtlich-eschatologischen Grundmuster bei Augustinus kennt der Marxismus-Leninismus die Sondesorung der Menschen in Ausgebeutete und Ausbeuter (Gute und Böse), sieht das „sozialistische Lager“ eingeschlossen in einer feindlichen Umwelt (*civitas Dei* und *civitas terrena*), postuliert eine letzte große revolutionäre Veränderung (Jüngstes Gericht) und verspricht mit der Gedankenfigur der klassenlosen Gesellschaft ein dauerhaftes Reich der Freude und des Friedens (ewiges Leben in der Anschauung Gottes).

Es bedarf keiner eingehenden Begründung, dass eine eschatologisch ausgerichtete Politik mit den Prämissen des demokratischen Verfassungsstaates nicht vereinbar ist. Augustinus selbst postuliert eine solche Politik nicht, sie ist aber potentiell in seinem heilsgeschichtlichen Denken angelegt.

Thomas von Aquin

Ausgewählt und interpretiert von Joachim Detjen

Über die Herrschaft des Fürsten

Auf sich allein gestellt, wäre kein Mensch imstande, das Leben so zu führen, daß er seinen Zweck erreicht. So ist es also der Natur entsprechend, mit vielen gesellig zu leben. (…) Wenn es also der natürlichen Bestimmung des Menschen entspricht, in Gesellschaft mit vielen zu leben, so muss unter den Menschen etwas sein, wodurch die vielen gelenkt werden. Wären nämlich viele Menschen beisammen und jeder nur auf das bedacht, was ihm selbst angemessen erscheint, so würde die Gesellschaft nach entgegengesetzten Richtungen auseinandergeraten, falls nicht eben jemand da wäre, der für das Sorge trägt, was das Wohl der Gesellschaft betrifft. (…) Denn das Eigene und das Gemeinsame ist nicht dasselbe. Durch das Eigene entstehen die Unterschiede, durch das Gemeinsame wird alles zur Einheit verbunden. Verschiedene Vorgänge haben aber auch verschiedene Ursachen. Es muss also außer dem, was jeden antreibt, sein Wohl im Auge zu haben, noch etwas anderes geben, das ihn bewegt, das Gemeinwohl der Gesellschaft zu beachten. (…) Es muß also in jeder Vielheit etwas geben, das regiert. (…) Hiermit ist deutlich gezeigt, was zu dem Begriff des Königs gehört: einer zu sein, der anderen als Herr vorangesetzt ist und doch wie ein Hirte wirkt, indem er das Gemeinwohl der Gesellschaft, nicht aber seinen eigenen Vorteil im Auge hat. (…)
Da also der letzte Zweck eines guten Lebens, das wir jetzt führen, die himmlische Seligkeit ist, so gehört es zu dem Amt eines Königs, für ein gutes Leben des Volkes nach der Erwägung zu sorgen, inwieweit ihm zur Erreichung der himmlischen Seligkeit Bedeutung zukommt, damit er, was dazu förderlich ist, anordnet und das Gegenteil, soweit das eben möglich ist, verbietet. (…) Der König muss, im göttlichen Gesetz wohl bewandert, seinen Eifer vor allem darauf richten, in welcher Weise das ihm untergebene Volk ein gutes Leben führt. (…) Damit ein Einzelner ein gutes Leben führt, wird zweierlei gefordert: Das eine, Hauptsächliche, ist das Handeln nach der Tugend (denn die Tugend ist es, die das Wesen des „guten Lebens" ausmacht), und das zweite, mehr Nebensächliche und gleichsam als Hilfsmittel Anzusehende, das genügende Vorhandensein des körperlichen Gutes, dessen Gebrauch zu einem Akt der Tugend notwendig ist. Im

Menschen wird die Einheit durch die Natur bewirkt, die Einheit der Gesellschaft aber, die Friede heißt, muss erst durch die Bemühung des Führers bewirkt werden. Mithin ist dreierlei erforderlich, um ein gutes Leben der Gesellschaft zu begründen. Erstens, dass die Gesellschaft zu der Einheit des Friedens gebracht, und zweitens, dass die so durch das Band des Friedens verknüpfte Gesellschaft dazu gelenkt werde, ein gutes Leben zu führen. (…) Drittens aber tut es not, dass durch die Bemühung des Herrschers eine genügende Menge der anderen Güter, die zu einem guten Leben notwendig sind, vorhanden ist. (…)

Nun ist es aber nicht das letzte Endziel einer in Gemeinschaft verbundenen Gesellschaft, bloß nach der Tugend zu leben, sondern vielmehr durch dieses tugendvolle Leben in den Genuss der göttlichen Verheißungen zu gelangen. Wenn man nun durch die Kraft zum Guten in der menschlichen Natur zu diesem Ziel gelangen könnte, so wäre es notwendigerweise Aufgabe des Königs, die Menschen dahin zu führen. Denn wir nehmen an, dass als König eben der bezeichnet wird, dem die höchste Leitung in den menschlichen Dingen anvertraut wird. Um so höher ist aber eine Regierung, je höher das Ziel ist, auf das hin sie sich einstellt. Denn es zeigt sich immer, dass derjenige, dem die Erfüllung des höchsten Zieles bestimmt ist, über alle anderen die Führung hat, die bei dem, was dazu hinführt, am Werke sind.

Da aber der Mensch das Ziel, in den Genuss der göttlichen Verheißungen zu gelangen, nicht durch menschliche Tugend, sondern durch eine von Gott verliehene Kraft erreicht, (…), so wird es göttlicher und nicht menschlicher Führung zukommen, uns zu diesem Ziele zu bringen. Also gehört eine Führung dieser Art zu dem Amt eines Königs, der nicht nur Mensch, sondern auch Gott ist, also zum Amt unseres Herrn Jesu Christi, der alle Menschen zu Kindern Gottes erhoben und sie so in die himmlische Herrlichkeit geführt hat. (…) Von ihm leitet sich nun das königliche Priestertum ab (…). Das Amt dieses Königtums ist, damit das Reich des Geistes vom Irdischen geschieden sei, nicht den Königen der Erde, sondern den Priestern überantwortet worden und vor allem dem höchsten Priester, dem Nachfolger Petri, dem irdischen Stellvertreter Christi, dem Papst zu Rom, dem alle Könige des christlichen Volkes untergeben sein müssen wie Jesus Christus dem Herrn.

Thomas von Aquin: Über die Herrschaft der Fürsten (De regimine principum), Stuttgart 1975, übersetzt von Friedrich Schreyvogl, I (1), I (15), I (14)

Interpretation

Thomas von Aquin wurde 1225 als Sohn des Grafen Landulf von Aquino geboren. Seine Ausbildung erhielt er im Bedektinerkloster Monte Cassino und an der Universität Neapel. Als Siebzehnjähriger trat er in den Dominikanerorden ein. Bei Studien in Paris traf er Albertus Magnus, der sein Lehrer wurde und dem er nach Köln folgte. 1252 begann er seine akademische Lehrtätigkeit in Paris. Er lehrte u.a. in Orvieto, Viterbo, Rom und Neapel. Thomas von Aquin starb 1274 auf dem Weg zum Konzil von Lyon im Kloster Fossanova. Thomas von Aquin gilt als einer der wichtigsten Philosophen und Theologen des Mittelalters. Thomas setzte die von seinem Lehrer Albertus Magnus eingeleitete Rückwendung zu Aristoteles fort. Thomas christianisierte die Philosophie des Aristoteles, wie Augustinus die Philosophie Platons. Für Thomas gibt es keinen Widerspruch zwischen der Philosophie des Aristoteles und dem Christentum. Es gibt nur eine Wahrheit, die man sowohl auf dem Wege der Vernunft als auch auf dem christliche Wege erreichen kann. Neben seinen Hauptwerken „Summe der Theologie" und „Summe gegen die Heiden" verfasste er zahlreiche Kommentare zu Aristoteles und anderen Philosophen.

Der vorliegende Text fällt durch seine Fremdartigkeit auf. Er operiert mit Begriffen, die den Menschen der Moderne kaum geläufig sind und ohne Erläuterung nicht verstanden werden dürften. Denn was soll man sich genau vorstellen unter einem „guten Leben", der „himmlischen Seligkeit", der „Tugend" und dem „göttlichen Gesetz"? Aber nicht nur die Begrifflichkeit, auch die Gedankenführung mutet an nicht wenigen Stellen seltsam und unbestimmt an: Jemand soll die Gesellschaft lenken, der „wie ein Hirte wirkt". Die „Einheit der Gesellschaft" wird mit der des Menschen verglichen und dabei festgestellt, dass erstere der „Bemühung des Führers" bedarf, während letztere „durch die Natur bewirkt" wird. Eine „Kraft zum Guten in der menschlichen Natur" wird angenommen, mit der man aber nicht „in den Genuss der göttlichen Verheißungen" gelangen kann. Dies wird nur einer „von Gott verliehenen Kraft" zugesprochen, die mit „königlichem Priestertum" identifiziert wird, hinter dem sich letztlich der Papst zu Rom verbirgt.

Nur mit Mühe vermag der Leser den Text als politisch zu qualifizieren. Eher scheint ein theologischer Traktat vorzuliegen. Dennoch handelt es sich um einen geradezu klassisch zu nennenden Text, der das politische Denken des Hochmittelalters bis zur Glaubensspaltung im 16. Jahrhundert paradigmatisch wiedergibt und das normative Selbstverständnis der politischen Akteure in Europa während dieses langen Zeitraumes ausdrückt. Es lohnt sich also, sich mit den Aussagen auseinanderzusetzen.

Der Text beginnt mit einer anthropologischen Feststellung. Der Mensch kann nicht alleine leben, jedenfalls nicht, wenn er seinen „Zweck" erfüllen will. Es entspricht daher seiner „Natur", in Gesellschaft mit anderen zu leben. Diese harmlos klingenden Formulierungen enthalten zwei eng miteinander zusammenhängende philosophische

Begriffe von allergrößter Tragweite im Denksystem Thomas von Aquins, nämlich *Zweck* und *Natur*. Der Begriff *Zweck* verweist auf ein *teleologisches* Grundverständnis. Damit ist gemeint, dass alles Lebendige, also auch der Mensch, sich auf ein Ziel hin entwickelt, das in der Natur dieses belebten Seienden keimhaft angelegt ist. Dieses Ziel ist Ausdruck der Vollkommenheit des jeweiligen Seienden. Worin dieses Ziel besteht, führt Thomas weiter unten mit den Begriffen *gutes Leben*, *Tugend* und *himmlische Seligkeit* aus. Der *Zweck* oder das *Ziel* oder das *Telos* des Menschen ist jedenfalls nicht in das Belieben des Einzelnen gestellt, sondern in seine *Natur* eingestiftet. Deshalb ist die Gemeinschaftsbezogenheit des Menschen auch nichts Äußeres oder das Ergebnis eines individuellen Nutzenkalküls, sondern eine Naturgegebenheit, der der Mensch nicht entkommen kann.

Thomas vertritt also die These von der *Sozialnatur* des Menschen. Dahinter steht die Erfahrung, dass der Mensch viel weniger als andere Lebewesen in sich selbst ruht. Er ist als Individuum für sich genommen wesentlich bedürftig und unvollkommen. Diesem Mangel an Lebensautarkie kann er prinzipiell nicht entrinnen, und deshalb kann er die Gesellschaft auch nicht als bloßes Mittel zu seiner Vervollkommnung benutzen, also zu seinem individuellen Wohl instrumentalisieren. Er kann vielmehr nur *in* der Gesellschaft, als ein Teil von ihr seine Vollkommenheit erreichen. Das bedeutet, dass das Wohl der Gesellschaft Bedingung für das eigene Wohl ist. Das bedeutet auch, dass der Einzelne seinen Teil zum Wohl des Ganzen beizutragen hat.

Thomas begreift die Gesellschaft nicht einfach als zufälliges Beisammensein vieler Einzelner, als Mannigfaltigkeit und Vielfalt singulärer Existenzen, sondern als eine Einheit, die auf ein Ziel hingeordnet ist. Dieses Ziel ist das Gemeinwohl. In realistischer Einsicht in das empirische Verhalten der Menschen, das offenkundig in erster Linie auf die Verwirklichung des je eigenen privaten Wohles gerichtet ist, postuliert Thomas eine mit der Realisierung des Gemeinwohles beauftragte Ordnungsgewalt. Diese hat nicht nur zu verhindern, dass „die Gesellschaft nach entgegengesetzten Richtungen“ auseinander treibt, sondern auch den Einzelnen anzuhalten, „das Gemeinwohl der Gesellschaft zu beachten“.

Aus den wenigen Sätzen, die Thomas dem angesprochenen Sachverhalt widmet, wird so viel klar, dass der Gesamtzweck der Gesellschaft sich nicht aus der Summe der mannigfaltigen singulären Zwecke der einzelnen Menschen ergibt. Das Gemeinwohl (*bonum commune*) ist von den Eigennutzen (*bona propria*) der Einzelnen deutlich unterschieden. Thomas deutet sogar an, dass die Sicherung der privaten Wohlfahrt und das Gemeinwohl in einem Spannungsverhältnis stehen. Denn ohne Ordnungsgewalt würde die naturhaft vorhandene Sorge der Individuen um ihr Eigenwohl das Gemeinwohl gefährden und darüber hinaus die Einheit der Gesellschaft in Frage stellen. Da die Ordnungsgewalt aber auf die Sicherung des Gemeinwohles beschränkt wird, ergibt sich andererseits, dass sie dem Einzelnen nicht die Besorgung der eigenen Angelegenheiten abnehmen soll. Die persönliche Freiheit und Selbstbestimmung soll also nicht über das vom Gemeinwohl geforderte Maß hinaus eingeengt werden. Thomas negiert folglich nicht die Freiheit, er erkennt in ihr aber nicht das die Gesellschaft konstituierende Element. Dieses ist eindeutig das Gemeinwohl, dessen inhaltliche Seite an späterer Stelle im Text umrissen wird.

Es spricht für den nüchternen Realismus Thomas von Aquins, dass er dem Gemeinwohl nur dann eine Chance einräumt, wenn jemand dafür Sorge trägt. Es muss also etwas geben, durch das die „Vielen gelenkt werden", das also „regiert". Thomas sieht für diese Aufgabe einen König vor. Mit wenigen Sätzen legt er somit dar, dass die Sozialnatur des Menschen eine staatliche Herrschaftsordnung impliziert. Herrschaft ist um der Verwirklichung des Gemeinwohles willen naturgegeben, d.h. unmittelbar mit der Gesellschaft gegeben, und nicht das Ergebnis eines Willensentschlusses ursprünglich souveräner Individuen. Die neuzeitliche Vorstellung vom isolierten Individuum, das aus Gründen rationaler Überlegung einen unfriedlich gewordenen Naturzustand verlässt, mit anderen einen Gesellschaftsvertrag schließt und eine Herrschaftsordnung etabliert, ist Thomas völlig fremd.

Thomas vergleicht den König mit einem Hirten. Vermutlich hat er dabei das biblische Gleichnis vom guten Hirten vor Augen. Die entscheidende moralische Anforderung an den König lautet, dieser müsse das Gemeinwohl anstreben und dürfe auf keinen Fall auf seinen eigenen Vorteil bedacht sein. Das königliche Amt muss fremdnützig ausgeübt werden. Das verbietet dem König beispielsweise eine Politik, welche vorrangig nach Festigung seiner Macht, nach Reichtum, Ehre und Ruhm strebt. Thomas will mit diesen Forderungen die Mutation des Königs zu einem Tyrannen verhindern.

Im mittleren Teil des Textauszuges legt Thomas dar, welches Ziel dem königlichen Amt aufgegeben ist. Auch wenn das Wort nicht fällt, ist klar, dass hier das Gemeinwohl inhaltlich expliziert wird. Einschlägige Bestimmungen des Gemeinwohles sind *gutes Leben, himmlische Seligkeit, Tugend, Einheit* und *Friede*. Dabei stehen *gutes Leben* und *Tugend* in einem sachlich engen Zusammenhang. Die Lektüre ergibt, dass der teleologische Zweck der Person im *bonum commune* enthalten ist, ja, dass das *bonum commune* auf nichts anderes abzielt als auf die Vervollkommnung der Mitglieder der Gesellschaft. Sofern sich der einzelne Mensch also mit dem Gemeinwohl konfrontiert sieht, wird er nur dem Ziel des Menschen schlechthin unterworfen, nicht aber einer Staatsräson oder einer irgendwie gearteten kollektivistischen Zielnorm. Das Gemeinwohlkonzept des Aquinaten kann man daher als *personalistisch* bezeichnen, nicht jedoch als *individualistisch*. Thomas hätte mit der dem modernen Menschen vermutlich ganz selbstverständlich erscheinenden Idee nichts anfangen können, dass die Menschen selbst definieren, was ihnen frommt.

Die Sorge des Königs für das Gemeinwohl hat um die Gewährleistung des *guten Lebens* für alle (das Volk) zu kreisen. Im Einklang mit dem gesamten antik-mittelalterlichen Denken versteht Thomas hierunter nicht einfach das bloße Leben im Sinne eines Überlebens und auch nicht ein Leben, dessen Maximen privatistisch definiert werden. Für Thomas führt der Einzelne dann ein gutes Leben, wenn er „nach der Tugend" handeln kann. Dieses wiederum setzt „das genügende Vorhandensein des körperlichen Gutes" voraus. Mit dieser Bedingung ist das körperliche Handlungsvermögen, mit einem Wort: die Gesundheit, gemeint. Das *gute Leben* selbst ist ein der teleologischen (Natur-)Anlage des Menschen entsprechendes Leben. Es ist ein Leben, welches ein Handeln des Menschen im Sinne der ihm wesenhaften Tüchtigkeit erlaubt. Diese Tüchtigkeiten muss der Mensch im Laufe seines Lebens durch fortgesetztes Üben ausbilden. Da Tüchtigkeit identisch ist mit *Tugend*, kann Thomas sagen, dass ein Handeln gemäß der Tugend das Wesen des guten Lebens ausmacht. Die Tugenden, um die es geht, lassen sich in *Verstandestugenden* und *sittliche Tugenden* einteilen. Thomas führt sie nicht eigens aus, da er ihre Kenntnis beim Leser voraussetzt. Die Verstandestugenden beziehen sich auf die Erkenntnis der Wahrheit. Zu ihnen rechnen üblicherweise die Einsicht, das Wissen, die Weisheit und die Kunst. Die sittlichen Tugenden beziehen sich auf das moralische Handeln des Menschen. Sie bestehen aus der Klugheit, der Gerechtigkeit, der Mäßigung und der Tapferkeit.

Für Thomas gehört die Gewährleistung der Tugend zum Gegenstand der Gemeinwohlpolitik. Er unterscheidet sich hierin fundamental von der Neuzeit, die das Leben nach der Tugend zur Privatsache erklärt. Thomas geht aber noch darüber hinaus. Für ihn (wie für die gesamte christliche Tradition) ist der Mensch nicht allein auf die Gesellschaft hingeordnet, sondern hat seinen letzten und höchsten Bezugspunkt in Gott. Die Natur ist von Gott geschaffen und auf ihn ausgerichtet. Deshalb hat auch der Mensch über seinem natürlichen Telos ein übernatürliches Ziel, das man als „Schau Gottes" bezeichnen kann. Thomas gebraucht die Formulierungen „himmlische Seligkeit", „Genuss der göttlichen Verheißungen" und „himmlische Herrlichkeit". Thomas lässt keinen Zweifel daran, dass das übernatürliche Ziel das natürliche Ziel an Bedeutsamkeit weit überragt. Ausdrücklich stellt er diesbezüglich fest, die himmlische Seligkeit sei der „letzte Zweck" des guten Lebens. Die Gemeinwohlpolitik ist folglich nicht autonom, sondern nur eine Vorstufe oder eine Teilfunktion des eigentlichen Zieles. Der König, „im göttlichen Gesetz wohl bewandert", muss deshalb die Gemeinwohlpolitik so gestalten, dass das übernatürliche Ziel tunlichst gefördert wird.

Die Hauptaufgabe des Königs besteht in der permanenten Bereitstellung der Güter, die zum irdischen Gemeinwohl gehören. Am wichtigsten ist die Herstellung und Aufrechterhaltung des Friedens. Dieser Frieden ist die eine Voraussetzung für die vornehmste Aufgabe, nämlich die „Hinlenkung" der Gesellschaft zum guten Leben. Die andere Voraussetzung besteht im Vorhandensein der für das gute Leben erforderlichen materiellen Güter. Für die materielle Wohlfahrt zu sorgen ist also ebenfalls ständige Aufgabe des Königs.

Leicht überliest man Thomas' Erläuterung des Friedens. Er setzt den Frieden –

gemeint ist der innere, nicht der äußere Frieden – gleich mit der „Einheit der Gesellschaft". Auch wenn Thomas sich an der betreffenden Textstelle nicht weiter äußert, so geht doch so viel daraus hervor, dass der Frieden nicht einfach nur Nicht-Kampf, aber auch nicht ein durch Zwang herbeigeführtes Zusammenleben bedeutet. Denn „Einheit" hat eine positive Bedeutung. Die Einheit der Gesellschaft ist für Thomas dann gegeben, wenn Eintracht unter den Gliedern der Gesellschaft hinsichtlich ihrer Stellung, ihres Beitrages zum Wohl der Gesellschaft und ihrer gegenseitigen Fürsorge herrscht. Unter diesen – harmonischen – Bedingungen gibt es auch eine Einigkeit im Recht.

Insgesamt erweist sich somit der von Thomas skizzierte Staat als ein Wohlfahrts-, Rechts- und Kulturstaat.

Im letzten Teil des Textauszuges befasst Thomas sich mit dem Verhältnis von weltlicher (temporaler) und geistlicher (spiritueller) Gewalt, d.h. von *regnum* und *sacerdotium* im mittelalterlichen, von Staat und Kirche im neuzeitlichen Verständnis. Seine Lösung ist nicht theologisch. Sie ist auch nicht empirisch-pragmatisch durch Hinweis auf die zu seiner Zeit überaus starke Stellung des Papsttums in Europa. Er löst die Aufgabe vielmehr mit Hilfe des philosophischen Prinzips der Teleologie. Das Verhältnis beider Gewalten ordnet sich für Thomas nämlich nach der Rangordnung der Ziele des menschlichen Lebens. Diese ist so beschaffen, dass das gute Leben als Vollendung der natürlichen Anlagen übertroffen wird von der übernatürlichen Vollendung in der Verbindung mit Gott. Könnte man zum zweiten Ziel „durch die Kraft zum Guten in der menschlichen Natur" gelangen, so „wäre es notwendigerweise Aufgabe des Königs, die Menschen dahin zu führen". Da aber dieses Ziel menschliche Kraft und Vernunft übersteigt und nur „durch eine von Gott verliehene Kraft" erreicht werden kann, ist seine Verwirklichung eine Angelegenheit „göttlicher und nicht menschlicher Führung". Die Führung kommt dem Amt eines Königs zu, „der nicht nur Mensch, sondern auch Gott ist". Thomas meint hiermit Jesus Christus und das von diesem abgeleitete „königliche Priestertum", dessen oberster Repräsentant der Papst zu Rom ist. Der Text schließt mit der Feststellung, dass alle christlichen Könige dem Papst als dem irdischen Stellvertreter Christi untergeben sein müssen wie Jesus Christus selbst.

Die Ausführungen klingen so, als ob Thomas eine vollständige Abhängigkeit der Fürsten vom Papst postulierte. Das ist aber nicht der Fall. Nur in geistlichen Dingen unterstehen die Fürsten dem Papst, sonst nicht. Der König handelt also im Bereich der irdischen Zwecke selbstständig. Er führt die Politik kraft der Autorität menschlicher Vernunft in eigener Verantwortung. Er ist also nicht Amtsträger der Kirche. Und deswegen handelt er auch nicht im Sinne der Heilsgeschichte.

Eine Abhängigkeit ist dennoch gegeben: Gemäß der Hierarchie der Zwecke ist die weltliche Herrschaft gehalten, dem priesterlichen Wirken günstige Bedingungen zu verschaffen. Außerdem ist sie prinzipiell nachgeordnete Herrschaft und hat im

Konfliktfall keine Widerspruchsmöglichkeit gegen berechtigte Weisungen der übergeordneten geistlichen Herrschaft. Dies gilt jedenfalls im Bereich des christlichen Abendlandes. Thomas tritt mithin für eine *potestas indirecta* der Kirche ein.

Thomas schrieb das Opusculum (kleines Werk) *De regimine principum* um das Jahr 1265. Es handelt sich um einen *Fürstenspiegel* für einen bestimmten König, nämlich König Hugo II. oder III. von Zypern, das damals ein Kreuzfahrerstaat war. Fürstenspiegel wurden von der Antike bis zum 18. Jahrhundert verfasst. Sie stellten Wesen und Aufgabe des Herrscheramtes dar. Aus dem Textauszug geht hinreichend deutlich hervor, dass Thomas sich an einen christlichen Fürsten in einer geschlossenen christlichen Gesellschaft wandte. Diese Situation erleichterte dem Dominikaner Thomas die Erfüllung seiner Aufgabe vermutlich ganz erheblich.

Der Kenner der Ideengeschichte bemerkt schnell, dass Thomas sich von Augustinus, der damals überragenden theologischen Autorität der katholischen Kirche, in der Beurteilung von Staat und Politik deutlich unterscheidet. Augustinus bleibt für Thomas zwar der große theologische Lehrer, er bewertet gleichwohl den irdisch-weltlichen Bereich ganz anders als der große Kirchenvater. Für den in eschatologischen Kategorien denkenden Augustinus war der Staat ein von Gott in die Welt gesetztes Übel, eine Folge des Sündenfalles. Die Fürsten wie auch die Bürger des „irdischen Staates" waren dem Teufel verfallen. Aus dieser Perspektive entwickelte Augustinus nur wenig Aufmerksamkeit für die Eigengesetzlichkeit der Welt.

Thomas fordert demgegenüber, dass der Christ zuallererst von der natürlichen Schöpfung Gottes und den dieser Welt von Gott eingestifteten Sinnstrukturen Kenntnis nehmen muss. Die irdische Welt muss zunächst in ihrer relativen Eigenständigkeit erkannt und anerkannt werden und kann erst dann auf die Heilsgeschichte bezogen werden. Das bedeutet konkret, dass Thomas den Staat nicht als Ausfluss einer (eschatologischen) Erlösungsordnung betrachtet, sondern ihn in der Schöpfungsordnung fundiert sieht. Für Thomas entsteht der Staat, weil die Menschen als Teil der Schöpfung ihre Vollendung nur in gesellschaftlicher Kooperation erreichen können. Im Gegensatz zu Augustinus betrachtet Thomas das irdisch-natürliche Leben deshalb auch nicht als Widerpart des christlichen Lebens, sondern als eine Stufe zu diesem Leben. Er ordnet das diesseitige und das jenseitige Leben folglich in hierarchischer Harmonie einander zu. Gegenüber Augustinus wertet er damit den Staat als eine bedeutsame Stufe auf dem Weg zur übernatürlichen Seligkeit auf.

Der Distanz zu Augustinus auf der einen Seite korrespondiert eine große gedankliche Nähe zu Aristoteles auf der anderen Seite. Man darf nicht vergessen, dass um die Wende vom 12. zum 13. Jahrhundert das Bekanntwerden der aristotelischen Schriften im Abendland einen tiefen Einschnitt und zugleich einen Impuls von kaum zu überschätzender Bedeutung darstellte. Aristoteles ist der große Empiriker unter den Philosophen. Er steht der Welt und ihrer Wirklichkeit ohne Vorbehalte gegenüber. Im Erkennen geht er vom Einzelnen aus. Vor allem aber entwickelt er die teleologische

Denkform. Thomas teilt mit Aristoteles die anthropologische Sichtweise von Staat und Politik und die prozesshaft-teleologische Auffassung der menschlichen Tätigkeit.

Auch wenn Thomas sich eng an Aristoteles anlehnt, so muss er als Christ doch Modifikationen vornehmen, um das philosophische Gedankengebäude mit der Theologie kompatibel zu machen. Thomas „christianisiert" Aristoteles daher, indem er Gott als Urheber und Ziel des teleologischen Prozesses bezeichnet und die menschliche Tätigkeit als dem Menschen von Gott aufgegeben betrachtet. Auch den politischen Ordnungsentwurf seines philosophischen Vorbildes ändert er in einem entscheidenden Punkt. Er wertet das irdische Wohl *sub specie aeternitatis* ab. Während bei Aristoteles das menschliche Leben in den Raum der Polis eingeschlossen ist und sich dort vollendet, kann für Thomas der letzte Zweck menschlicher Gesellschaft kein irdisches Gut sein. Da das übernatürliche Ziel des Menschen weit über die Grenzen des Staates hinausreicht, relativiert sich die Bedeutung des irdischen Gemeinwohles.

Die Frage, ob Thomas der Gegenwart noch etwas zu sagen hat, scheint eindeutig beantwortet werden zu können: Die Antwort lautet höchstwahrscheinlich, dass man aufgrund der großen zeitlichen Distanz und der völlig anderen politisch-kulturellen Gegebenheiten des Mittelalters von Thomas nichts wird lernen können, was die Zukunft politisch zu bewältigen hilft. Denn es gibt keine Fürsten mehr, denen Ratschläge zu erteilen wären. Es gibt ebenfalls nicht mehr die Glaubenseinheit und folglich nicht mehr die eine Kirche, der man eine Eingriffsgewalt in das weltliche Geschehen wird zubilligen können.

Auch das politische Denken hat sich weit von Thomas entfernt. Seiner personalistischen Sichtweise des Politischen, die den Staat als eine von der gemeinsamen Idee des guten Lebens getragene Lebensgemeinschaft begreift, wird seit Thomas Hobbes ein individualistisches und technisches Politikverständnis entgegengehalten, bei dem Prozesse der Machtbildung und Machtkontrolle im Mittelpunkt stehen. Die Idee des Gemeinwohles wird nicht mehr mit dem guten Leben identifiziert, sondern als Ergebnis eines interessenbehafteten und konflikthaften politischen Prozesses gesehen. Und von Tugenden spricht die Moderne allenfalls in ironisch-abschätziger Form.

Die Unmodernität macht paradoxerweise aber die Aktualität Thomas' aus: Er macht ja, wie sich dem Textauszug unschwer entnehmen lässt, grundlegende, zu jeder Zeit gültige Prinzipien geltend. Diese Prinzipien kann man als Beurteilungsmaßstäbe an das vom Historismus (und das heißt Relativismus) geprägte politische Denken der Gegenwart anlegen. Darüber hinaus eignet sich Thomas mit seiner klaren Scheidung von Vernunft und Offenbarung zur Kritik derjenigen Strömungen des modernen politischen Denkens, die aus einem Amalgam aus Vernunft und (säkularisiertem) Glaubensgut bestehen und dies nicht einmal wissen.

Generell wird man Thomas aber auch eine historische, bis heute nachwirkende Bedeutung zusprechen können. Sie liegt darin, dass er den „Prolog zur Neuzeit" hinsichtlich des Verhältnisses von Staat und Kirche schrieb. Bei dieser Verhältnisbestimmung vermeidet er zwei Extreme: Weder politisiert er die Religion im Sinne der vorchristlichen Antike, noch klerikalisiert er die Politik im Sinne einer Theokratie. Sein Postulat, dass beide Gewalten sauber geschieden werden müssten und insbesondere der Staat von Natur aus eine eigene Existenzberechtigung habe, verstand sich zu seiner Zeit nicht von selbst. Thomas entlässt den entstehenden Staat der Neuzeit in eine Freiheit, die freilich an das teleologische Prinzip gebunden wird. Thomas konnte nicht wissen, dass der Staat sich später dieser Bindung entledigen würde.

Schließlich wird die Wirkung Thomas' bis auf den heutigen Tag vor allem dadurch gewährleistet, dass seine Lehre ein wesentlicher Pfeiler im Lehrgebäude der katholischen Kirche ist. Schon 1322 heilig gesprochen, wurde er 1567 zum „Lehrer der Kirche" erhoben. 1879 empfahl Papst Leo XIII. im Rundschreiben *Aeterni patris* die thomasischen Schriften nachdrücklich dem Studium. Der Rang dieser Lehre für den Hochschulunterricht der katholischen Theologen wurde schließlich auch kirchenrechtlich verbindlich festgelegt.

Marsilius von Padua

Ausgewählt und interpretiert von Klaus Roth

Der Verteidiger des Friedens

§ 3 Wir aber wollen sagen, wie es der Wahrheit und dem Rate des Aristoteles Pol. B. 3, Kap 6 entspricht: Gesetzgeber oder erste und spezifische bewirkende Ursache des Gesetzes ist das Volk oder die Gesamtheit der Bürger oder deren Mehrheit *(pars valencior)* durch ihre Abstimmung oder Willensäußerung, die in der Vollversammlung der Bürger in einer Debatte zum Ausdruck gekommen ist; <diese Mehrheit> schreibt vor oder bestimmt unter zeitlicher Buße oder Strafe, daß im Zusammenleben der Menschen etwas getan oder unterlassen werden soll: die Mehrheit, sage ich – unter Berücksichtigung der Zahl und Bedeutung der Personen –, in jener Gemeinschaft, für die das Gesetz gegeben wird, mag die vorhin genannte Gesamtheit der Bürger oder deren Mehrheit das selbst unmittelbar erledigen, mag sie es einem oder einigen zur Erledigung überweisen, die an und für sich nicht Gesetzgeber sind und es nicht sein können, sondern nur zu einem bestimmten Zwecke und nur manchmal und nur kraft Ermächtigung durch den primären Gesetzgeber. Im Anschluß daran sage ich: Durch dieselbe primäre Instanz, nicht eine andere, müssen die Gesetze und alle Abstimmungsergebnisse die notwendige Bestätigung <ihrer formalen Korrektheit> erhalten, was es auch mit gewissen Zeremonien oder Feierlichkeiten für eine Bewandtnis haben mag, die zum Sein des Abstimmungsergebnisses nicht erforderlich sind, sondern nur zum Gutsein, und ohne die die Abstimmung auch gültig wäre; ferner: von derselben Instanz müssen die Gesetze und alle Abstimmungsergebnisse Zusätze, Streichungen oder völlige Änderung, Auslegung und Aufhebung erfahren nach dem Erfordernis von Zeit, Ort und anderen Umständen, sofern sie eine derartige Maßregel zum Nutzen der Gesamtheit in solchen Dingen zweckmäßig erscheinen lassen. Dieselbe Instanz muß die Gesetze nach ihrer Annahme auch veröffentlichen oder verkünden, damit kein Bürger oder Fremder beim Verstoß gegen sie sich mit deren Unkenntnis entschuldigen kann.

§4 Bürger nenne ich nach Aristoteles Pol. B. 3, Kap. 1, 3 und 7, wer in der staatlichen Gemeinschaft an der regierenden, beratenden oder richterlichen Gewalt teilhat, je nach seinem sozialen Rang. Diese Beschreibung schließt von den Bürgern die Knaben, die Sklaven, die Fremden und die Frauen aus, wenn auch in verschiedenem Sinne. Denn Knaben von Bürgern sind künftige und potentielle Bürger, nur genügt das Alter noch nicht. Die Mehrheit aber muß man auffassen nach der guten Gewohnheit der Staaten, oder man muß sie bestimmen nach der Meinung des Aristoteles Pol. B. 6, Kap. 2.

§ 5 Nachdem nun Bürger und Mehrheit der Bürger in dieser Weise bestimmt ist, wollen wir zu unserem Thema zurückkehren, dem Nachweis, daß die menschliche Befugnis zur Gesetzgebung allein der Gesamtheit der Bürger oder deren Mehrheit zukommt. Das werden wir zuerst so zu erschließen versuchen: *Dem* allein steht die primäre menschliche Vollmacht, Gesetze zu geben oder zu schaffen, schlechthin zu, von dem allein die besten Gesetze ausgehen können (OS). Nun ist das die Gesamtheit der Bürger oder deren Mehrheit, die die Gesamtheit vertritt (US); denn es ist nicht leicht oder geradezu unmöglich, daß alle Personen sich zu *einer* Meinung zusammenfinden, weil gewisse Leute mit Blindheit geschlagen sind und aus persönlicher Bosheit oder Unwissenheit von der allgemeinen Meinung abweichen; deren unvernünftiger Einspruch oder Widerspruch darf <die Wahrnehmung> der Interessen der Allgemeinheit nicht beeinträchtigen oder unmöglich machen. Also kommt es der Gesamtheit der Bürger oder deren Mehrheit ausschließlich zu, Gesetze zu geben oder zu beschließen (SS).

Der Obersatz dieses Beweises ist beinahe selbstverständlich, obwohl man aus I 5 seine Geltung <beweisen und> letzte Gewißheit entnehmen kann. Den Untersatz, daß nur, wenn das ganze Volk den Vorschlag gehört und gutgeheißen hat, ausschließlich das beste Gesetz gegeben werden kann, beweise ich, indem ich mit Aristoteles Pol. B. 3, Kap. 7 die Voraussetzung mache, am besten sei *das* Gesetz, das für das Gemeinwohl gegeben ist. Daher hat er gesagt: *Das Richtige*, in den Gesetzen, *dient wohl dem Vorteil des Staates und dem allgemeinen Nutzen.* Daß dies am besten ausschließlich von der Gesamtheit der Bürger erreicht wird oder deren Mehrheit, was als dasselbe fortan angenommen werden soll, zeige ich so:

Dessen Wahrheit wird am sichersten beurteilt, und *dessen* Nutzen für die Allgemeinheit am sorgfältigsten beachtet, worauf die Gesamtheit der Bürger mit Verstand und innerer Anteilnahme ihre Aufmerksamkeit richtet. Einen Mangel an der Gesetzesvorlage kann nämlich eine größere Zahl eher bemerken als ein Teil von ihr; denn *jedes* körperhaftes *Ganze* wenigstens ist *größer* an Masse und Kraft *als jeder Teil von ihm* für sich. Ferner wird aus dem ganzen Volk heraus der Nutzen des Gesetzes für die Allgemeinheit schärfer beachtet, weil niemand sich wissentlich schadet. Dort aber kann jeder beliebige überblicken, ob der Gesetzentwurf mehr zum Vorteil eines einzelnen oder gewisser Leute neigt als zu dem der anderen oder der Gemeinschaft, und kann Einspruch erheben. Das wäre nicht möglich, wenn nur einer oder einige wenige, die mehr auf den eigenen Vorteil aus sind als auf den der Allgemeinheit, dieses Gesetz gäben. Diese Meinung stützt auch hinlänglich, was wir über die Notwendigkeit von Gesetzen in I 11 festgestellt haben.

§ 6 Weiter zum Haupt-Schlußsatz! Dem kommt ausschließlich die Gesetzgebung zu, der dadurch bewirkt, daß die gegebenen Gesetze am besten oder ausnahmslos befolgt werden (OS). Das ist ausschließlich die Gesamtheit der Bürger (US). Also kommt ihr ausschließlich die Gesetzgebung zu (SS). Der Obersatz dieses Beweises ist beinahe selbstverständlich; denn zwecklos wäre ein Gesetz, wenn es nicht befolgt würde. Daher sagt Aristoteles Pol. B. 4, Kap. 7[118]: *Eine gute gesetzliche Ordnung besteht nicht, wenn die Gesetze gut gegeben sind, aber keinen Gehorsam finden.* Dasselbe hat Aristoteles B. 6, Kap. 5 desselben Werkes festgestellt: *Es hat keinen Wert, wenn Entscheidungen über das, was gerecht sein soll, gefällt werden, diese aber nicht zum Ziele kommen.* Den Untersatz beweise ich so: *Das* Gesetz befolgt jeder Bürger am besten, das er glaubt sich selbst auferlegt zu haben (OS). Dies gilt für *das* Gesetz, das gegeben ist, nachdem die Gesamtheit der Bürger es angehört und gutgeheißen hat (US). Der Obersatz dieses Vor-Schlusses ist fast unmittelbar einsichtig: Weil nämlich *der Staat eine Gemeinschaft freier Männer ist*, wie Pol. B. 3, Kap 4 steht, muß jeder einzelne Bürger frei sein und nicht eines anderen *Tyrannei*, d.h. Knechtschaft, tragen. Das wäre nicht der Fall, wenn ein einzelner oder eine Minderheit von Bürgern ein Gesetz gäben aus eigener Vollmacht für die Gesamtheit der Bürger; wenn sie nämlich *so* Gesetze gäben, wären sie Tyrannen der anderen, und darum würden die übrigen Bürger, die Mehrzahl, ein solches Gesetz, wäre es auch noch so gut, mit Unwillen oder gar nicht hinnehmen, in dem Gefühl, verachtet zu sein, dagegen Einspruch erheben und, da sie nicht zur Beschlußfassung darüber gerufen waren, es in keiner Weise befolgen. Ein Gesetz jedoch, das gegeben ist, nachdem die Gesamtheit es angehört und ihre Zustimmung gegeben hat, wäre es auch weniger nützlich, würde jeder Bürger leicht befolgen und hinnehmen; denn jeder hat dann das Gefühl, es für sich selbst beschlossen zu haben, und hat darum <keinen Anlaß>, dagegen Einspruch zu erheben, sondern vielmehr <Anlaß>, sich in Ruhe damit abzufinden. – Ferner, den Untersatz des ersten Schlusses beweise ich von einem anderen Gesichtspunkt aus so: *Der* ausschließlich hat Macht über die Befolgung der Gesetze, der eine zwingende Gewalt gegen die Übertreter besitzt; das ist die Gesamtheit oder deren Mehrheit: also steht ihr allein die Gesetzgebung zu.

Marsilius von Padua: Der Verteidiger des Friedens.
Auswahl auf Grund der Übersetzung von Walter Kunzmann und der Bearbeitung von Horst Kusch mit einem Nachwort von Heinz Rausch.
Stuttgart 1971, I. Teil, Kapitel XII, §§ 3-6, S. 52-56

Interpretation

Der Beitrag des Marsilius von Padua (ca. 1275/80-ca. 1342) zur Genealogie der Demokratie ist umstritten. Gegen die ältere Interpretation, die ihn zum Klassiker der modernen Demokratietheorie, zum Radikaldemokraten und Vorläufer Rousseaus stilisiert hatte (Otto von Gierke u.a.), wurde von der jüngeren Forschung zu Recht eingewandt, dass die von ihm begründete *Theorie der Volkssouveränität* noch nicht zur heutigen, auf Freiheit und Gleichheit aller einheimischen Männer und Frauen basierenden Idee der *Volksherrschaft* führte, sondern der mittelalterlichen Ständeordnung verhaftet blieb, in der allein die oberen Stände herrschten und Anteil an der Regierung hatten. Dieser Einwand bleibt jedoch fadenscheinig. Auch in der antiken Demokratie waren Frauen, Sklaven und Metöken von der politischen Teilhabe ausgeschlossen. Und noch im 18. und 19. Jahrhundert galt als selbstverständlich, dass nicht alle in einem staatlichen Territorium lebenden Menschen Stimmrecht haben, also „Staatsbürger" und nicht bloße „Staatsgenossen" sind. Vorausgesetzt waren Bildung und Besitz. Sowohl Gesellen, Dienstboten, Unmündige, „alles Frauenzimmer, und überhaupt jedermann, der nicht nach eigenem Betriebe, sondern nach der Verfügung anderer (außer des Staats) genötigt ist, seine Existenz (Nahrung und Schutz) zu erhalten, entbehrt der bürgerlichen Persönlichkeit", bemerkte Immanuel Kant, dessen republikanische Gesinnung von niemandem in Zweifel gezogen wird, lapidar und apodiktisch [Metaphysik der Sitten (1797), I. Teil, § 46, Anm.]. Die Leistung des Marsilius wird deshalb durch ihre mittelalterlichen Schranken kaum geschmälert. Obgleich er noch kein allgemeines, freies und gleiches Wahlrecht für alle erwachsenen Menschen begründet hat, bleibt der *Defensor pacis* (1324) ein Meilenstein in der Entwicklung des europäischen Politikdenkens, ohne den die moderne Demokratietheorie schwerlich in Gang gekommen wäre.

Die spätmittelalterliche Gesellschaft war zerrissen. Seit dem hohen Mittelalter tobte der Kampf zwischen *Imperium* und *Sacerdotium,* Kaiser- und Papsttum, Reich und Kirche sowie zwischen den beiden universalen Mächten und den partikularen Kräften (westeuropäische Monarchien, aufstrebende Städte), die sich selbst zu regieren und verwalten gedachten, keinen Höheren in weltlichen Dingen anerkannten *(superiorem in temporalibus non recognoscens)* und sich selbst als „Kaiser" in ihren Reichen verstanden *(rex in regno suo imperator est).* Das Kaisertum wurde nicht nur vom Papsttum, sondern auch von den Königen, Fürsten und vom städtischen Bürgertum attackiert. Gegen die ungeheuere Besitz- und Machtanballung der geistlichen Würdenträger, die Verfilzung von Religion und Politik und die Verkrustung der feudalen Herrschaftsverhältnisse wandten sich religiöse Protest- und Erneuerungsbewegungen, die sich auf die urchristlichen Werte zurückbesannen, ein Leben in Frieden und Gerechtigkeit, Bescheidenheit und Armut, in Gottes- und Nächstenliebe propagierten und durch ihre nachhaltige Wirkung auf breite Bevölkerungskreise heftige Konflikte provozierten, die im sog. *Armutsstreit* (1316-34) kulminierten. Zu den politischen gesellten sich theoretische Spannungen. Durch die Kreuzzüge waren die Europäer mit der fortgeschrittenen und weit überlegenen arabischen Kultur konfrontiert worden, die das Bemühen um Nachahmung und Einholung stimulierte. Vermittelt über arabische Quellen (Avicenna und Averroës) wurde dem Westen erstmals das Gesamtwerk des *Aristoteles* – einschließlich der praktischen Philosophie – erschlossen, das die seitherigen Gewissheiten und Selbstverständlichkeiten in Frage stellte und die Welt mit neuen Augen zu sehen lehrte. Die Aristoteles-Rezeption, die in der Mitte des 13. Jahrhunderts einsetzte, brachte das christliche Weltbild ins Wanken und erzwang eine Neubestimmung des Verhältnisses von Glauben und Wissen sowie neue Reflexionen über die Welt und die Stellung des Menschen in ihr. Ein neues Selbstverständnis brach sich Bahn, ein weltimmanentes Denken rivalisierte mit dem Gedanken der Transzendenz und sollte ihn schließlich verdrängen. Der Aristotelismus schien ohne den Glauben an den einen und einzigen Gott auszukommen und setzte eine neue Gelassenheit an die Stelle der christlichen Furcht. Der Mensch galt nicht mehr unbesehen als *sündhaft*, sondern als ein mit Verstand und natürlichen Bedürfnissen ausgestattetes Lebewesen, als *animal rationale et sociale*. Die natürliche Ordnung erlangte Eigenbedeutung innerhalb der Gnadenordnung, die irdische Herrschaft wurde künftig nicht nur durch Bezug auf Gott, sondern auch auf die Beherrschten legitimiert. Die menschlichen Gemeinschaften – von der Familie über die Nachbarschaft, das Dorf und die Stadt bis hin zur Provinz und zum König- oder Kaiserreich – wurden nun – neben der Kirche – als „natürliche" Einheiten eigenen Rechts konzipiert. Kein Wunder, dass sich die Theologen vehement gegen den Einbruch der Philosophie in ihr eigenes Territorium und gegen die Brechung ihres Deutungsmonopols wehrten. Doch blieb ihr Abwehrkampf letztlich vergebens. Verketzerungen und Verbote nützten wenig. Das politische Denken emanzipierte sich nach und nach aus den Fesseln der christlichen Theologie.

Eine Synthese zwischen christlichem und aristotelischem Denken war Thomas von Aquin (1225-74) gelungen (s.o.), der damit zum Ausgangspunkt des weiteren Politikdenkens wurde. Auf den von ihm gelegten Fundamenten baute Marsilius von Padua auf, der die theologisch-politischen Ausgleichsbemühungen des Aquinaten nicht akzeptieren konnte. Anlässlich des neuerlichen Konflikts zwischen Kaiser- und Papsttum, den Ludwig der Bayer (1314-46) mit Johannes XXII. (1316-34) auszufechten hatte und der die abendländische Welt weiter spaltete und in Unruhe versetzte, erforschte Marsilius die Ursachen des Haders unter den Menschen, um so die Voraussetzungen für einen künftigen Frieden zu ermitteln (Defensor pacis I, 1, 7). Mit aristotelischen und christlichen Mitteln, rationalistischer Argumentation und Bibel-Zitaten begründete er die Notwendigkeit einer strikten Scheidung der geistlichen und weltlichen Sphäre und entlarvte das Streben der römischen Bischöfe nach Suprematie und Weltherrschaft *(plenitudo potestatis)* als Ursache des Unfriedens und des ewigen Streits (I, 19; II.). Sollen Frieden und Gerechtigkeit unter den Menschen obwalten, so ist die *Herrschaft des Gesetzes* nötig, das vom Volk *(populus seu civium universitas)* bzw. seinem bedeutendsten Teil *(pars valencior)* erlassen wird und auch die weltlichen Machthaber und die Inhaber der geistlichen Ämter bindet (I, 18, 3). Marsilius wurde so zum Vordenker des neuzeitlichen Staates, indem er die Politik aus der religiösen Umklammerung löste, die Regenten auf das Gemeinwohl verpflichtete und die Legitimität der Herrschaft in ihrer Rückbindung an den Willen der Bürgerschaft suchte. Er wurde zugleich zum Vorläufer des späteren Konstitutionalismus, indem er zwar noch keine Bürgerfreiheiten gegen einen despotischen Staat postulierte, aber doch den Machthabern positiv-rechtliche Schranken setzen und sie der Kontrolle durch den Gesetzgeber bzw. einen von ihm bestellten Ausschuss unterwerfen wollte. Er begründete darüber hinaus den Gedanken der Volkssouveränität, der ins Zentrum der modernen Demokratietheorie rückte.

Den Ausgangspunkt der theoretischen Ableitung bilden nicht mehr die göttlichen Ver- und Gebote, sondern die Erfordernisse des menschlichen Zusammenlebens. Ihren Zielpunkt markieren nicht länger die Bestimmungen der Glückseligkeit und des ewigen Heils, sondern die Bedingungen und Formen, Mittel und Wege zur (Wieder-)Herstellung des irdischen Friedens. Mit Aristoteles erblickt Marsilius den Ursprung der Gemeinschaft (I, 3) im menschlichen Streben nach Selbsterhaltung, d.h. im bloßen Überlebenwollen, ihren Endzweck (I, 4) hingegen im „guten Leben", d.h. in einem befriedeten und geglückten Dasein. Da aber schon das bloße Überleben in Frage gestellt war, verlagerte sich der Akzent von der Zweck- *(causa finalis)* auf die Wirkursache *(causa efficiens)*. Erforderlich zur Sicherung des Friedens ist nach Marsilius ein Regiment, in dem der weltliche Herrscher die geistlichen Würdenträger kontrolliert und über die Rechtmäßigkeit ihres Verhaltens wacht. Anstatt die Politik zu dominieren und ihre Richtlinien zu bestimmen, hat die Religion in ihren Dienst zu treten und sich dem Ziel der Friedenssicherung unterzuordnen. Die Priester und Pastoren haben unverzichtbare pädagogische und zivilisatorische Funktionen („Seelenpflege"), von den politischen Angelegenheiten haben sie sich aber fern zu halten. Damit war die traditionelle christliche Lehre von den zwei Gewalten, dem Mit- und Gegeneinander des geistlichen und weltlichen Schwertes, zugunsten einer einheitlichen weltlichen Gewalt preisgegeben, die zugleich über den Klerus gebietet (II, 18, 9).

Weder Gott noch die Natur hat festgelegt, welche politische Organisation das Zusammenleben regelt. Es ist Aufgabe der Bürgerschaft oder ihres „bedeutendsten Teils", sich eine Verfassung zu geben. Liegt es einerseits im freien Ermessen der Bürger, ob sie sich in autonomen Städten *(civitates)* selbst verwalten oder aber zu übergreifenden Reichen *(regna)* zusammenschließen (I, 2, 2; I, 17, 11), so hängt es andererseits auch allein an ihnen, welche konkrete Ordnung sie in dem von ihnen konstituierten Gemeinwesen etablieren. Marsilius übernimmt die Verfassungslehre des Aristoteles und unterscheidet mit ihm „gute" und „schlechte" Formen (I, 8). Als „gut" gelten alle Regierungen, die in Übereinstimmung mit dem Willen der Bürger und Untertanen handeln, als „schlecht" hingegen jene, die ihn missachten und gegen ihn verstoßen (I, 9). Es ist folglich gleichgültig und den Bürgern überlassen, ob sie die Alleinherrschaft eines Mannes *(Monarchie)* oder eine kollektive Regierung der „valentior pars" *(Aristokratie)* oder gar die politische Selbstbestimmung und -verwaltung des gesamten Volkes *(Politie)* institutionalisieren. Entscheidend ist, dass die jeweilige Regierung nicht zur *Tyrannis, Oligarchie* oder *Demokratie* „entartet". Das Recht zur Gesetzgebung liegt beim Volk (*humanus legislator),* das Recht selbst entspringt nicht länger einer transzendenten Quelle oder der „Natur", sondern der jeweiligen Macht *(potestas)* des Herrschers, der seine Legitimität vom Volk herleitet. Allerdings wird das gesetzgebende „Volk" bei Marsilius nicht durch die Gesamtheit aller Individuen konstituiert und repräsentiert, sondern durch die einander zugeordneten und aufeinander bezogenen mittelalterlichen Stände. Ungeklärt und strittig bleibt, ob der *Defensor pacis* eine „gemäßigte" (Wahl-) Monarchie, eine Aristokratie oder vielmehr die Selbstverwaltung der bürgerlichen Führungsschicht in den oberitalienischen Städten als die beste und für die Friedenssicherung geeignetste Ordnung begründet hat. Dieser Streit lässt sich nicht schlichten, weil der Paduaner nicht näher bestimmt hat, wer jeweils zur *valentior pars* zu rechnen ist, d.h. zum immer wieder beschworenen (im vorstehenden Textauszug irrtümlich mit „Mehrheit" übersetzten) „bedeutendsten Teil" der Bürgerschaft.

Als *Bürger* gilt – wie schon bei Aristoteles – jeder, der an der regierenden, beratenden oder richterlichen Gewalt teilhat, „je nach seinem sozialen Rang. Diese Beschreibung schließt von den Bürgern die Knaben, die Sklaven, die Fremden und die Frauen aus" (I, 12, 4). Die *Civitas* und/oder das *Regnum* wird folglich als *Männerbund* verstanden, als eine „Gemeinschaft freier Männer" (§ 6). Während in den Stadtkommunen auch aristokratische oder bürgerlich-elitäre Formen der Willensbildung und Entscheidungsfindung denkbar sind, werden die übergreifenden Reiche wohl eher „gemäßigte", d.h. rechtlich begrenzte Wahlmonarchien sein, in denen die oberen Stände tatkräftig mitwirken und vor allem beratende Funktionen ausüben. Dass die Angehörigen der Unterschichten an den drei Gewalten partizipieren und dadurch Bürgerstatus erlangen, ist eher unwahrscheinlich, wenngleich nicht prinzipiell ausgeschlossen. Die vollwertigen Bürger aber sollen nach Möglichkeit zugleich Urheber und Objekte des Gesetzes sein, da ein Mensch am liebsten solche Gesetze befolgt, von denen er glaubt, dass er sie sich selbst auferlegt hat (§ 6). Der beste Gesetzgeber ist demnach „die Gesamtheit der Bürger oder deren Mehrheit *(eius valenciorem partem),* die die Gesamtheit vertritt" (§ 5).

Mit seinen eindringlichen Analysen hat Marsilius die Grundsätze der künftigen Politik formuliert. Mit Hilfe seiner begrifflichen und theoretischen Klärungen ließ sich nicht nur die Politik Ludwigs des Bayern gegenüber der Papstkirche in Avignon rechtfertigen, auch die westlichen Monarchien und die lombardischen Städte konnten sich in ihrem Streben nach Selbständigkeit und Autonomie auf den *Defensor pacis* berufen. Dieser konnte so zum Ausgangspunkt des künftigen Staatsdenkens werden. Die späteren Reichsapologeten hingegen taten sich schwer mit dem Gedanken der Volkssouveränität, durch den die Entscheidung über die Verfassung und die konkrete Form der Regierung in die Hände der Bürgerschaft gelegt wurde und die Idee der Universalmonarchie als disponibel und letztlich als überflüssig erschien. Auf dem von Marsilius geebneten Weg konnten die späteren Staatstheoretiker – von Machiavelli bis Hobbes, von Locke und Rousseau bis hin zu Hegel – weiterschreiten. Ziel der Politik ist nicht mehr die Verwirklichung des göttlichen Heilsplanes, sondern die Friedenssicherung und die Ermöglichung eines einträchtigen Zusammenlebens. Dazu ist weder eine Universalmonarchie noch eine vom Papsttum beherrschte Anstaltskirche nötig. Es genügt, wenn sich die Städte und Provinzen ordentlich verwalten und – bei Bedarf – zu größeren Reichen oder zu Staaten zusammenschließen, in denen die Gesamtheit oder ihr „bedeutendster Teil“ die Geschicke des Gemeinwesens bestimmt.

Pico della Mirandola

Ausgewählt und interpretiert von Gotthard Breit

oratio de hominis dignitate
Aus der Rede über die Würde des Menschen

Bereits hatte Gott-Vater, der höchste Baumeister, dieses irdische Haus der Gottheit, das wir jetzt sehen, nach den Gesetzen einer verborgenen Weisheit errichtet. Aber als er dieses Werk vollendet hatte, da wünschte der Baumeister, es möge jemand da sein, der die Vernunft eines so hohen Werkes nachdenklich erwäge, seine Schönheit liebe, seine Größe bewundere. Deswegen dachte er zuletzt an die Schöpfung des Menschen. Nun befand sich aber unter den Archetypen in Wahrheit kein einziger, nach dem er einen neuen Sprößlinge hätte bilden sollen, und unter den vielen Ruheplätzen des Weltkreises war kein einziger mehr vorhanden, auf dem jener Betrachter des Universums hätte Platz nehmen können. Alles war bereits voll, alles unter die höchsten, mittleren und untersten Ordnungen der Wesen verteilt. Daher ließ sich Gott den Menschen gefallen als ein Geschöpf, das kein deutlich unterscheidbares Wesen besitzt, stellte ihn in die Mitte der Welt und sprach zu ihm:

„Wir haben dir weder einen bestimmten Wohnsitz noch ein eigenes Gesicht noch irgendeine besondere Gabe verliehen, o Adam, damit du jeden beliebigen Wohnsitz, jedes beliebige Gesicht und alle Gaben, die du dir sicher wünschest, auch nach deinem Willen und nach deiner eigenen Meinung haben und besitzen mögest. Den übrigen Wesen ist ihre Natur durch die von uns vorgeschriebenen Gesetze bestimmt und wird dadurch in Schranken gehalten. Du bist durch keinerlei unüberwindliche Schranken gehemmt, sondern du sollst nach deinem eigenen freien Willen, in dessen Hand ich dein Geschick gelegt habe, sogar jene Natur dir selbst vorherbestimmen. Ich habe dich in die Mitte der Welt gesetzt, damit du von dort bequem um dich schaust, was es alles in dieser Welt gibt. Wir haben dich weder als einen Himmlischen noch als einen Irdischen, weder als einen Sterblichen noch als einen Unsterblichen geschaffen, damit du als dein eigener, völlig frei entscheidender Bildner und Gestalter dir selbst die Form bestimmst, in der du zu leben wünschest. Es steht dir frei, in die Unterwelt des Viehs zu entarten. Es steht dir ebenso frei, in die höhere Welt des Göttlichen dich durch den Entschluß deines eigenen Geistes zu erheben."

Müssen wir darin nicht zugleich die höchste Freigebigkeit Gottes und das höchste Glück des Menschen bewundern? In den Menschen hat der Vater gleich bei seiner Geburt die Samen aller Möglichkeiten und die Lebenskeime jeder Art hineingelegt. Welche er selbst davon pflegen wird, diejenigen werden heranwachsen und in ihm Früchte bringen ... Wenn du daher einen Menschen siehst, der ganz dem Bauche ergeben ist und gleichsam auf der Erde kriecht, so wisse, es ist ein Strauch, nicht ein Mensch, was du da siehst. Wenn du einen anderen siehst, in die Phantasie verstrickt, durch Sinneseindrücke bezaubert und durch ihre Verlockungen gleichsam gefesselt, es ist ein Tier, kein Mensch, was du da siehst. Wenn du aber einen erblickst, der nach der richtigen Art der Philosophen alles betrachtet, diesen sollst du verehren; denn er ist ein himmlisches und kein irdisches Wesen. ...

Mögen wir daher die huldvolle Güte unseres Vaters nicht mißbrauchen, durch die er uns jene freie Wahl gab. In die Seele muß ein heiliger Ehrgeiz eindringen, so daß wir, mit dem Mittelmäßigen nicht zufrieden, dem Höchsten nachjagen und uns mit allen Kräften darum bemühen.

Zit. nach: Herbert Krieger (Hrsg.), Handbuch des Geschichtsunterrichts. Bd. IV. Die Neuzeit. Materialien für den Geschichtsunterricht. 4. Aufl., Frankfurt/M. 1978, S. 6

Interpretation

Der Humanist Pico della Mirandola (* 24.2.1463 in Mirandola, † 17.11.1494 bei Florenz) gehörte zum Kreis Lorenzos des Prächtigen aus dem Haus der Medici. Unter deren Herrschaft erfuhr die Renaissance in Florenz einen glanzvollen Höhepunkt. Der Wirtschaftswandel, hervorgerufen durch die Ablösung der Naturalwirtschaft durch die Geldwirtschaft, bewirkte zu Lebzeiten Picos in Ober- und Mittelitalien und dort vor allem in Florenz eine Wirtschaftsblüte, ein Erstarken der Städte und eine neue städtische Kultur. Das Bankwesen entstand; der internationale Handel hatte den Kaufleuten Wohlstand und den unabhängigen Stadtstaaten Macht gebracht. Nach dem Vorbild Roms betrachteten sich die städtischen Eliten als Patrizier; der Rat der Stadt sah sich in der Rolle des Senats im antiken Rom. Eine neue Bildungsaristokratie wuchs heran. Gelehrte standen als Lehrer oder Sekretäre im Dienst der Mächtigen. Die bildenden Künste und die Literatur erlebten unter der Patronage des Hauses Medici eine Blütezeit.

In der Zeit der Renaissance erfolgte eine Hinwendung zur Antike. Die griechische Literatur wurde wieder entdeckt. Francesco Petrarca (* 1304, † 1374) und Giovanni Boccaccio (* 1313, † 1375) bildeten den Anfang. Als Vorboten der Renaissance bemühten sie sich darum, die Beschäftigung mit antiker Literatur wieder zu beleben. Nach der Eroberung Konstantinopels 1453 kamen viele Flüchtlinge nach Oberitalien und mit ihnen die Kenntnisse der griechischen Sprache. Die Gelehrten sahen sich in die Lage versetzt, griechische Texte in der Orginalsprache zu lesen. Die Beschäftigung mit griechischen und römischen Philosophen wurde geradezu zu einem Merkmal humanistischer Gelehrsamkeit.

Der adlige Pico aus Mirandola, der Giovanni, den zweiten Sohn Lorenzos des Prächtigen, unterrichtete, gehörte zu den bedeutenden Philosophen und Gelehrten der von Cosimo de Medici neu gegründeten „Platonischen Akademie". Hier wurden insbesondere die Texte und die Philosophie Platons studiert.

Bei ihrem Studium der alten Schriften lernten die Gelehrten den Charakter der Menschen kennen, wie ihn die Klassiker darstellten. Und sie bemühten sich darum, diesem Vorbild nachzueifern. Auch wenn niemand die Antike als Ersatz für das Christentum ansah, führte die Hinwendung zu der klassischen Vergangenheit dazu, die Frage nach der Bestimmung des Menschen neu zu stellen und nach neuen Antworten zu suchen. Florenz bildet den Ausgangspunkt der humanistischen Bewegung, die den Menschen als Individuum entdeckte. Im Gefolge des neuen Denkens begannen die Gelehrten, dem Menschen eine andere, größere Bedeutung zuzumessen. Dies sollte sich als richtungsweisend für die Zukunft erweisen.

Die sich anbahnenden Neuorientierungen weckte ebenso wie die Hochschätzung antiker Schriften das Misstrauen der Kirche. Bei der Entdeckung der menschlichen Autonomie kann diese Reaktion nicht verwundern. Pico erfuhr 1486 den Kirchenbann, der erst 1493 aufgehoben wurde. An der Intensität seines christlichen Glaubens darf dennoch nicht gezweifelt werden. Pico hat gegen Ende seines Lebens Savonarola unterstützt und, unter seinem Einfluss stehend, zu einem Christentum mittelalterlicher Strenge zurückgefunden. Diese Entwicklung zeigt, dass er trotz seiner neuen Auffassung von der Bedeutung des Menschen noch sehr in der Vergangenheit verwurzelt war.

Die Zeitbedingtheit der Rede ist leicht erkennbar; so formuliert ein hochgebildeter Humanist und ein Mitglied aus dem Umkreis Lorenzos des Prächtigen. Ein Philosoph der Gegenwart würde sich anders ausdrücken. Und dennoch können wir heute gerade aus diesem Text gut herauslesen, was der Begriff „Würde des Menschen" beinhaltet.

Nach Pico hat Gott die Natur aller Lebewesen fest bestimmt. Sie müssen so leben und sich so verhalten, wie es ihnen ihre Natur vorbestimmt. Sie sind trieb- und instinktgebunden und verfügen über keinen freien Willen. Lediglich dem Menschen hat Gott die Möglichkeit eingeräumt, über sich nachzudenken und selbstständig Entscheidungen zu treffen bzw. über sich selbst zu bestimmen. Nur der Mensch kann so leben, wie er es für richtig hält. Er kann festlegen, was er tut, wo er wohnt und was er besitzen möchte. Nur er kann von sich aus Fragen stellen und versuchen, sie selbstständig zu beantworten. Er kann um sich schauen und erforschen, was es alles in der Welt gibt. Und in diesem Forscherdrang gibt es für ihn keine unüberwindliche Schranken. Durch dieses Streben kann er zu einem höheren Bereich aufsteigen und eine Vollkommenheit erreichen, die ihm Freiheit und Würde verleiht.

Der Mensch kann aber auch andere Lebensweisen wählen. Er kann sich dem Verlangen seines Bauches ergeben, doch kommt er dann über den Zustand des Kriechens auf der Erde nicht hinaus. Lässt er sich durch Sinneseindrücke bezaubern und durch Verlockungen fesseln, dann entartet der Mensch und verbannt sich selbst in die Unterwelt des Viehs. Nur wer sich durch eigenen Entschluss von den Niederungen erhebt, sich nicht mit dem Mittelmäßigen zufrieden gibt, sondern dem Höchsten nachjagt und nach der richtigen Art des Philosophen alles betrachtet, bekommt nach Pico als Mensch Würde zuerkannt.

Die Heraushebung vor allen anderen Lebewesen kann nicht als ein Versuch Picos gedeutet werden, den Menschen von Gott zu lösen. In der Rede bleibt unzweifelhaft, dass für ihn bei aller neuen Unabhängigkeit der Mensch unter Gottes Obhut steht.

Der Humanismus, das Hauptelement der Renaissancekultur in Florenz, begründete neue Wertvorstellungen; der Mensch erfährt eine neue Bestimmung. Picos Rede über die Würde des Menschen zeigt dies exemplarisch. Mit ihrem neuen Welt- und Menschenbild kann die Rede als der Beginn eines neuen Zeitalters angesehen werden. Nach Pico hat Gott dem Menschen Selbstständigkeit geschenkt. In der Freiheit sieht Pico, wie die Überschrift der Rede zeigt, die Würde des Menschen. Er hat damit auf den Zusammenhang hingewiesen, der bis heute zwischen der Freiheit und der Würde des Menschen besteht. Nach dem Verständnis westlicher Zivilisation bildet Freiheit als Recht der Mündigkeit den Grundanspruch menschlicher Würde.

Zugleich macht Pico mit unübertrefflicher Klarheit darauf aufmerksam, dass Freiheit und Würde dem Menschen nicht selbstverständlich gegeben sind, sondern von jedem Einzelnen nur mit Anstrengungen erworben werden können. Wer menschenwürdig leben will, darf nicht Bedürfnissen und Verlockungen nachgeben oder sich mit Mittelmäßigem zufrieden geben. Die Verwirklichung von Freiheit und Würde gelingt dem Menschen nur dann, wenn er die Mühen auf sich nimmt, die notwendig sind, um selbstständig zu denken und zu handeln und so selbstbestimmt zu leben. Entsprechend den antiken Vorbildern misst er der vita contemplativa den Vorrang vor der vita activa zu. In der Rangordnung der Menschen sieht er den Gelehrten am höchsten.

Die andere Bedeutung der Rede liegt darin, dass Pico die Notwendigkeit und den Rang der Erforschung der Welt hervorhebt. Mit der Wiederentdeckung des klassischen Altertums, und insbesondere mit dem Studium der Sprache und der Philosophie Platons wurde in Florenz ein Bildungshumanismus gepflegt, der zu einer von kirchlicher Dogmatik befreiten Forschung führte. Fußend auf einem christlichen Weltbild wandte sich der Humanismus der diesseitigen Welt zu, die es im Geist freier Forschung zu erkunden galt. Nicht mehr Gott allein bildete den Gegenstand menschlicher Einsicht. Den Gelehrten ging es um den Menschen selbst und um die Welt, in der er lebte. Zum ersten Mal werden Vorstellungen über die Möglichkeiten geäußert, selbstbestimmt handelnd in die Ordnung der Welt einzugreifen.

Das neue Denken und das neue Menschenbild besaßen zunächst nur Bedeutung für den geistigen Elitekreis der Humanisten um die ‚Platonische Akademie' und darüber hinaus für die wirtschaftliche und politische Oberschicht von Florenz und andere ober- und mittelitalienische Stadtstaaten. Die Auffassung vom Menschen, der über einen freien Willen verfügt und über sein Leben selbst bestimmt, sollte sich aber in der Neuzeit durchsetzen. Der Geist des diesseitigen Denkens und der freien Forschung, der von Florenz ausging, beeinflusste und veränderte das europäische Geistesleben.

Die Rede thematisiert eine Grundlage des demokratischen Verfassungsstaates in der Neuzeit.

In ihr werden zum ersten Mal der moderne Mensch und dessen Würde gezeigt. Der Mensch besitzt die Möglichkeit zur Wahl einer Lebensform und damit die Freiheit zur Individualität. Aus dem Menschenbild, das in dieser Rede entworfen wird, ergeben sich Konsequenzen für die Aufgaben des Staates und des einzelnen Bürgers. Sie werden von Pico nicht gesehen bzw. an keiner Stelle der Rede angedeutet. Sie wurden erst später gedanklich entwickelt und noch viel später in Staat und Gesellschaft umgesetzt (in Deutschland im Grunde erst nach 1945).

Will der Mensch die Möglichkeit zur freien Entfaltung seiner Persönlichkeit nutzen, dann setzt dies gesellschaftliche Bedingungen voraus, in denen sich die neue Freiheit und Würde verwirklichen lassen. Das neue Menschenbild, das sich mit dieser Rede in der Neuzeit zu entwickeln und durchzusetzen begann, macht die rechtsstaatliche, demokratische und sozialstaatliche Gestaltung des Gemeinwesens notwendig. Wer in der Möglichkeit zur Selbstbestimmung das Merkmal des Menschen und seiner Würde erkennt, wird die Hauptaufgabe des Staates darin sehen, die Achtung und den Schutz der Menschenwürde zu garantieren. Der Staat, seine Verfassung, das Institutionengefüge und die Verflechtung mit gesellschaftlichen Organisationen müssen so aufgebaut sein, dass sie diese Aufgabe erfüllen können.

Aus dem Menschenbild ergeben sich nicht nur Konsequenzen für den Staat. Mit der Deutung der Menschenwürde werden auch Anforderungen an das einzelne Individuum verbunden. Die staatlichen und gesellschaftlichen Voraussetzungen für ein Leben in Freiheit und Würde fallen nicht vom Himmel. Sie müssen von den Menschen selbst geschaffen werden (Seneca: Die Welt ist weder vollkommen noch unvollkommen, sondern das, was wir aus ihr machen.) Dies können nur Menschen leisten, die sich freiwillig von der Ergebenheit ihrem Bauch gegenüber und den Verlockungen der Sinneseindrücke lösen, oder sich, wie es Kant mehrere hundert Jahre später ausgedrückt hat, von der eigenen Unmündigkeit befreien und sich ihres eigenen Verstandes bedienen. Die Demokratie ist darauf angewiesen, dass Menschen weder moralisch noch intellektuell versagen und den ihnen (von Gott) gegebenen eigenen Willen dazu nutzen, sich von den Niederungen zu erheben und selbstbestimmt zu denken und zu handeln. Nur diese Bürgerinnen und Bürger können mit ihrer Aktivität eine freiheitlich-demokratische Ordnung mit Leben erfüllen; nur mit ihrer politischen Beteiligung kann die Würde des Menschen geachtet und geschützt werden.

Niccolò Machiavelli

Ausgewählt und interpretiert von Rudolf Speth

Die Auseinandersetzung zwischen römischem Volk und Senat macht die Republik frei und mächtig

Wenn man die Kämpfe zwischen Adel und Volk verdammt, so tadelt man, meiner Meinung nach, die erste Ursache der römischen Freiheit. Man beachtet dann mehr den Lärm und das Geschrei bei solchen Kämpfen als die guten Wirkungen, die daraus hervorgingen, und bedenkt nicht, daß in jeder Republik das Denken und Streben der Großen und des Volkes verschieden sind und daß aus dieser Zwietracht alle Gesetze zugunsten der Freiheit hervorgehen. Auch in Rom ging es so. Von den Tarquiniern bis zu den Gracchen, in einem Zeitraum von mehr als dreihundert Jahren, hatten die Unruhen Roms selten Verbannung zur Folge, viel seltener noch floß Blut. Man kann daher diese Kämpfe weder für schädlich halten noch glauben, daß die Republik durch Spaltungen zerrissen war, wenn sie in so langer Zeit ihrer Streitigkeiten wegen nicht mehr als acht bis zehn Bürger verbannte, sehr wenige hinrichten ließ und nicht gar viele zu Geldstrafen verurteilte. Ebensowenig kann man mit Grund eine Republik schlecht eingerichtet nennen, wenn sie so viele Beispiele von Tugend aufzuweisen hat, denn gute Beispiele entstehen durch gute Erziehung, gute Erziehung durch gute Gesetze und gute Gesetze durch jene Unruhen, die von vielen unüberlegt verdammt werden. In der Tat wird niemand, der den Ausgang derselben wohl untersucht, finden, daß eine Verbannung, eine Gewalttat zum Nachteil des allgemeinen Wohles daraus hervorging, sondern Gesetze und Einrichtungen zur Förderung der öffentlichen Freiheit.

Man könnte zwar einwenden, es seien ganz außerordentliche, ja furchtbare Wege zum Guten gewesen, wenn das zusammengerottete Volk gegen den Senat, der Senat gegen das Volk schrie, wenn alles lärmend durch die Straßen rannte, wenn die Kaufläden geschlossen wurden, wenn das ganze Volk aus Rom auszog; lauter Dinge, die freilich beim Lesen in Erstaunen setzen, allein jede Stadt muß auf ihre eigene Art die Möglichkeiten haben, dem Ehrgeiz des Volkes Luft zu machen; besonders aber Staaten, welche sich in wichtigen Angelegenheiten des Volkes bedienen wollen. Rom hatte die Art, daß das Volk, wenn es ein Gesetz durchsetzen wollte, entweder eines der angeführten Dinge tat oder sich in den Krieg zu ziehen weigerte, so daß man, um es zu besänftigen, in einigen Stücken nachgeben mußte. Was aber freie Völker verlangen, ist selten für die Freiheit verderblich, weil ihr Verlangen entweder durch Unterdrückung entsteht oder durch die Furcht, unterdrückt zu werden. Hätte ein Volk darin eine falsche Meinung gefaßt, so findet sich dagegen ein Mittel in den Volksversammlungen, wo sich dann ein wohlmeinender Mann erhebt und ihm in einer Rede seinen Irrtum zeigt. Cicero sagt, die Völker seien, wenn auch unwissend, doch für die Wahrheit empfänglich, und leicht geben sie nach, wenn ihnen von einem glaubwürdigen Mann die Wahrheit gesagt wird. Man muß daher mit dem Tadel der römischen Regierungsweise sparsamer sein und erwägen, daß die vielen guten Wirkungen, welche aus dieser Republik hervorgingen, nur aus den besten Ursachen entstehen konnten. Die Unruhen aber verdienen das größte Lob, wenn sie Ursache der Einführung der Volkstribunen waren, denn außer daß dadurch das Volk seinen Anteil an der Verwaltung erhielt, wurden die Tribunen auch zu Wächtern der römischen Freiheit eingesetzt, wie uns das nächste Kapitel zeigen soll. (...)

1. Damit eine Religionsgemeinschaft oder eine Republik lange bestehen kann, ist es nötig, sie häufig zu ihren Anfängen zurückzuführen

Es ist eine ausgemachte Wahrheit, daß alle Dinge auf der Welt ihre Lebensgrenze haben. Allein diejenigen durchleben den ganzen ihnen vom Himmel im allgemeinen vorgezeichneten Lauf, die ihren Körper nicht in Unordnung bringen, sondern ihn so in Ordnung halten, daß er nicht krank wird oder, wenn er krank wird, dafür sorgen, daß ihm dies zum Heile, nicht zum Verderben gereicht. Da ich nun hier von zusammengesetzen Körpern spreche, wie es Republiken und Religionsgemeinschaften sind, so sage ich: diejenigen Krankheiten gereichen ihnen zum Heil, die sie zu ihren Anfängen zurückführen. Es sind daher diejenigen Religionen und Republiken am besten geordnet und haben das längste Leben, die vermittels ihrer Einrichtungen sich häufig erneuern können oder aber durch einen äußeren Zufall zu dieser Erneuerung geführt werden. Es ist klarer als der Tag, daß diese Körper, wenn sie sich nicht erneuern, keine Dauer haben. Das Mittel, sie zu erneuern, ist, wie gesagt, sie zu ihren Anfängen zurückzuführen; denn alle Anfänge der Religionsgemeinschaften, Republiken und Königreiche müssen notwendig etwas Gutes haben, mit Hilfe dessen sie ihr ursprüngliches Ansehen und ihr ursprüngliches Wachstum wieder aufnehmen. Dieses Gut verdirbt im Lauf der Zeit; wenn daher nichts dazwischentritt, das es wiederherstellt, so muß der Körper notwendigerweise sterben. (...)

Das Zurückführen zu den Anfängen geschieht bei den Republiken durch ein äußeres Unglück oder durch innere Klugheit. Was das erstere betrifft, so sieht man, wie nötig es war, daß Rom durch die Gallier genommen wurde, wenn es wiedergeboren werden sollte, wenn es durch die Wiedergeburt neues Leben und neue Kraft erhalten, wenn die Beachtung von Religion und Gerechtigkeit, die beide entweiht zu werden begannen, wieder aufgenommen werden sollte. (...)

Es ist also erforderlich, daß die Menschen, gleichviel unter welchen Formen sie miteinander leben, häufig entweder durch solche äußeren oder durch innere Ereignisse zu Selbsterkenntnis gebracht werden. Letzteres muß entweder durch ein Gesetz bewirkt werden, das die Menschen, die Glieder des politischen Körpers sind, kontrolliert, oder durch einen vorzüglichen Mann, der durch sein Beispiel und seine tugendhaften Handlungen dieselben Wirkungen hervorbringt wie das Gesetz. Es entspringt also für die Republiken dieses Gute entweder aus dem Verdienst *(virtù)* eines Mannes oder aus der Kraft *(virtù)* der inneren Ordnung. Was letzteres betrifft, so gehörten zu den Einrichtungen, die die römische Republik zu ihren Anfängen zurückführten, die Volkstribunen, die Zensur und alle übrigen Gesetze, die nach und nach gegen den Ehrgeiz und den Übermut der Bürger gemacht wurden. Diese Gesetze bedürfen, um in Geltung zu bleiben, der Bürgertugend eines Mannes, der den Mut hat, sie gegen die Macht der Übertreter zu vollstrecken.

Niccolò Machiavelli: Politische Schriften. Herausgegeben von Herfried Münkler. Aus dem Italienischen übersetzt von Johannes Ziegler und Franz Nikolaus Baur, Frankfurt/M. 1990, Discorsi, 1. Buch, S. 138-139; 3. Buch, S. 234-235

Interpretation

Der hier abgedruckte Text versteht sich als ein Kommentar Machiavellis (1469-1527) zu den ersten zehn Büchern von Titus Livius Werk „ab urde conditio libris", einer Geschichte Roms und besonders der römischen Republik. Machiavelli verfasste die Discorsi in einer Zeit der erzwungenen politischen Untätigkeit, in der er Muße fand, sich mit antiken Autoren zu beschäftigen und über die Grundprobleme von Politik und Geschichte nachzudenken. Machiavelli war in der Zeit davor, zwischen 1498 und 1512 Sekretär des für Militärfragen verantwortlichen Rates der Zehn der Florentiner Republik und war damit zuständig für die Außen- und Verteidigungspolitik der Republik Florenz. Sein größter Triumph war dabei die Rückeroberung des abgefallenen Pisa im Jahre 1509, die durch die Reorganisation des Florentiner Militärwesens nach dem Milizsystem durch Machiavelli möglich wurde. Machiavelli wurde 1512 aus der Stadt verbannt, nachdem die Medici mit Hilfe spanischer Truppen in die Stadt zurückkehrten. 1530 kam es zum entgültigen Zusammenbruch der Republik Florenz, die bereits spätestens in der zweiten Hälfte des 15. Jahrhunderts in die Krise geraten war. Die ökonomische Krise, in die Florenz geriet, war bedingt durch Schwierigkeiten bei der Wolltuchproduktion und vor allem durch den Zusammenbruch des Kredit- und Banksystems. Unter der Herrschaft der Medici kam es immer mehr zu einem Verfall der republikanischen Substanz der Selbstregierung. Machiavellis Anliegen war daher, einen Ausweg aus dieser Krise des politischen Gemeinwesens zu finden. Dazu beschäftigte er sich mit dem historischen Vorbild, der römischen Republik.

Machiavelli steht mit seinen Schriften am Anfang einer Entwicklung der politischen Philosophie, in der sich die politische Theorie von der Theologie und Ethik emanzipiert. Sein „Principe", mit dem er dem Fürsten Ratschläge erteilt, wie er die politische Herrschaft gewinnen und erhalten kann, ist noch weitgehend im Rahmen der traditionellen Fürstenspiegel gehalten. Neu ist aber bei ihm eine veränderter Blick auf die Wirklichkeit. Neben den antiken Schriftstellern war die politische Praxis und die Beobachtung der einfachen Menschen eine neue Erfahrungsquelle. Sein politischer Realismus will die Dinge sehen „wie sie sind" und nicht „wie sie sein sollen" (Principe XV). Er spielt damit das Faktum gegen die Norm aus, deren Auseinanderfallen die humanistischen Traktate noch rhetorisch überdeckt hatten. Das fundamental Neue in seiner politischen Theorie ist die Orientierung des politischen Handelns am Erfolg und damit die Rechtfertigung eines technizistischen Politikbegriffs. Zudem prägte er mit seiner pessimistischen Anthropologie das politische Denken der Neuzeit derart, dass alle Rechtfertigungen staatlichen Gewalthandelns sich daraus ableiten. Die Schlechtigkeit des Menschen begründet er nicht länger mit der Erbsünde, sondern mit der Unendlichkeit des menschlichen Begehrens und der Unmöglichkeit seiner Befriedigung.

Auch wenn Machiavelli mit der Neuausrichtung der politischen Theorie der Neuzeit für eine Abkopplung von der griechisch-römischen Tradition und den theologischen Vorgaben sorgte, so hat er auf andere Weise doch die Tradition des Republikanismus fortgesetzt und unter neuzeitlichen Prämissen neu interpretiert. Die beiden Textstellen beziehen sich auf die Gründung und Stabilisierung der Republik unter modernen Bedingungen. In den Discorsi empfiehlt Machiavelli die römische Verfassung und nicht die der anderen antiken Republiken nachzuahmen – auch nicht die der Republik Venedig. Die Geschichte der Alten, insbesondere die der römischen Republik ist Vorbild bei der Errichtung neuer Institutionen. Machiavelli suchte in den Discorsi nach den Gründen für die Erhaltung der römischen Freiheit, denn diese Freiheit gilt es auch gegenwärtig wiederzugewinnen. Dieser republikanische Freiheitsbegriff meint im Unterschied zum liberalen Begriff der individuellen Handlungsfreiheit die Freiheit der bürgerlichen Selbstregierung in einer Republik. Das partizipatorische Freiheitsideal Niccolò Machiavellis war dem der Bürger-Humanisten verwandt und war gleichbedeutend mit der Teilhabe an der Machtausübung (vita activa).

In den Discorsi ging es Machiavelli um die Erneuerung und Sicherung dieser republikanischen Freiheit, die durch Luxusstreben, Sittenverfall und Verlust der politischen Tugend bedroht war. Ein Weg der Regeneration, der Wiedergewinnung der virtù des Volkes, war der Konflikt zwischen Adel und Volk in Rom gewesen. Er bewahrte die Stadt vor dem Niedergang, weil aus diesen Kämpfen die heilsame Wirkung der Regeneration im Permanenz hervorging. Machiavelli kann daher als ein früher Vorläufer einer pluralistischen Parteientheorie gelesen werden, in der der gehegte politische Konflikt der öffentlichen Freiheit förderlich ist. Machiavelli möchte daher jene beständige Unruhe, weil sie das politische Engagement der Bürger wach hält und vor dem Verfall bewahrt.

Einen anderen Vorschlag zur moralischen Erneuerung der Republik hat er im zweiten Textfragment gemacht. Die ursprüngliche virtù des Volkes sollte durch die Rückführung der politischen Ordnung auf seine Anfänge wieder hergestellt werden. Hintergrund dafür ist Machiavellis zyklisches Geschichtsdenken, in dem Aufstieg und Verfall sich abwechseln. Die Erkenntnis der Gesetzmäßigkeiten der Geschichte, der necessità kombiniert mit der Handlungskompetenz der *virtù* soll dem obersten Ziel der Selbsterhaltung des politischen Gemeinwesens dienen. Die *virtù* als Inbegriff der politischen Tatkraft und Energie kann erneuert werden, wenn die politische Ordnung immer wieder auf ihre Ursprünge zurückgeführt wird. Ohne *virtù* ist nach Machiavelli kein Staat in der Lage seine innere Stabilität über längere Zeit aufrechtzuerhalten. Hier zeigt sich auch, dass die beiden Schriften „Il Principe" und „Discorsi" enger zusammengehören, als häufig in der Literatur angenommen wird: Ist die republikanische *virtù* bei den Bürgern nicht anzutreffen, so muss an diese Leerstelle die Handlungskompetenz eines *uomo virtuoso* gesetzt werden. Dieser übernimmt dann die oberste Aufgabe der Selbsterhaltung der politischen Gemeinschaft, freilich um den Preis der Aufgabe der freiheitlichen Verfassung.

Diese Rückführung auf die Ursprünge des politischen Gemeinwesens kann auch durch Institutionen, Gesetze und durch die Verfassung zustande gebracht werden. Virtù besaßen nach Machiavelli allein die bürgerlichen Schichten, die sich an der Regierung des Staates beteiligten, nicht jedoch der Klerus, der Adel und die Rentiers. *Virtù* als bürgerlich-republikanischer Kampfbegriff steht in Gegensatz zu Müßigang, *ozio*, und Korruption. Beständige Reform, Nivellierung der Standesunterschiede und gezügelte Konflikte sind die Wege, den Institutionen und Bürgern das Maß an republikanischem Ethos zu verleihen, das sie brauchen, um den Verfall des politischen Gemeinwesens aufzuhalten. Machiavelli war als Krisentheoretiker darauf bedacht, dem ökonomischen und dem mit ihm einhergehenden politischen Niedergang entgegenzuarbeiten. Die Selbsterhaltung des Staates bildet daher bei ihm den Kern seines politischen Denkens und wird ihm zur obersten Maxime.

Für unser heutiges Demokratieverständnis sind die Ratschläge, die Machiavelli im „Principe" in Bezug auf die Machterhaltung gibt, weniger wichtig; wichtig hingegen ist die Einsicht, dass das Ziel der Republik, die Sicherung der Freiheit, nur mit partizipationsbereiten Bürgern erreicht wird. An Machiavelli scheiden sich bis heute die Geister. Es gibt einen Traditionsstrang politischen Denkens, der von Gentile über Harrington, Spinoza und Rousseau reicht, in dem er als Republikaner gesehen wird, während anderen Machiavelli als Diagnostiker gilt, der nur beschrieben hat, was er an politischer Praxis vorfand. In dieser Linie gilt er vor allem als Theoretiker der Staatsraison und des Machtstaatsgedankens.

Thomas Hobbes

Ausgewählt und interpretiert von Rudolf Speth

Leviathan

Von den natürlichen Bedingungen der Menschheit im Hinblick auf ihr Glück und Unglück

Die Natur hat die Menschen hinsichtlich ihrer körperlichen und geistigen Fähigkeiten so gleich geschaffen, daß trotz der Tatsache, daß bisweilen der eine einen offensichtlich stärkeren Körper oder gewandteren Geist als der andere besitzt, der Unterschied zwischen den Menschen alles in allem doch nicht so beträchtlich ist, als daß der eine auf Grund dessen einen Vorteil beanspruchen könnte, den ein anderer nicht ebensogut für sich verlangen dürfte. Denn was die Körperstärke betrifft, so ist der Schwächste stark genug, den Stärksten zu töten – entweder durch Hinterlist oder durch ein Bündnis mit anderen, die sich in derselben Gefahr wie er selbst befinden.

(...)

So liegen also in der menschlichen Natur drei hauptsächliche Konfliktursachen: Erstens Konkurrenz, zweitens Mißtrauen, drittens Ruhmsucht.

Die erste führt zu Übergriffen der Menschen des Gewinnes, die zweite der Sicherheit und die dritte des Ansehens wegen. Die ersten wenden Gewalt an, um sich zum Herrn über andere Männer und deren Frauen, Kinder und Vieh zu machen, die zweiten, um dies zu verteidigen und die dritten wegen Kleinigkeiten wie ein Wort, ein Lächeln, eine verschiedene Meinung oder jedes andere Zeichen von Geringschätzung, das entweder direkt gegen sie selbst gerichtet ist oder in einem Tadel ihrer Verwandtschaft, ihrer Freunde, ihres Volkes, ihres Berufs oder ihres Namens besteht.

Daraus ergibt sich klar, daß die Menschen während der Zeit, in der sie ohne eine allgemeine, sie alle im Zaum haltende Macht leben, sich in einem Zustand befindet, der Krieg genannt wird, und zwar in einem Krieg eines jeden gegen jeden. Denn *Krieg* besteht nicht nur in Schlachten oder Kampfhandlungen, sondern in einem Zeitraum, in dem der Wille zum Kampf genügend bekannt ist. Und deshalb gehört zum Wesen des Krieges der Begriff *Zeit*, wie zum Wesen des Wetters. Denn wie das Wesen des schlechten Wetters nicht in ein oder zwei Regenschauern liegt, sondern in einer Neigung hierzu während mehrerer Tage, so besteht das Wesen des Kriegs nicht in tatsächlichen Kampfhandlungen, sondern in der bekannten Bereitschaft dazu während der ganzen Zeit, in der man sich des Gegenteils nicht sicher sein kann. Jede andere Zeit ist *Frieden.* (...)

Von den Ursachen, der Erzeugung und der Definition eines Staates

Letztlich. Die Übereinstimmung dieser Lebewesen ist natürlich, die der Menschen beruht auf Vertrag, der künstlich ist. Und deshalb ist es kein Wunder, daß außer dem Vertrag noch etwas erforderlich ist, um ihre Übereinstimmung beständig und dauerhaft zu machen, nämlich eine allgemeine Gewalt, die sie im Zaum halten und ihre Handlungen auf das Gemeinwohl hinlenken soll.

Der alleinige Weg zur Errichtung einer solchen allgemeinen Gewalt, die in der Lage ist, die Menschen vor dem Angriff Fremder und vor gegenseitigen Übergriffen zu schützen und ihnen dadurch eine solche Sicherheit zu verschaffen, daß sie sich durch eigenen Fleiß und von den Früchten der Erde ernähren und zufrieden leben können, liegt in der Übertragung ihrer gesamten Macht und Stärke auf einen Menschen oder eine Versammlung von Menschen, die ihre Einzelwillen durch Stimmenmehrheit auf einen Willen reduzieren können. Das heißt soviel wie einen Menschen oder eine Versammlung von Menschen bestimmen, die deren Person verkörpern sollen, und bedeutet, daß jedermann alles als eigen anerkennt, was derjenige, der auf diese Weise seine Person verkörpert, in Dingen des allgemeinen Friedens und der allgemeinen Sicherheit tun oder veranlassen wird, und sich selbst als Autor alles dessen bekennt und dabei den eigenen Willen und das eigene Urteil seinem Willen und Urteil unterwirft. Dies ist mehr als Zustimmung oder Übereinstimmung: Es ist eine wirkliche Einheit aller in ein und derselben Person, die durch Vertrag eines jeden mit jedem zustande kam, als hätte jeder zu jedem gesagt: *Ich autorisiere diesen Menschen oder diese Versammlung von Menschen und übertrage ihnen mein Recht, mich zu regieren, unter der Bedingung, daß du ihnen ebenso dein Recht überträgst und alle ihre Handlungen autorisierst.* Ist dies geschehen, so nennt man diese zu einer Person vereinte Menge *Staat,* auf lateinisch *civitas.* Dies ist die Erzeugung jenes großen *Leviathan* oder besser, um es ehrerbietiger auszudrücken, jenes *sterblichen Gottes,* dem wir unter dem unsterblichen Gott unseren Frieden und Schutz verdanken. Denn durch diese ihm von jedem einzelnen im Staate verliehene Autorität steht ihm so viel Macht und Stärke zur Verfügung, die auf ihn übertragen worden sind, daß er durch den dadurch erzeugten Schrecken in die Lage versetzt wird, den Willen aller auf den innerstaatlichen Frieden und auf gegenseitige Hilfe gegen auswärtige Feinde hinzulenken. Hierin liegt das Wesen des Staates, der, um eine Definition zu geben, *eine Person ist, bei der sich jeder einzelne einer großen Menge durch gegenseitigen Vertrag eines jeden mit jedem zum Autor ihrer Handlungen gemacht hat, zu dem Zweck, daß sie die Stärke und Hilfsmittel aller so, wie sie es für zweckmäßig hält, für den Frieden und die gemeinsame Verteidigung einsetzt.*

Thomas Hobbes: Leviathan oder Stoff, Form und Gewalt eines kirchlichen und bürgerlichen Staates. Herausgegeben und eingeleitet von Iring Fetscher. Übersetzt von Walter Euchner. 4. Aufl., Frankfurt/M. 1991; 13. Kap., S. 94-98; 17. Kap., S. 134-135

Interpretation

Thomas Hobbes' (1588-1679) Schrift „Leviathan oder Stoff, Form und Gewalt eines kirchlichen und bürgerlichen Staates" erschien 1651 in einer Zeit der politischen Krisen und Glaubenskämpfe. Die politische Krise entlud sich zwischen 1642 und 1649 in England im Bürgerkrieg und in der ersten englischen Revolution von 1649. Der konstitutionelle Konflikt verlief zwischen der umstürzlerischen Politik der Stuarts, der englischen Könige, und den Verteidigern der traditionellen politischen Ordnung. Im Verlauf dieses Konflikts wurde die Macht des Königs begrenzt und nahm der moderne Parlamentarismus seine Gestalt an. Die religiöse Konfliktlinie verlief nicht so sehr zwischen Katholizismus und Protestantismus als zwischen den verschiedenen theologischen Richtungen des Protestantismus. Zu diesen beiden Konfliktdimensionen gesellte sich während des 16. und 17. Jahrhunderts ein sozioökonomischer Konflikt, in dessen Verlauf der alte grundbesitzende Adel durch eine neue Gruppierung aus niederem Adel und aufsteigendem Bürgertum, die *Gentry,* ökonomisch überflügelt wurde.

Hobbes, der in seiner Zeit des französischen Exils mit den führenden europäischen Philosophen und Naturwissenschaftlern zusammengekommen war, ist der Meinung, dass der Bürgerkrieg hätte vermieden werden können, wenn die Moralphilosophie und die politische Wissenschaft jene Fortschritte der Naturwissenschaften gemacht hätte. Die bis dahin geltenden Formen des politischen Denkens, beispielsweise die aristotelische Tugendlehre, seien zu beseitigen und durch eine *more geometrico* verfahrende politische Theorie zu ersetzen. Wie die Bauingenieure über eine mathematisch gesicherte Methode des Baus von Gebäuden verfügen, so soll die politische Philosophie die wissenschaftlich gegründeten Regeln finden, die eine sichere Konstruktion des Staates ermöglichen. Erst dann kann eine dauerhafte politische Ordnung geschaffen werden. Hobbes schlägt also nichts anderes vor, als mit der überkommenen politischen Philosophie zu brechen und sich bei der rationalen Konstruktion der politischen Ordnung an den modernen Naturwissenschaften zu orientieren. Die wichtigsten Regeln dazu habe er im Leviathan dargelegt. Diese sind mit Hilfe der analytischen Methode auffindbar, denn diese zerlegt komplexe Sachverhalte in erste Grundelemente, aus denen dann, sobald sie erkannt und definiert sind, resolutiv-kompositorisch Bedingungszusammenhänge entwickelt werden können.

Hobbes modelliert den Ausgangspunkt seiner Sozialtheorie, wie in den Vertragstheorien üblich, als Naturzustand. Die Lage des Individuums in diesem Naturzustand wird durch zwei Dinge gekennzeichnet. Zum einen durch das Streben nach Selbsterhaltung und zum anderen durch die Gleichheit. Der Mensch wird also bestrebt sein, Macht und Machtmittel zu akkumulieren, um sich selbst zu erhalten, da es keine äußere Instanz gibt, die für Sicherheit sorgen könnte. Verschärft wird dieses Problem noch dadurch, dass Hobbes in seinem Modell entgegen dem aristotelischen Verständnis annimmt, dass alle gleich sind, sowohl in den körperlichen als auch in den geistigen Fähigkeiten.

Ausgestattet mit gleichen Fähigkeiten und mit Leidenschaften, befindet sich der Mensch schnell im Kriegszustand, der zum wesentlichen Kennzeichen des Naturzustandes bei Hobbes wird. Weil im Naturzustand die kollektiven Handlungsprobleme nicht gelöst werden und es durch Konkurrenz, Misstrauen und Ruhmsucht zu Konflikten kommt, ist der Zustand eines „Krieges eines jeden gegen jeden" (L 13, 96) (bellum omnium contra omnes) allgegenwärtig.

Das Naturzustandsargument ist bei Hobbes sowohl eine Fiktion, ein Gedankenexperiment, als auch die Beschreibung des Zustandes, der eintritt, wenn staatliche Konfliktunterdrückung wegfällt. Als Gedankenexperiment dient es der Legitimation von Herrschaft durch Zustimmung der Individuen, die sich untereinander im Zustand der Gleichheit befinden.

Wie aber entkommen die Menschen, die alle individuelle Nutzenkalküle verfolgen, diesem unkomfortablen Zustand, in dem sie ständig mit dem Tod bedroht sind? Die Menschen haben nach Hobbes doch ein positives Gut, nach dem sie alle streben, den Frieden (L 15, 122), doch diesen Zustand des Friedens und zivilisierten Staates können sie nicht einfach erreichen. Hobbes muss einen Weg aufzeigen, wie alle den suboptimalen Zustand gegenseitiger Todesdrohung verlassen können. Den Weg vom friedlosen und anarchischen Naturzustand in den sicheren und friedlichen Zustand des Staates weist die Vernunft und einige Leidenschaften. Die Grundsätze der Vernunft bezeichnet Hobbes als die Gesetze der Natur, die die normativen Voraussetzungen des Übergangs vom Natur- in den Zustand staatlicher Herrschaft erbringen. Das erste Gesetz betrifft die Selbsterhaltungspflicht, das dritte lautet: „Abgeschlossene Verträge sind zu halten" (L 15, 110). Das zweite beschreibt, die aus dem Naturzustand herausführende Vertragsschließung: „Jedermann soll freiwillig, wenn andere ebenfalls dazu bereit sind, auf seine Rechte auf alles verzichten, soweit er dies um des Friedens und der Selbstverteidigung willen für notwendig hält; und er soll sich mit so viel Freiheit gegenüber anderen zufrieden geben, wie er anderen gegen sich selbst einräumen würde." (L 14, 100) Das kollektive Handlungs- und Sicherheitsdilemma scheint dadurch überwindbar. Doch diese Gesetze gelten im Naturzustand nur idealiter, sie entwickeln nur eine unzureichende Verpflichtungswirkung.

Für die Wirksamkeit der Gesetze braucht es eine Instanz, die ihre Einhaltung gewährleistet, denn nach Hobbes sind „Verträge ohne das Schwert bloße Worte" (L 17, 131). Durch den Vertrag wird eine Übereinstimmung der auseinander fallenden Willen erreicht, aber es ist auch eine „allgemeine Gewalt" notwendig, damit diese Übereinstimmung „beständig und dauerhaft" wird. Diese Übereinstimmung im Vertrag hat einen Rechtsverzicht zugunsten des neu entstehenden Souveräns zur Folge, den Hobbes „Leviathan" und „sterblichen Gott" nennt, der zugleich in der Lage ist, durch „Schrecken" alle zur Einhaltung des Vertrages zu zwingen. Die Hobbes'sche

Vertragsformel lautet: „Ich autorisiere diesen Menschen oder diese Versammlung von Menschen und übertrage ihnen mein Recht, mich zu regieren, unter der Bedingung, daß du ihnen ebenso dein Recht überträgst und alle ihre Handlungen autorisierst." (L 17, 134.) Dadurch wird der Hobbes'sche Staat errichtet, der eine „Person ist, bei der sich jeder Einzelne einer großen Menge durch gegenseitigen Vertrag eines jeden mit jedem zum Autor ihrer Handlungen gemacht hat, zu dem Zweck, daß sie die Stärke und Hilfsmittel aller so, wie sie es für zweckmäßig hält, für den Frieden und die gemeinsame Verteidigung einsetzt" (ebd.).

Mit Hobbes beginnt zwar die moderne politische Theorie, doch seinen kontraktualistischen Etatismus auf Demokratie beziehen zu wollen, ist kaum möglich. Vielmehr wurde und wird seine Theorie der Staatsgründung von der kontinentalen Staatslehre geschätzt, weil er den Leviathan als die Macht beschrieben hat, die den Bürgerkrieg beendet und die über den gesellschaftlichen Gruppen steht. Hobbes wurde immer wieder mit totalitären und autoritären Staatsauffassungen in Verbindung gebracht. Genährt wird diese Verbindung allerdings durch Hobbes selbst, denn in seinem Vertragsmodell sind keine Minderheitenrechte vorgesehen und der Souverän ist durch keine Gesetze gebunden. Er steht außerhalb des Vertrages, der zudem ewige Bindungswirkungen entfaltet. Der Leviathan muss nur für Schutz und Frieden sorgen, und dafür darf er nach Hobbes auch die Freiheit der Meinung und Religionsausübung unterdrücken. Eigentum gibt es nur mit Genehmigung des Souveräns und Gerechtigkeit ist das, was durch die Gesetze bestimmt wird. Der Souverän entscheidet allein über die Besteuerung, er legt fest, wer als innerer Feind zu gelten hat, und er zensiert die Meinungen und Lehren und verfügt über Krieg und Frieden nach außen.

Hobbes Vertragstheorie hat eher durch seinen neuartigen Zugang als durch seine Problemlösung die Grundlage für moderne Demokratietheorien gelegt. Herrschaft, auch demokratische Herrschaft, wird zustimmungspflichtig, wobei der fiktive Ausgangspunkt ein Zustand der Freiheit und Gleichheit der Individuen und der Herrschaftslosigkeit ist. Hobbes' Lösung führt aber zu einem Staatsabsolutismus, in dem alle demokratischen Aspirationen erstickt werden. Die Selbstentmündigung der Individuen lässt keine demokratische Selbstbestimmung zu. Der Vertragstyp, den Hobbes wählt, ist ein Herrschaftsbegründungsvertrag und kein Herrschaftsbegrenzungsvertrag. Dieser taucht erst bei Locke auf, der damit die Grundprinzipien liberaler Politik und eines liberalen Demokratieverständnisses formulieren kann.

John Locke

Ausgewählt und interpretiert von Rudolf Speth

Zweite Abhandlung über die Regierung

§ 27.

Obwohl die Erde und alle niederen Lebewesen allen Menschen gemeinsam gehören, so hat doch jeder Mensch ein *Eigentum* an seiner eigenen Person. Auf diese hat niemand ein Recht als nur er allein. Die *Arbeit* seines Körpers und das *Werk* seiner Hände sind, so können wir sagen, im eigentlichen Sinne sein Eigentum. Was immer er also dem Zustand entrückt, den die Natur vorgesehen und in dem sie es belassen hat, hat er mit seiner *Arbeit* gemischt und ihm etwas eigenes hinzugefügt. Er hat es somit zu seinem *Eigentum* gemacht. Da er es dem gemeinsamen Zustand, in den es die Natur gesetzt hat, entzogen hat, ist ihm durch seine *Arbeit* etwas hinzugefügt worden, was das gemeinsame Recht der anderen Menschen ausschließt. Denn da die *Arbeit* das unbestreitbare Eigentum des Arbeiters ist, kann niemand außer ihm ein Recht auf etwas haben, was einmal mit seiner Arbeit verbunden ist. Zumindest nicht dort, wo genug und ebenso gutes den anderen gemeinsam verbleibt.

§ 87.

Der Mensch wird, wie nachgewiesen worden ist, mit einem Rechtsanspruch auf vollkommene Freiheit und uneingeschränkten Genuß aller Rechte und Privilegien des natürlichen Gesetzes in Gleichheit mit jedem anderen Menschen oder jeder Anzahl von Menschen auf dieser Welt geboren. Daher hat er von Natur aus nicht nur die Macht, sein Eigentum, d.h. sein Leben, seine Freiheit und seinen Besitz gegen die Schädigungen und Angriffe anderer Menschen zu schützen, sondern auch jede Verletzung dieses Gesetzes seitens anderer zu verurteilen und sie so zu bestrafen, wie es nach seiner Überzeugung das Vergehen verdient, sogar mit dem Tode, wenn es sich um Verbrechen handelt, deren Abscheulichkeit nach seiner Meinung die Todesstrafe erfordert. Da aber keine *politische Gesellschaft* bestehen kann, ohne daß es in ihr eine Gewalt gibt, das Eigentum zu schützen und zu diesem Zweck die Übertretungen aller, die dieser Gesellschaft angehören, zu bestrafen, so gibt es nur dort eine *politische Gesellschaft*, wo jedes einzelne ihrer Mitglieder seine natürliche Gewalt aufgegeben und zugunsten der Gemeinschaft in all denjenigen Fällen auf sie verzichtet hat, die ihn nicht davon ausschließen, das von ihr geschaffene Gesetz zu seinem Schutz anzurufen. Auf diese Weise wird das persönliche Strafgericht der einzelnen Mitglieder beseitigt, und die Gemeinschaft wird nach festen, stehenden Regeln zum unparteiischen und einzigen Schiedsrichter für alle. Durch Männer, denen von der Gemeinschaft die Autorität verliehen wurde, jene Regeln zu vollziehen, entscheidet sie alle Rechtsfragen, die unter den Mitgliedern dieser Gesellschaft auftreten können, und bestraft jene Vergehen, die von irgendeinem Mitglied gegen die Gesellschaft begangen werden, mit den vom Gesetz vorgesehenen Strafen. Daran kann man leicht beurteilen, welche Menschen in einer *politischen Gesellschaft* zusammenleben und welche nicht. Diejenigen, die zu einem einzigen Körper vereinigt sind, eine allgemeine feststehende Gesetzgebung und eine Gerichtswesen haben, das sie anrufen können und das genügend Autorität besitzt, die Streitigkeiten unter ihnen zu entscheiden und Verbrecher zu bestrafen, bilden zusammen eine *bürgerliche Gesellschaft*. Diejenigen aber, die keine solche gemeinsame Berufungsinstanz besitzen, zumindest nicht auf Erden, befinden sich noch im Naturzustand. Da es keinen anderen Richter gibt, ist jeder zugleich sein eigener Richter und Vollstrekker. Und genau das ist, wie ich schon oben gezeigt habe, der vollkommene *Naturzustand*.

§ 88.

So gelangt das Staatswesen zu einer Gewalt, für die einzelnen Überschreitungen, die unter den Mitgliedern der Gesellschaft begangen werden und die es der Bestrafung für wert erachtet, das Strafmaß festzusetzen, das man für angemessen hält (also zu der *Macht, Gesetze zu erlassen*), und zugleich zu jener Gewalt, jegliches Unrecht zu bestrafen, das einem der Mitglieder von jemandem zugefügt wird, der nicht zu dieser Gesellschaft gehört (also zu der Macht über Krieg und Frieden), und das alles zur Erhaltung des Eigentums aller Mitglieder dieser Gesellschaft, soweit es möglich ist. Obwohl aber jeder, der in die bürgerliche Gesellschaft eingetreten und Mitglied des Staates geworden ist, dadurch seine Gewalt aufgegeben hat, Verbrechen gegen das Gesetz der Natur nach seinem eigenen, persönlichen Urteil zu bestrafen, so hat er doch den Staat gleichzeitig mit dem Urteilsspruch über Vergehen, den er der legislativen Gewalt für alle die Fälle übertragen hat, in denen er die Obrigkeit zum Schutz anrufen kann, auch ein Recht verliehen, zur Vollstreckung der Urteile des Staates seine Kräfte in Anspruch zu nehmen, so oft der dazu berufen wird. Denn es sind ja in Wahrheit seine eigenen Urteile, da sie von ihm selbst oder von seinen Vertretern gefällt werden. Und hier liegt der Ursprung der der *legislativen* und *exekutiven Gewalt* der bürgerlichen Gesellschaft: sie hat nach stehenden Gesetzen zu urteilen, wie weit Verbrechen, die innerhalb des Gemeinwesens begangen wurden, zu bestrafen sind. Ebenso muß sie durch ein gelegentliches Urteil, das durch die jeweiligen Umstände des Falles begründet wird, entscheiden, wie weit Schädigungen von außen bestraft werden sollen. In beiden Fällen aber darf sie auf die gesamte Kraft ihrer Mitglieder zurückgreifen, wenn dies notwendig sein sollte.

§ 134.

Das große Ziel, das Menschen, die in einer Gesellschaft eintreten, vor Augen haben, liegt im friedlichen und sicheren Genuß ihres Eigentums, und das große Werkzeug und Mittel dazu sind die Gesetze, die in dieser Gesellschaft erlassen worden sind. So ist *das erste und grundlegende positive Gesetz* aller Staaten *die Begründung der legislativen* Gewalt, so wie das *erste und grundlegende natürliche* Gesetz, das sogar über der legislativen Gewalt gelten muß, *die Erhaltung der Gesellschaft* und (soweit es mit dem öffentlichen Wohl vereinbar ist) jeder einzelnen Person in ihr ist. Diese *Legislative* ist nicht nur die *höchste Gewalt* des Staates, sondern sie liegt auch geheiligt und unabänderlich in den Händen, in welche die Gemeinschaft sie einmal gelegt hat. Keine Vorschrift irgendeines anderen Menschen, in welcher Form sie auch verfaßt, von welcher Macht sie auch gestützt sein mag, kann die verpflichtende Kraft eines Gesetzes haben, wenn sie nicht ihre *Sanktion* von derjenigen *Legislative* erhält, die das Volk gewählt und ernannt hat. Denn ohne sie könnte das *Gesetz* nicht haben, was absolut notwendig ist, um es zu einem *Gesetz* zu machen, nämlich *die Zustimmung der Gesellschaft*. Niemand kann eine Gewalt haben, der Gesellschaft Gesetze zu geben, es sei denn auf Grund ihrer eigenen Zustimmung und der Autorität, die ihr von ihren Gliedern verliehen wurde. Und deshalb endet aller *Gehorsam*, den zu erweisen jemand durch die heiligsten Bande verpflichtet sein kann, zuletzt in dieser höchsten Gewalt und ist jenen Gesetzen unterstellt, die diese Gewalt beschließt. Kein Eid, der einer fremden Gewalt geleistet wurde, und auch keinerlei heimische untergeordnete Gewalt können irgendein Glied der Gesellschaft von seinem *Gehorsam gegen die Legislative* entbinden, wenn sie dem Vertrauensamt gemäß handelt, oder ihn zu einem Gehorsam verpflichten, der den so gegebenen Gesetzen widerspricht oder weiter reicht, als sie es zulassen. Denn es ist lächerlich anzunehmen, jemand könnte verpflichtet sein, letztlich irgendeiner *Gewalt* in der Gesellschaft zu gehorchen, die nicht *die höchste* ist.

John Locke: Zwei Abhandlungen über die Regierung.
Herausgegeben und eingeleitet von Walter Euchner. Übersetzt von Hans Jörn Hoffmann, 4. Aufl., Frankfurt/M. 1989, S. 216-217, 253-254, 283-284

Interpretation

John Locke (1632-1704) verfasste seine Schrift „Two Treatises of Government“ 1690 am Ende des englischen Bürgerkrieges und nach der Glorious Revolution von 1688/89. Ergebnis dieser konstitutionellen Revolution waren die verfassungsrechtlichen Festschreibungen, die „Bill of Rights“ und der „Act of Toleration“. Die langfristigen Ergebnisse der beiden Revolutionen von 1649 und 1688/89 bestehen in der Stärkung des Parlaments, in der staats-konstitutionellen Entwicklung Englands, die den kontinentalen Weg in den Staatsabsolutismus, den die Stuarts gehen wollten, versperrte und in der Relativierung der Oberherrschaft des Königs in Religionsfragen. Lockes Two Treatieses sind nun keineswegs geschrieben zur Rechtfertigung der Glorious Revolution, vielmehr reicht ihre Entstehungsgeschichte zurück bis ins Jahr 1679, die Zeit der Exclusion Crisis, in der es zwischen König und Hof einerseits und der im Parlament versammelten Opposition andererseits um die Thronfolge Jakob Stuarts ging, der sich zum Katholizismus bekannte.

Der eigentliche Gegner der Abhandlungen war Sir Robert Filmer, der eine Herleitung und theoretische Begründung der absoluten monarchischen Herrschaft aus der biblischen Schöpfungsgeschichte versuchte. Locke war als führender Whig-Politiker zwischen 1683 und 1688 im holländischen Exil und war Parteigänger von Lord Shaftesbury, eines Führers des englischen Landadels, der Gentry, und des protestantischen Bürgertums.

Auch John Locke steht in der kontraktualistischen Tradition, in der primär die Legitimationskriterien politischer Herrschaft formuliert werden. Gegenüber Hobbes fügt er dem Prinzip der Legitimation politischer Herrschaft den Aspekt ihrer Limitation hinzu. Er ist aber im Vergleich zu Hobbes in der Formulierung seiner Theorie weit weniger kühn und radikal. Während Hobbes sein Argument im *Leviathan* stringent mit unerbittlicher Konsequenz entwickelte, war Locke weit vorsichtiger, was zu Ambivalenzen und Widersprüchen in seiner Theorie führte. Auch Locke griff bei der Begründung der Staatsgewalt auf das Vertragsargument zurück. Den Ausgangspunkt bildet auch hier der Naturzustand, in dem das Moment der Freiheit stärker als bei Hobbes betont wird. Es ist eine Zustand der „vollkommenen Freiheit“ (§ 4/201) und der „Gleichheit“ (§ 5/201). „Der Mensch hat in diesem Zustand eine unkontrollierbare Freiheit, über seine Person und seinen Besitz zu verfügen; er hat dagegen nicht die Freiheit, sich selbst oder irgendein in seinem Besitz befindliches Lebewesen zu vernichten, wenn es nicht ein edlerer Zweck als seine bloße Erhaltung erfordert“ (§ 6/203).

Locke zeichnet hier ein Bild des vorvertraglichen und „vorpolitischen“ Zustands der vollkommenen Freiheit und Gleichheit, in dem Konflikte nicht dominieren oder gar nicht vorkommen. Der Naturzustand ist bei Locke ein Zustand des „Friedens, des Wohlwollens, der gegenseitigen Hilfe und Erhaltung“ (§ 19/211). Locke muss aber nun begründen, warum die Menschen diesen idyllischen und für sie angenehmen Zustand verlassen sollen.

Zu den natürlichen Rechten zählen das Recht auf Selbsterhaltung, das Recht auf Freiheit und das Recht auf Eigentum. Jeder hat darüber hinaus das Recht, Übertretungen der Naturgesetze zu ahnden, so dass „im Naturzustand jeder die vollziehende Gewalt des Gesetzes der Natur innehat" (§ 13/207). Diese Privatjustiz hat freilich desaströse Folgen, denn „Gewalt ohne Recht, gegen die Person eines anderen gerichtet, erzeugt einen Kriegszustand" (§ 19/212). Die private Naturgesetzvollstreckung muss also durch eine politisch organisierte und institutionalisierte Durchsetzung der individuellen Grundrechte ersetzt werden. Eine politische Gewalt, die durch den Zusammenschluss der Individuen entsteht, hat also die Aufgabe, diese Rechte durchzusetzen und der privaten Rechtsdurchsetzung und -interpretation des natürlichen Gesetzes eine Ende zu bereiten.

Zu den natürlichen Rechten gehört auch die Wahrung seines Eigentums, worunter Locke Leben, Freiheit und Besitz versteht. Eigentum wird bei Locke nicht vertraglich begründet, sondern leitet sich aus der Arbeit her. „Obwohl die Dinge der Natur allen zur gemeinsamen Nutzung gegeben werden, lag dennoch *die große Grundlage des Eigentums* tief im Wesen des Menschen (weil er der Herr seiner selbst ist und Eigentümer *seiner eigenen Person* und ihrer Handlungen und *Arbeit*)" (§ 44/227). Lockes Naturzustand hat also schon Züge der bürgerlichen Gesellschaft, denn dieser Zustand ist bereits durch ungleichen Privatbesitz gekennzeichnet. Die Gesellschaft ist eine Ansammlung von Eigentümern mit der dazugehörigen politischen Organisation. Der Staat hat die Aufgabe, dieses Eigentum und die damit verbundenen Tauschbeziehungen zu schützen.

Weil im Naturzustand der Schutz von Eigentum, d.h. von Freiheit, Besitz und Leben nur suboptimal erfolgen kann, schließen sich die Individuen zu einem politischen Körper zusammen. Locke argumentiert folgendermaßen: „Da aber keine politische Gesellschaft bestehen kann, ohne daß es in ihr eine Gewalt gibt, das Eigentum zu schützen und zu diesem Zweck die Übertretungen aller, die dieser Gesellschaft angehören, zu bestrafen, so gibt es nur dort eine politische Gesellschaft, wo jedes einzelne ihrer Mitglieder seine natürliche Gewalt aufgeben und zugunsten der Gemeinschaft in all denjenigen Fällen auf sie verzichtet hat, die ihn nicht davon ausschließen, das von ihr geschaffene Gesetz zu seinem Schutz anzurufen" (§ 87/253). Der Staat ist also die vertragliche Sammlung der individuellen Privatjustizkompetenzen, die gleichzeitig erlaubt, die individuellen Grundrechte effektiver zu schützen. Der Staat hat daher die Aufgabe des organisierten Schutzes der Grundrechte. Der Staat oder der politische Körper kann nur mit der Zustimmung seiner Mitglieder, die von Natur aus frei, gleich und unabhängig sind, errichtet werden. „Die einzige Möglichkeit, mit der jemand diese natürliche Freiheit aufgibt und die Fesseln bürgerlicher Gesellschaft anlegt, liegt in der Übereinkunft mit anderen, sich zusammenzuschließen und in eine Gemeinschaft zu vereinigen, mit dem Ziel eines behaglichen, sicheren und friedlichen Miteinanderlebens, in dem sicheren Genuss ihres Eigentums. (...) Wenn eine Anzahl von Menschen darin eingewilligt hat, eine einzige Gemeinschaft oder eine Regierung zu bilden, so haben sie sich ihr damit gleichzeitig einverleibt und sie bilden einen einzigen politischen Körper, in dem die Mehrheit das Recht hat, zu handeln und die übrigen mitzuverpflichten" (§95/260). Das Majoritätsprinzip soll das Handlungsproblem lösen, dazu muss es aber gleichzeitig in einem Basiskonsens auf Verfassungsebene fundiert sein. Bei Hobbes hingegen wurde das Handlungsproblem durch die Einführung des Souveräns gelöst.

Locke liefert neben dem Mehrheitsprinzip und der konstitutionellen Fundierung der politischen Ordnung der bürgerlichen Gesellschaft noch weitere Elemente der politische Struktur liberal-kapitalistischer Gesellschaften. Damit kann Lockes Theorie konkret zur Herausbildung des Modells liberal-repräsentativer Demokratie beitragen, wenngleich bei Locke noch nicht von Repräsentation die Rede ist. Die politische Gewalt, die bei Locke eingerichtet wird, ruht auf einer konsensualen Grundlage, erfährt also eine Legitimation, aber auch zugleich eine Limitation. Da Lockes Staat ein Staat der Eigentümer ist, ist sein oberstes Ziel der Schutz von Leben, Freiheit und Besitz. Denn dies ist das einzige Motiv, worum sich Menschen zu einem politischen Körper zusammenschließen. Dadurch ist der Regierung eine Herrschaftsgrenze eingeschrieben: sie darf die politische Gewalt nur zum Schutze dieser Güter ergreifen und zum „gemeinsamen Wohl" (§ 131), d.h. „wie es das Wohl, das Gedeihen und die Sicherheit der Gesellschaft erfordert" (§ 130/281). Lockes Legitimationsprogramm staatlicher Herrschaft trägt damit die Grundzüge des bürgerlichen Liberalismus, der einen Schutz der Grundrechte und der privaten Güter zum Ziel hat. Dies bedeutet auch, dass die politische Herrschaft, anders als bei Hobbes, in der Erfüllung des Vertragszweckes an Gesetze gebunden ist. Bei Locke gibt es keinen Souverän, denn die politische Gemeinschaft gibt die Rechte nicht ab, sondern überträgt sie nur auf herrschaftsausübende Instanzen, die Legislative und die Exekutive. Es gibt also bei Locke keinen zweiten Vertrag neben dem Gesellschaftsvertrag, sondern nur eine durch „Vertrauen" gesicherte Übertragung dieser Kompetenzen auf diese Instanzen, denen sie bei nachhaltiger Übertretung durch Revolution wieder entzogen werden können. Wir finden daher bei Locke eine Theorie der konstitutionellen und gouvernemental-administrativen Selbstorganisation der bürgerlichen Gesellschaft.

Eine weiteres Element der administrativen politischen Struktur der liberalen bürgerlichen Gesellschaft bei Locke bildet die konstitutionelle Gewaltenteilung. Die oberste Gewalt liegt in den Händen der Legislative, die aus einer Person bestehen kann, dann ist die Staatsform monarchisch. Sie kann aber auch demokratisch sein, wenn die legislative Gewalt bei der politischen Gesellschaft selbst verbleibt und mittels Mehrheitsbeschlüssen ausgeübt wird. In diesem Fall gibt sie sich „von Zeit zu Zeit Gesetze" und wir haben es mit einer „vollkommenen Demokratie" (§ 132/282) zu tun. Lockes

Gewaltenteilungslehre ist gegenüber der von Montesquieu noch nicht sehr ausgereift und ist am Zustand der Verfassung seiner Zeit entwickelt. Da sein Staat ein Staat der Eigentümer ist, sind nur diese Vollbürger. Nur wer Steuern zahlt, kann in der Legislative vertreten sein. Dies ist natürlich ein gravierender Einwand gegen jeden Versuch, Locke als einen Demokratietheoretiker zu fassen, denn wenn das Bürgerrecht an den Besitz gebunden ist, war der Großteil der Bevölkerung in der Legislative nicht repräsentiert. Die legislative Gewalt darf zwar absoluten militärischen Gehorsam bis hin zur Todesstrafe erzwingen, sie darf aber nicht ohne Zustimmung in das Eigentum der Bürger eingreifen. Besteuerung kann nur mit Zustimmung der Mehrheit erfolgen. Die exekutive Gewalt ist für die Vollziehung der Gesetze zuständig, dafür ist sie beständig im Amt, während die Legislative nur zum Zwecke der Gesetzgebung zusammentreten muss. Der Exekutive wird bei Locke das Recht eingeräumt, die Legislative einzuberufen und aufzulösen (§ 156/298). Locke entwickelt in diesem Zusammenhang eine Theorie von *checks and balances*, die von den Autoren der *Federalist Papers* aufgegriffen wird.

In der Summe hat Locke die wesentlichen Begründungen für das Programm des politischen Liberalismus geliefert und die zentralen institutionellen Strukturelemente des liberalen Staates entworfen. Locke hat aber damit noch keine liberale Demokratietheorie entwickelt, vielmehr hat er nur einige Elemente bereitgestellt, die später bei James Madison und John Stuart Mill zu einer Theorie der liberalen Repräsentativdemokratie verdichtet werden. Seine Kopplung des Wahlrechts an einen Zensus zeigt, dass er die Mehrheit der Bevölkerung nicht für fähig hielt, an politischer Selbstbestimmung über Wahlen teilzunehmen.

III. Moderne

Charles de Montesquieu

Ausgewählt und interpretiert von Volker Pesch

Vom Geist der Gesetze (1748)

(...) Die politische Freiheit des Bürgers ist jene Ruhe des Gemüts, die aus dem Vertrauen erwächst, das ein jeder zu seiner Sicherheit hat. Damit man diese Freiheit hat, muß die Regierung so eingerichtet sein, daß ein Bürger den anderen nicht zu fürchten braucht. Wenn in derselben Person oder der gleichen obrigkeitlichen Körperschaft die gesetzgebende Gewalt mit der vollziehenden vereinigt ist, gibt es keine Freiheit; denn es steht zu befürchten, daß derselbe Monarch oder derselbe Senat tyrannische Gesetze macht, um sie tyrannisch zu vollziehen. Es gibt ferner keine Freiheit, wenn die richterliche Gewalt nicht von der gesetzgebenden und vollziehenden getrennt ist. Ist sie mit der gesetzgebenden Gewalt verbunden, so wäre die Macht über Leben und Freiheit der Bürger willkürlich, weil der Richter Gesetzgeber wäre. Wäre sie mit der vollziehenden Gewalt verknüpft, so würde der Richter die Macht eines Unterdrückers haben. Alles wäre verloren, wenn derselbe Mensch oder die gleiche Körperschaft der Großen, des Adels oder des Volkes diese drei Gewalten ausüben würde: die Macht, Gesetze zu geben, die öffentlichen Beschlüsse zu vollstrecken und die Verbrechen oder die Streitsachen der einzelnen zu richten. (...)

Die richterliche Gewalt darf nicht an einen dauernden Senat gehen, sondern muß von Personen ausgeübt werden, die zu bestimmten Zeiten des Jahres in gesetzlich vorgeschriebener Weise aus der Mitte des Volkes entnommen werden, um einen Gerichtshof zu bilden, der nur so lange besteht, wie die Notwendigkeit es erfordert. Auf diese Weise wird die unter den Menschen so schreckliche richterliche Gewalt, losgelöst von der Bindung an einen bestimmten Stand oder einen bestimmten Beruf, sozusagen unsichtbar und zu einem Nichts. (...) Die beiden anderen Gewalten können eher an obrigkeitliche Ämter oder dauernde Körperschaften vergeben werden, weil sich ihre Ausübung nicht gegen irgendeinen einzelnen richtet; denn die eine ist lediglich der allgemeine Wille des Staates, die andere nur die Vollstreckung dieses allgemeinen Willens. (...)

Da in einem freien Staate jeder, dem man einen freien Willen zuerkennt, durch sich selbst regiert sein sollte, so müßte das Volk als Ganzes die gesetzgebende

Gewalt haben. Das aber ist in den großen Staaten unmöglich, in den kleinen mit vielen Mißhelligkeiten verbunden. Deshalb ist es nötig, daß das Volk durch seine Repräsentanten das tun läßt, was es nicht selbst tun kann. (...) Der große Vorteil der Repräsentanten besteht darin, daß sie fähig sind, die Angelegenheiten zu verhandeln. Das Volk ist dazu keinesfalls geschickt. Das macht einen der großen Nachteile der Demokratie aus. (...) Alle Bürger (...) müssen das Recht haben, ihre Stimme bei der Wahl des Repräsentanten abzugeben, mit Ausnahme derer, die in einem solchen Zustand der Niedrigkeit leben, daß ihnen die allgemeine Anschauung keinen eigenen Willen zuerkennt. (...) Die Mehrzahl der alten Republiken hatte einen großen Fehler; das Volk hatte nämlich das Recht, aktive Entschließungen zu fassen, die eine Durchführung erfordern, etwas, wozu es ganz und gar unfähig ist. Es soll in die Regierungssphäre nur hineingelassen werden, um die Abgeordneten zu wählen, was seinen Fähigkeiten durchaus entspricht. Zwar gibt es wenige, die den genauen Grad der Fähigkeiten der Menschen kennen; trotzdem ist jeder in der Lage, im allgemeinen zu wissen, ob derjenige, dem er seine Stimme gibt, aufgeklärter ist als die meisten übrigen. Der repräsentative Körper soll nicht gewählt werden, damit er einen unmittelbar wirksamen Beschluß fasse, wozu er nicht geeignet ist, sondern um Gesetze zu machen und darauf zu achten, daß die von ihm gemachten Gesetze wohl ausgeführt werden. Dazu ist er sehr geeignet, das kann niemand besser als er.
Zu allen Zeiten gibt es im Staat Leute, die durch Geburt, Reichtum oder Ehrenstellungen ausgezeichnet sind. Würden sie mit der Masse des Volkes vermischt und hätten sie nur eine Stimme wie alle übrigen, so würde die gemeine Freiheit ihnen Sklaverei bedeuten. Sie hätten an ihrer Verteidigung kein Interesse, weil die meisten Entschließungen sich gegen sie richten würden. Ihr Anteil an der Gesetzgebung muß also den übrigen Vorteilen angepaßt sein, die sie im Staate genießen. Das wird der Fall sein, wenn sie eine eigene Körperschaft bilden, die berechtigt ist, die Unternehmungen des Volkes anzuhalten, wie das Volk das Recht hat, den ihrigen Einhalt zu gebieten. So wird die gesetzgebende Gewalt sowohl der Körperschaft des Adels wie der gewählten Körperschaft, welche das Volk repräsentiert, anvertraut sein. Beide werden ihre Versammlungen und Beratungen getrennt führen, mit gesonderten Ansichten und Interessen. (...)
Die vollziehende Gewalt muß in den Händen eines Monarchen liegen. Denn dieser Teil der Regierung, der fast immer der augenblicklichen Handlung bedarf, ist besser durch einen als durch mehrere verwaltet, während das, was von der gesetzgebenden Gewalt abhängt, häufig besser durch mehrere als durch einen einzelnen angeordnet wird. Gäbe es keinen Monarchen und wäre die vollziehende Gewalt einer bestimmten Zahl von Personen anvertraut, die der gesetzgebenden Körperschaft entnommen wären, so gäbe es keine Freiheit mehr. Denn die beiden Gewalten wären vereinigt, die gleichen Personen hätten manchmal nach ihrem Willen sogar dauernd Anteil an der einen wie der anderen. (...) Hat die vollziehende Gewalt nicht das Recht, den Unternehmungen der gesetzgebenden Körper-

schaft Einhalt zu tun, so wird diese despotisch sein. Denn da sie sich alle erdenkliche Macht zusprechen kann, wird sie die übrigen Gewalten vernichten. Andererseits bedarf es jedoch nicht der entsprechenden Möglichkeit für die gesetzgebende Gewalt, der vollziehenden Gewalt Einhalt zu gebieten. Da die Vollziehung ihre natürlichen Grenzen hat, ist es unzweckmäßig, sie zu beschränken, ganz abgesehen davon, daß die vollziehende Gewalt sich fast immer in augenblicklichen Angelegenheiten betätigt. (…)
Wenn aber in einem freien Staat die gesetzgebende Gewalt nicht das Recht haben soll, die vollziehende Gewalt anzuhalten, hat sie das Recht und muß sie die Möglichkeit haben, nachzuprüfen, wie die von ihr erlassenen Gesetze ausgeführt worden sind. (…) Aber welcher Art diese Nachprüfung auch sei, die gesetzgebende Körperschaft darf nicht das Recht haben, über die Person und demgemäß auch über das Verhalten dessen, der die vollziehende Funktion wahrnimmt, richterlich zu urteilen. Seine Person muß unantastbar sein, da es für den Staat notwendig ist, daß die gesetzgebende Körperschaft nicht tyrannisch wird. In dem Augenblick, wo der Träger der Vollziehung angeklagt und verurteilt würde, gäbe es keine Freiheit mehr. Dann wäre der Staat keine Monarchie mehr, sondern eine unfreie Republik. (…)

Charles de Montesquieu: Vom Geist der Gesetze. hrsg. von Ernst Forsthoff, Tübingen 1992², S. 214-226 (= XI. Buch, 6. Kapitel)

Interpretation

Charles-Louis Joseph de Secondat, Baron de la Brède et de Montesquieu (ab 1716), wird 1689 in der Nähe von Bordeaux geboren. Der Name sagt alles: Spross einer privilegierten Adelsfamilie, mit großem Vermögen und erblichen Rechten auf bestimmte Ämter im absolutistischen Frankreich. Der junge Charles-Louis wird, obschon die Familie zu den eher „aufgeklärten" zu zählen ist, zunächst in die Obhut der Oratorianer gegeben, einer katholischen Weltpriestergemeinschaft. Zur Ausbildung gehören hier vor allem die griechischen und römischen „Klassiker", insbesondere die Stoa (im Original, versteht sich), zudem Geschichte und Mathematik, aber auch Philosophie. Anschließend studiert er Philosophie und Rechte in Bordeaux und geht nach Paris, der damals wie heute weltoffensten Stadt Frankreichs. Der junge Adelige ist offensichtlich beeindruckt. Aber als Privilegierter hat er auch bestimmte Pflichten, und so kehrt er bald nach Bordeaux zurück, wird 1714 Rat am Gerichtshof und im folgenden Jahr Ehemann. 1716 erbt er von seinem Onkel den Vorsitz des Gerichtes, verbunden mit den entsprechenden Einkünften, und er erbt den Namen, unter dem er heute in Lexika geführt wird: Montesquieu.

Diese Gerichtshöfe im absolutistischen Frankreich, die so genannten Parlamente, sind aber weit mehr als nur Gerichte im heutigen Sinne, sie sind durchaus politische Körperschaften, die seit der letzten Einberufung der Generalstände 1614 einige Kontrollrechte für sich geltend machen konnten und jetzt als eine Art Opposition gegen die königliche Willkürherrschaft angesehen werden, in engen Grenzen, wie es sich zur Zeit Ludwig XIV. wohl versteht. Jedenfalls sammelt Montesquieu hier seine Erfahrungen in der praktischen Politik. In seinen *Pensées*, den posthum veröffentlichten Aufzeichnungen, hört sich das allerdings anders an: „Für meinen Beruf als Gerichtspräsident", heißt es da einmal, „hatte ich stets ein rechtschaffenes Herz: ich verstand die Fragen an sich ziemlich gut, aber nichts vom praktischen Verfahren. Und doch hatte ich mir Mühe damit gegeben, aber es stieß mich ab, an Dummköpfen die Fähigkeiten zu bemerken, die mir gewissermaßen versagt blieben."

Allerdings beschäftigt er sich ohnehin lieber mit naturwissenschaftlichen Fragen und mit Geschichte und Philosophie. Er wird in die Akademie der Wissenschaften von Bordeaux aufgenommen, und im Laufe seines Lebens schreibt er mehrere Romane und unzählige Abhandlungen, etwa über die Religion bei den Römern, das Moos der Eichen oder die Nierendrüsen. Grundsätzliche Fragen dieser Art interessieren ihn zeitlebens. Richtig berühmt wird er mit den *Lettres Persanes*, den *Persischen Briefen*, die er 1721 anonym veröffentlicht. Das ist ein Briefroman, in dem zwei fiktive Perser – eine Selbstschutzmaßnahme – einander ihre Eindrücke von Europa im Vergleich zu den Verhältnissen im Orient schildern und dabei eine sehr kritische Sicht des absolutistischen Frankreich offenbaren. Montesquieu lässt sie das Bild eines dekadenten und oberflächlichen höfischen Lebens und einer schwachen und ineffektiven und in Teilen auch illegitimen politischen Herrschaft zeichnen, er lässt sie das Papsttum und jede Art von religiösem Glauben, der über die deistische Sicht des nach der Schöpfung tatenlosen Gottes hinausgeht, kritisieren. Die Autorschaft der *Briefe* lässt sich nicht lange verheimlichen, und bald hat sich Montesquieu als einer der führenden Köpfe der französischen (und europäischen) Aufklärung etabliert. Wenig später wird er auch Freimaurer.

1725 verkauft er seine Präsidentschaft in Bordeaux, nachdem er seine dortigen Pflichten schon längere Zeit vernachlässigt hat und sich ohnehin meist in Paris aufhält. Gegen einigen Widerstand wird er 1728 in die *Académie Française* aufgenommen, aber schon die Aufnahmezeremonie gerät zum Desaster. Montesquieu tritt darob seine Arbeit gar nicht erst an, sondern geht lieber auf Reisen: Er besucht Österreich und Italien, das Rheinland und Holland, vor allem aber England, wo er John Locke liest und sich mit dem angelsächsischen *Common Law* vertraut macht. 1731 zieht er sich an seinen Geburtsort zurück und beginnt, systematischere und längere Abhandlungen zu schreiben. Unter anderem erscheint eine Untersuchung über die einstige Größe und die Gründe des Niedergangs der Römer, die tatsächlich weit mehr ist, nämlich eine Interpretation des allgemeinen Laufs der Weltgeschichte, und als „Vorstudie" zu seinem Hauptwerk gesehen werden kann: *De l'esprit des lois*, deutsch *Vom Geist der Gesetze*, das 1748 anonym in Genf erscheint. Natürlich weiß jeder, wer der Autor ist, und der wird in den aufgeklärten Pariser Kreisen jetzt mehr gefeiert denn je. Aber er wird auch heftig attackiert, vom Königshof und insbesondere von den Jesuiten, die ihn als Atheisten brandmarken. Auch sein Versuch einer schriftlichen Verteidigung, in der insbesondere der Vorwurf des Atheismus entkräftet werden soll, kann nicht verhindern, dass das Buch 1751 indiziert wird.

Montesquieu schreibt, am Ende fast vollständig erblindet, noch einen Artikel für die *Enzyklopädie* und einige Erzählungen und Novellen. 1755 stirbt er in Paris, als Christ, sagen diejenigen, die wie er selbst Vernunft und Natur in einem deistischen Christentum vereint wissen wollen, als Philosoph, sagt Voltaire, der in ihm in erster Linie den Weggefährten in Sachen Aufklärung sieht.

Montesquieu ist eine der zentralen Figuren der europäischen Hochaufklärung, und der *Geist der Gesetze*, aus dem der oben abgedruckte Auszug stammt, ist sein (politiktheoretisches) Hauptwerk. Als Aufklärer postuliert Montesquieu die Vernunft des Menschen, seine Fähigkeit, den sinnhaften Zusammenhang der Dinge erkennen und eine dementsprechende gute gesellschaftliche und politische Ordnung einrichten zu können. Von Descartes direkt und – über Fontenelle und Malebranche – indirekt beeinflusst, glaubt er an ein mechanistisches Universum, in dem ausnahmslos Kausalzusammenhänge walten. Und er ist Anhänger eines deistischen Gottesglaubens, nach welchem Gott nicht mehr als Lenker, wohl aber als Schöpfer der Welt angesehen wird: Gott hat demnach die Welt angelegt, ihre Gesetze fallen in eins mit der Vernunft und mit Gott selbst, der jetzt nicht als weltjenseitiger Gott vorgestellt wird, sondern als sich in den Gesetzen der Dinge dieser Welt manifestierend. Der Mensch hat sowohl die Möglichkeit als auch die Verpflichtung, die Gesetze zu erkennen und dementsprechend zu leben.

Vor diesem Hintergrund ist Montesquieus Abhandlung *Vom Geist der Gesetze* zu sehen: Darin geht es um die Frage, welche Gesetze dem menschlichen Leben eigen sind, das heißt: welche Gesetze vernünftig sind und wie die dementsprechende Ordnung gestaltet werden sollte. Es geht also, mit anderen Worten, um die Frage nach den dem menschlichen Leben inhärenten *Naturgesetzen*. Anders als etwa Thomas Hobbes ist nämlich für Montesquieu der Staat nicht ein Mittel, den natürlichen Krieg aller gegen alle zu beenden, vielmehr entspricht ein Staat, der nach den Naturgesetzen aufgebaut ist, der Natur des Menschen. Allerdings, das sei hier nur angemerkt, ist Montesquieus Gesetzesbegriff recht unscharf: Nicht immer hält er die Naturgesetze, also jene Gesetze, die die Menschen lediglich erkennen, aber nicht beeinflussen können, und die positiven Gesetze, also jene, die sich die Menschen selber geben, sauber auseinander. Aber ohnehin geht es ihm nicht um eine philosophische Grundlegung, sondern um politische Praxis: Montesquieu will sein Buch als konkrete Handlungsanweisung verstanden wissen.

Er unternimmt also den Versuch, alle (Natur-)Gesetze, die für das menschliche Leben relevant sind, systematisch zusammenzustellen und auch die dementsprechende politische Ordnung zu konstruieren. Dazu zieht er eine gewaltige Fülle von empirischen Materialien aus allen Regionen der Welt und allen Zeiten der Geschichte vergleichend zu Rate (wie überhaupt der Vergleich seine Lieblingsmethode ist), präsentiert dann allerdings zuletzt eine Idealverfassung, die eine erstaunliche Ähnlichkeit mit der englischen Verfassung hat – oder vielmehr: mit Montesquieus sehr unkritischer und idealisierender Sicht derselben. So ist das oben (gekürzt) abgedruckte 6. Kapitel des XI. Buches, in dem er seine Vorstellungen von der institutionellen Ausgestaltung einer guten politischen Ordnung als eine der getrennten Gewalten zusammenfasst, irreführenderweise mit *Von der Verfassung Englands* überschrieben. Aber was Montesquieu hier als Beschreibung der politischen Wirklichkeit präsentiert, ist zu dieser Zeit nur die Forderung von reformorientierten Kreisen – und eben seine politische Idee, mit der er sich einen Platz unter den Klassikern der Ideengeschichte gesichert hat.

Wie sieht nun diese ideale Ordnung aus? – Montesquieu geht von der Freiheit des Menschen aus, aber nicht von einer individualistischen und rein negativen Freiheit, sondern von einer *politischen* Freiheit der Bürger. Diese Freiheit des Menschen macht seine Würde aus und hebt ihn über die anderen Lebewesen. Freiheit besteht demzufolge nicht darin, alles tun und lassen zu können, sondern ist in einer guten politischen Ordnung fest umgrenzt durch die Gesetze und Institutionen. Diese garantieren, dass die Einzelnen dauerhaft von ihren Rechten Gebrauch machen können und gegen Willkür und Machtmissbrauch geschützt werden. Die Bedingung dieser Freiheit ist also eine gute Regierung, eine Regierung, die den Naturgesetzen entspricht. Das, so glaubt Montequieu erkannt zu haben, ist dann gegeben, wenn die Gewalten im Staat streng voneinander getrennt sind: in gesetzgebende Gewalt (Legislative), vollziehende Gewalt (Exekutive) und richterliche Gewalt (Judikative), die jeweils in die Hände verschiedener Personen oder Körperschaften gelegt werden müssen. Damit die einzelnen Gewalten nicht doch wieder in Willkür und Despotismus umkippen, sieht Montesquieu verschiedene Schutzmaßmahmen vor: Die Spaltung der Legislative in Unter- und Oberhaus und die Wahl von kompetenten Repräsentanten durch das ganze Volk bzw. den Adel, die Bindung der Exekutive an deren Gesetze, aber auch ihr Recht, Gesetze aufzuheben, die zeitlich eng begrenzte Wahl der Richter aus dem Volk und die eigene Gerichtsbarkeit des Adels. Gleichwohl werden die Gewalten in dieser Konstruktion nicht *geteilt*, wie gelegentlich zu lesen ist, sondern Exekutive, Legislative und Judikative werden jeweils einer einzelnen Person oder Körperschaft exklusiv zugesprochen.

Montesquieu präsentiert also eine Mischverfassung, eine konstitutionelle Monarchie. Er lehnt republikanische Formen der Demokratie ebenso ab wie absolutistische Formen der Monarchie, und er sieht das Volk zwar als den Souverän, räumt ihm aber keine Möglichkeit weitreichenderer Mitgestaltung ein als die der Wahl von Repräsentanten. Plebiszitäre Elemente etwa sind für Montesquieu undenkbar. Hier ist die Begründung einfach: Die Menschen sind in der Regel nicht besonders gebildet, aber sie erkennen doch die aufgeklärteren unter ihren Mitmenschen – und wählen sie natürlich auch. Für die Beibehaltung der ständischen Ordnung und ihrer Schranken gibt er eine nicht minder verblüffende Erklärung: Der Adel ist nun mal immer da und auch besser als das gemeine Volk, und deswegen muss er sein Privilegien behalten, eine eigene Kammer und Gerichtsbarkeit haben und so weiter. Zu leben wie das gemeine Volk bedeutete ja für ihn per se schon Unfreiheit. Nicht einmal der starke Monarch kommt bei diesem Aufklärer unter die Guillotine, und zwar mit einem dezisionistischen Argument: Da von der Exekutive dauernd schnelle Entscheidungen und schnelles Handeln erwartet wird, ist es besser, wenn diese Gewalt in den Händen einer Einzelperson liegt. Und diese Person, dass ist die letzte verblüffende Wendung, schützt den Staat noch davor, dass die Legislative sich selbst per Gesetz immer mehr Kompetenzen zuspricht und zuletzt despotisch wird. Das Parlament kontrolliert bei Montesquieu nicht den Monarchen, sondern umgekehrt: der Monarch das Parlament.

Es ist durchaus widersprüchlich, dass Montesquieu diese ideale Ordnung einerseits als Umsetzung von Naturgesetzen gesehen wissen will, andererseits aber immer wieder auf die jeweils spezifischen kulturellen, historischen, mentalen, geographischen, klimatischen oder religiösen Umstände hinweist, die den Rahmen einer jeden politischen Ordnung vorgeben. Mehrfach betont er die Unmöglichkeit, politische Ordnungen ohne weiteres auf andere Länder oder Zeiten zu übertragen, und die Existenz guter positiver Gesetze in den unterschiedlichsten Ländern der Welt. In den Pensées heißt es einmal, man müsse „die Staatsmaximen alle zwanzig Jahre ändern, weil die Welt sich ändert“. Aber kann man sinnvollerweise „Naturgesetze“ annehmen, die sich alle zwanzig Jahre ändern? Wohl kaum. Aber selbst wenn doch, dann könnte die im *Geist der Gesetze* skizzierte gemischte Verfassung mit dem Prinzip der Gewaltentrennung eigentlich nur die beste *für England in der Mitte des 18. Jahrhunderts* sein – aber als solche präsentiert Montesquieu das nicht (schließlich will er nicht zuletzt die Franzosen aufklären).

Über Montesquieus Plädoyer für die Beibehaltung der Privilegien des Adels und der weitreichenden Macht des Monarchen muss heute sicher nichts mehr gesagt werden. Aber mit der Lehre von der Trennung der Staatsgewalt in Exekutive, Legislative und Judikative hat Montesquieu eine politische Idee formuliert und begründet, die sich ohne weiteres radikalisieren ließ und deren Relevanz im Prozess der Demokratisierungen im 18. und 19. Jahrhundert nicht hoch genug bewertet werden kann. Im 47.

Artikel der *Federalist Papers*, in denen Montesquieu mehrfach zu Rate gezogen wird, bezeichnet James Madison ihn sogar als das „Orakel", das zum Thema Gewaltentrennung „immer befragt und zitiert" werde, selbst wenn – das sieht Madison richtig – er nicht wirklich ihr Erfinder sei (das waren auf je verschiedene Weise eher Aristoteles und John Locke). Aber er habe das Verdienst, das Thema „am wirkungsvollsten dargelegt und der Aufmerksamkeit der Menschheit empfohlen zu haben." Das mag für des Menschen Aufmerksamkeit im ausgehenden 18. Jahrhundert richtig gewesen sein, und in der Verfassung der Vereinigten Staaten ist die Gewaltentrennung dann auch verankert worden, zumindest Legislative (Repräsentantenhaus und Senat) und Exekutive (Präsident) werden bis heute unabhängig voneinander gewählt und haben fest umrissene Kompetenzen. Die obersten Richter werden aber – bei Senatszustimmung – vom Präsidenten ernannt. Und die Parteien, deren Funktion in modernen Staaten Montesquieu natürlich so wenig sehen konnte wie Madison, verbinden Parlamente und Regierung auf eine Art, die das System der Gewaltentrennung aushöhlt. In den USA, wo die Parteiendisziplin (noch?) nicht so stark ausgeprägt ist wie etwa in Großbritannien, hat sich das System der Trennung bei weitreichenden *checks and balances* der Gewalten allerdings im Großen und Ganzen bewährt.

Ohnehin ist die Gewaltentrennung keine notwendige Bedingung moderner Demokratien: Zwar bleiben die Unabhängigkeit der Justiz und das Prinzip der Rechtsstaatlichkeit existentielle Voraussetzungen aller Demokratien, aber nicht in jeder Demokratie müssen Exekutive und Legislative strikt getrennt sein. In der Bundesrepublik Deutschland beispielsweise verläuft die Trennlinie vielmehr zwischen Regierungsmehrheit und Opposition, d.h. zwischen der Mehrheit der Abgeordneten des Bundestages (die den Kanzler gewählt haben) und der vom Kanzler bestellten Regierung auf der einen und der Minderheit des Bundestages auf der anderen Seite. Auch hier ist es weniger eine klare institutionelle Trennung als vielmehr ein System von wechselseitigen Verschränkungen, Wahl- und Kontrollrechten, mittels derer die Gewalten im Zaum gehalten werden sollen (und bis heute grosso modo auch gehalten werden). Und auch hier bilden die Parteien eine Größe, die quer zu den Institutionen steht und die klassischen Lehren eines Locke oder Montesquieu überholt erscheinen lässt. Hinzu kommt ein weiterer Aspekt, den Montesquieu nicht gesehen hat und auch nicht sehen konnte, nämlich die Rolle von Öffentlichkeiten und Medien in modernen Demokratien. Er selbst hat in Paris ja nur die Frühformen jener bürgerlichen Öffentlichkeit kennen gelernt, auf die spätere Autoren wie etwa John Stuart Mill ihre ganze Hoffnung setzten. Und natürlich war es in der ersten Hälfte des 18. Jahrhunderts völlig unmöglich, sich so etwas wie Massenmedien und digitale Netzwerke vorzustellen. Aber fragt man nach der demokratietheoretischen Relevanz einer politischen Idee, muss man sie im gegenwärtigen Horizont prüfen. Und wie auch immer sich die Gesichter der Demokratie weiter verändern werden: Macht (denn darum geht es meist, wenn in Deutschland von „Gewalt" geredet wird) lässt sich heute weniger durch die Trennung von politischen Institutionen begrenzen als durch die Macht der öffentlichen Meinung und die der Medien, selbst (oder gerade?) dann, wenn sich weder die Öffentlichkeiten noch die Medien aus aufgeklärten Individuen zusammensetzen: le pouvoir arrête le pouvoir.

Das berührt nicht die ideengeschichtliche Relevanz. Die Lehre von der Gewaltentrennung ist im weiteren Verlauf des 18. und dann vor allem im 19. Jahrhundert zur Waffe der Konstitutionalisten und Liberalen im Kampf gegen die überkommenen Ordnungen geworden, und diese Feder kann Montesquieu sich an den Hut stecken. Allerdings wurde sie, wie Panajotis Kondylis gesagt hat, „um so mythologischer, je mehr sie sich von Montesquieus soziologischer Betrachtung entfernte, um sich in die Spitzfindigkeiten des liberalen juristischen Formalismus zu verwickeln." Damit ist ein Punkt angesprochen, der bisher noch kaum erwähnt wurde, gleichwohl aber demokratietheoretisch wahrscheinlich der wichtigere ist, nämlich Montesquieus Ausführungen zu jenem Bereich, den wir heute üblicherweise als Politische Kultur bezeichnen. Im III. und V. Buch vom *Geist der Gesetze* ordnet er vier Regierungsformen jeweils eigene Prinzipien zu: Das Prinzip der Despotie ist demnach die Furcht, das der Monarchie die Ehre, das der Aristokratie die Mäßigung und das der Demokratie die Tugend. Das bedeutet: Wenn eine Despotie dauern soll, muss sie einfach die Furcht der Beherrschten aufrechterhalten, durch Willkür und Terror (ein Gedanke, auf den aufbauend Hannah Arendt später den Totalitarismus interpretieren wird). Wenn aber eine Demokratie Bestand haben soll, reicht es nicht hin, bestimmte Institutionen einzurichten; vielmehr bedarf sie existentiell der Tugend ihrer Bürger, Tugend verstanden als eine innere Bindung an diese Ordnung und eine Bereitschaft zur tätigen Mitarbeit in derselben, als Vaterlandsliebe und Engagement. Es bedarf, in anderen Worten, einer spezifischen politischen Kultur. Unter anderem aus diesem Grund lassen sich Demokratien demnach auch nicht ohne weiteres errichten oder verpflanzen. Im Ansatz liefert Montesquieu hier eine, wie es gelegentlich genannt wird, *Soziologie* des Politischen. Das wird im XIX. Buch noch einmal deutlich: Darin geht es um die spezifische „Geisteshaltung" eines jeden Volkes und die Notwendigkeit, die politische Ordnung auf diese Geisteshaltung hin auszurichten und nicht umgekehrt zu glauben, man könne Menschen durch Erziehung in eine auf dem Reißbrett entworfene politische Ordnung einpassen. „Man fragte Solon", schreibt Montesquieu, „ob die Gesetze, die er den Athenern gegeben hatte, die besten seien. ‚Ich habe ihnen', gab er zur Antwort, ‚die besten gegeben, die sie vertragen konnten.' Ein gutes Wort, das alle Gesetzgeber beachten sollten."

Jean-Jacques Rousseau

Ausgewählt und interpretiert von Rudolf Speth

Vom Gesellschaftsvertrag

Ich unterstelle, daß die Menschen jenen Punkt erreicht haben, an dem die Hindernisse, die ihrem Fortbestehen im Naturzustand schaden, in ihrem Widerstand den Sieg davontragen über die Kräfte, die jedes Individuum einsetzen kann, um sich in diesem Zustand zu halten. Dann kann dieser ursprüngliche Zustand nicht weiterbestehen, und das Menschengeschlecht würde zugrunde gehen, wenn es die Art seines Daseins nicht änderte.
Da die Menschen nun keine neuen Kräfte hervorbringen, sondern nur die vorhandenen vereinen und lenken können, haben sie keine anderen Mittel, sich zu erhalten, als durch Zusammenschluß eine Summe von Kräften zu bilden, stärker als jener Widerstand, und diese aus einem einzigen Antrieb einzusetzen und gemeinsam wirken zu lassen.
Diese Summe von Kräften kann nur durch das Zusammenwirken mehrerer entstehen: da aber Kraft und Freiheit jedes Menschen die ersten Werkzeuge für seine Erhaltung sind – wie kann er sie verpfänden, ohne sich zu schaden und ohne die Pflichten gegen sich selbst zu vernachlässigen? Diese Schwierigkeit läßt sich, auf meinen Gegenstand angewandt, so ausdrücken: „Finde eine Form des Zusammenschlusses, die mit ihrer ganzen gemeinsamen Kraft die Person und das Vermögen jedes einzelnen Mitglieds verteidigt und schützt und durch die doch jeder, indem er sich mit allen vereinigt, nur sich selbst gehorcht und genauso frei bleibt wie zuvor." Das ist das grundlegende Problem, dessen Lösung der Gesellschaftsvertrag darstellt.
Die Bestimmungen dieses Vertrages sind durch die Natur des Aktes so vorgegeben, daß die geringste Abänderung sie null und nichtig machen würde; so daß sie, wiewohl sie vielleicht niemals förmlich ausgesprochen wurden, allenthalben die gleichen sind, allenthalben stillschweigend in Kraft und anerkannt; bis dann, wenn der Gesellschaftsvertrag verletzt wird, jeder wieder in seine ursprünglichen Rechte eintritt, seine natürliche Freiheit wiedererlangt und dadurch die auf Vertrag beruhende Freiheit verliert, für die er die seine aufgegeben hatte.

Diese Bestimmungen lassen sich bei richtigem Verständnis sämtlich auf eine einzige zurückführen, nämlich die völlige Entäußerung jedes Mitglieds mit allen seinen Rechte an das Gemeinwesen als Ganzes. Denn erstens ist die Ausgangslage, da jeder sich voll und ganz gibt, für alle die gleiche, und da sie für alle gleich ist, hat keiner ein Interesse daran, sie für die anderen beschwerlich zu machen.

Darüber hinaus ist die Vereinigung, da die Entäußerung ohne Vorbehalt geschah, so vollkommen, wie sie nur sein kann, und kein Mitglied hat mehr etwas zu fordern: denn wenn den einzelnen einige Rechte blieben, würde jeder – da es keine allen übergeordnete Instanz gäbe, die zwischen ihm und der Öffentlichkeit entscheiden könnte – bald den Anspruch erheben, weil er in manchen Punkten sein eigener Richter ist, es auch in allen zu sein; der Naturzustand würde fortdauern, und der Zusammenschluß wäre dann notwendig tyrannisch und inhaltslos.

Schließlich gibt sich jeder, da er sich allen gibt, niemandem, und da kein Mitglied existiert, über das man nicht das gleiche Recht erwirbt, das man ihm über sich einräumt, gewinnt man den Gegenwert für alles, was man aufgibt, und mehr Kraft, um zu bewahren, was man hat.

Wenn man also beim Gesellschaftsvertrag von allem absieht, was nicht zu seinem Wesen gehört, wird man finden, daß er sich auf folgendes beschränkt: *Gemeinsam stellen wir alle, jeder von uns seine Person und seine ganze Kraft unter die oberste Richtschnur des Gemeinwillens; und wir nehmen, als Körper, jedes Glied als untrennbaren Teil des Ganzen auf.*

Dieser Akt des Zusammenschlusses schafft augenblicklich anstelle der Enzelperson jedes Vertragspartners eine sittliche Gesamtkörperschaft, die aus ebenso vielen Gliedern besteht, wie die Versammlung Stimmen hat, und die durch ebendiesen Akt ihre Einheit, ihr gemeinschaftliches Ich, ihr Leben und ihren Willen enthält. Diese öffentliche Person, die so aus dem Zusammenschluß aller zustande kommt, trug früher den Namen Polis, heute trägt sie den der *Republik* oder der staatlichen Körperschaft, die von ihren Gliedern *Staat* genannt wird, wenn sie passiv, *Souverän*, wenn sie aktiv ist, und *Macht* im Vergleich mit ihresgleichen. Was die Mitglieder betrifft, so tragen sie als Gesamtheit den Namen Volk, als einzelne nennen sie sich *Bürger*, sofern sie Teilhaber an der Souveränität, und *Untertanen*, sofern sie den Gesetzen des Staates unterworfen sind. Aber diese Begriffe werden oft vermengt und einer für den anderen genommen; es genügt, sie auseinanderhalten zu können, wenn sie im strengen Sinn gebraucht werden. (...)

Ob der Gemeinwille irren kann

Aus dem Vorhergehenden folgt, daß der Gemeinwille immer auf dem rechten Weg ist und auf das öffentliche Wohl abzielt: woraus allerdings nicht folgt, daß die Beschlüsse des Volkes immer gleiche Richtigkeit haben. Zwar will man immer

sein Bestes, aber man sieht es nicht immer. Verdorben wird das Volk niemals, aber oft wird es irregeführt, und nur dann scheint es das Schlechte zu wollen.
Es gibt oft einen beträchtlichen Unterschied zwischen dem Gesamtwillen und dem Gemeinwillen; dieser sieht nur auf das Gemeininteresse, jener auf das Privatinteresse und ist nichts anderes als die Summe von Sonderwillen: aber nimm von ebendiesen das Mehr und Weniger weg, das sich gegenseitig aufhebt, so bleibt als Summe der Unterschied der Gemeinwille.
Wenn die Bürger keinerlei Verbindungen untereinander hätten, würde, wenn das Volk wohlunterrichtet entscheidet, aus der großen Zahl der kleinen Unterschiede immer der Gemeinwille hervorgehen, und die Entscheidung wäre immer gut. Aber wenn Parteiungen entstehen, Teilvereinigungen auf Kosten der großen, wird der Wille jeder dieser Vereinigungen ein allgemeiner hinsichtlich seiner Glieder und ein besonderer hinsichtlich des Staates; man kann dann sagen, daß es nicht mehr so viele Stimmen gibt wie Menschen, sondern nur noch so viele wie Vereinigungen. Die Unterschiede werden weniger zahlreich und bringen ein weniger allgemeines Ergebnis. Wenn schließlich eine dieser Vereinigungen so groß ist, daß sie stärker ist als alle anderen, erhält man als Ergebnis nicht mehr die Summe der kleinen Unterschiede, sondern einen einzigen Unterschied; jetzt gibt es keinen Gemeinwillen mehr, und die Ansicht, die siegt, ist nur eine Sonderanschauung.
Um wirklich die Aussage des Gemeinwillens zu bekommen, ist es deshalb wichtig, daß es im Staat keine Teilgesellschaften gibt und daß jeder Bürger nur seine eigene Stimme vertritt. Dergestalt war die einzigartige und erhabene Einrichtung des Lykurg. Wenn es aber Teilgesellschaften gibt, ist es wichtig, ihre Zahl zu vervielfachen und ihrer Ungleichheit vorzubeugen, wie dies Solon, Numa und Servius taten. Diese Vorsichtsmaßregeln sind die einzig richtigen, damit der Gemeinwille immer aufgeklärt sei und das Volk sich nicht täusche.

Jean-Jacques Rousseau: Vom Gesellschaftsvertrag oder Grundsätze des Staatsrechts. In Zusammenarbeit mit Eva Pietzcker neu übersetzt und herausgegeben von Hans Brockard. Stuttgart 1977, S. 16-19, 30-32

Interpretation

Die Textauszüge stammen aus Jean-Jacques Rousseaus (1712-1778) „Du Contrat Social", einer Schrift, die 1762 erschienen ist und die den Diskurs über Demokratie bis ins 20. Jahrhundert nachhaltig beeinflusste. Bevor diese Schrift über die vertragtheoretischen Grundlegung der Gesellschaft erschien, war Rousseau bereits in der französischen Gesellschaft des Ancien Regime zu einer berühmten Figur der Aufklärung geworden. Rousseau wurde im calvinistischen Genf geboren, der kleinsten Republik Europas, durch die Genfer Verhältnisse wurde sein gesellschaftliches Idealbild einer kleinbäuerlichen Gesellschaft mit weitgehender Gleichheit in wirtschaftlichen Verhältnissen und einer republikanischen politischen Struktur geformt. Rousseau war Autodidakt und Hauslehrer bei verschiedenen Adelsfamilien, in denen er vor allem Musikunterricht erteilte. Die Aufmerksamkeit der gebildeten Welt errang er 1750 mit der Preisschrift der Akademie von Dijon „Discours sur les sciences et les arts" und 1755 mit dem „Discours sur l'origine et les fondements de l'inégalité parmi les hommes", in dem er seine Kulturkritik an der sich entfaltenden bürgerlichen Konkurrenzgesellschaft entwickelte und ein Idealbild des natürlichen Zustandes der Menschen beschrieb. Rousseau entwarf hier seine Theorie der geschichtlichen Depravierung des Menschen durch die Vergesellschaftung und durch soziale Differenzierung.

Rousseau war mit den wichtigsten Köpfen der Aufklärung bekannt: Diderot, Condillac, d'Alembert, Holbach und hat wie sein großer Antipode Voltaire auf die Revolutionäre von 1789 eingewirkt, vor allem auf die Jakobiner und Sansculotten.

Rousseaus Vertragsvariante kann als demokratischer Kontraktualismus verstanden werden. Im *Diskurs über die Ungleichheit* wird der Naturzustand als Ausgangsbasis für den Vertragsschluss beschrieben. Rousseau zeichnet dort, auf der Suche nach den wirklichen Grundlagen der menschlichen Gesellschaft, ein idyllisches Bild des natürlichen Menschen, der frei von allen zivilisatorischen Einflüssen friedlich und zufrieden lebt. Die einzige Sorge des solitär lebenden Menschen ist seine Selbsterhaltung. Der Mensch kennt weder Laster noch Tugenden, in diesem Sinne ist er auch unschuldig (er kennt weder Gut noch Böse) und seine Leidenschaften ruhen. Der Mensch lebt in diesem Zustand materiell autark und isoliert, es gab keinerlei Fortschritt und die beiden Grundtriebe betreffen die Selbsterhaltung und das Mitleid, die beide selbst bei Tieren anzutreffen sind. Der Mensch ist in diesem Zustand eine freies Wesen und materiell wie auch gefühlsmäßig autark. Im Naturzustand ist der Mensch, gemäß dem kontraktualistischen Programm, durch die Freiheit und durch die Gleichheit gekennzeichnet. Ungleichheit kommt erst durch die gesellschaftlichen Einrichtungen zustande.

Der Austritt aus diesem Zustand der Gleichheit und Freiheit erfolgt nach Rousseau nicht freiwillig, sondern aufgrund des „zufälligen Zusammentreffens mehrerer äußerer Ursachen", die der einzelne, autark lebende Naturmensch nicht mehr allein bewältigen konnte. Rousseau beschreibt damit eine Verfalls- und Depravationsgeschichte, in der aus dem „bon sauvage" ein von den Lastern der Gesellschaft geplagtes Wesen geworden ist. Die natürliche Freiheit geht unwiederbringlich verloren und es etablieren sich dauerhafte Abhängigkeits- und Ungleichheitsverhältnisse, die durch Eigentumsbildung und Arbeitsteilung zementiert werden.

Das Ziel des Rousseau'schen Gesellschaftsvertrages ist es nicht, den Naturzustand wiederherzustellen – dieser ist ein für alle Mal verloren, es gibt kein „retour à la nature" bei Rousseau –, sondern die natürliche Freiheit auf einer höheren Stufe als gesellschaftliche Freiheit wieder zu errichten. Im *Contrat Social* geht es um die Rechtmäßigkeit der politischen Ordnung, um die Legitimierung der gesellschaftlichen „Ketten". Dies kann nach Rousseau nur durch „Vereinbarung" aller mit allen geschehen, wodurch ein Volk erst zum Volk wird. Von Rousseau wird das Hobbes'sche Souveränitätsdenken aufgenommen und umgekehrt. In beiden Fällen ist es ein „Entäußerungsvertrag", während aber bei Hobbes die Souveränität auf eine nicht am Vertrag beteiligte Person übertragen wird, verbleibt bei Rousseau die Souveränität beim Volk. Wir haben es daher bei ihm mit Demokratie in Form radikaler Volkssouveränität zu tun, wodurch sich sein Demokratiemodell fundamental vom Modell der liberal-repräsentativen Demokratie unterscheidet. Es muss eine Form des Zusammenschlusses sein, so Rousseau, „die mit ihrer ganzen gemeinsamen Kraft die Person und das Vermögen eines jeden einzelnen Mitglieds verteidigt und schützt und durch die doch jeder, indem er sich mit allen vereinigt, nur sich selbst gehorcht und genauso frei bleibt wie zuvor" (CS I, 6). Dieses Paradox kann nur gelöst werden, wenn sich jeder mit allen seinen Rechten und seiner Person dem Gemeinwesen völlig entäußert. Dieses Gemeinwesen, die Vereinigung der Vollbürger, ist dann souverän, d.h. es hat die Oberhoheit gegenüber dem Recht, der Verfassung oder möglichen Grundrechten oder einem Verfassungsgericht. Rousseaus Formel der Vergesellschaftung lautet: „Gemeinsam stellen wir alle, jeder von uns seine Person und seine ganze Kraft unter die oberste Richtschnur des Gemeinwillens (volonté générale, R.S.); und wir nehmen als Körper jedes Glied als untrennbaren Teil des Ganzen auf" (CS I, 6). Der Einzelne führt nun eine Doppelexistenz, als Mitglied des Souveräns ist er Bürger und als Untertan ist er den Gesetzen des Souveräns unterworfen. Das einzelne, isoliert lebende Wesen verwandelt sich zu einem Glied der politischen Gemeinschaft. Der Einzelne geht eine doppelseitige Selbstverpflichtung ein: er muss als Teil des Souveräns gemäß dem Gemeinwillen handeln und als Untertan dem Gemeinwillen Gehorsam leisten. Im Gegensatz zu Hobbes und Locke erfordert der demokratische Kontraktualismus Rousseaus eine Veränderung der menschlichen Natur, eine De-Naturierung, eine Versittlichung des natürlichen Menschen (CS II, 7). Rousseaus republikanisches Demokratiemodell setzt damit den tugendhaften Bürger voraus, nicht allein den eigeninteressierten Nutzenmaximierer.

Das spezifische Merkmal der Rousseau'schen Demokratiekonzeption liegt nun in der Fassung der volonté générale, des Gemeinwillens. Die volonté générale, die jeder

Rechtsordnung vorausliegt, kann nicht übertragen werden, sie muss beim Volk verbleiben. In dieser Form der radikalen Volkssouveränität ist also keine Möglichkeit der Repräsentation denkbar, denn der Gemeinwille kann nicht auf Repräsentanten oder Institutionen übertragen werden. Jede Form der Repräsentation ist für Rousseau mit dem Verlust der Freiheit verbunden, denn Volksvertreter würden nur nach ihren Privatinteressen handeln und sind Ausdruck von Korruption und Degeneration. Aber auch im Feudalsystem „dieser ungerechten und widersinnigen Regierungsfom“ (CS III, 15) gab es Repräsentation. Doch wie uns die „alten Republiken“ zeigen, so Rousseau, gibt es in einer guten politischen Ordnung keine Repräsentanten. Die „Abgeordneten des Volkes“ sind niemals Repräsentanten, sondern nur „Beauftragte“, die an Weisungen gebunden sind. Gesetze kann in dieser Form direktdemokratischer Regierung nur das Volk selbst beschließen. Damit diese Form der Versammlungsdemokratie funktioniert, sind tugendhafte Bürger notwendig: „Je besser der Staat verfasst ist, desto mehr überwiegen im Herzen der Bürger die öffentlichen Angelegenheiten die privaten (...) In einem gut geführten Staat eilt jeder zur Versammlung“ (ebd.). Die Bürger müssen bei den Volksversammlungen in der Formulierung des Gemeinwillens ihre Privatinteressen unterdrücken, um einen homogenen politischen Körper herstellen zu können.

Die Regierung, die Exekutive, ist lediglich Vollzugsorgan der direktdemokratischen Gesetzgebung. Sie ist rechenschaftspflichtig und kann vom Souverän jederzeit abberufen werden. Im Rückgriff auf die aristotelische Staatsformenlehre unterscheidet Rousseau die Staatsformen danach, wer mit der Regierung beauftragt ist. Wird vom Souverän die Exekutive „dem größten Teil des Volkes anvertraut dergestalt, daß es mehr mit einem öffentlichen Amt betraute Bürger gibt als solche, die nur Privatleute sind“ (CS III, 3), dann ist dies eine demokratische Regierungsform, während nach wie vor die Gesetze in der Volksversammlung beschlossen werden.

Rousseaus Identitätstheorie der Demokratie steht dem Demokratiemodell liberaldemokratischer Verfassungsstaaten diametral gegenüber. Diese Form der Volksversammlungsherrschaft, die sich an den alten Republiken, an Sparta, der römischen Republik und den frühneuzeitlichen Stadtstaaten orientiert, hängt an extremen Voraussetzungen. Dieser sehr enge Begriff von Demokratie ist zugeschnitten auf kleine politische Einheiten, in denen die männliche Bürgerschaft eine homogene politische Gruppe bildet. Rousseau kann auch keine „Parteiungen“ oder „Teilgesellschaften“ (CS II, 3) zulassen, denn diese würden die Herausbildung des Gemeinwillens erschweren. Gesellschaftliche Interessen dürfen im Homogenitätsmodell Rousseaus nicht auf die politische Ebene durchschlagen, deshalb müssen Parteien und plurale Interessengruppen ausgeschlossen bleiben. Einfache Lebensverhältnisse und Sitten, kein Luxus und wenig fortgeschrittene Marktvergesellschaftung begünstigen die notwendige Tugendhaftigkeit der Bürger. Rousseau kennt in seinem Demokratiemodell auch keine Minderheiten- und Grundrechte, weil dadurch die Souveränität der Volksversammlung beeinträchtigt werden würde. Die Sicherung der individuellen Freiheit, des Besitzes und der Person, wie sie für John Locke zentral sind, steht bei Rousseau unter dem Verdacht des Sonderwillens. Rousseau hat zwar eine Theorie direktdemokratischer Gesetzgebung entwickelt, aber er hat über die Bildung des Gemeinwillens (volonté générale) Widersprüchliches geäußert. Er ist auf der einen Seite zumindest die Mehrheit der Bürger, auf der anderen Seite gibt es aber auch Äußerungen von Rousseau, dass dieser Wille „unzerstörbar" sei.

Rousseaus Gedanken gingen in die verschiedenen Formen der plebiszitären und partizipatorischen Demokratie ein und tauchen immer dort auf, wo die Souveränität des Volkes herausgestellt wird, wie beispielsweise bei Carl Schmitt und bei Benjamin Barber, der die direkte Beteiligung der Bürger in den Mittelpunkt stellt. Der große Gegenspieler ist aber das liberal-repräsentative Demokratieverständnis, wie es von den Autoren der Federalist Papers entworfen wurde. Allerdings wird dort das kontraktualistische Begründungsprogramm verlassen zugunsten der Verankerung der Demokratie in einer Verfassungsordnung.

Immanuel Kant

Ausgewählt und interpretiert von Volker Pesch

Zum ewigen Frieden. Ein philosophischer Entwurf (1795)

Die bürgerliche Verfassung in jedem Staate soll republikanisch sein

Die erstlich nach Prinzipien der *Freiheit* der Glieder einer Gesellschaft (als Menschen); zweitens nach Grundsätzen der *Abhängigkeit* aller von einer einzigen gemeinsamen Gesetzgebung (als Untertanen); und drittens, die nach dem Gesetz der *Gleichheit* derselben (als Staatsbürger) gestiftete Verfassung – die einzige, welche aus der Idee des ursprünglichen Vertrages hervorgeht, auf der alle rechtliche Gesetzgebung eines Volkes gegründet sein muß – ist die *republikanische.* Diese ist also, was das Recht betrifft, an sich selbst diejenige, welche allen Arten der bürgerlichen Konstitution ursprünglich zum Grunde liegt; und nun ist nur die Frage: ob sie auch die einzige ist, die zum ewigen Frieden hinführen kann? Nun hat aber die republikanische Verfassung, außer der Lauterkeit ihres Ursprungs, aus dem reinen Quell des Rechtsbegriffs entsprungen zu sein, noch die Aussicht in die gewünschte Folge, nämlich den ewigen Frieden; wovon der Grund dieser ist. – Wenn (wie es in dieser Verfassung nicht anders sein kann) die Beistimmung der Staatsbürger dazu erfordert wird, um zu beschließen, „ob Krieg sein solle, oder nicht", so ist nichts natürlicher, als daß, da sie alle Drangsale des Krieges über sich selbst beschließen müßten (als da sind: selbst zu fechten; die Kosten des Krieges aus ihrer eigenen Habe herzugeben; die Verwüstung, die er hinter sich läßt, kümmerlich zu verbessern; zum Übermaße des Übels endlich noch eine, den Frieden selbst verbitternde, nie [wegen immer neuer Kriege] zu tilgende Schuldenlast selbst zu übernehmen), sie sich sehr bedenken werden, ein so schlimmes Spiel anzufangen: Da hingegen in einer Verfassung, wo der Untertan nicht Staatsbürger, die also nicht republikanisch ist, es die unbedenklichste Sache von der Welt ist, weil das Oberhaupt nicht Staatsgenosse, sondern Staatseigentümer ist, an seinen Tafeln, Jagden, Lustschlössern, Hoffesten u.d.gl. durch den Krieg nicht das mindeste einbüßt, diesen also wie eine Art von Lustpartie aus unbedeutenden Ursachen beschließen, und der Anständigkeit wegen dem dazu allezeit fertigen diplomatischen Korps die Rechtfertigung desselben gleichgültig überlassen kann.

(...)

Damit man die republikanische Verfassung nicht (wie gemeiniglich geschieht) mit der demokratischen verwechsele, muß folgendes bemerkt werden. Die Formen eines Staates (civitas) können entweder nach dem Unterschiede der Personen, welche die oberste Staatsgewalt innehaben, oder nach der *Regierungsart* des Volks durch sein Oberhaupt, er mag sein welcher er wolle, eingeteilt werden; die erste heißt eigentlich die Form der Beherrschung (forma imperii), und es sind nur drei derselben möglich, wo nämlich entweder nur *einer*, oder *einige* unter sich verbunden, oder *alle* zusammen, welche die bürgerliche Gesellschaft ausmachen, die Herrschergewalt besitzen (*Autokratie, Aristokratie* und *Demokratie*, Fürstengewalt, Adelsgewalt und Volksgewalt). Die zweite ist die Form der Regierung (forma regiminis), und betrifft die auf die Konstitution (den Akt des allgemeinen Willens, wodurch die Menge ein Volk wird) gegründete Art, wie der Staat von seiner Machtvollkommenheit Gebrauch macht, und ist in dieser Beziehung entweder *republikanisch* oder *despotisch*. Der *Republikanism* ist das Staatsprinzip der Absonderung der ausführenden Gewalt (der Regierung) von der gesetzgebenden; der Despotism ist das der eigenmächtigen Vollziehung des Staats von Gesetzen, die er selbst gegeben hat, mithin der öffentliche Wille, sofern er von dem Regenten als sein Privatwille gehandhabt wird. – Unter den drei Staatsformen ist die der *Demokratie*, im eigentlichen Verstande des Wortes, notwendig ein *Despotism*, weil sie eine exekutive Gewalt gründet, da alle über und allenfalls auch wider einen (der also nicht mit einstimmt), mithin alle, die doch nicht alle sind, beschließen; welches ein Widerspruch des allgemeinen Willens mit sich selbst und mit der Freiheit ist.

Alle Regierungsform nämlich, die nicht *repräsentativ* ist, ist eigentlich eine *Unform*, weil der Gesetzgeber in einer und derselben Person zugleich Vollstrecker seines Willens (...) sein kann, und, wenn gleich die zwei anderen Staatsverfassungen so fern immer fehlerhaft sind, daß sie einer solchen Regierungsart Raum geben, so ist es bei ihnen doch wenigstens möglich, daß sie eine dem *Geiste* eines repräsentativen Systems gemäße Regierungsart annähmen, wie etwa Friedrich II. wenigstens *sagte*: er sei bloß der oberste Diener des Staats, dahingegen die demokratische es unmöglich macht, weil alles da Herr sein will. – Man kann daher sagen: je kleiner das Personale der Staatsgewalt (die Zahl der Herrscher), je größer dagegen die Repräsentation derselben, desto mehr stimmt die Staatsverfassung zur Möglichkeit des Republikanism, und sie kann hoffen, durch allmähliche Reformen sich endlich dazu zu erheben. Aus diesem Grunde ist es in der Aristokratie schon schwerer als in der Monarchie, in der Demokratie aber unmöglich, anders, als durch gewaltsame Revolution zu dieser einzigen vollkommen rechtlichen Verfassung zu gelangen. Es ist aber an der Regierungsart dem Volk ohne alle Vergleiche mehr gelegen, als an der Staatsform (wiewohl auch auf dieser ihre mehrere oder mindere Angemessenheit zu jenem Zwecke sehr viel ankommt). Zu jener aber, wenn sie dem Rechtsbegriffe gemäß sein soll, gehört das repräsentative System, in welchem allein eine republikanische Regierungsart möglich, ohne welches sie (die Verfassung mag sein welche sie wolle) despotisch und gewalttätig ist. (...)

Immanuel Kant: Schriften zur Anthropologie, Geschichtsphilosophie, Politik und Pädagogik, Werkausgabe Band XI, hrsg. von Wilhelm Weischedel, Frankfurt/M. 1991, S. 204-208 (unter Auslassung der Anmerkungen Kants)

Interpretation

Immanuel Kant wird 1724 in Königsberg geboren und stirbt ebenda 1804. Dazwischen verlässt er es allenfalls kurz und nie weiter als einen Tagesritt. Selbst als er nach immerhin schon fünfzehn Jahren des Privatdozentendaseins, verbunden mit hoher Lehrbelastung und geringem Entgelt, Rufe an die Universitäten von Jena und Erlangen erhält, verlässt er sich auf die in Aussicht gestellte Berufung an seine Heimatuniversität, die „Albertina". Dabei sieht es lange Zeit nicht so aus, als könne er sich eine akademische Laufbahn überhaupt leisten: 1747 muss er nach dem Tod seines Vaters sein Studium abbrechen, vor allem aus finanziellen Gründen. Die nächsten Jahre verdingt er sich als Hauslehrer in Königsberg und Umgebung, bevor er 1755 an die Albertina zurückkehrt, sein Examen macht, dann bald promoviert wird und sich habilitiert. Als Königsberg 1758 von Russland besetzt wird, bittet Kant kurzerhand die Zarin Elisabeth um die Beförderung seiner Berufungssache, aber die geht darauf nicht ein, und nach dem Ende des Siebenjährigen Krieges wird die Stadt wieder preußisch. Kant verdient sich als Bibliothekar etwas dazu, bis 1770 endlich sein Warten belohnt und er Ordinarius für Logik und Metaphysik wird, später zweimal Dekan, ständiges Mitglied des Senats und auch Mitglied der Berliner Akademie der Wissenschaften – *auswärtiges* Mitglied freilich.

Königsberg – sicher nicht der weiteste Erfahrungshorizont. Aber immerhin war Königsberg zu dieser Zeit eines der kulturellen und wissenschaftlichen Zentren des Deutschen Reichs, mit über 50000 Einwohnern auch größer als beispielsweise Berlin.

Die Stadt mit ihrem Seehafen war eines der „Tore zum Osten", ein wichtiger Handels- und Umschlagplatz zwischen Deutschland, den Niederlanden, England und Polen auf der einen, dem Baltikum, Skandinavien und Russland auf der anderen Seite. Königsberg mit seinen Zeitschriften und bürgerlichen Clubs war auch eines der Zentren der Aufklärung, und die „Albertina" war eine ebenso traditionsreiche wie fortschrittliche Universität mit sehr gutem Ruf. Insofern können wir beide Augen zudrücken, wenn Kant in seiner *Anthropologie in pragmatischer Hinsicht* 1796 schreibt, in einer Stadt wie Königsberg könne man nicht nur die lokalen Umgangsformen pflegen, sondern durchaus auch „Weltkenntniss" erlangen. Derjenige, so ließe sich der Gedanke zu Ende führen, welcher nicht das Glück hat, in einer Stadt wie Königsberg zu leben, muss sich zu diesem Behufe schon auf Reisen begeben. Nun, Kant ist das erspart geblieben.

Der knapp ein Meter und sechzig messende Philosoph mit den krummen Schultern wird einerseits als pedantischer und überaus arbeitseifriger Gelehrter beschrieben, als Muster jenes Typus des deutschen Professors, der heute – nicht ganz zu Unrecht – das Klischeebild bestimmt, andererseits aber auch als sehr geselliger Mensch, umsichtiger Gastgeber und insgesamt recht umgänglicher Zeitgenosse. Übereinstimmend ist seine Einschätzung durch Freunde und Kollegen als ungewöhnlich gebildet und – welterfahren, tatsächlich. Kant selbst bezeichnet in der schon erwähnten *Anthropologie* dann auch Geselligkeit und Konversation als die entscheidenden Bedingungen aller „Humanität", und er entwickelt einige Regeln für die gelingende Tischgesellschaft, in der auch dem Lachen der gebührende Raum zugesprochen wird.

Aber *dieser* Kant ist weniger berühmt geworden. Es sind vielmehr seine philosophisch-systematischen Schriften, die – das ist sicher nicht übertrieben – einen der Marksteine der okzidentalen Philosophiegeschichte bilden oder auch einen Wendepunkt in der Philosophie. Seit Kant wird anders gedacht: In der *Kritik der reinen Vernunft* geht er 1781 der Frage nach dem (theoretischen) Vernunftvermögen des Menschen und der Möglichkeit oder Unmöglichkeit von Metaphysik nach. Dabei trennt Kant die Vernunft von der Erfahrung und versucht zu zeigen, dass nicht die erfahrbaren Dinge das Denken bestimmen, sondern umgekehrt, das Denkvermögen des Menschen sich die Dinge unterwirft. Das bedeutet: Die Wirklichkeit zeigt sich dem Menschen nur aufgrund seines besonderen Erkenntnisvermögens so und nicht anders. Das ist natürlich revolutionär, gerichtet unter anderem gegen den Empirismus etwa David Humes. In der *Grundlegung zur Metaphysik der Sitten* entwickelt Kant 1795 den daran anschließenden Gedanken, nur solche moralischen Leitsätze könnten als gute angesehen werden, die aus reiner Vernunft begründet seien, befreit also die Moral von allen anderen Begründungen als der der Vernünftigkeit. In der *Kritik der praktischen Vernunft* führt er diese Gedanken 1788 zu einem (vorläufigen) Ende, wenn er mit dem „kategorischen Imperativ" das moralische Grundgesetz formuliert: „Handle so, dass die Maxime deines Handelns jederzeit zugleich als Prinzip einer allgemeinen Gesetzgebung gelten könne" – wiederum als Gebot der Vernunft. Den kategorischen Imperativ formuliert er immer wieder in verschiedenen Versionen. In der *Kritik der Urteilskraft* schließlich unternimmt Kant 1790 den Versuch, die Bereiche des Erkennens und des Handelns (also die Themen der beiden vorherigen *Kritiken*) systematisch zusammenzuführen.

Diese Schriften (und viele andere: eine Kant-Werkausgabe umfasst heute 12 Bände mit mehr als 8000 Seiten) sind eher sperrige, jedenfalls schwer verdauliche Brocken, die sich nicht in wenigen Sätzen vorstellen lassen, ohne ihren Sinn völlig zu entstellen. Kant selbst hat aber einmal die Philosophie, hier verstanden als die „Wissenschaft von den letzten Zwecken der menschlichen Vernunft", unter vier Leitfragen gestellt: „1. Was kann ich wissen? 2. Was soll ich tun? 3. Was darf ich hoffen? 4. Was ist der Mensch?" Die erste beantworte die Metaphysik, die zweite die Moral, die dritte die Religion und die vierte die Anthropologie. Die vierte Frage sei aber die umfassendste, die Anthropologie mithin die fundamentale philosophische Disziplin. Insofern kann Kants vielfältiges philosophisches Bemühen auch verstanden werden als ein einziges Bemühen um das Wesen des Menschen. Dass er dessen Existenz in Geschichte und Gesellschaft von den Erfahrungen trennt und an der Messlatte einer reinen Vernunft gemessen wissen will, hat ihn zu einem ebenso einflussreichen wie umstrittenen Autor der Neuzeit gemacht. An Kant scheiden sich die Geister.

Das gilt auch für den politischen Schriftsteller. Neben seinen großen systematischen Werken schreibt Kant nämlich auch eine Reihe kleinerer, wir würden heute sagen: essayistischer Abhandlungen zu Fragen der Politik, die in anderen kommunikativen Kontexten entstehen und sich an ein anderes Publikum richten. Die berühmteste dieser Abhandlungen ist wahrscheinlich die *Beantwortung der Frage: Was ist Aufklärung?* von 1784, in deren Anfangspassage Kant den Grundsatz der (deutschen) Aufklärung formuliert: „Aufklärung", heißt es da, „ist der Ausgang des Menschen aus seiner selbstverschuldeten Unmündigkeit. Unmündigkeit ist das Unvermögen, sich seines Verstandes ohne Leitung eines anderen zu bedienen. Selbstverschuldet ist diese Unmündigkeit, wenn die Ursache derselben nicht am Mangel des Verstandes, sondern der Entschließung und des Mutes liegt, sich seiner ohne Leitung eines anderen zu bedienen. Sapere aude! Habe Mut, dich deines eigenen Verstandes zu bedienen! ist also der Wahlspruch der Aufklärung." Die Freiheit des Menschen als einem endlichen, aber vernunftbegabten Wesen, steht im Mittelpunkt dieser politischen Schriften, genauer: die Freiheit, sich bei der Gestaltung von Politik und Gesellschaft seiner Vernünftigkeit zu bedienen. Aber diese Freiheit muss auch, vice versa, die Wahrheit ertragen, jene Wahrheit, die eine aufgeklärte Vernunft zutage födert. Das steht natürlich in engstem Zusammenhang mit Kants systematischer Philosophie, wird aber hier anders präsentiert und formuliert, zumal die politischen Schriften Reaktionen sind auf konkrete Anlässe oder Diskussionen, etwa auf die französische Revolution (*Über den Gemeinspruch*, 1793; *Streit der Fakultäten*, 1798). Kant will hier weniger seine Professorenkollegen als die Öffentlichkeit überzeugen, oder vielmehr: zu ihrer Aufklärung beitragen. Bis heute werden viele seiner Thesen aus diesem Schriftencorpus diskutiert, auch und gerade die hier ausgewählte, die besagt, dass Demokratien keine Kriege führen.

Mit seinem „philosophischen Entwurf“ *Zum ewigen Frieden*, aus dem die These stammt (siehe Textauszug), reagiert Kant 1795 beziehungsweise – in einer erweiterten Fassung – 1796 unmittelbar auf den Abschluss des Basler Friedens, mit dem sich Preußen aus der Koalition gegen Frankreich verabschiedet hatte. Und wenn Kant hier auch zentrale Gedanken seiner systematischen Philosophie wieder aufnimmt, so kleidet er sie in die Form eines völkerrechtlichen Vertrages, bestehend aus sechs „Präliminarartikeln“ (z.B. dem, dass es in einem Friedensschluss keine geheimen Vorbehalte geben dürfe), drei „Definitivartikeln“ (z.B. dem, dass die bürgerliche Verfassung in jedem Staate republikanisch sein solle), zwei Zusätzen (z.B. dem, dass Philosophen öffentlich sprechen dürfen und auch gehört werden sollen) und einem Anhang über Moral und Politik.

Wie lautet nun die These? – Zunächst scheinbar so: Wenn alle Menschen, die von einem möglichen Kriege betroffen sein würden, selber darüber abstimmen könnten, ob der Staat in den Krieg eintritt oder nicht, entschieden sie sich immer gegen den Krieg, weil sie selbst (als Soldaten, Steuerzahler, Handelnde oder potentiell Geplünderte) die Last zu tragen hätten. Anders in einem Staat, den ein Einzelner regierte: Da dieser als Staatsbesitzer auf seinen Lustschlössern und Ländereien ja von den Lasten des Krieges nicht direkt betroffen sein würde, stimmte er („wie eine Art von Lustpartie aus unbedeutenden Ursachen“) eher für den Krieg. Das Argument mutet also zunächst rein utilitaristisch an: Da ein jeder bestrebt ist, seine Kosten zu minimieren und seinen Nutzen zu maximieren, wird keiner einem so unsicheren Unternehmen wie dem Krieg zustimmen, außer demjenigen, der ausschließlich gewinnen kann.

In dieser Form vermag das Argument natürlich niemanden mehr zu überzeugen: Denn einerseits hat es immer schon Menschen gegeben, die sich in und an Kriegen bereichern, ihnen also auch emphatisch zustimmen, andererseits droht in der Regel auch den Fürsten der Verlust ihrer Lustschlösser (wenn nicht ihrer Köpfe). Außerdem spielen bei der Entstehung von Kriegen schließlich auch Ideologien eine Rolle, ebenso Machtphantasien, Fremdheitskonstruktionen, Gewalteskalation und vieles andere mehr. Der Philosoph Kant hätte die These auch ganz anders begründet als der politische Schriftsteller: mit Vernunft und Natur. Denn einerseits ist die Ausgestaltung von Politik und Gesellschaft ihm zufolge zwar der menschlichen Freiheit aufgegeben, andererseits aber ein Gebot der Vernunft, der Moral und zuletzt auch der Natur. „Jetzt ist die Frage“, schreibt Kant in seinem ersten Zusatz zur Schrift, „die das Wesentliche der Absicht auf den ewigen Frieden betrifft: ‚Was die Natur in dieser Absicht, beziehungsweise auf den Zweck, den dem Menschen seine eigene Vernunft zur Pflicht macht, mithin zur Begünstigung seiner *moralischen* Absichten tue, und wie sie die Gewähr leiste, daß dasjenige, was der Mensch nach Freiheitsgesetzen tun *sollte*, aber nicht tut, dieser Freiheit unbeschadet auch durch einen Zwang der Natur, daß er es tun *werde*, gesichert sei, und zwar nach allen drei Verhältnissen des öffentlichen Rechts, des *Staats-, Völker- und weltbürgerlichen Rechts.*' – Wenn ich von der Natur sage: sie *will*, daß dieses oder jenes geschehe, so heißt das nicht soviel, als: sie legt uns eine Pflicht auf, es zu tun (denn das kann nur die zwangsfreie praktische Vernunft), sondern sie *tut* es selbst, wir mögen wollen oder nicht (fata volentem ducunt, nolentem trahunt) [Den Willigen führt das Schicksal, den Widerstrebenden schleift es mit]."

Auch Kants Erläuterung der Staatsformen, die in der These gipfelt, Demokratien seien notwendig despotisch, ist auf den ersten Blick irritierend. Dabei plädiert er aber, genau besehen, nicht gegen die (moderne) Demokratie, sondern für eine Repräsentativverfassung mit strikter Trennung von Regierung (Exekutive) und Gesetzgebung (Legislative). Kant bezeichnet mit „Demokratie" hier die Form der Herrschaft nach dem Wortlaut, das ist die Herrschaft (oder Macht: kratos) aller Menschen im Staat (demos) über sich selbst, mithin eine direkte Volksherrschaft ohne repräsentative und gewaltentrennende Momente. In einer solchen Staatsform wäre, so Kant, die Gefahr immer groß, dass sich die Masse gegen den Willen Einzelner richte und sie schlicht überstimmte. Das Ergebnis wäre aber nicht mehr mit dem allgemeinen Willen identisch. Die Demokratie in diesem Sinne wäre despotisch, weil, um noch einmal Kant selbst zu zitieren, „sie eine exekutive Gewalt gründet, da alle über und allenfalls auch wider einen (der also nicht mit einstimmt), mithin alle, die doch nicht alle sind, beschließen; welches ein Widerspruch des allgemeinen Willens mit sich selbst und mit der Freiheit ist." In dieser Staatsform wäre es also auch möglich, die Bürde des Krieges Einzelnen aufzulasten.

Einzig eine repräsentative Regierungsform, also eine Form, in der ein Oberhaupt die Regierten repräsentiert, bietet Kant zufolge davor Schutz, weil dort Gesetzgeber und Exekutive strikt getrennt sind: Der Gesetzgeber vollzieht seine Gesetze so wenig selbst wie der Exekutor die Gesetze macht. Nur diese Regierungsform sichert die Freiheit der Menschen und ihre Gleichheit als Staatsbürger und vor dem Recht. Und nur so ist auch der Satz zu verstehen, dass ein Staat desto republikanischer sein könne, je kleiner die Zahl der Herrscher und je größer die Zahl derer sei, die sie repräsentierten. Denn für Kant ist ja nicht die Zahl der Personen entscheidend, die regieren, sondern die Trennung der Gewalten und die Repräsentation des allgemeinen Willens. Auch eine Monarchie könnte in diesem Sinne „republikanisch" sein, sofern sie nicht absolut ist, sondern der Monarch (die Exekutive) an Gesetze gebunden ist, die er nicht selbst gibt. Solche Staaten, in denen das Volk zwar nicht direkt selbst regiert, aber mittels Wahlen die Legislative (und direkt oder indirekt auch die Exekutive) bestimmt und abberuft, bezeichnen wir heute als „demokratisch". Insofern lautet die These Kants in moderner Terminologie: Demokratien führen keine Krieg. Und so wird sie auch bis heute diskutiert (allerdings mit der Einschränkung, dass Demokratien *untereinander* keine Kriege führen).

Im zweiten „Definitivartikel", der als das „Herzstück der gesamten Friedensschrift" (Otfried Höffe) bezeichnet worden ist, führt Kant die These weiter. Er lautet: „Das Völkerrecht soll auf einen Föderalism freier Staaten gegründet sein", und Kant begründet das so, dass es ein Gebot der Vernunft sei, sich mit (allen) anderen Staaten zu einem „Friedensbund" zu vereinen. Das stellt er sich allerdings nicht als einen Weltstaat vor, sondern als Föderation freier und souveräner Staaten. Nur ein solcher kann demzufolge den ewigen Frieden sichern. Damit geht Kant über die Hobbes'sche Naturzustandskonstruktion hinaus, denn er behandelt auch Völker und Staaten „wie einzelne Menschen (...), die sich in ihrem Naturzustande (...) schon durch ihr Nebeneinandersein lädieren (...)." Und er spricht Fragen an, die bis heute immer wieder diskutiert werden und für die Gestaltung der internationalen Beziehungen zentrale Bedeutung haben: Wieweit sollen Zusammenschlüsse von Staaten auf internationaler Ebene gehen? Welche Institutionen sollen geschaffen werden, und mit welchen Kompetenzen? Und wieweit sollen solche supra- und internationalen Institutionen die Souveränität der einzelnen Staaten einschränken? Die Spannweite des heute Denkbaren reicht hier ja von der Konföderation bis zum Weltstaat, oder: der Weltgesellschaft.

Die These, dass repräsentativ verfasste Staaten keine Kriege führen, hat ebenso simple wie weitreichende Implikationen: Wenn alle Staaten der Welt derart verfasst wären und sich zu einem „Föderalism" zusammenschlössen, bedeutete das für Kant das Ende aller Kriege und also den ewigen Frieden. Denn in *Zum ewigen Frieden* geht es nicht um die Beendigung eines spezifischen Krieges, sondern es geht um die allgemeinen Bedingungen, unter denen ein dauerhafter und weltweiter Friede möglich sein kann. Kant formuliert grundsätzliche Bedingungen des Friedens, und zwar im Sinne einer Aufgabe, die der Mensch als Vernunftwesen auch tatsächlich erfüllen kann und soll, wenngleich nicht überall und sofort. Die wenigen Artikel und Zusätze bilden eine Art Programm für die Pazifizierung der ganzen Welt.

Immanuel Kant hat, daran besteht kein Zweifel, das okzidentale Denken revolutioniert und damit die Welt nachhaltig verändert – ob zum Guten oder Schlechten, sei hier einmal dahingestellt. Denn die Erkenntnis, dass das menschliche Erkenntnisvermögen die Erfahrungswelt nicht abbildet, sondern strukturiert, ist zwar für das moderne Denken ebenso wichtig wie der Versuch, verbindliche moralische Grundsätze unabhängig von religiösen oder traditionellen Begründungen zu formulieren. Aber damit wurde auch der Verabsolutierung einer Form der Vernunft, die empirisch nirgends in der Welt vorzufinden ist, Vorschub geleistet: Gefühle und Leidenschaften, Irrationalitäten und Affekte, wie sie in allen menschlichen Lebenswelten eine maßgebliche Rolle spielen, werden dann nurmehr zu Attributen eines voraufgeklärten Menschen. Man könnte sagen, Kant habe Erfahrungen nicht ernst genommen, vielleicht auch deswegen, weil er von der natürlichen Anlage des Menschen zum Guten überzeugt war. Wie dem auch sei: An dem von Kant begründeten „Enthusiasmus der Vernunft" dürfen wir wohl dennoch „mit gutem intellektuellem Gewissen" festhalten (Günther Patzig), versehen allerdings mit einer guten Portion Skepsis und Selbstbescheidung.

Ohnehin bezieht sich diese Kritik ja in erster Linie auf die systematisch-philosophischen Schriften, insbesondere auf die drei *Kritiken* und die *Metaphysik der Sitten*, muss also hier nicht weiter hinterfragt werden. Und übrigens konnte Kant im angelsächsischen Raum nie die Wirkung erzielen wie im deutschen: Während hier die Kantianer verschiedener Couleur einander transzendentalphilosophisch überholten, herrschten dort *Common Sense* und Pragmatismus.

Aber was ist nun vom politischen Schriftsteller Kant zu halten, insbesondere von der These des hier ausgewählten Auszugs? Immerhin ist Kants Entwurf schon als „verpflichtender Maßstab, mahnendes Korrektiv und Legitimationsquelle in der Diskussion um die Zukunft der internationalen Politik" bezeichnet worden (Manuel Fröhlich). Aber führen Demokratien wirklich keine Kriege? Und fördert demokratische Verfassung als solche schon den Frieden? Daran schließt sich die Frage an, ob die souveränen Staaten in internationalen Bündnissen tatsächlich gleichartige (demokratische) Verfassungen haben müssen, um den (ewigen) Frieden herbeizuführen. Denn Kant zufolge muss ja die Verfassung eines *jeden* Vertragspartners so beschaffen sein.

Die These, dass Demokratien keine Kriege führen, ist in dieser simplen Form empirisch leicht zu widerlegen, man denke etwa an den Vietnamkrieg: Über viele Jahre stimmte dem die Mehrheit der Amerikaner emphatisch zu, obwohl sie ihre eigenen Boys in den mit eigenen (Steuer)Geldern bezahlten Krieg schicken musste. Allerdings führen Demokratien in aller Regel *untereinander* keine Kriege: In ihren internationalen Beziehungen haben sich längst komplexe Strategien der friedlichen Konfliktvermeidung und -lösung etabliert, und es ist kaum zu erwarten, dass beispielsweise Frankreich und Deutschland noch einmal gegeneinander kämpfen (selbst wenn man das etwa für Griechenland und die Türkei nicht so sicher sagen kann; aber das berührt schon wieder die Frage, wann ein Staat als demokratisch angesehen werden kann).

Damit ist allerdings nicht gesagt, dass *nur* Demokratien keine Kriege führen. Zwar geht in den demokratischen Staaten der Welt vor allem die Angst vor *crazy states* und „Schurkenstaaten" um, aber im immer noch weitgehend anarchischen Konzert der internationalen Staatenwelt spielen durchaus auch nicht-demokratische Staaten verlässlich ihre Instrumente, man denke an Russland oder Chile. Selbst von einem Staat wie der DDR, die ihren Nachbarstaat Bundesrepublik immer zum Feind Nr. 1 erklärte, ging spätestens seit Anfang der 70er-Jahre keine Bedrohung mehr aus. Die Kunst der internationalen Politik besteht gerade darin, unter heterogenen Staaten gemeinsame Spielregeln des friedlichen Umgangs zu finden. Eine internationale Organisation wie beispielsweise die Vereinten Nationen kann nur effektiv sein, wenn sie das Maß an innerer Demokratie der Mitgliedsstaaten *nicht* zum entscheidenden Aufnahmekriterium macht, jedenfalls gegenwärtig. Heterogenität und Souveränität der Staaten sind (noch?) die Rahmenbedingungen der internationalen Politik, oder, um Carl Schmitt zu zitieren: die Welt ist ein Pluriversum. Die Enstehung eines Weltstaates mit demokratischer Verfassung und die Transition der internationalen Beziehungen zur Weltinnenpolitik mögen Utopisten begeistern – eine realistische Option ist das deswegen nicht.

Die politische Form und die verfahrenstechnischen Strukturen allein garantieren also den Frieden nicht. Gleichwohl heißt das selbstredend weder, dass die Demokratie kein schützenswertes Gut sei, das weltweit verbreitet werden sollte, noch, dass sich Demokratien nicht zu Bündnissen zusammenschließen könnten, im Gegenteil. Aber da sind verschiedene Varianten empirisch gegeben und denkbar, sowohl hinsichtlich der institutionellen Form der Demokratien (z.B. Präsidialsystem oder parlamentarisches System) als auch der der Bündnisse (z.B. multipolarer Pakt, Föderation oder Vereinigung). Und auch unterhalb des *big label* „Demokratie“ bedarf es der Differenzierung, etwa nach Legitimation der Macht, nach Partizipationsmöglichkeiten, zivilen Netzwerken, Politischer Kultur und so weiter. Entgegen Kant und auch so manchem Modernisierungsideologen gibt es nicht *die* Demokratie, die einfach weltweit zu verbreiten wäre, sondern zahllose Formen und Varianten.

Insofern ist Kants These defizient. Aber sein Plädoyer für die Vernunft, seine Hochschätzung von Freiheit und Gleichheit der Menschen und sein Bemühen um eine friedlichere Ordnung der Staaten und der Staatenwelt bleiben sein Vermächtnis. Und mit Karl Popper lässt sich Kants Ethik in einem Satz zusammenfassen: „Wage es, frei zu sein und achte und beschütze die Freiheit aller anderen.“ Als ethisches Grundgesetz taugt das ebenso für die innere Verfasstheit von Staaten wie für die internationalen Beziehungen.

Edmund Burke

Ausgewählt und interpretiert von Volker Pesch

Betrachtungen über die Französische Revolution (1790)

(...) Es ist merkwürdig, daß es von der Magna Charta bis auf die Deklaration der Rechte die beständige Maxime in unserer Konstitution gewesen ist, unsre Freiheiten als ein großes Fideikommiß (d.i. eine Art unveräußerliches Vermögen, VP) anzusehen, welches von unseren Vorfahren auf uns gekommen ist, und welches wir wieder auf unsere Nachkommen fortpflanzen sollen als ein ganz besondres Eigentum der Bürger dieses Landes ohne irgendeine weitere Beziehung auf ein allgemeines oder früheres Recht. Durch dieses Mittel bleibt auch Einheit in unsrer Konstitution bei aller Verschiedenheit ihrer Teile. Wir haben eine erbliche Krone, einen erblichen Reichsadel; und das Unterhaus und Volk hat erbliche Privilegien, Rechte und Freiheiten, die von einer langen Reihe von Vorfahren herstammen.

Dieses System ist das Resultat eines tiefen Nachdenkens, oder besser, es ist der glückliche Lohn derer, die im Wege der Natur wandeln, auf welchem Weisheit ohne tiefes Nachdenken und höher als alles Nachdenken liegt. Der Geist der Neuerungen ist gewöhnlich das Attribut kleiner Charaktere und eingeschränkter Köpfe. Leute, die nie hinter sich auf ihre Vorfahren blickten, werden auch nie vor sich auf ihre Nachkommen sehen. Die englische Nation weiß sehr gut, daß die Idee der Erblichkeit die Erhaltung sowie die Fortpflanzung sichert, ohne im geringsten die Verbesserung auszuschließen. Zu erwerben bleibt immer frei: aber was erworben ist, soll gesichert werden. Alle Vorteile, die ein Staat, der nach solchen Maximen verfährt, einmal erlangt hat, sind gleichsam in ein großes Familien-Etablissement fest eingeschlossen und ein eisernes Besitzstück auf ewige Zeiten geworden. Eine Staatsweisheit, die nach dem Vorbilde der Natur operierte, hat uns so konstituiert, daß wir unsre Regierungsform und unsre Privilegien nicht anders erhalten, genießen und vererben als unser Leben und unser Eigentum. Auf einem und demselben Wege, in einer und derselben Ordnung werden die Vorrechte unsrer Staatsverfassung, die Güter des Glücks, die Gaben der Vorse-

hung auf uns und von uns fortgepflanzt. Unser politisches System steht im richtigen Verhältnis und vollkommnen Ebenmaß mit der Ordnung der Welt und mit den Gesetzen, die der Existenz einer bleibenden Masse, gebildet aus vorübergehenden Teilen, vorgeschrieben sind, worin durch die Anordnungen einer überschwenglichen Weisheit, die das große geheimnisvolle All der Menschengattung ineinander webte, das Ganze in jedem Augenblick weder jung noch alt ist, sondern unter den ewig-wechselnden Gestalten von Verfall und Untergang, Erneuerung und Wachstum, in einem Zustande unwandelbarer Gleichförmigkeit fortlebt und dahintreibt. Indem wir dieser göttlichen Methodik der Natur nachahmen, sind wir in dem, was wir an unsrer Staatsverfassung bessern, nie gänzlich neu, indem, was wir beibehalten, nie gänzlich veraltet. Auf diese Weise und nach diesen Grundsätzen unseren Vorfahren anzuhängen, gebietet uns nicht die abergläubische Verehrung des Antiquars, sondern der Geist des Philosophen, der aus gleichen Ursachen gleiche Wirkung erwartet. Unsre ganze Staatsorganisation hat das Ansehn einer Blutsverbindung erhalten, dadurch, daß wir unsre Fundamentalgesetze in den Schoß unsrer Familien aufnahmen, dadurch, daß wir in einer reinen Flamme einer unzertrennten und wechselseitig erhöhten Liebe, unsern Staat und unsern Herd, unsre Grabmäler und unsre Altäre umfassen.
Eben diese glückliche Übereinstimmung unsrer künstlichen Schöpfung mit dem einfachen Gange der Natur, dieses heilsame Bündnis mit ihren ewig-wahren und allmächtigen Instinkten, die der trüglichen und schwachen Erfindung der Vernunft Kraft und Leben einhauchen, hat uns in der Idee, unsre Freiheit als ein Erbrecht zu betrachten, noch verschiedne andre nicht geringe Vorteile finden lassen. Das stete Andenken an die Vorfahren, die uns wie Heilige umschweben, hält den Geist der Unabhängigkeit, der an und für sich nur zu gern in Wildheit und Ausschweifungen leitet, in den Schranken einer ernsten Würde zurück. Die Idee von einer freien Abkunft flößt uns das Gefühl eines angebornen Vorzuges ein und wehrt jener übermütigen Aufgeblasenheit, die dem ersten Besitzer jeder Distinktion unvermeidlich anhängt und ihn unvermeidlich entstellt. Durch diese Mittel wird die Unabhängigkeit bei uns eine edle Freiheit. Sie erscheint in einer majestätischen und gebietenden Gestalt. Sie hat ihren Stammbaum und ihre ehrenvollen Ahnen. Sie hat ihre Wappen, ihre Familiengalerien, ihre Denkmäler und Inschriften, ihre Urkunden und Diplome. Das Ansehen, welches wir unsern bürgerlichen Einrichtungen zu verschaffen suchen, ruht auf eben der Basis, auf welcher die Natur einzelnen Menschen Ansehen bereitet, auf Achtung für ihr Alter und für die, von welchen sie abstammen. Alle französischen Sophisten werden nichts ausklügeln, das einer vernünftigen und männlichen Freiheit angemeßner sein könnte als der Gang, den wir genommen haben, indem wir unsre Rechte und Freiheiten lieber unsrer Natur als unsern Spekulationen anvertrauen wollten und sie in unsern Herzen sicherer als in spitzfindigen Grübeleien bewahrt glauben.
(...)

Viele unsrer denkenden Köpfe, weit entfernt, im ewigen Kriege mit den Vorurteilen (i.O. prejudices, VP) zu leben, wenden ihren ganzen Scharfsinn an, um die verborgne Weisheit, die darin liegen mag, zu erforschen. Wenn sie entdecken, was sie suchten – und sie verfehlen selten ihren Zweck –, dann finden sie es klüger, das Vorurteil beizubehalten mit der Weisheit, der es zur Hülle dient, als das Gewand wegzuwerfen und die nackte Weisheit stehenzulassen, weil ein Vorurteil, das ein Prinzip der Weisheit enthält, zugleich eine Kraft, um dieses Prinzip zu beleben, und ein Gefühl der Zuneigung, um ihm Dauer zu verschaffen, bei sich führt. Vorurteil ist eine Triebfeder von schneller Anwendbarkeit in der Stunde der Not: sie führt das Gemüt beizeiten auf eine feste Bahn der Tugend und Klugheit und läßt es nicht im entscheidenden Augenblick das Spiel und die Beute zaghafter Unentschlossenheit, streitender Maximen und quälender Zweifel werden. Vorurteil macht, daß die Tugend eines Menschen seine Lebensweise wird, nicht eine Reihe isolierter Handlungen bleibt. Durch glücklich geleitetes Vorurteil wird des Menschen Pflicht zuletzt ein Teil seiner Natur.
(...)
Wir wissen und setzen unseren Stolz darein zu wissen, daß der Mensch ein zur Religion geschaffnes Wesen ist, daß der Atheismus nicht allein mit unsrer Vernunft, sondern sogar mit unsern Instinkten streitet, und daß er nie lange die Herrschaft führen kann. Wenn wir also in einem Augenblick der Ausgelassenheit, sinnlos-berauscht von den glühenden Essenzen, die jetzt in tausend Höllenküchen für Frankreich gesotten werden, unsre Blöße aufdecken sollten, indem wir eine Religion von uns stießen, die seither unser Ruhm und unsre Stütze und ein mächtiges Hilfsmittel der Kultur bei uns und so vielen andern Nationen war: so würden wir zittern (denn eine gänzliche Leere wird das Gemüt nicht dulden), daß irgendein roher, verderblicher, erniedrigender Aberglaube sich einfände, um von ihrer Stelle Besitz zu nehmen.
Aus diesem Grunde werden wir nie eher die natürlichen, wahrhaft menschlichen Mittel, Achtung und Erfurcht zu erwecken, aus unserm Staat verbannen und dem Spott der törichten Menge preisgeben, wie Frankreich, nicht ohne seine gerechte Strafe zu empfangen, getan hat (...).

Edmund Burke/Friedrich Gentz: Über die Französische Revolution. Betrachtungen und Abhandlungen, hrsg. von Hermann Klenner, Berlin 1991, S. 93-95, 179, 185

Interpretation

Edmund Burke wird 1729 in Dublin geboren, doch geht er bald nach London und verkehrt dort in den frühbürgerlichen Intellektuellenkreisen. Kurzfristig gibt er verschiedene Zeitschriften heraus, wird dann Sekretär eines jungen Parlamentariers und träumt von einer Karriere als Schriftsteller. Der einflussreiche Marquis of Rockingham, 1765/66 Premierminister, macht ihn zu seinem Privatsekretär, und 1765 bis 1794 ist Burke auch selbst Abgeordneter und gelegentlich Inhaber mittlerer politischer Ämter. Als Publizist und Politiker wird er zum Vordenker einer Gruppe eher konservativer, wiewohl in mancher Hinsicht auch reformorientierter Parlamentarier um den Marquis, den „Rockingham Whigs".

Burke nimmt in dieser Eigenschaft zu den unterschiedlichsten politischen Problemen und Tagesfragen Stellung, schreibt aber keine systematisch-theoretischen Arbeiten. Große philosophische Entwürfe sind ihm zuwider, und der Leser bekommt dann auch den Eindruck, dass er nur wenige Autoren wirklich gelesen hat. Sein Werk besteht demzufolge in erster Linie aus Denkschriften und zahlreichen Briefen. Hierin bezieht er immer wieder ungewöhnliche Positionen: Für die steuerliche Unabhängigkeit der amerikanischen Kolonien, aber gegen deren Lösung vom Commonwealth; für die englische Kolonialherrschaft in Indien und die Herrschaft in Irland, aber gegen deren Ausbeutung bzw. Unterdrückung; für die bürgerliche Gleichheit und Freiheit, aber gegen die Abschaffung der britischen Monarchie mit ihren aristokratischen und anderen ständischen Elementen. Burke ist zeitlebens ein glühender Anhänger des britischen Königtums in seiner traditionellen Form, aber in mancher Hinsicht eben auch ein Reformer: ein konservativer Reformer, wenn diese contradictio in adjecto erlaubt ist. Mit seinen ungewöhnlichen Positionen schafft er sich natürlich nicht nur Freunde, bringt es aber gleichwohl zu einiger Popularität. Kaum jemand wird in den Zeitungen dieser Zeit so oft karikiert wie Burke. Aber den einen zu progressiv und den anderen nicht konservativ genug, verliert er nach dem Tod seines Mentors 1782 rapide an Einfluss, zieht sich 1794 endgültig aus der Politik auf sein Landgut zurück und stirbt dort 1797.

Zuvor sorgt er allerdings noch mit einem gewaltigen Pamphlet für Wirbel: 1790 legt er seine *Reflections on the Revolution in France* (dt.: *Betrachtungen über die Französische Revolution*) vor, eine scharfe Kritik der französischen Revolutionäre und erzkonservative Apologie der britischen politischen Ordnung. Der obige Textauszug macht das deutlich. Für Progressive ist das nur ein übles Machwerk der Reaktion, für Traditionalisten eine wahre Fundgrube von Argumenten. Das bringt aber die Reformer auf, die bis dato Burke immer noch für sich zu instrumentalisieren suchen. Thomas Paine schreibt, gewissermaßen als Gegenentwurf, 1791/92 sein Buch über die Menschenrechte, und auch die öffentliche Meinung schlägt jetzt gegen Burke um. Nur der britische König ehrt ihn und gewährt ihm sogar eine kleine Pension.

Es ist nicht einfach, Burke ideengeschichtlich einzuordnen, denn er steht weder in einer klaren philosophisch-theoretischen Tradition noch knüpft er explizit an ältere Autoren an. Wie schon gesagt: Viele hat er wohl auch nicht gelesen. Burke ist ein eigenständiger, origineller Denker, der aus der Praxis kommt und für die Praxis schreibt. Er ist der Begründer des europäischen Konservatismus, und beinahe alle späteren „Konservativen" haben sich seiner Gedanken bedient. „Der philosophische Konservatismus", schreibt ein späterer Bewunderer, „verdankt sein Dasein Burkes Analyse der revolutionären Theorien." Tatsächlich wurden die *Betrachtungen über die Französische Revolution* von Friedrich Gentz, Metternichs rechter Hand, ins Deutsche übersetzt, Chateaubriand bediente sich hier und Ludwig von Haller, die spanischen Gegenrevolutionäre und politischen Romantiker kannten die Schrift. Burke war ihnen Ideenlieferant und – oft – auch Referenzfigur.

Dass sich die *Betrachtungen* unter Konservativen dieser Beliebtheit erfreuten (und erfreuen), ist wenig verwunderlich. Verwunderlicher ist, dass auch „Liberale" wie etwa Friedrich Julius Stahl sich einige Brocken aus dem Burke'schen Steinbruch schlugen, und dass hinter den diversen Burke-Renaissancen der vergangenen 200 Jahre nicht nur Reaktionäre standen. Dies umso mehr, wenn man sich das Denken Burkes einmal systematisch zu vergegenwärtigen versucht.

Burke fürchtet das Übergreifen der Revolution auf England. Aber weder in den *Betrachtungen* noch in seinen anderen Reden, Briefen und Schriften stimmt er einfach ein Loblied auf die britische Krone an, der er in mancher Hinsicht sogar kritisch gegenübersteht, etwa dann, wenn sie auf die Schwächung des Parlamentes zielte. Die Abgeordneten und die *factions* des Unterhauses hält er vielmehr für die eigentlichen und unverzichtbaren Repräsentanten des nationalen Interesses. Er plädiert deswegen immer für eine gemischte Verfassung, aber eben auch für die traditionelle ständische Abstufung der Gesellschaft und für eine starke anglikanische Kirche. Es ist jene Ordnung von Politik und Gesellschaft, die sich seit der Magna Charta und insbesondere seit der *glorious revolution* von 1688 herausgebildet hat, die Burke geschützt und bewahrt, aber auch behutsam reformiert wissen will: Erinnerung an deren Grundsätze und Bewahrung ihrer Sitten und Traditionen auf der einen, Anpassung an sich ändernde ökonomische und gesellschaftliche Strukturen auf der anderen Seite.

Bedingung richtigen Handelns ist für Burke die Klugheit und Tugendhaftigkeit der Handelnden, und die sind ihm Resultate von Erfahrung in der Politik und Kenntnis der Geschichte einer Nation. Jeder Staat und jede Nation beruhen demzufolge auf spezifischen Traditionen und Gewohnheiten (prescriptions), auf Sitten und Bräuchen und auf „Vorurteilen" (prejudices), wobei „Vorurteil" hier freilich nicht im modernen Sinne zu verstehen ist: Der Begriff umfasst die gesellschaftlichen Wert- und Ordnungsvorstellungen, die sich in den Institutionen, Symbolen und Verhaltensweisen spiegeln. Und jeder Staat bedarf einer religiösen Einweihung.

Das alles bildet das Fundament und die Legitimationsbasis, wenngleich Burke sich das nicht funktionalistisch vorstellt: Politik, Gesellschaft, Traditionen, Religion, Vorurteil und so weiter bilden eine Einheit, die sich nicht auflösen lässt, ohne den jeweiligen Staat zu zerstören. Und genau das geschieht in seiner Sicht gerade in Frankreich: Die Revolutionäre fegen in völliger Unkenntnis und Ignoranz solcher Zusammenhänge die alte Ordnung hinweg und werden deshalb Frankreich vernichten.

Burke bemüht also zunächst keine Metaphysik und keine Naturrechtslehre, aber auch keine Vertragstheorie für die Begründung seiner Ideen, sondern setzt ganz auf Geschichte und Gewohnheit. Nur ein Leben gemäß den eigenen *prescriptions* und *prejudices* entspricht demzufolge der Natur des Menschen, den Burke als immer nur historisch und sozial determiniert versteht. Abstrakte Spekulationen über eine mögliche andere, bessere politische Ordnung lehnt er deswegen ab: Die Vernunft des Menschen reicht dazu nicht hin, und im Alltäglichen werden ohnehin immer die Irrtümer und Leidenschaften über diese Vernunft dominieren. In einer frühen Schrift heißt es dazu, es sei eine „unbestreitbare Wahrheit, daß in einem Jahr mehr Gemetzel von Menschen an Menschen ausgeht, als von allen Löwen, Tigern, Panthern, Jaguaren, Leoparden, Hyänen, Rhinozerossen, Elephanten, Bären und Wölfen seit Anfang der Welt in ihrer jeweiligen Species ausgegangen ist.“ Allein der Staat oder die Nation kann in Burkes Sicht der Dinge die Rechte und Freiheiten der Menschen schützen, und Staaten und Nationen haben eben nur so lange Bestand, wie sie sich behutsam im Rahmen ihrer Herkunft bewegen. Staaten, schreibt Burke an einer Stelle der *Betrachtungen*, sind „Kunststücke menschlicher Weisheit“.

Aber die ganze Konstruktion hat, und damit kommt man zum Kern der Burke'schen Ideen, auch eine religiöse Begründung: Burke ist ein zutiefst religiöser Mensch, ein bekennender anglikanischer Christ des 18. Jahrhunderts. Für ihn besteht kein Zweifel, dass Gott die Welt geschaffen hat. Gott wirkt demnach nicht durch Wunder auf seine Schöpfung ein, sondern hat sie so glücklich eingerichtet, dass sich seine Vernunft im Laufe der Geschichte verwirklicht, und zwar mittels des „Mantels der Vorurteile“. Denn durch die Pflege und Bewahrung der Traditionen und Gewohnheiten komme im Laufe von Jahrtausenden eine kollektive Weisheit der Gattung Mensch zusammen. Nicht also vernünftige Reflexion, sondern Erinnerung und Bewahrung zeigen den Menschen den rechten Weg. Und deswegen ist der Staat für Burke kein Experimentierfeld, sondern Gottes Mittel zur (langsamen) sittlichen Vervollkommnung des menschlichen Wesens.

Dazu gehört auch die Bewahrung der ständischen Schranken. Sie ist für Burke – wie überhaupt alle Grundlinien der britischen politischen und gesellschaftlichen Ordnung seiner Zeit – die Basis der guten Ordnung, sozusagen auf dem Stand der Entwicklung des menschlichen Wesens. Die Schranken sind für Burke fest und undurchlässig, die Aristokratie ist gottgewollt. Und so singt er auch noch das Hohelied einer mittelalterlichen (und völlig verklärten) Ritterlichkeit, die ihm der Inbegriff tadellosen und vortrefflichen Handelns ist.

Burke gilt zu Recht als Begründer des Konservatismus, als Vordenker einer der einflussreichen Ideologien des 19. und 20. Jahrhunderts. Das macht ihn ideengeschichtlich relevant. Aber was bleibt von Edmund Burke? – Genau besehen nicht viel: Zwar lassen sich aus dem Burke'schen Gedankengebäude mehr oder weniger willkürlich einzelne Ziegel herausnehmen, etwa seine Hochschätzung des Parlamentes (dem er angehörte) und seiner *factions*, die Betonung der bürgerlichen Freiheitsrechte, die Ablehnung einer kolonialen Ausbeutung und einiges mehr. Selbst dem Gedanken, die Traditionen und Gewohnheiten nicht willkürlich zu zerstören, lässt sich einiges abgewinnen, ebenso dem Gedanken einer (zivil-)religiösen Basis jeder politischen Ordnung. Aber alle diese Gedanken stehen bei Burke im Kontext seines in vielerlei Hinsicht reaktionären Denkens und wurden im Übrigen von anderen präziser formuliert. Burkes politische Ideen beruhen auf einem deistischen Glaubensbekenntnis und nicht auf einer theoretischen Haltung zur politischen Realität. Und deswegen sind seine Positionen für eine moderne Demokratietheorie allenfalls insofern interessant, als sie gute Gegenargumente entwickeln muss.

Was dennoch bleibt, ist Burkes Abneigung gegen den Typus des „rasenden Intellektuellen", gegen Dogmatiker und Ideologen, die ihre spekulativen Ideen mit vernünftiger Reflexion verwechseln und sich im Dienste phantastischer Ideen gegen die Wirklichkeiten auflehnen, in denen sie leben. In seinem späten *Letter to a Noble Lord* (1796) schreibt Burke, es sei schon bemerkenswert, wie ihr Weg zum Heil immer durch Leid und Übel führe. Heimito von Doderer hat das einmal „Apperzeptionsverweigerung" genannt, und genau das war vielleicht eines der wichtigsten Kennzeichen der Intellektuellen des 19. und 20. Jahrhunderts. Aber, das zeigt das Beispiel Edmund Burke, auch die vermeintlichen Praktiker des 18. waren davon nicht frei.

Hamilton, Madison, Jay

Ausgewählt und interpretiert von Rudolf Speth

Die Federalist-Artikel (Art. 10)

Unter den zahlreichen Vorteilen, die eine gut aufgebaute Union verspricht, verdient keiner genauer dargelegt zu werden, als die mögliche Fähigkeit, die Gewalttätigkeit von Faktionen zu beenden und auf Dauer zu kontrollieren. Der Freund von politischen Systemen, die auf dem Willen des Volkes basieren, ist über nichts, was deren Ruf und Schicksals angeht, so besorgt wie über ihre Neigung zu diesem gefährlichen Übel. Deshalb wird er sich darum bemühen, jeden Plan gebührend zu würdigen, der ohne Verletzung seiner politischen Prinzipien, Abhilfe für dieses Übel verspricht. Instabilität, Ungerechtigkeit und Chaos in den Volksvertretungen waren in Wahrheit die tödliche Krankheit, an denen demokratische [popular] Regierungssysteme überall zugrunde gegangen sind, sie sind noch immer das beliebteste und fruchtbarste Thema der Feinde der Freiheit, die daraus ihre bestechendsten, doch trügerischen Argumente ziehen. Die bedeutenden Verbesserungen der amerikanischen Verfassung gegenüber den demokratischen [popular] Vorbildern der Antike und der Moderne, kann man nicht genug bewundern, aber es würde doch von unverantwortlicher Voreingenommenheit zeugen, wollte man behaupten, sie hätten in diesem Punkt die Gefahr so wirkungsvoll beseitigt, wie man das gewünscht und erwartet hatte. Allenthalben kann man die Klagen unserer besonnensten und tugendhaftesten Bürger hören, denen öffentliche und private Rechtschaffenheit ebenso am Herzen liegen wie gesellschaftliche und individuelle Freiheit: unsere Regierungssysteme seien zu instabil; das öffentliche Wohl werde in den Konflikten rivalisierender Parteien mißachtet; politische Entscheidungen würden allzu häufig nicht im Einklang mit den Forderungen der Gerechtigkeit und unter Berücksichtigung der Recht der Minderheit getroffen, sondern aufgrund der größeren Macht einer eigensüchtigen und arroganten Mehrheit. Auch wenn wir noch so sehr wünschten, daß diese Klagen unbegründet wären, so lassen die allseits bekannten Tatsachen es nicht zu, ihnen einen gewissen Wahrheitsgehalt abzusprechen. Bei einer ehrlichen Prüfung unserer Lage wird sich vielmehr herausstellen, daß einige der Übel, unter denen wir zu leiden haben, fälschlich der Funktionsweise unseres Regierungssystems angelastet werden; vielmehr sind ganz andere Gründe für viele der schwerwiegendsten Fehlentwicklungen verantwortlich, und ganz besonders für das überall herrschende und wachsende Mißtrauen gegenüber öffentlichen Zahlungsverpflichtungen und die Sorge um individuelle Recht, wie man sie überall von einem Ende des Kontinents zum anderen hört. Sie sind vielmehr hauptsächlich, wenn nicht gänzlich, Folgen der Unzuverlässigkeit und Ungerechtigkeit, mit denen der Geist der Faktionen unserer öffentlichen Institutionen vergiftet hat.

Unter einer Faktion verstehe ich eine Gruppe von Bürgern, – das kann eine Mehrheit oder eine Minderheit der Gesamtheit sein, – die durch den gemeinsamen Impuls einer Leidenschaft oder eines Interesses vereint und zum Handeln motiviert ist, welcher im Widerspruch zu den Rechten anderer Bürger oder dem permanenten und gemeinsamen Interesse der Gemeinschaft steht.

Es gibt zwei Methoden, die negativen Auswirkungen solcher Faktionen abzustellen: zum einen, die Beseitigung der Ursachen, zum anderen, die Beherrschung der Konsequenzen. (...)

Die latente Ursache für Faktionen sind also in der menschlichen Natur angelegt, und sie werden den jeweils unterschiedlichen gesellschaftlichen Bedingungen entsprechend unterschiedlich stark aktiviert. Der Eifer, unterschiedliche Meinungen in Glaubensdingen, in Fragen des politischen Systems und zu vielen anderen Fragen, theoretisch wie auch praktisch zu vertreten; die Bindung an bestimmte politische Führer, die ehrgeizig um Vorrang und Macht konkurrieren; oder die Bindung an andere Personen, deren Schicksal für die Menschen emotional interessant ist, haben die Menschen in Parteien gespalten, die sich feindselig gegenüberstehen und eher dazu tendieren, die anderen zu schikanieren und zu unterdrücken, als für das Gemeinwohl zusammenzuarbeiten. So stark ist dieser Hang der Menschheit, sich feindselig gegeneinander zu stellen, daß es auch dann dazu kommt, wenn kein wirklicher inhaltlicher Anlaß besteht. Dann reichen nichtige und eingebildete Unterschiede aus, um feindliche Leidenschaften zu entfachen und gewalttätige Konflikte auszulösen. Aber die vorherrschende und permanente Ursache für die Existenz unterschiedlicher Faktionen liegt in der vielfältigen und ungleichen Eigentumsverteilung. Die Besitzenden und die Besitzlosen haben schon immer getrennte gesellschaftliche Interessen gebildet. Zwischen Gläubigern und Schuldnern besteht derselbe Unterschied. Grundbesitzer, Manufakturbesitzer, Vertreter von Handel und Finanzen und viele kleinere Interessengruppen entstehen in zivilisierten Nationen zwangsläufig und spalten die Gesellschaft in verschiedene Klassen, die durch unterschiedliche Gefühle und Meinungen motiviert sind. Diese vielfältigen und widersprüchlichen Interessen zu regulieren, ist die vordringliche Aufgabe moderner Gesetzgebung, die auch Parteigeist und Interessengegensätze in die nötigen und normalen Funktionen eines Regierungssystems einbeziehen muß.

(...)

Daraus ergibt sich, daß man die *Ursache* von Faktionen nicht beseitigen kann und Abhilfe nur in den Mitteln zu finden ist, die deren Auswirkungen unter Kontrolle zu bringen trachten.

Wenn eine Faktion zahlenmäßig kleiner als die Mehrheit ist, dann schafft das republikanische Prinzip Abhilfe, da es die Mehrheit in Stand setzt, böse Absichten per Abstimmung zu Fall zu bringen. Eine Faktion mag dann den Regierungsapparat lahmlegen oder gesellschaftliche Unruhen auslösen, aber sie kann ihre Gewalttaten nicht im Rahmen und unter dem Schutzmantel der Verfassung ausführen. Wenn die Mehrheit jedoch Teil einer Faktion ist, dann ermöglicht die Form eines demokratischen [popular] Regierungssystems es dieser Faktion, das öffentliche Wohl und die Rechte anderer Bürger ihrer Leidenschaft oder ihrem Interesse zu opfern. Wie das öffentliche Wohl und individuelle Recht vor der Gefahr einer solchen Faktion geschützt und gleichzeitig Geist und Form eines demokratischen [popular] Regierungssystems gewahrt werden können, ist der zentrale Gegenstand unserer Untersuchung. Ich betone: Das ist unser eigentliches Ziel. Denn nur so läßt sich diese Regierungsform von dem Makel befreien, der so lange auf ihr gelastet hat, nur so kann man sie der Menschheit zur Achtung und Annahme empfehlen.

Wie läßt sich dieses Ziel erreichen? Offenbar nur durch eine von zwei Methode: Entweder muß man die Entstehung gleicher Leidenschaften oder Interessen innerhalb der Mehrheit zu ein und demselben Zeitpunkt verhindern, oder man muß die Mehrheit, die von solchen parallelen Leidenschaften oder Interessen erfaßt wird, durch ihre Zahl oder geographische Umstände daran hindern, ihre unterdrückerischen Pläne zu koordinieren und auszuführen. Wenn man es zuläßt, daß Impuls und Gelegenheit zusammenkommen, kann man sich bekanntlich weder auf moralische noch auf religiöse Motive als ausreichende Kontrolle verlassen. Sie können dies gegenüber der Ungerechtigkeit und Gewalttätigkeit von einzelnen nicht leisten, und sie verlieren noch an Wirksamkeit, je größer die Gruppe wird, d.h. genau in dem Verhältnis, in dem ihre Wirksamkeit umso nötiger ist.

(...)

Eine Republik, womit ich ein Regierungssystem meine, in dem das Konzept der Repräsentation verwirklicht ist, eröffnet ganz andere Perspektiven und bietet das Heilmittel, nach dem wir suchen. Analysieren wir die Punkte, in denen sich Republik und reine Demokratie unterscheiden, dann wird die Art des Heilmittels verständlich und seine Wirkung, die es gerade aus der Union beziehen wird.

Die beiden entscheidenden Unterschiede zwischen einer Demokratie und einer Republik sind: erstens, die Delegierung der Herrschaftsgewalt an eine kleine Zahl von den Übrigen gewählter Bürger in letzterer; zweitens, eine größere Zahl von Bürgern und ein größeres Territorium, auf das die Republik ausgedehnt werden kann.

(...)

Der zweite Unterschied besteht in der größeren Zahl von Bürgern und dem größeren Gebiet, das durch ein republikanisches im Unterschied zu einem demokratischen Regierungssystem beherrscht werden kann. Und diesem Umstand vor allem ist es zuzuschreiben, wenn man faktiöse Vereinigungen in ersterem weniger fürchten muß als in letzterem. Je kleiner ein Gemeinwesen ist, desto weniger Parteien und Sonderinteressen werden darin existieren. Je weniger Parteien und Sonderinteressen bestehen, desto häufiger kann sich eine Mehrheit aus derselben Partei bilden. Je weniger Personen eine Mehrheit bilden können, und je enger sie beieinander leben, desto leichter fällt es ihnen, ihre Pläne zur Unterdrückung anderer zu koordinieren und ins Werk zu setzen. Vergrößert man das Gebiet, so umfaßt es eine größere Vielfalt von Parteien und Interessen, damit aber wird es weniger wahrscheinlich, daß eine Mehrheit des Ganzen eine gemeinsames Motiv hat und die Rechte der anderen Bürger verletzt.

Hamilton, Madison. Jay, Die Federalist-Artikel. Politische Theorie und Verfassungskommentar der amerikanischen Gründerväter. Herausgegeben, übersetzt, eingeleitet und kommentiert von Angela Adams und Willi Paul Adams. Paderborn u.a. 1994, Federalist-Artikel Nr. 10 (Madison), S. 50-58 (Auszüge)

Interpretation

Die *Federalist Papers* sind der maßgebende Verfassungskommentar zur amerikanischen Verfassung und gelten bis heute als Dokument der Begründung der liberalen Repräsentativdemokratie. 1776 und in dem darauf folgenden Unabhängigkeitskrieg bis 1783 errangen die 13 amerikanischen Kolonien die Unabhängigkeit von England. Zur Absicherung der Unabhängigkeit und zur Stärkung der bis dahin nur losen Konföderation sollte die Bundesebene durch eine neu gestaltete Bundesregierung reformiert werden. Die Federalist-Artikel sind von Befürwortern einer neuen Bundesregierung und einer neuen Verfassung verfasst worden. Sie vertraten gleichzeitig die Interessen des handelsorientierten Bürgertums. Alexander Hamilton, James Madison und John Jay, die Autoren der Artikel, gehörten als Berufspolitiker zur professionellen Dienstleistungselite, die aus ökonomischen wie innen- und außenpolitischen Motiven zu Befürwortern einer Nationalstaatsgründung wurden. Während John Jay nur fünf Artikel verfasste, stammen von Hamilton 51 und von Madison 29. Hamilton verteidigte die neue Verfassung vor allem aus wirtschaftpolitischen Motiven, während die demokratietheoretisch wichtigen Artikel aus der Feder Madisons stammen.

Die 85 Artikel, erschienen zwischen 1787 und 1788 in New Yorker Zeitungen mit dem Ziel, dem Verfassungsentwurf des Konvents von Philadelphia von 1787 eine Mehrheit bei der Ratifikation in New York zu veschaffen. Wenngleich die Artikel aus strategischen Gründen verfasst wurden, so enthalten sie doch sowohl eine theoretische Begründung wie auch eine Beschreibung der institutionellen Struktur dieser neuen Form der Demokratie sowie des Repräsentationsprinzips. Die zentralen Aussagen hierzu finden sich in den Artikeln 10 und 51 von Madison.

Die Artikel kann man ideengeschichtlich als Wiederaufnahme zentraler Themen von Hobbes, aber vor allem von Locke und als Negation der Demokratieauffassung von Rousseau verstehen. Weitere ideengeschichtliche Bezugspunkte gibt es zu David Humes Idee eines perfekten Commonwealth und zum Vorbild der konföderativen Republiken der vereinigten Niederlande. Die Artikel sind daher nicht nur der Ausdruck von ökonomischen, sondern auch von ideellen Interessen der Gründergeneration während der Revolutionszeit. Madison übernimmt von Hobbes die interessendominierte Sichtweise von Politik, an Locke schließt er an, weil dieser den Schutz der individuellen Freiheit und der Interessen durch staatlichen Institutionen, die nur mit Zustimmung der Bürger geschaffen werden können, in den Mittelpunkt stellt. Zusätzlich dazu zieht er die Gewaltenteilungslehre Montesquieus heran, um jeglicher staatlicher Machtzusammenballung Einhalt gebieten zu können. Vehement richtet sich aber Madison im 10. Artikel gegen die Rousseau'sche Demokratiekonzeption. Er diskutiert dort das Problem der *Faktionsbildung*, das Rousseau gerade durch Homogenitätsforderung des Volkes zu unterlaufen versuchte. Eine Faktion „ist eine Gruppe von Bürgern, (...) die durch den gemeinsamen Impuls einer Leidenschaft oder eines Interesses vereint zum Handeln motiviert sind, welcher im Widerspruch zu den Rechten anderer Bürger oder dem permanenten und gemeinsamen Interesse der Gemeinschaft steht" (Federalist 10, 51). Dieses Problem lässt sich auf zwei Weisen lösen, einmal durch „Beseitigung der Ursachen", das andere Mal durch „Beherrschung der Konsequenzen". Die Probleme können aber, entgegen dem, wie es Rousseau vorgeführt hat, nicht durch Beseitigung der Ursachen gelöst werden; denn dies würde zugleich bedeuten, die Freiheit abzuschaffen. Die Menschen haben von Natur aus unterschiedliche Interessen, handeln egoistisch, sind von Leidenschaften geplagt, aber die „vorherrschende und permanente Ursache für die Existenz unterschiedlicher Faktionen liegt in der vielfältigen und ungleichen Eigentumsverteilung. Die Besitzenden und die Besitzlosen haben schon immer getrennte gesellschaftliche Interessen gebildet" (Federalist 10, 52). Der Ausgleich dieser unterschiedlichen und gegensätzlichen Interessen sowie die Lösung des Problems einer unterdrückerischen Mehrheitsfaktion kann nur durch eine *representative democracy* im Kontext eines „representative government" geschehen. Zur Verdeutlichung führt Madison die Unterscheidung zwischen „reiner Demokratie" (popular Government) und repräsentativer Demokratie (representative government) ein. Eine reine Demokratie eignet sich nicht, die persönliche Sicherheit und das Eigentumsrecht zu gewährleisten, weil die Versammlung der Schauplatz von Leidenschaften ist und es keine Institutionen gibt, die diese Leidenschaften hemmen könnten. Die republikanische Form der Demokratie muss mit institutionellen Sicherungssystemen angereichert werden, damit ihre Nachteile vermieden werden können. Dies war nichts weniger als eine theoretische Revolution in der Geschichte des Republikanismus, weil mit dem Repräsentationsprinzip und der Gewaltenteilungslehre Elemente in die partizipatorische Auffassung der Demokratie des Bürgerhumanismus aufgenommen wurden und diese Vermischung nun zum Ausgangspunkt für die Theorie der liberalen Repräsentativdemokratie wurde.

Nach Madison ist Repräsentation ein Mittel, um die Tyrannei der Mehrheit zu verhindern. Eine Republik ist im Gegensatz zur Demokratie durch dieses Prinzip gekennzeichnet: Sie ist ein Regierungssystem, „in dem alle Gewalt direkt oder indirekt von der Gesamtheit des Volkes ausgeht und von Personen ausgeübt wird, die ihre Ämter jederzeit abrufbar für eine begrenzte Zeit oder während guter Amtsführung ausüben" (Federalist 39, 226). Der demokratische Gedanke wird beibehalten, aber durch das Prinzip der Repräsentation kommt es zu Verbesserungen. In der Republik wird die Herrschaftsgewalt an Repräsentanten delegiert, die sowohl „die wahren Interessen des Landes am besten erkennen" als auch so viel „Patriotismus und Gerechtigkeitsliebe" (Federalist 10, 55) aufbringen, so dass schädliche Interessengruppen verhindert werden können. Das entscheidende Argumente ist jedoch das der Größe. Direkte Demokratien funktionieren nur in kleinen Gemeinschaften. Durch Repräsentation können aber nun auch großflächige politischen Gemeinschaften demokratisch regiert werden. Zudem schafft die Größe die Möglichkeit, die Bildung von schädlichen Mehrheitsfaktionen zu verhindern. Vergrößert man das Gebiet, so umfasst es eine größere Vielfalt von Parteien und Interessen, damit wird es weniger wahrscheinlich, dass eine Mehrheit des Ganzen ein gemeinsames Motiv hat und die Rechte anderer Bürger verletzt. Nicht die Homogenisierung, sondern die Diversifizierung und Pluralisierung der Interessen und Parteien sowie die Vergrößerung des Gebietes sind die Heilmittel gegen die permanente Machtstellung von Interessengruppen. Die politische Willensbildung in den Repräsentativorganen ist also nicht nur Notbehelf, sondern ermöglicht darüber hinaus durch die „aufgeklärten Ansichten und tugendhaften Einstellungen" (Federalist 10, 57) der Repräsentanten bessere, am Gemeinwohl orientierte Politikergebnisse. Sowohl auf der Ebene der Interessen als auch auf der der Gemeinwohlvorstellungen soll eine Pluralisierung nach Madison stattfinden, damit sind die Autoren der Federalist-Papers Vorläufer der zeitgenössischen pluralistischen Theorie.

Vom gleichen Gedanken, der Aufspaltung und der gegenseitigen Kontrolle, ist auch der Vorschlag der Gewaltenteilung geprägt. Auch hier liegt das Lockesche Argument des Schutzes von Freiheit und Eigentum zugrunde. „Die Abhängigkeit vom Volk ist zweifellos das beste Mittel, die Regierung zu kontrollieren" (Federalist 51, 314), aber weil es überall selbstsüchtige Interessen gibt, ist es notwendig, die Macht in verschiedene Gewalten aufzuteilen und sie so „zu organisieren, dass ihre Träger sich gegenseitig in Schach halten und somit das persönliche Interesse jedes Einzelnen als Wächter für die Rechte der Gesamtheit fungiert" (Ebd.). Ein weiteres institutionelles Sicherungssystem dieser protektiven Demokratie bildet bei Madison der Föderalismus. In der „einfachen Republik" wird die Gewalt einer einzigen Regierung übertragen, in der „komplexen (compound) Republik Amerikas wird die vom Volk abgetretene Gewalt zunächst zwischen zwei getrennten Regierungssystemen aufgeteilt, und dann wird der jeweilige Anteil der Macht zwischen den unabhängigen und getrennten Gewalten unterteilt. (...) Die beiden unterschiedlichen Regierungen kontrollieren sich gegenseitig und werden intern nochmals selbst kontrolliert" (Federalist 51, 316).

Den Gegnern der Verfassung, den *Anti-Federalists*, war diese Strategie der Beförderung des Interesses und der gleichzeitigen institutionellen Einhegung suspekt. Neben den Aristokraten, die sich auch unter ihnen fanden, gab es radikaldemokratische Positionen, denen das Repräsentativprinzip nicht demokratisch genug war. Sie bildeten keine kohärente Gruppe, gemeinsam war ihnen allein die Gegnerschaft zur Etablierung einer nationalen Regierung. Die *Anti-Federalists* waren die eigentlichen Hüter der ‚Ideen von 1776'. Sie kritisierten die Verfassung daher wegen ihres undemokratischen Charakters. In Kontinuität mit dem klassischen Republikanismus verteidigten sie die politische Form der kleinen und homogenen Republiken und waren dadurch den Ideen Rousseaus sehr nahe. Dieser Zusammenhang von Demokratie und sozialer Homogenität wurde aber gerade von Madison aufgelöst. Wenn Repräsentation notwendig ist, dann sollte sie ein spiegelbildliches Abbild des Volkes liefern. Damit hingen die *Anti-Federalists* einem vormodernen Politikverständnis an, das weniger auf die Veränderungen der modernen Marktgesellschaften antwortete, wie es beispielsweise die *Federalists* taten, vielmehr waren sie an Gemeinwohlorientierungen und Bürgertugenden interessiert. Mit den *Anti-Federalists* kam noch einmal die prinzipielle demokratietheoretische Alternative zum liberalen Modell in den Blick. Auch wenn sich das liberale Modell durchsetzte, so blieb doch der klassische Republikanismus untergründig immer als Korrektiv und Ideengeber vorhanden.

Alexis de Tocqueville

Ausgewählt und interpretiert von Volker Pesch

Über die Demokratie in Amerika (1835)

Tyrannei der Mehrheit

Ich halte den Grundsatz, daß die Mehrheit des Volkes in bezug auf die Regierung das Recht hat, alles zu tun, für ruchlos und verabscheuungswürdig, und dennoch ist für mich der Wille der Mehrheit der Ursprung aller Gewalten. Widerspreche ich mir selbst?

Es gibt ein allgemeines Gesetz, das nicht nur durch die Mehrheit dieses oder jenes Volkes, sondern von allen Menschen aufgestellt oder zumindest angenommen wurde. Dieses Gesetz heißt Gerechtigkeit.

Die Gerechtigkeit bildet also die Schranke für das Recht eines jeden Volkes.

Das Volk ist wie ein Geschworenengericht, das die Gesellschaft in ihrer Gesamtheit zu vertreten und die Gerechtigkeit als ihr Gesetz anzuwenden hat. Soll das Gericht, das die Gesellschaft vertritt, mehr Recht besitzen als die Gesellschaft selbst, deren Gesetze es vollzieht?

Verweigere ich also einem ungerechten Gesetz den Gehorsam, so bestreite ich der Mehrheit keineswegs das Recht zu befehlen; ich berufe mich nur gegenüber der Souveränität des Volkes auf die Souveränität der Menschheit. (...)

Was ist denn die Mehrheit im gesamten genommen anderes als ein einzelner, dessen Meinungen und in den meisten Fällen dessen Vorteile einem anderen einzelnen entgegenstehen, den man die Minderheit nennt? Wenn nun ein Mann, der über die Allmacht verfügt sie zugegebenermaßen wider seine Feinde mißbrauchen kann, warum soll das gleiche nicht für eine Mehrheit gelten können? Haben die Menschen durch ihren Zusammenschluß ihre Wesensart geändert? Sind sie, indem sie stärker wurden, gegenüber Hindernissen auch geduldiger geworden?

Ich kann es, was mich betrifft, nicht glauben; und ich werde die Gewalt, alles zu tun, die ich einem einzelnen meiner Mitmenschen verweigere, niemals mehreren zubilligen.
Ich meine damit, daß man zum Erhalten der Freiheit nicht mehrere Grundsätze in der gleichen Regierung vermischen kann, so daß sie einander in Wirklichkeit entgegenstehen.
Die Regierung, die man die gemischte nennt, ist mir stets als ein Hirngespinst erschienen. Es gibt in Wahrheit keine gemischte Regierung (in dem diesem Worte unterlegten Sinne), denn in jeder Gesellschaft entdeckt man schließlich eine Richtlinie des Handelns, die alle anderen beherrscht. (...)
So denke ich, daß man immer irgendwo eine soziale Macht allen anderen überordnen muß, ich halte jedoch die Freiheit für bedroht, wenn diese Macht auf kein Hindernis stößt, das ihren Schritt aufhalten und ihr Zeit lassen kann, sich zu mäßigen.
Allmacht dünkt mich eine an sich schlechte und gefährliche Sache. Ihre Ausübung scheint mir über die Kraft des Menschen, wer immer er sei, hinauszugehen, und ich sehe nur Gott, der ohne Gefahr allmächtig sein kann, weil seine Weisheit und seine Gerechtigkeit immer seiner Macht ebenbürtig sind. Es gibt demnach auf Erden keine Autorität, die als solche so ehrwürdig oder Trägerin eines so geheiligten Rechtes wäre, daß ich sie unbeaufsichtigt handeln und unbehindert herrschen lassen wollte. Sehe ich also, daß irgendeiner Macht das Recht und die Befugnis, alles zu tun, eingeräumt wird, nenne man sie Volk oder König, Demokratie oder Aristokratie, werde sie in einer Monarchie oder in einer Republik ausgeübt, so sage ich: hier ist der Keim zur Tyrannei, und ich trachte, unter anderen Gesetzen zu leben.
Was ich der demokratischen Regierung, wie man sie in den Vereinigten Staaten gebildet hat, vor allem vorwerfe, ist nicht ihre Schwäche, wie sie viele Leute in Europa behaupten, sondern im Gegenteil ihre unwiderstehliche Stärke. Und was mich in Amerika am meisten abstößt, ist nicht die weitgehende Freiheit, die dort herrscht, es ist die geringe Gewähr, die man dort gegen die Tyrannei findet.
Erfährt ein Mensch oder eine Partei in den Vereinigten Staaten eine Ungerechtigkeit, an wen soll er sich wenden? An die öffentliche Meinung? Sie ist es, die die Mehrheit bildet; an die gesetzgebende Versammlung? Sie stellt die Mehrheit dar und gehorcht ihr blind; an die ausübende Gewalt? Sie wird durch die Mehrheit ernannt und dient ihr als gefügiges Werkzeug; an das Heer? Das Heer ist nichts anderes als die Mehrheit in Waffen; an das Geschworenengericht? Das Geschworenengericht ist die mit dem Recht zum Urteilsprechen bekleidete Mehrheit: die Richter selbst werden in gewissen Staaten von der Mehrheit gewählt. Wie ungewollt oder unsinnig die Maßnahme sei, die euch trifft, ihr habt ihr euch zu unterziehen.
Stellt euch dagegen eine gesetzgebende Körperschaft vor, die in ihrer Zusammensetzung die Mehrheit vertritt, ohne notwendig Sklave ihrer Leidenschaften zu

sein; eine ausübende Gewalt, die eine ihr eigenen Stärke besitzt, und eine Gerichtsgewalt, die von den beiden anderen Gewalten unabhängig ist; ihr habt immer noch eine demokratische Regierung, aber die Tyrannei hat da fast keine Aussichten.

Ich sage nicht, man mache gegenwärtig in Amerika häufigen Gebrauch von der Tyrannei, ich sage, man findet dort keine Gewähr gegen sie, und die Gründe für die Milde der Regierung muß man mehr in den Verhältnissen und in den Sitten suchen als in den Gesetzen.

Alexis de Tocqueville: Über die Demokratie in Amerika. Erster Teil von 1835, übertragen von Hans Zbinden, Zürich 1987, S. 375-379

Interpretation

Alexis-Charles-Henri Clérel de Tocqueville wird 1805 in Paris geboren, genauer gesagt: am 11. Thermidor des Jahres XIII, denn zu dieser Zeit gilt in Frankreich noch der Revolutionskalender. Aber Alexis ist der Spross einer uralten französisch-normannischen Adelsfamilie. Sein Großvater hatte Ludwig XVI. vor dem Volk verteidigt und dafür mit dem Kopf bezahlt, sein Vater ist Grundbesitzer und wird 1820 den Grafentitel erhalten, selbst wenn er 1789 ein wenig mit der Revolution sympathisierte. Alexis wird standesgemäß zunächst von einem Abbé erzogen, macht einen Abschluss in Philosophie und studiert anschließend Jura. 1827 wird er zum Hilfsrichter ernannt. Im April 1831 schifft er sich zusammen mit einem Freund nach Amerika ein. Die offizielle Begründung dieser Reise ist die, das amerikanische Gefängniswesen studieren zu wollen, wahrscheinlich aber waren beide nicht recht glücklich mit den Zuständen in Frankreich nach der Julirevolution. Knapp ein Jahr später kehren sie zurück, und tatsächlich veröffentlicht Tocqueville auch eine Studie über *Amerikas Besserungssystem und dessen Anwendung auf Europa* (1833). Aber das ungleich wichtigere Ergebnis dieser Reise ist der erste Band von *Über die Demokratie in Amerika*, der 1835 erscheint und seinen Autor schlagartig berühmt macht (der 1840 erschienene zweite Band vervollständigt die Analyse, ist aber nicht mehr ganz so erfolgreich wie der erste). 1837 wird Tocqueville Ritter der Ehrenlegion, 1841 Mitglied der Académie Française.

Aber Tocqueville strebt keine wissenschaftliche oder publizistische Karriere an, sondern geht in die Politik: 1839 wird er Abgeordneter von Valogne, wo die Clérels ein Stadthaus besitzen, 1848 Mitglied der Nationalversammlung, 1849 für einige Monate sogar Außenminister der jüngsten französischen Republik, bis die ganze Regierung von Louis-Napoléon entlassen wird. Nach dessen Staatsstreich (1852 besteigt er als Napoleon III. den Thron) zieht Tocqueville sich aus der Politik zurück, teils aus Frustration über den Gang der Entwicklung, teils aus gesundheitlichen Gründen, denn er leidet seit einiger Zeit an Tuberkulose. Zu dieser Zeit schreibt er schon länger an den *souvenirs*, seinen *Erinnerungen*, und jetzt beginnt er auch mit der Arbeit an einem Buch, das die Entwicklung Frankreichs in den vergangenen Jahrhunderten systematisch analysieren soll. Unter dem Titel *Der alte Staat und die Revolution* erscheint es 1856. Tocqueville stirbt 1859 in Cannes, wo er des besseren Klimas wegen mit seiner Frau den Winter verbringen wollte, an Herzstillstand.

Tocqueville lebt also in einem Land zwischen Revolutionen und Restaurationen. Der „alte Staat" ist zwar gestürzt, aber (noch) ist kein stabiler neuer an dessen Stelle getreten. Mit dem Bürgerkönig Louis-Philippe sitzt vielmehr ab 1830 ein König von Bürgers Gnaden auf dem Thron, von dem eigentlich niemand allzu viel hält: Den Konservativen ist er eine bürgerliche Strohpuppe, den Bürgerlichen eine Marionette in eigener Hand. So gab es in Frankreich eine „demokratische" Entwicklung, die aber, aus Sicht Tocquevilles, weder schon alle Vorzüge dieser neuen Staatsform mit sich gebracht hatte noch in Frankreich auf Institutionen, Gesetze, Sitten und Gebräuche bauen konnte, welche die Gefahren mindern würden. Louis-Napoléon bereitet ihr dann ja auch ein schnelles Ende – aber das ist nicht im Sinne Tocquevilles. Denn für ihn ist die Demokratie die neue, kommende Staatsform, die demokratische Revolution unaufhaltsam. „Die allmähliche Entwicklung zur Gleichheit der Bedingungen", schreibt er, „ist (...) ein Werk der Vorsehung; sie trägt dessen Hauptmerkmale: sie ist allgemein, sie ist von Dauer, sie entzieht sich täglich der Macht der Menschen; die Geschehnisse wie die Menschen dienen alle ihrer Entwicklung." Das heißt nicht, dass er die Demokratie liebe, im Gegenteil: „Ich liebe voller Leidenschaft die Freiheit", schreibt er einmal, „die Legalität, die Achtung vor den Gesetzen, aber nicht die Demokratie." Tocquevilles Verhältnis zur Demokratie ist vielmehr eigentümlich ambivalent. Einerseits trauert er dem „alten Staat" nach, insbesondere seinen aristokratischen Elementen, andererseits aber sieht er den Prozess der Geschichte als Ausdruck des göttlichen Willens an, und den will er nicht anzweifeln, sondern will sich bemühen, ihn zu verstehen. Und da Tocqueville an die Gerechtigkeit Gottes glaubt, glaubt er auch an die Möglichkeit der Gerechtigkeit im neuen Staat. Aber er glaubt auch, dass sich der Staat nicht von allein zum Guten entwickele, vielmehr sei es die Aufgabe der Menschen, Gesellschaft und Politik zu gestalten.

Aus diesem Grunde befasst sich Toqueville mit Amerika, also mit jenem Staat, in dem die Demokratie am weitesten entwickelt war. Es geht ihm aber nicht um einen politischen Reisebericht, wie er in der Einleitung zu *Über die Demokratie in Amerika* schreibt: „Nicht bloß zur Befriedigung einer an sich gerechtfertigten Neugierde habe ich Amerika studiert; ich wollte dort lernen, was uns zum Nutzen gereichen könnte. (...) Ich gestehe, in Amerika habe ich mehr als Amerika gesehen; ich habe dort ein Bild der Demokratie selbst, ihres Strebens, ihres Wesens, ihrer Vorurteile, ihrer Leidenschaften gesucht; ich wollte sie kennenlernen, und sei es auch bloß, um zu erfahren, was wir von ihr zu erhoffen oder zu befürchten haben." Aber es geht ihm auch nicht um eine Übertragung der amerikanischen politischen Ordnung auf Frankreich. „Richten wir unseren Blick auf Amerika", schreibt er im Vorwort zur 12. Auflage von 1848 unter dem Eindruck der Revolution, „nicht um die Einrichtungen, die es für sich schuf, sklavisch nachzuahmen, sondern um diejenigen besser zu verstehen, die uns gemäß sind, nicht so sehr um Vorbilder als um Einsichten zu gewinnen und um eher die Grundsätze als die Einzelheiten seiner Gesetze zu übernehmen. Die Gesetze der französischen Republik können und müssen in vielen Fällen andere sein als die der Vereinigten Staaten, aber die Grundsätze, auf denen die amerikanischen Verfassungen fußen, die Grundsätze der Ordnung, der Mäßigung der Gewalten, der wahren Freiheit, der aufrichtigen und tiefen Achtung vor dem Recht sind allen Republiken unentbehrlich, sie gelten für alle, und man kann von vornherein sagen, dass da, wo sie fehlen, die Republik bald verschwunden sein wird."

Tocqueville will die Freunde der Demokratie vor deren Gefährdungen warnen und ihre Feinde von ihren Vorurteilen befreien. Er ist ein konsequenter Empiriker, der die kulturspezifischen Erfahrungen ernst nimmt, und ein geschickter Theoretiker, der daraus allgemeine Schlussfolgerungen zieht (in dieser Hinsicht Aristoteles nicht unähnlich). Anders als viele andere entwickelt er weder ein utopisches Idealbild der Demokratie noch greift er auf historische Formen zurück, etwa auf die griechischen Stadtstaaten. Tocqueville ist vielmehr der erste Theoretiker der modernen (Massen-) Demokratie und der Begründer einer neuen, erfahrungsbasierten und vergleichenden politischen Wissenschaft, einer Wissenschaft, die kritisch ist, ohne destruktiv zu sein, und praktisch, ohne sich im Tagesgeschäft zu verlieren.

Die größte Gefahr für die Freiheit in der Demokratie sieht Tocqueville in der „Tyrannei der Mehrheit" (s. Textauszug). Denn die demokratische Gleichheit der Bedingungen (égalité des conditions), die historisch unaufhaltsam ist, bringt Tocqueville zufolge ein Spannungsverhältnis zur Freiheit des Einzelnen mit sich, Freiheit verstanden als das Geburtsrecht eines jeden Menschen, in allen Bereichen, die nur ihn selbst betreffen, zu tun und zu lassen, was er will, verstanden aber auch als *politische* Freiheit: als Freiheit, sich an der Gestaltung der Gesellschaft zu beteiligen.

Wo kommt dieses Spannungsverhältnis her? – Im obigen Textauszug bringt Tocqueville zwei Argumente: Zum einen gibt es ein Prinzip, das unabhängig von Gesetzen und Verfassungen eines Volkes Gültigkeit hat: die Gerechtigkeit. Darüber darf sich auch eine Mehrheit nicht hinwegsetzen, selbst wenn sie das kraft ihrer Gewalt könnte. Tocqueville bemüht hier also um ein universelles Moralprinzip jenseits allen positiven Rechts, ein göttliches Prinzip. Zum anderen argumentiert er mit der Gefahr, die jeder Macht innewohnt, wenn sie nicht begrenzt wird, der Gefahr nämlich, in Tyrannei umzuschlagen. Wenn eine Mehrheit unbeschränkt herrscht und alle Gewalten im

Staat bestimmt und also alle Macht innehat, wird sie die Minderheit auf mehr oder minder subtile Weise unterdrücken und einen Konformismus der Menschen fördern, in dem sich die Freiheit, für Tocqueville ein Wesensmerkmal des Menschen, nicht mehr entfalten kann. Denn nur Gottes Weisheit und Gerechtigkeit sind einer solchen Macht ebenbürtig. Das ist also ein anthropologisches oder auch psychologisches Argument.

Unter der Überschrift „Der Einfluss der Demokratie auf das Gefühlsleben der Amerikaner" behandelt Tocqueville im zweiten Band des Amerika-Buches das Spannungsverhältnis von Gleichheit und Freiheit näher. Demzufolge gewährt die Gleichheit den Menschen „täglich eine Menge kleiner Genüsse", während die Freiheit „durch manche Opfer" erkauft und „mit vielen Anstrengungen" errungen werden will. So kommt es, dass die Menschen zwar die Freiheit suchen und lieben, ihnen aber die Gleichheit weit wichtiger ist: „Für die Gleichheit", schreibt Tocqueville, „nähren sie eine feurige, unersättliche, ewige, unbesiegbare Leidenschaft." So kommt es auch, dass der relative Wohlstand, in dem in der Demokratie alle gleichermaßen leben, den Menschen als wichtigeres Gut erscheint als die politische Freiheit, und dass sie bereit sind, sich einer starken Zentralgewalt zu unterwerfen, wenn sie nur die Gleichheit (und den Wohlstand) gewährt. Damit werden die Menschen aber einander fremd und gleichgültig, Vereinzelung und Individualismus breiten sich aus: „So lässt die Demokratie jeden nicht nur seine Ahnen vergessen, sie verbirgt ihm auch seine Nachkommen und trennt ihn von seinen Zeitgenossen; sie führt ihn ständig auf sich allein zurück und droht ihn schließlich ganz und gar in der Einsamkeit seines eigenen Herzens einzuschließen." Und so malt Tocqueville das Bild einer Menge aus konformistischen Individuen, „die sich rastlos im Kreise drehen, um sich kleine und gewöhnliche Vergnügungen zu verschaffen, die ihr Gemüt ausfüllen: seine Kinder und seine persönlichen Freunde verkörpern für ihn das ganze Menschengeschlecht; was die übrigen Mitbürger angeht, steht er neben ihnen, aber er sieht sie nicht."

Menschen wollen demzufolge einerseits geführt werden, andererseits aber frei sein; daraus resultieren die Neigung zur Zentralisation der Gewalten auf der einen und der Wunsch nach Volkssouveränität auf der anderen Seite. Die periodische Wahl der Zentralgewalt, die viele Demokraten für den Kompromiss zwischen beiden Prinzipen halten, bietet für Tocqueville keinen hinreichenden Schutz, weil „man uns nicht glauben machen wird, dass eine freiheitliche, tatkräftige und weise Regierung jemals aus den Wahlen eines Volkes von Knechten hervorgehen kann", wie er schreibt. Aber zu solch einem Volk von Knechten drohen die Menschen unter den Bedingungen der Gleichheit zu degenerieren, wenn nicht bestimmte Schutzmaßnahmen greifen. Dann werden die zentralisierten Regierungen und Verwaltungen in immer mehr Lebensbereiche der Menschen eindringen, also jede Eigeninitiative lähmen und die Freiheit der Einzelnen einschränken.

Die Zentralisierung der Gewalten ist Tocqueville zufolge aber nicht die Folge, sondern vielmehr die Ursache der Revolution: „Fragt man mich, wie dieser Teil des alten Staates (d.i. die Zentralgewalt in Frankreich vor der Revolution, VP) so vollständig in die neue Gesellschaft übertragen und derselben hat einverleibt werden können, so antworte ich, daß die Zentralisation in der Revolution deswegen nicht untergegangen ist, weil sie selbst der Anfang dieser Revolution und deren Vorzeichen war; und ich füge hinzu: hat ein Volk die Aristokratie in seiner Mitte zerstört, so eilt es ganz von selbst der Zentralisation entgegen." Die Egalisierung der Gesellschaft, also die historische Abschaffung von Ständen, Privilegien und politischen Vorrechten, birgt in sich die Gefahr der Zentralisierung und damit der Gefährdung der Freiheit.

Selbst wenn sie die Freiheit lieben, so ließe sich resümieren, ist den Menschen doch die Gleichheit wichtiger; aber es ist nicht in erster Linie die Gleichheit der politischen Rechte, sondern die Gleichheit an materiellen (Konsum-)Gütern. Das ist der Nährboden für eine Zentralisierung der Gewalten und den immer umfassenderen Eingriff in alle Lebensbereiche, auch und gerade in solche, die zum ureigensten Bereich der Freiheit gehören. Und das ist in der Demokratie der Nährboden für die Tyrannei der Mehrheit, weil sie die öffentliche Meinung beherrscht, die Gesetze gibt und ausführt, die Richter bestellt und sogar das Heer kontrolliert. Denn auch eine Mehrheit aus degenerierten Individuen bleibt degeneriert.

Die Demokratie in Amerika hat dagegen Schutzvorkehrungen getroffen. Tocqueville sieht sie in der institutionellen Dezentralisation des politischen Lebens, in dem abgestuften System lokaler und regionaler Selbstverwaltung, in der Wählbarkeit der Beamten, im unabhängigen Rechtswesen mit Geschworenengerichten und auch in der Pressefreiheit, selbst wenn er letztere „weit mehr in Erwägung der Übel, die sie verhindert, als wegen des Guten, das sie leistet" schätzt. Tocqueville nimmt die Pressefreiheit um der Freiheit als solcher willen hin, fürchtet die Zeitungen aber als Macher der öffentlichen Meinung und also Instrument der Egalisierung. Aber auch hier schützt sich die Demokratie in Amerika: durch die Vielzahl der Presseorgane und ihre Heterogenität. Zuletzt aber müssen ohnehin die Bürger eines Staates selbst „unaufhörlich bereitstehen, um zu verhindern, dass die Sozialgewalt leichtfertig die Privatrechte einiger Menschen der allgemeinen Ausführung ihrer Pläne opfert." Dazu bedarf es einerseits guter Gesetze und Institutionen, andererseits aber solcher „Gewohnheiten des Herzens", die die politische Freiheit immer wieder einfordern und von ihr Gebrauch machen. Die Demokratie bedarf demokratischer Sitten und Gebräuche, oder anders gesagt: einer politischen Kultur, die sie trägt und vor den Gefährdungen schützt. Denn für Tocqueville sind es ja die Menschen selbst, die zwar nicht den Gang der Geschichte insgesamt steuern und die Gleichheit wieder abschaffen können, aber die Politik und Gesellschaft gestalten müssen: „Die Nationen unserer Tage", so schreibt Tocqueville im Schlusssatz des ganzen Werkes, „können nicht bewirken, dass bei ihnen die gesellschaftlichen Bedingungen nicht gleich seien; von ihnen jedoch hängt es ab, ob die Gleichheit sie in die Knechtschaft oder in die Freiheit, zur Gesittung oder in die Barbarei, zum Wohlstand oder ins Elend führt." Die Amerikaner, glaubt Tocqueville, haben Freiheit, Gesittung und Wohlstand erreicht; die Franzosen aber sind auf dem Weg zu Knechtschaft, Barbarei und Elend – es sei denn, sie lesen Tocqueville.

Es ist verschiedentlich bemerkt worden, dass Tocquevilles Demokratiebegriff recht unscharf ist. Schon John Stuart Mill, einer der ersten Rezensenten von *Über die Demokratie in Amerika*, kritisiert, Tocqueville verwechsele die „Wirkungen der Demokratie" mit denen der „Zivilisation" insgesamt. Das ist richtig, aber genau besehen finden sich bei Tocqueville mehrere Demokratiebegriffe, neben dem genannten *catch all*-Terminus für die gesamte historische Entwicklung seit dem Feudalismus insbesondere auch ein solcher Begriff, der „Demokratie" mit „Herrschaft der Mehrheit" unter ansonsten gleichen Bedingungen aller identifiziert. Damit bricht Tocqueville mit der Gleichsetzung von „Demokratie" mit „direkter Volksherrschaft", wie sie sich beispielsweise noch bei Kant findet (weswegen Kant sie im Verlauf dann auch als „Despotism" bezeichnet). Zumindest für jenen Stand der historischen Entwicklung der Demokratie, den Tocqueville in Amerika erfahren hat und an dem er die französischen Zustände seiner Zeit misst, ist die Mehrheitsregel ein, wenn nicht *das* bestimmende Kennzeichen. Wenn Tocqueville nun die Gefährdungen der Demokratie analysiert und nach Schutzmaßnahmen gegen die Tyrannei der Mehrheit sucht, dann ist das eine entscheidende demokratietheoretische Neuerung: Tocquevilles Analysen legen den Finger in eine offene Wunde, wie unscharf seine Begriffe auch immer sein mögen.

Ähnlich verhält es sich mit einer anderen häufig geäußerten Kritik, nämlich jener, Tocqueville habe den Grad der Demokratisierung und Egalisierung in Amerika maßlos überschätzt, tatsächlich sei nur eine kleine Minderheit der Amerikaner zu dieser Zeit wahlberechtigt gewesen, habe es noch Sklaverei und Unterdrückung der Frauen gegeben, überhaupt sei die Demokratie in den Vereinigten Staaten in den dreißiger Jahren des 19. Jahrhunderts nur eine „democracy among white males" (Robert Dahl) gewesen. Das alles ist zweifellos richtig, und tatsächlich beschreibt Tocqueville die Staaten so, als sei dort die Gleichheit aller Menschen unabhängig von Stand, Hautfarbe oder Geschlecht längst verwirklicht – also objektiv falsch. Aber einerseits ist diese Kritik nur aus der Rückschau möglich, über 150 Jahre der Entwicklung demokratischer Staaten später, und übersieht, wie weit der französische Aristokrat über seinen Schatten gesprungen ist, um überhaupt auf diese Art und Weise mit der Gleichheit umgehen zu können. Andererseits behauptet Tocqueville nicht, die Demokratie in Amerika sei bereits eine voll entwickelte, sondern nur, er, Tocqueville, könne aus der Analyse der am weitesten entwickelten Demokratie sowohl die Grundprinzipien als auch die Gefährdungen dieser historisch neuen Staatsform erkennen. Denn Tocqueville ist gerade kein „Prophet des Massenzeitalters" (so der etwas missglückte

Untertitel einer Biographie), kein Fatalist oder Kulturpessimist, sondern ein Theoretiker, der aus empirischen Prozessen und Strukturen Schlüsse zieht, und ein Praktiker, der auf dieser Grundlage Staat und Gesellschaft aktiv gestalten und vor Gefährdungen schützen will.

An diesen Kritikpunkten kann es also nicht liegen, dass Tocqueville in der ersten Hälfte des 20. Jahrhunderts mehr und mehr in Vergessenheit geraten ist, gerade in Deutschland. Eher schon ist dem remigrierten Politikwissenschaftler Siegfried Landshut zuzustimmen, der Anfang der 50er-Jahre die „eigenartige Interessenlosigkeit" an diesem Autor auf eine „Verkümmerung der politischen Wissenschaft, eine Art geistige[r] Erblindung gegenüber dem ganzen Bereich des Politischen" zurückführte. Aber heute gehört Tocqueville längst zum Kernbestand der Klassiker des Faches, nicht zuletzt dank Landshuts 1954 erschienener Auswahl seiner Schriften. Tocqueville war der Erste, der die Gefährdungen der Demokratie analysierte, nicht um diese politische Form als Ganze zu kritisieren, sondern um sie zu verbessern. Selbst wenn er die Demokratie nicht liebte (und wahrscheinlich lieber gesehen hätte, wenn der unaufhaltsame Prozess der Geschichte nicht in Richtung Egalisierung gegangen wäre), hat Tocqueville erkannt, dass sie nicht einfach ein irgendwie geartetes Gefüge „demokratischer" Institutionen, sondern eine fragile politische Form ist, die auf ihre Bürger angewiesen ist, wenn Gleichheit und Freiheit ausbalanciert werden sollen. Seine Analysen und Reflexionen sind nicht nur ideengeschichtlich relevant, sondern bleiben anregend und teilweise durchaus aktuell. So beschrieb David Riesman die amerikanische Gesellschaft als „lonely crowd", und als der Soziologe Robert Bellah das „zivilreligiöse" Fundament der amerikanischen Demokratie analysierte, nannte er sein Buch „Habits of the Heart". Tocqueville hat auch vieles vorweggenommen, was die „Kritische Theorie" problematisieren sollte, die „Eindimensionalität" des modernen Menschen (Marcuse) beispielsweise, und seine Warnung vor der Tyrannei der Mehrheit bleibt auch im Zeitalter der Massenmedien bedenkenswert. Gegenwärtig wird vielerorts das Spannungsfeld zwischen Staatsaufgaben auf der einen und Bürgerengagement und Partizipation auf der anderen Seite eifrig diskutiert: Die Ausweitung der Staatsaufgaben und die Tendenz von Regierung und Verwaltung, in alle Lebensbereiche einzugreifen, ließ sich ja beispielsweise in der Bundesrepublik der Nachkriegszeit deutlich beobachten (wobei die Frage, wie das zu bewerten sei, sehr unterschiedlich beantwortet wird). Mittlerweile ruft selbst ein sozialdemokratischer Bundeskanzler auf der Suche nach der „neuen Mitte" nach einer „Zivilgesellschaft".

John Stuart Mill

Ausgewählt und interpretiert von Volker Pesch

Über die Freiheit (1859)

Der Gegenstand dieser Abhandlung ist nicht die sogenannte Freiheit des Willens, die man so bedauerlicherweise zu der falschbenannten Lehre von der philosophischen Notwendigkeit in Gegensatz bringt, sondern bürgerliche oder soziale Freiheit, will sagen: Wesen und Grenzen der Macht, welche die Gesellschaft rechtmäßig über das Individuum ausübt.
(...) Die Gesellschaft kann (nämlich) ihre eigenen Erlasse ausführen und tut es auch; und wenn sie unvernünftige Befehle statt richtiger erläßt oder sich überhaupt in Dinge mischt, die sie nichts angehen, dann übt sie eine soziale Tyrannei aus, fürchterlicher als viele andere Arten politischer Bedrückung. Denn obwohl sie gewöhnlich durch so strenge Strafen nicht aufrechterhalten wird, läßt sie doch weniger Möglichkeiten zu entwischen, da sie viel tiefer in das private Leben eindringt und die Seele selbst versklavt. Schutz gegen die Tyrannei der Behörde ist daher nicht genug, es braucht auch Schutz gegen die Tyrannei des vorherrschenden Meinens und Empfindens, gegen die Tendenz der Gesellschaft, durch andere Mittel als zivile Strafen ihre eigenen Ideen und Praktiken als Lebensregeln denen aufzuerlegen, die eine abweichende Meinung haben, die Entwicklung in Fesseln zu schlagen, wenn möglich die Bildung jeder Individualität, die nicht mit ihrem eigenen Kurs harmoniert, zu verhindern und alle Charaktere zu zwingen, sich nach ihrem eigenen Modell zu formen. Es gibt eine Grenze für die rechtmäßige Einmischung öffentlicher Meinung in die persönliche Unabhängigkeit, und diese Grenze zu finden und gegen Übergriffe zu schützen, ist für eine gute Verfassung der menschlichen Angelegenheiten ebenso unerläßlich wie Schutz gegen politische Willkür.
(...) Der Zweck dieser Abhandlung ist es, einen sehr einfachen Grundsatz aufzustellen, welcher den Anspruch erhebt, das Verhältnis der Gesellschaft zum Individuum in bezug auf Zwang oder Bevormundung zu regeln, gleichgültig, ob die dabei gebrauchten Mittel physische Gewalt in der Form von gerichtlichen Strafen oder moralischer Zwang durch öffentliche Meinung sind. Dies Prinzip lautet: daß der einzige Grund, aus dem die Menschehit, einzeln oder vereint, sich

in die Handlungsfreiheit eines ihrer Mitglieder einzumengen befugt ist, der ist: sich selbst zu schützen. Daß der einzige Zweck, um dessentwillen man Zwang gegen den Willen eines Mitglieds einer zivilisierten Gemeinschaft rechtmäßig ausüben darf, der ist: die Schädigung anderer zu verhüten. Das eigene Wohl, sei es das physische oder das moralische, ist keine genügende Rechtfertigung. Man kann einen Menschen nicht rechtmäßig zwingen, etwas zu tun oder zu lassen, weil dies besser für ihn wäre, weil es ihn glücklicher machen, weil er nach Meinung anderer klug oder sogar richtig handeln würde. Dies sind wohl gute Gründe, ihm Vorhaltungen zu machen, mit ihm zu rechten, ihn zu überreden oder mit ihm zu unterhandeln, aber keinesfalls um ihn zu zwingen oder ihn mit Unannehmlichkeiten zu bedrohen, wenn er anders handelt. Um das zu rechtfertigen, müßte das Verhalten, wovon man ihn abbringen will, darauf berechnet sein, anderen Schaden zu bringen. Nur insoweit sein Verhalten andere in Mitleidenschaft zieht, ist jemand der Gesellschaft verantwortlich. Soweit er dagegen selbst betroffen ist, bleibt seine Unabhängigkeit von Rechts wegen unbeschränkt. Über sich selbst, über seinen eigenen Körper und Geist ist der einzelne souveräner Herrscher.

(...) Freiheit, als Prinzip, kann man nicht auf einer Entwicklungsstufe anwenden, auf der die Menschheit noch nicht einer freien und gleichberechtigten Erörterung derselben fähig ist. (...) Sobald aber die Menschen die Fähigkeit erreicht haben, zu ihrer eigenen Vervollkommnung durch Überzeugung oder Überredung geleitet zu werden (ein Zeitabschnitt, den alle Nationen, mit denen wir uns hier beschäftigen, längst erreicht haben), ist keinerlei Zwang (...) zu ihrer Besserung mehr zulässig, und er ist nur noch zum Schutze der andern gerechtfertigt.

Ich halte es für geraten, hier zu erklären, daß ich auf jeden Vorteil verzichte, den man für meine Beweisführung aus der Idee eines abstrakten, vom Nützlichkeitsprinzip unabhängigen Rechtes ableiten könnte. Ich betrachte Nützlichkeit als letzte Berufungsinstanz in allen ethischen Fragen, aber es muß Nützlichkeit im weitesten Sinne sein, begründet in den ewigen Interessen der Menschheit als eines sich entwickelnden Wesens.

(...) Dies ist (...) das eigentliche Gebiet der menschlichen Freiheit. Es umfaßt als erstes das innere Feld des Bewußtseins und fordert hier Gewissensfreiheit im weitesten Sinne, ferner Freiheit des Denkens und Fühlens, unbedingte Unabhängigkeit der Meinung und der Gesinnung bei allen Fragen, seien sie praktischer oder philosophischer, wissenschaftlicher, moralischer oder theologischer Natur. Die Freiheit, Meinungen in Wort und Schrift zu vertreten, scheint unter einen andersartigen Grundsatz zu fallen, da sie zu dem Teil persönlicher Lebensführung gehört, die andere Leute mit betrifft. Aber da sie fast von gleicher Bedeutung ist wie Gedankenfreiheit selbst, und zum großen Teil auf denselben Gründen beruht, ist sie praktisch untrennbar von ihr. Zweitens verlangt dies Prinzip Freiheit des Geschmacks und der Studien, Freiheit, einen Lebensplan, der unseren eigenen Charakteranlagen entspricht, zu entwerfen und zu tun, was uns beliebt, ohne Rücksicht auf die Folgen und ohne uns von unseren Zeitgenossen stören zu lassen – solange wir ihnen nichts zuleide tun –, selbst wenn sie unser Benehmen für verrückt, verderbt oder falsch halten. Drittens: aus dieser Freiheit jedes einzelnen folgt – in denselben Grenzen – diejenige, sich zusammenzuschließen, die Erlaubnis, sich zu jedem Zweck zu vereinigen, der andere nicht schädigt, unter der Voraussetzung, daß die sich vereinenden Personen voll erwachsen sind und nicht unter Zwang oder veranlaßt durch Vorspiegelungen in eine Verbindung treten. Keine Gesellschaft ist unabhängig, wo diese Freiheiten nicht im großen und ganzen respektiert werden, ganz gleich, auf welche Weise man sie regiert, und keine ist vollständig frei, wenn sie nicht unbeschränkt und bedingungslos vorhanden sind. Die einzige Unabhängigkeit, die diesen Namen verdient, ist die Möglichkeit, unser eigenes Wohl auf unsere eigene Weise zu erreichen, solange wir nicht versuchen, andere ihres Gutes zu berauben oder dessen Erwerb zu vereiteln. Jeder schützt seine eigene Gesundheit, sei sie körperlicher, geistiger oder seelischer Art, am besten selbst. Die Menschen gewinnen mehr dadurch, daß sie einander gestatten, so zu leben, wie es ihnen richtig erscheint, als wenn sie jeden zwingen, nach dem Belieben der übrigen zu leben.

John Stuart Mill: Über die Freiheit, hrsg. von Manfred Schlenke, Stuttgart 1988, S. 5-23 (Einleitung)

Interpretation

John Stuart Mill wurde 1806 als Sohn des Utilitaristen James Mill geboren. Die Utilitaristen, allen voran Mill und Jeremy Bentham, bauten ihr Programm auf einen einfachen Grundsatz, auf eine Glaubensmaxime auf: Wenn nur ein jeder rational gemäß seiner eigenen Wünsche, wie auch immer diese aussehen, und frei von staatlichen Eingriffen aller Art handele, dann führe das zum größten Glück für eine immer größere Zahl von Menschen. James Mill machte seinen Sohn dann auch zum Opfer eines Erziehungsexperimentes im Geiste dieser politischen Idee. Die Folge war, dass John Stuart, wie Zeitzeugen und Biographen ihn beschreiben, schon früh über ein erstaunliches intellektuelles Rüstzeug verfügte, aber auf andere eher gehemmt, humorlos und gedankenschwer wirkte. Und schon um 1826 war er zeitweilig in eine tiefe Depression gefallen, hatte dann aber die großen englischen Dichter gelesen und sich darüber ein wenig dem klassischen Utilitarismus entfremdet. Gleichwohl stand Mill im ersten Drittel seines Lebens vollständig im Schatten seines Vaters, er arbeitete für die gleiche *Company*, gründete eine *Utilitarian Society* und schrieb in den vierziger Jahren erste Bücher zur Wissenschaftstheorie und politischen Ökonomie, die ebenfalls noch sehr utilitaristisch waren. Aber darin zeichnete sich auch schon die Abkehr von der Dogmatik seines Vaters ab, insofern Mill einerseits die menschliche Erkenntnisfähigkeit als prinzipiell fehlbar und zeitabhängig beschrieb und deswegen nicht an überzeitliche Wahrheiten glaubte, andererseits staatliche Eingriffe in die Gesellschaft nicht mehr rigoros ablehnte, sondern für manche Bereiche sogar forderte.

Der obige Textauszug stammt aus einer späteren Schrift, nämlich aus seinem berühmten Essay *On Liberty* (dt.: *Über die Freiheit*) von 1859, der – neben *Utilitarianism* von 1863 – Mills Abgrenzung zum klassischen Utilitarismus markiert. Zwar blieb Mill immer Anhänger von Rationalismus und empirischer Wissenschaft, und er blieb auch immer Utilitarist, allerdings ein Utilitarist von eigener Façon: Ihn interessierte auch die Qualität der Wünsche, Wertungen und Interessen, nach denen die Menschen handeln. Damit das Handeln im Eigeninteresse tatsächlich das Glück anderer Menschen (mit-)befödert, muss dieses Interesse Mill zufolge nämlich eine bestimmte Qualität zeigen. Und damit sich solche Interessen entwickeln können, muss auch die Politik eine bestimmte Qualität haben. Sie muss die Rahmenbedingungen schaffen und garantieren, innerhalb derer die Einzelnen ihre (guten und richtigen) Wünsche und Interessen entwickeln und ihnen nachgehen können. Wie das auszusehen habe, formulierte Mill verschiedentlich, vor allem in *Thoughts on Parliamentary Reform* (1859) und *Considerations on Representative Government* (1861).

Die wohl wichtigste Person im Leben Mills dürfte zweifellos Harriet Taylor gewesen sein, die er 1830 kennen und lieben lernte, aber erst 1851 heiraten konnte. Wie sehr er sie verehrt hat, wird aus der Widmung zu *Über die Freiheit* deutlich: „Wäre ich fähig", schrieb Mill hier kurz nach ihrem Tode, „der Welt auch nur die Hälfte der hohen Ideen und erhabenen Gefühle, die mit ihr begraben sind, zu vermitteln, dann würde ich dieser eine größere Wohltat erweisen, als wahrscheinlich je aus dem entspringen wird, was ich ohne Hilfe und Anregung ihrer unvergleichlichen Weisheit schreiben kann." Harriet Taylor gebührt wahrscheinlich das Verdienst, aus dem rationalistischen Nutzenmaximierer den Philosophen der Freiheit und des Individuums gemacht zu haben. Und unter ihrem Einfluss wandte sich Mill auch der Frage der Frauenemanzipation zu: Ende der sechziger Jahre veröffentlichte er darüber sogar ein Buch (*The subjection of Women*, 1869), und er trat jener Gesellschaft bei, die in England für die Einführung des Frauenwahlrechts kämpfte.

Nach einem kurzen und überaus erfolglosen Ausflug in die Politik zog sich John Stuart Mill 1868 auf seinen Wohnsitz in Avignon zurück, an den Ort, an dem Harriet gestorben war, und schrieb eine Autobiographie. 1873 erlag er der Wundrose.

Wenngleich Mill mit seiner Schrift über den Utilitarismus diesen Begriff erst endgültig verankerte, lassen sich seine Ideen also nicht mit denen eines Jeremy Bentham oder James Mill über einen Kamm scheren. Mill kam aus dieser Tradition und entwickelte sie weiter, aber er war kein Utilitarist im modernen Sinne des Wortes. Modern gesprochen war er mehr ein Sozialliberaler, und – bis zu einer gewissen Grenze – auch ein Frühsozialist, selbst wenn er beidem eine utilitaristische Begründung lieferte. Stellt man den kurzen Auszug aus der Einleitung zu *Über die Freiheit* in den Kontext seines gesamten Werkes, wird das deutlich.

Mills Denken geht von der anthropologischen Grundannahme aus, der Mensch sei als schöpferisches und spontanes Wesen potentiell zu rationaler Abwägung und Entscheidung fähig, aber eben nur *potentiell*. Individualismus ist für ihn nicht der Ausgangspunkt, sondern das Ideal. Bis dahin ist es für den Einzelnen wie für die Gesellschaften ein weiter Weg der permanenten Verbesserung (improvement) durch eine Art dialektischen Prozess von Meinungen und Gegenmeinungen. Auf diesem Weg ist es vor allem die Freiheit von staatlichen Repressionen und gesellschaftlichem Konformitätsdruck, die es allen Menschen und insbesondere auch den Minderheiten erlaubt, eigene Meinungen und eigene Lebensentwürfe zu entwickeln und so in die öffentliche Diskussion zu bringen. Mill glaubt also an den Fortschritt der Menschheit durch die freie Konkurrenz der Meinungen auf den „Märkten". Jede Meinung, und sei sie noch so abwegig und unkonventionell, ist nicht nur erlaubt, sondern bringt die Menschheit insgesamt weiter, und sei es nur, weil die Gegner dieser Meinung gute Argumente finden müssen, sie zu widerlegen. Zur Begründung dieser Sicht greift Mill nicht auf eine Religion oder metaphysische Spekulation oder Naturrechtsidee zurück, sondern nennt einzig das Nützlichkeitsprinzip: Gut ist, was der Vervollkommnung der Einzelnen und der Menschheit nutzt.

Allerdings bewertet Mill, auch hier anders als die klassischen Utilitaristen, die Wünsche, Meinungen und Interessen der Einzelnen durchaus qualitativ, und zwar ausgehend von der Lust. Menschen empfinden demnach Lust immer gemäß ihrem geistigen und sinnlichen Potential, und Mill stellt eine Rangfolge von Lüsten auf, an deren Spitze jene stehen, die aus intellektuellen und allgemein aus geistigen Tätigkeiten folgen. Ein gebildeter Mensch, dem es Lust bereitet, über sich selbt und die Gesellschaft nachzudenken und zu diskutieren, empfindet demnach eine qualitativ höhere Lust als ein ungebildeter Mensch, der sich an einfachen Dingen ergötzt. Aus der Rangfolge der Lüste ergibt sich dann natürlich eine Rangfolge der Menschen. Mill bringt das in seiner Schrift über den Utilitarismus auf den Punkt, wenn er schreibt: „Es ist besser, ein unzufriedener Mensch zu sein als ein zufriedenes Schwein, besser ein unzufriedener Sokrates als ein zufriedener Narr." Die höchste Lust bereitet es einem nahezu vollkommenen Menschen demnach, sein Handeln auf das Glück der anderen und der ganzen Menschheit zu richten.

Mill ist Realist genug, um von der faktischen Situation auszugehen und nicht – umgekehrt – die Utopie einer Gesellschaft aus freien und gebildeten Individuen auf seine Zeit zu projizieren. Ihm ist schmerzlich bewusst, dass die Menschen mehrheitlich keineswegs seinem hehren Ideal entsprechen: „Der gewöhnliche Durchschnittsmensch ist nicht nur bescheiden an Verstand, sondern auch bescheiden in seinen

Neigungen", heißt es einmal. Und so plädiert Mill einerseits für die staatliche Garantie der Freiheiten, auch von Bildungseinrichtungen, Vereinigungen und Diskussionsforen, damit sich die Menschen mehr und mehr und so ungehindert wie möglich verbessern können. Andererseits aber fordert er, gewissermaßen für die Übergangszeit, eine repräsentative Demokratie, in der die Gebildeten als Vertreter des Volkes die Rahmenbedingungen schaffen, damit es nicht zur Tyrannei der Mehrheit, der Traditionen und Konventionen, kommen kann. Denn nur die Gebildeten wissen nach Mill um die Bedingungen, die zur Verbesserung der Einzelnen und der Menschheit geschaffen und gesichert werden müssen. Der Ort der Diskussion ist das Parlament, aber Mills „Kompetenz"-prinzip läuft zuletzt auf eine „Regierung der Weisesten", eine Herrschaft der Intellektuellen hinaus, selbst wenn er dem Volk die Kontrolle über die Regierenden zuspricht. Denn auch das zweite Grundprinzip, das der „Teilhabe", wird eingeschränkt, wenn Mill das Wahlrecht nach dem Grad der individuellen Vervollkommnung gewichtet wissen will, so dass ein Gebildeter mehr Stimmen zu vergeben hätte als ein Ungebildeter. Das hat mit dem heutigen Verständnis von Repräsentation also nur wenig zu tun.

Mills politische Idee, das sei abschließend wenigstens erwähnt, hat auch eine sozialistische Komponente. Zwar lehnte er Eigentum in keiner Weise ab, aber er machte sich für kommunitäre und genossenschaftliche Modelle der Ordnung der Arbeitsverhältnisse stark. Staatliche Eingriffe in die Eigentumsverhältnisse lehnte er nicht grundsätzlich ab, sondern sah sie dann als rechtens und notwendig an, wenn sie den gesamtgesellschaftlichen Nutzen maximieren. Aber am Ende konstruierte John Stuart Mill nur eine Herrschaft derer, die die Einsicht in die Verhältnisse gepachtet haben, über diejenigen, die lediglich potentiell zu dieser Einsicht kommen können. Das ist wieder eine jener Avantgarde-Ideen, wie sie allen Ideologien des 19. und 20. Jahrhunderts gemein ist. Allerdings redete Mill niemals einer Erziehungsdiktatur das Wort, sondern setzte im Prozess der Vervollkommnung vollständig auf die Konkurrenz der Meinungen, übrigens auch im Bildungswesen. Das ist der Kontext, in dem das Plädoyer für die Freiheit zu sehen ist.

John Stuart Mill gilt als der Begründer des politischen Liberalismus, und zwar eines sozial abgefederten Liberalismus. Er hat als Erster nicht nur die Individuen vor der Willkür ihrer Mitmenschen und der des Staates in Schutz zu nehmen versucht, also ihnen eine Freiheit von äußeren Zwängen zugesprochen, sondern auch die Notwendigkeit gesehen, die Rahmenbedingungen zu schaffen für eine Freiheit zu Reflexion und Kommunikation von Interessen und Wünschen. Die *negative Freiheit* war für ihn also nicht bloß eine Freiheit von staatlichen Zwängen, sondern auch und vor allem eine Freiheit von den wesentlich subtileren Formen gesellschaftlicher Repression. Und die *positive Freiheit* ist eine Freiheit, die den Einzelnen wie der Gesamtgesellschaft einiges abverlangt. Zwar dominierte bei Mill noch der Aspekt der *negativen Freiheit*, und es blieb Theoretikern des 20. Jahrhunderts vorbehalten, die andere Seite der Freiheit stärker in den Blick zu nehmen. Aber gerade *On Liberty* ist, wie Isaiah Berlin 100 Jahre nach Erscheinen des Essays gesagt hat, „die klarste, offenste, überzeugendste und eindrucksvollste Formulierung der Anschauungen derer, die eine offene, tolerante Gesellschaft erstreben." Insofern formulierte John Stuart Mill die Grundsätze jener politischen Ideen, auf denen alle heutigen Demokratien, die diesen Namen verdienen, beruhen.

Was sein Konzept einer Herrschaft der Avantgarde (für die Übergangszeit) angeht, so sollten wir heute, nach den Erfahrungen der totalitären Diktaturen des 20. Jahrhunderts, allerdings klüger sein. Nicht alles, was sich so genannte Intellektuelle ausdenken, führt zur Verbesserung der Menschheit. Im Gegenteil: Nur die Freiheit *aller* Meinungen und Lebensentwürfe schützt die Einzelnen vor den selbst erwählten Kennern der idealen Gesellschaft, und die Freiheiten und Rechte der Menschen sind da am am besten gewährleistet, wo sie allen Mitgliedern einer Gesellschaft gleichermaßen garantiert sind. Der Toleranzgedanke sollte durchaus auch alle Formen von Lust umfassen, die die unterschiedlichsten Menschen aus ihrem Handeln gewinnen, selbst wenn wir uns plötzlich in einer Gesellschaft aus zufriedenen Schweinen wieder finden und die unzufriedenen Philosophen vermissen. Das ist ein Gebot der Vorsicht.

Vielleicht würde das John Stuart Mill, um 150 Jahre Erfahrungen reicher, heute auch so sehen. Und vielleicht würde er auch von seiner progressistischen Heilslehre abrücken, die auf nicht weniger als die „Vervollkommnung der Menschheit" zielte und ihn damit in die Reihe der großen Chefideologen einreiht. Mill glaubte fest daran, dass die Diskussionen auf dem Markt der Meinungen einen Fortschritt der Menschheit bis zu einem Zustand der Perfektion bewirken würden, so wie die Anhänger eines ökonomischen Liberalismus von der Konkurrenz auf den Warenmärkten alle möglichen Segnungen erwarteten (und erwarten). Diese liberale Fortschrittsideologie hat sich bis heute nicht ernsthaft erschüttern lassen, weder von Massenarbeitslosigkeit und Armut noch von der Tyrannei der öffentlichen Meinung und der Unterhaltungsindustrie. Wie alle Ideologien ist sie eigentümlich realitätsresistent.

Abraham Lincoln

Ausgewählt und interpretiert von Gotthard Breit

Gettysburg Address
19. November 1863

Vor viermal zwanzig und sieben Jahren haben unsere Väter auf diesem Kontinent eine neue Nation ins Leben gerufen, in Freiheit gezeugt und dem Grundsatz verpflichtet, daß alle Menschen gleich geschaffen sind.

Jetzt stehen wir mitten in einem gewaltigen Bürgerkrieg, der darüber entscheidet, ob dieser Staat – oder jeder so entstandene und solchem Grundsatz verpflichtete Staat – dauerhaft bestehen kann. Wir sind auf einem großen Schlachtfeld dieses Krieges zusammengekommen. Wir sind gekommen, um einen Teil davon denen als letzte Ruhestätte zu weihen, die hier ihr Leben ließen, damit diese Nation leben möge. Es ist nur recht und billig, daß wir das tun.

Aber in einem tieferen Sinne können wir diesen Boden gar nicht weihen, können wir ihn nicht segnen und nicht heiligen. Die tapferen Männer, ob lebend oder tot, die hier gekämpft haben, haben ihn schon auf eine Weise geweiht, der wir auch nicht annähernd in der Lage sind, etwas hinzuzufügen oder wegzunehmen. Die Welt wird kaum zur Kenntnis nehmen noch sich lange an das erinnern, was wir hier sagen – aber sie kann niemals vergessen, was jene hier taten. Es ist vielmehr an uns, den Lebenden, daß wir hier dem unvollendeten Werk geweiht werden, dem jene, die hier kämpften, sich so opferbereit gestellt haben. Es ist vielmehr an uns, daß wir uns der großen Aufgabe, die noch vor uns liegt, hier weihen – daß wir die Toten ehren durch noch mehr Hingabe an die Sache, für die sie das höchste Maß an Hingabe aufbrachten – daß wir hier feierlich erklären, diese Toten sollen nicht umsonst gestorben sein, daß die Nation, mit Gottes Beistand, eine Neugeburt der Freiheit erlebe und daß das Regieren des Volkes, durch das Volk und für das Volk von dieser Erde nicht wieder vergehen soll.

Aus dem Englischen übersetzt von Ekkehart Krippendorff.
In: Ders.: Abraham Lincoln, Gettysburg Adress, München o.J., S. 11 f.

Interpretation

Der amerikanische Bürgerkrieg von 1861 bis 1865 ist der bei weitem blutigste und verlustreichste Krieg, den die USA in ihrer Geschichte geführt hat. Als die entscheidende Schlacht in diesem Krieg gilt die Schlacht von Gettysburg vom 1. bis 3. Juli 1863. In ihr sind beinahe ebenso viele amerikanische Soldaten aus Nord und Süd gefallen wie im Vietnam-Krieg (Gettysburg über 50 000, Vietnam über 58 000 und ungefähr drei Millionen Vietnamesen). Der Ehrenfriedhof, auf dem Gefallene bestattet worden waren, wurde am 19. November 1863 eingeweiht. Edward Everett, einer der bekanntesten Redner der Zeit, hielt die Festansprache; Präsident Abraham Lincoln wurde lediglich gebeten, ein paar passende Bemerkungen („a few appropriate remarks") zu machen. Everett sprach weit über zwei Stunden, Lincoln ungefähr drei Minuten. Everetts Rede ist längst vergessen, Lincolns wenige Sätze dagegen haben den Anlass überdauert. Die Gettysburg Adress gehört trotz oder vielleicht gerade wegen ihrer Kürze zu den berühmtesten Proklamationen der Freiheit.

Die schlichten und klaren Worte, aber auch der biblische Ton der Rede („vor viermal zwanzig und sieben Jahren") und vor allem der Inhalt der kurzen Ansprache verfehlen ihren Eindruck bis heute nicht. Seit langem lernen die meisten Jugendlichen in den USA diese zweihundertzweiundsiebzig Worte in ihrer Schulzeit auswendig.

An Lincolns kurzer Ansprache ist zunächst seine Erklärung von Demokratie bemerkenswert. Wer definieren möchte, was Demokratie bedeutet, gerät rasch in Schwierigkeiten. In der Gettysburg Address hat Abraham Lincoln eine Formel gefunden, die das Wesen der Demokratie ebenso knapp wie sprachlich prägnant erläutert und die sich daher gut merken lässt:

„government of the people, by the people, and for the people".

In dieser Erklärung steht dem Wort government dreimal das Wort people gegenüber. Darauf wird später näher eingegangen. Zunächst einmal fallen die drei unterschiedlichen Präpositionen auf: of, by, for.

Jede weist auf ein Wesensmerkmal der Demokratie hin:

government of the people:	In der Demokratie geht die Herrschaft aus dem Volk hervor.
government by the people:	In der Demokratie wird Herrschaft durch das Volk ausgeübt. In der Demokratie regiert das Volk sich selbst, bestimmt das Volk über sich selbst.
government for the people:	In der Demokratie wird Herrschaft im Interesse des Volkes ausgeübt.

Die Rede verfolgt zwei Aufgaben. Lincoln würdigt die Soldaten, die auf dem Schlachtfeld ihr Leben gelassen haben, und verbindet diese Ehrung mit einem Auftrag an die

Lebenden. Die Struktur der Gettysburg Address entspricht damit der Totenrede, die Perikles vor über 2000 Jahren (430 v. Chr.) im Peloponnesischen Krieg, auch einem Bürgerkrieg, gehalten hat. Perikles führte aus: „... Aber aus welcher Gesinnung wir dazu gelangt sind, mit welcher Verfassung, durch welche Lebensform wir so groß wurden, das will ich darlegen, bevor ich dann zum Preis unserer Gefallenen mich wende – es ist dieser Stunde, glaube ich, vielleicht ganz angemessen, dass dies ausgesprochen werde, und von Vorteil, wenn die ganze Menge von Bürgern und Fremden es anhört. ....“ (Thukydides).

Die Gettysburg Address ist in drei Abschnitte gegliedert. Am Anfang erinnert Lincoln an die Gründung der USA, die er mit dem Jahr 1776 und damit mit der Unabhängigkeitserklärung beginnen lässt.

Im zweiten Abschnitt geht Lincoln darauf ein, worum es in diesem Bürgerkrieg geht: Kann die Einheit einer Nation, eines Staates verteidigt und aufrechterhalten werden, der auf dem Grundprinzip der Gleichheit aufgebaut ist, in dem alle Menschen gleichermaßen unveräußerliche Rechte besitzen und in dem das Regieren so organisiert ist, dass das Volk der Gleichen selbst herrscht. Demokratie bedeutet Volksherrschaft, politische Selbstbestimmung des Volkes, durch das Volk und für das Volk und nicht Herrschaft von Menschen über Menschen. Alle Bürger sind vor den selbst erlassenen Gesetzen gleich; jeder Bürger kann frei seine Meinung äußern und sich an Politik beteiligen. Es versteht sich von selbst, dass die Sklaverei in den Südstaaten eine besonders abstoßende Form der Herrschaft von Menschen über Menschen darstellte und daher mit diesen Grundsätzen unvereinbar war.

Im dritten Teil würdigt Lincoln die Toten. Er ehrt sie, weil sie ihr Leben für ein Werk geopfert haben, das noch unvollendet ist. Damit wendet er sich den Lebenden zu; er fordert sie auf, sich dieser Aufgabe anzunehmen. Die USA sollen eine Neugeburt der Freiheit erleben und der Bestand der Demokratie, des Regierens des Volkes, durch das Volk und für das Volk, soll für immer gesichert sein.

Im dritten Abschnitt der Gettysburg Address geht Lincoln geht weit über den Anlass der Ansprache hinaus. Er wendet sich nicht nur an die Anwesenden, die den Ehrenfriedhof einweihen, und auch nicht nur an die Amerikaner, die mit ihm den Bürgerkrieg durchstehen, sondern an alle Lebenden und fordert sie auf, die große Aufgabe, für die die Soldaten gekämpft haben und für die sie gestorben sind, zu vollenden.

Worin besteht diese Aufgabe? Es geht zum einen darum, „dass die Nation, mit Gottes Beistand, eine Neugeburt der Freiheit erlebe“ („that the nation shall, under God, have a new birth of freedom“). Die Sezession der Südstaaten soll abgewehrt, die USA erhalten und in ihnen den Grundsätzen der Freiheit und Gleichheit wieder Geltung verschafft werden. Das ist das Werk, das er selbst und mit ihm die Bürgerinnen und Bürger der USA zu vollenden haben. Darüber hinaus geht es darum, dass „das Regieren des Volkes, durch das Volk und für das Volk von dieser Erde nicht wieder vergehen soll“

(„the government of the people, by the people, and for the people, shall not perish from the earth"). Und das ist eine Aufgabe, die immer noch unvollendet ist und die daher auch heute noch Bedeutung besitzt.

Um den Charakter und die Größe dieser Aufgabe zu begreifen, ist es notwendig, auf den Beginn der Ansprache zurückzukommen. Im ersten Satz erinnert der amerikanische Präsident an die Gründung der Vereinigten Staaten von Amerika, „in Freiheit gezeugt und dem Grundsatz verpflichtet, dass alle Menschen gleich geschaffen sind". Als Gründungsdatum gibt er das Jahr 1776 an, das Jahr der amerikanischen Unabhängigkeitserklärung. Sie geht von dem Grundsatz der Gleichheit aller Menschen aus und leitet davon unveräußerliche Rechte für alle Menschen ab. Die ersten Sätze lauten:

„Wir halten die Wahrheit für selbst einleuchtend, dass alle Menschen gleich geschaffen sind, dass sie von ihrem Schöpfer mit bestimmten unveräußerlichen Rechten ausgestattet sind, darunter Leben, Freiheit und Streben nach Glück; dass zur Sicherung dieser Rechte Regierungen unter den Menschen eingesetzt werden, die ihre gerechten Vollmachten von der Zustimmung der Regierten ableiten."

Freiheit hat nur dann Bestand, wenn Menschen bereit und fähig sind, selbst zu bestimmen, d.h. selbstständig politisch zu denken und zu handeln, und so Demokratie als das Regieren des Volkes, durch das Volk und für das Volk zu verwirklichen.

Freiheit setzt Gleichheit voraus. Lincoln meint hier nicht soziale Gleichheit. Er wendet sich dagegen, dass Minderheiten nicht die gleichen Rechte besitzen wie die Mehrheit und dass ihnen mit Unrecht und Gewalt begegnet wird. Das Regieren des Volkes, durch das Volk und für das Volk kann nur dort stattfinden, wo Menschen, unabhängig von ihrer Herkunft, Rasse, Hautfarbe, Tradition, Kultur oder Religionszugehörigkeit, sich gegenseitig als gleichberechtigt anerkennen. Die vom Volk gewählten Regierungen haben auf die Einhaltung des Gleichheitsgrundsatzes und der Menschenrechte zu achten. Darin besteht ihre wichtigste Aufgabe.

In Deutschland haben die Jahre 1933 bis 1945 mit beispielloser Konsequenz gezeigt, wohin ein Volk gelangt, wenn der Gleichheitsgrundsatz und die damit verbundenen Menschenrechte für einen Teil des Volkes aufgehoben werden. Der Weg von der Zivilisation in die kollektive Barbarei war kurz.

Nach 1945 haben wir – zunächst ohne eigenes Zutun – eine „Neugeburt der Freiheit" erlebt. Die Väter und Mütter des Grundgesetzes haben die Bundesrepublik ebenfalls dem Grundsatz verpflichtet, dass alle Menschen gleich geschaffen sind. Die Fundamentalnorm, auf dem die Verfassung und damit der Staat beruhen, bildet die Unantastbarkeit der Menschenwürde. Die Bürgerinnen und Bürger des neuen Staates bekamen als Ausdruck ihrer Menschenwürde unveräußerliche Rechte, die

- ihre Freiheit schützen (Freiheitsrechte),
- ihre Teilhabe am politischen Willensbildungs- und Entscheidungsprozess garantieren (Mitwirkungsrechte) und
- ihnen soziale Ansprüche sichern (soziale Grundrechte).

Die Verwirklichung der Demokratie setzt die Akzeptanz durch die Bürgerinnen und Bürger voraus. Dazu soll konkret gefragt werden:

Haben wir in Deutschland den Zusammenhang von Freiheit, Gleichheit und Demokratie begriffen? Sehen wir es als unsere Aufgabe an, die Würde des Menschen zu achten und zu schützen? Ist die Demokratie als das Regieren des Volkes, durch das Volk und für das Volk in unserer politischen Vorstellungs- und Wertwelt fest und unverrückbar verankert? Sind wir bereit und fähig, daran mitzuwirken und selbstständig politisch zu denken und zu handeln? Hat sich seit 1945 unsere Mentalität so gewandelt, dass die Erhaltung der Freiheit und Gleichheit für uns Vorrang besitzt vor allen anderen Zielen? Messen wir an der Erfüllung dieser Aufgabe die gewählten Politiker und deren Politik?

Von dem Grundgesetz geht eine integrative und identitätsstiftende Kraft aus. Die Analyse der Gettysburg Address (und anderer Proklamationen der Freiheit) kann diese Kraft verstärken. Wird ein Volk nicht regiert, sondern regiert es sich selbst in Freiheit, so kann dies nur gelingen, wenn die Bürgerinnen und Bürger dem Grundsatz zustimmen, dass alle Menschen gleich geschaffen sind und ihre Würde unantastbar ist. Wer diese Botschaft verstanden und akzeptiert hat, der besitzt für die Ausübung seiner Bürgerrolle in der Demokratie „ein inneres Geländer“ (Manès Sperber), das Halt gibt und beim politischen Sehen, Beurteilen und Handeln hilft.

IV. Gegenwart

Max Weber

Ausgewählt und interpretiert von Gotthard Breit

Bismarcks politisches Erbe

„Was war infolgedessen Bismarcks politisches Erbe? Er hinterließ eine Nation ohne alle und jede politische Erziehung, tief unter dem Niveau, welches sie in dieser Hinsicht zwanzig Jahre vorher schon erreicht hatte. Und vor allem eine Nation ohne allen und jeden politischen Willen, gewohnt, daß der große Staatsmann an ihrer Spitze für sie die Politik schon besorgen werde. Und ferner, als Folge der mißbräuchlichen Benutzung des monarchischen Gefühls als Deckschild eigener Machtinteressen im politischen Parteikampf, eine Nation, daran gewöhnt, unter der Firma der ‚monarchischen Regierung' fatalistisch über sich ergehen zu lassen, was man über sie beschloß, ohne Kritik an der politischen Qualifikation derjenigen, welche sich nunmehr auf Bismarcks leergelassenen Sessel niederließen und mit erstaunlicher Unbefangenheit die Zügel der Regierung in die Hand nahmen. An diesem Punkt lag der bei weitem schwerste Schaden. Eine politische Tradition dagegen hinterließ der große Staatsmann überhaupt nicht. Innerlich selbständige Köpfe und vollends Charaktere hatte er weder herangezogen, noch auch nur ertragen."

Max Weber: Gesammelte politische Schriften. 2. Aufl., Tübingen 1985, S. 307 f.; abgedruckt in: Gerhard A. Ritter (Hrsg.), Historisches Lesebuch 2 1871-1914. Frankfurt/M. 1967, S. 262

Interpretation

Max Weber (* 21.4. 1864, † 14.6.1920) war ein bedeutender Volkswirtschaftler und Soziologe. Sein Einfluss auf die Politikwissenschaft ist auch heute noch groß. Wie seine berühmt gewordene Freiburger Antrittsvorlesung zeigt, war ihm als Patrioten und Nationalisten das Groß- und Weltmachtstreben der wilhelminischen Zeit nicht fremd. Nach 1918 bemühte er sich darum, die Schwächen der deutschen Politik offen zu legen und so die Ursachen für den Niedergang des Kaiserreiches aufzudecken.

Weber war ein Zeitgenosse der Politik zwischen 1880 und 1920. Aus der national-liberalen Tradition des Bürgertums kommend, änderte er seine politischen Einstellungen bis 1920 wesentlich. Er befürwortete ein demokratisches System, er hatte zu den Parteien ein kritische, aber prinzipiell positive Einstellung, er vertrat den Parlamentarismus und wollte, dass er kraftvoll funktioniert, und er plädierte für eine starke und verantwortungsvolle politische Führung. Insgesamt tritt Weber für eine Demokratisierung des Wahlrechts, für Parlamentarismus und für plebiszitäre Führerdemokratie ein.

Vor diesem Hintergrund beschreibt er die Strukturdefekte der Politik des deutschen Kaiserreichs: die Machtlosigkeit des Parlaments und das Fehlen politischer Führung, dilettantische Politik, dominiert von Beamtenherrschaft und Verwaltung, gesinnungspolitische Parteien, Berufspolitiker ohne Macht und Verantwortung, eine führerlose Demokratie und Bürger als Untertanen. Manfred Schmidt bezeichnet den demokratietheoretischen Beitrag Max Webers als „elitistische Demokratietheorie", weil Webers Hauptinteresse der Beziehung zwischen Herrschenden und Beherrschten gilt, dem Konkurrenzkampf um politische Ämter und dem Handeln politischer Eliten. „Mit seiner Parteinahme für die moderne Massendemokratie geht Weber weit über dasjenige hinaus, was die klassischen Demokratietheorien bereitgestellt haben. Dass die Demokratisierung eines Flächen- und Großstaates möglich ist, betrachtet Weber als eine Selbstverständlichkeit, und dass zur Demokratie Plebiszit und Repräsentativverfassung gehören, erscheint ihm evident" (Manfred G. Schmidt: 120).

Max Weber spricht in dem kurzen Textauszug die Folgen der Herrschaft Bismarcks an. Er sei schuld an der Entpolitisierung der Deutschen; er habe es zu verantworten, dass die Nation ohne politische Erziehung und daher unmündig geblieben sei. Unfähig zu selbstständiger Kritik und ohne eigenen politischen Willen seien die Deutschen gezwungen gewesen, blind der Autorität von oben zu vertrauen und fatalistisch über sich ergehen zu lassen, was über sie von Fähigen und Unfähigen beschlossen wurde.

Für die „politische Erziehung" (Max Weber) der Deutschen war Bismarck von sehr großer Bedeutung. Als preußischer Ministerpräsident und als Reichskanzler hat er sich erfolgreich einer Parlamentarisierung des politischen Systems und einer Demokratisierung des politischen Lebens entgegengestellt. Auch nach der Reichsgründung 1871 blieben Regierung und Verwaltung von Parlament und Parteien getrennt; unter ihm erfuhr das Militär eine ungeheure Aufwertung. Der Übermacht und Leistungskraft des Obrigkeitsstaates stand ein ohnmächtiger Reichstag gegenüber. Die neue Reichsverfassung bedeutete eine Niederlage für das Bürgertum. Zwar wurde den Deutschen für den Reichstag ein demokratisches Wahlrecht eingeräumt, doch besaßen sie wenig Macht, da der Reichskanzler und mit ihm die Exekutive nicht vom Vertrauen des Reichstages abhängig waren. Damit blieb das Volk von der Regierungsgewalt ausgeschlossen. Im Reichstag konnten keine politischen Begabungen heranwachsen und „innerlich selbständige Köpfe und vollends Charaktere" (Max Weber) sich entwickeln. Die Abgeordneten lernten nicht, Verantwortung zu tragen und Führungsaufgaben wahrzunehmen. Die Vorherrschaft der alten Machteliten im Heer und in der Verwaltung und die Ohnmacht des Bürgertums führten trotz aller wirtschaftlichen und wissenschaftlichen Erfolge zu einer Fehlsteuerung der Gesamtentwicklung. Der deutsche Sonderweg führte in die Katastrophe zweier Weltkriege.

Max Weber weist in dem Text Bismarck die Hauptverantwortung für die politische Unreife des deutschen Volkes zu. Dieser Vorwurf ist nur zum Teil berechtigt. Bismarck hat zwar den Heeres- und Verfassungskonflikt und damit den Streit um die Vorherrschaft zwischen Krone und Parlament zugunsten des Obrigkeitsstaates entschieden. Das Parlament in Preußen und nach 1871 im Kaiserreich blieb ohnmächtig, und der Kanzler hat mit seiner Regierungsweise viel zur Unfreiheit des Volkes beigetragen.

Das deutsche Bürgertum (Besitz, Beamtenschaft, Bildung) seinerseits zeigte sich von der Bismarck'schen Machtpolitik und den militärischen Erfolgen in den Einigungskriegen so beeindruckt, dass es von sich aus das Streben nach politischer Selbstbestimmung aufgab. So hat es seine politische Unmündigkeit in hohem Maße selbst verschuldet.

Zugleich lehnte es den Gedanken der Gleichheit als das Fundament von Volksherrschaft ab. Minderheiten wurden herabgesetzt und ausgegrenzt. Die Behandlung vieler Mitbürger wie der Juden, der Slawen (z.B. Slowinzen und Kaschuben), der Elsässer (Zabernaffäre 1913) und anderer zeigt, wohin die Verneinung des Gleichheitsgrundsatzes führt: zu Intoleranz bis hin zu Unrechtmäßigkeit und Gewalt.

Abgesehen von den Minderheiten sah sich im Bürgertum niemand in seiner individuellen Freiheit eingeengt. Die Deutschen lebten in einem Rechtsstaat, und es gab für sie keinen Grund, sich unfrei zu fühlen. Der einzelne Bürger konnte in seinem Beruf Führung ausüben und Verantwortungsbewusstsein unter Beweis stellen. Dank bürgerlicher Tüchtigkeit war das kaiserliche Deutschland auf vielen Gebieten führend in der Welt. Damals wurden wissenschaftliche, wirtschaftliche, technische und kulturelle Spitzenleistungen vollbracht, die heute noch Anerkennung verdienen. Das Bildungssystem galt als vorbildlich, die Verwaltung als leistungsfähig. Die staatliche Sozialpolitik und der Gedanke der Sozialstaatlichkeit haben ihre Wurzeln in Deutschland (Fraenkel).

In der Gesellschaft bestimmten Besitz und Bildung die Rangordnung. Für einen bevorzugten Platz benötigte man neben Besitz den erfolgreichen Besuch des Gymnasiums und möglichst dazu noch den Abschluss eines Universitätsstudiums. Stolz auf gymnasiale Bildung, akademisches Studium, den militärischen Rang in einem angesehenen Truppenteil (Reserveoffizier) und die damit verbundene gesellschaftliche Stellung dünkte man sich den anderen Teilen der Bevölkerung, und insbesondere der Arbeiterschaft überlegen.

Vor 1848 strebten in Deutschland die Bürgerinnen und Bürger zwei Ziele an: Einheit und Freiheit. 1848 schuf das Parlament in der Paulskirche den Entwurf für eine freiheitlich-demokratische Verfassung. Über den Grundrechtskatalog wurde lange beraten und heftig gestritten. Damals besaß die Unverletzlichkeit dieser Rechte für die Abgeordneten große Bedeutung.

Dem Bürgertum blieb es versagt, den deutschen Nationalstaat aus eigener Kraft zu schaffen. Nach der erfolglosen Revolution von 1848/49 und der Niederlage des Liberalismus im preußischen Verfassungskonflikt führten die siegreichen Kriege von 1864, 1866 und 1870/71 zur nationalen Einheit und damit zu einem Triumph des Obrigkeitsstaates und seines Militärs. Dieser Erfolg prägte die politische Vorstellungs- und Wertwelt der Deutschen nachhaltig. Die Bürger übernahmen die Sicht von Politik, die Bismarck ihnen vorgab. Beeindruckend spektakulär machte er seine Ankündigung wahr, die Einheit der Nation als die große Frage der Zeit werde nicht im Parlament „durch Reden und Majoritätsbeschlüsse (...) – das ist der große Fehler von 1848 und 1849 gewesen –, sondern durch Eisen und Blut" herbeigeführt (Bismarck, Rede vom 30.9.1862 vor der Budgetkommission des preußischen Abgeordnetenhauses). Von nun an lagen für viele Deutsche die großen Fragen der Zeit und damit die Aufgaben staatlicher Führung auf dem Feld der Machtpolitik, die mit „Eisen und Blut" betrieben wurde. Mit der Einigung des Reiches sahen sie die Notwendigkeit von Machtpolitik und die Leistungskraft eines autoritär geführten Staates eindrucksvoll nachgewiesen. Der Bezugspunkt von Politik war nicht das Individuum, sondern der Erhalt und die Stärkung des Reiches. Der Staat war nicht für die Bürger da, sondern wurde zum Selbstzweck.

Unter dem Eindruck Bismarck'scher Machtpolitik gab das Bürgertum das Ziel „einer ‚bürgerlichen Gesellschaft' unter bürgerlicher Herrschaft" (Wehler) auf. Die Vorstellung einer freien Gesellschaft mit dem Recht des Volkes, sich selbst zu regieren, übte von nun an ebenso wenig Anziehungskraft aus wie die Unantastbarkeit der Menschenwürde, die Achtung der Freiheitsrechte und das Gleichheitsprinzip.

Bismarck sah nach 1871 das Reich als saturiert an. Zwar betrieb er weiterhin Außenpolitik als Machtpolitik zur Durchsetzung nationaler Interessen, doch sah er diese vor allem in der Sicherheit des deutschen Reiches und in der Bewahrung des Friedens unter Beibehaltung des Status Quo.

Nach 1890 unter Kaiser Wilhelm II. und Bismarcks Nachfolgern fand das erstarkte Selbstbewusstsein des Bürgertums in einem aggressiven, auf Expansion ausgerichteten Nationalismus eine neue Zielsetzung („ein Platz an der Sonne"). Die Wunschvorstellungen waren auf die Groß- und Weltmachtstellung des Reiches ausgerichtet. Viele Deutsche sahen Politik als den Kampf der Nationen aller gegen alle an, der früher oder später zwangsläufig zu einem Krieg und damit zu Weltmacht oder Untergang führen musste.

Nach Max Weber gewöhnten sich die Bürgerinnen und Bürger im Kaiserreich daran, „fatalistisch über sich ergehen zu lassen, was man über sie beschloss" (Max Weber). Diese Objekt- oder Untertanenrolle sahen viele Deutsche durch die neue Politikauffassung und außenpolitische Zielsetzung als gerechtfertigt an. Danach setzte eine erfolgreiche Machtpolitik nationale Geschlossenheit voraus. Im Inneren des Reiches sollten keine politischen Auseinandersetzungen geführt, sondern alle Interessen den Notwendigkeiten der Machtpolitik nach außen untergeordnet werden. Politische Selbst- und Mitbestimmung erschienen da fehl am Platze. Wie beim Militär dachte man auch im Bereich der Politik in den Kategorien von Befehl und Gehorsam. Die Rolle des Bürgers charakterisiert zutreffend der zweite Vers des Chorals „O Gott, du frommer Gott":

„Gib, dass ich tu mit Fleiß, was mir zu tun gebühret, wozu mich dein Befehl (gemeint ist in unserem Zusammenhang die staatliche Obrigkeit, G.B.) in meinem Stande führet. Gib, dass ich's tue bald, zu der Zeit, da ich soll, und wenn ich's tu, so gib, dass es gerate wohl."

Wenn ein Staatsmann von der Größe eines Bismarck an der Spitze des Staates stand und führte und jeder Bürger auf dem Platz, auf den er hingestellt wurde, gehorsam seine Pflicht erfüllte, dann bildete diese Ordnung die beste Voraussetzung für das erfolgreiche Betreiben von Machtpolitik nach außen.

Im Kampf aller gegen alle um Weltmacht oder Untergang erschien jedes Mittel recht; traditionelle Werte, wie sie die humanistische Bildung und die christliche Religion vermittelten, durften hier keine Rolle spielen. Schon im Kaiserreich galt: Ging es um die Zukunft des Vaterlandes, dann musste ohne Rücksicht auf Anstand, Anteilnahme, Mitgefühl und Menschlichkeit gehandelt werden. „Härte" gegen sich selbst und andere war gefragt – und sie wurde in den Schlachten der Weltkriege mit ihren Millionen Toten ebenso bewiesen wie beim Völkermord im Dritten Reich.

Mit der Übernahme dieser Politikauffassung und dem dazugehörenden Staats- und Gesellschaftsbild wurde der Macht- und Eigenwillen des Bürgertums gebrochen. Deutschland war das einzige westliche Industrie- und Kulturland, in dem sich das Bürgertum nicht aus sich selbst heraus zu einer politikgestaltenden Kraft entwickelte. Erst das Ende des Zweiten Weltkriegs 1945 brachte eine Umkehr bzw. eine Abkehr von diesem deutschen Sonderweg, doch gibt es heute noch Mängel, die sich aus der obrigkeitsstaatlichen Tradition Deutschlands erklären lassen.

Im Kaiserreich kultivierte das Bürgertum seine Bereitschaft zu Unterordnung und Pflichterfüllung als nationale Tugend. Damit und nicht mit aktiver politischer Beteiligung leistete man seinen Beitrag fürs Vaterland. Der gebildete deutsche Bürger verachtete die Politik als ein schmutziges Geschäft, blickte geringschätzig auf die ‚niedrige' und ‚gemeine' Gesinnung der (Partei-)Politiker herab und hielt sich von politischen Auseinandersetzungen fern.

Gehorsame Pflichterfüllung, Staatstreue und Loyalität gegenüber dem Herrscherhaus gaben dagegen Halt und sicherten bzw. steigerten das eigene Selbstwertgefühl („Mit Gott für König und Vaterland!"). Soldatische Tugenden wie Gehorsam, Tapferkeit, Opferbereitschaft und Todesmut vor dem Feinde wurden hoch geachtet. Im Frieden musste der Deutsche offen, anständig, fleißig, leistungsbereit, zuverlässig, pflichtbewusst, anspruchslos, ehrlich und treu sein. Das waren die Tugenden, die den Heranwachsenden von frühester Jugend an vermittelt wurden. Dabei wurde übersehen, dass die Beachtung dieser Tugenden den Bürgern nicht nur Selbstzucht und Entbehrungen auferlegte, sondern ihnen auch Passivität und damit eine recht bequeme Haltung ermöglichte. Anstatt selbst Position beziehen und Konflikte durchstehen zu müssen, verließ man sich darauf, dass der Staatsmann an der Spitze für einen die Politik schon ‚richten' und die notwendigen Entscheidungen treffen werde (Max Weber). Der Verlust der Freiheit bedeutete zugleich die Entlastung von politischer Verantwortung. Insbesondere im Bereich der Politik sah sich der Einzelne des Zwangs zum selbstständigen Denken und Handeln, zu Eigenverantwortlichkeit und Zivilcourage enthoben.

Die fehlende politische Beteiligung wirkte sich auf das Verständnis für Politik aus. Unter der Vormundschaft des Obrigkeitsstaates verkümmerte die Fähigkeit zum politischen Denken und damit zu Kontrolle und Kritik. Das Wissen „über den Ablauf von politischen Prozessen ... und über die Alltagswirklichkeit von Politik" (Darmstädter Appell) waren gering ausgebildet.

Das macht- und obrigkeitsstaatliche Denken und die Untertanenkultur blieben auch nach 1918 bestehen. Die Niederlage im Ersten Weltkrieg wurde so erklärt, dass die Gesellschaft im Inneren nicht geschlossen genug auf den Sieg hin ausgerichtet werden konnte. Nicht die Armee, nicht die Heeresleitung, die im Krieg die politische Verantwortung verlangt und auch erhalten hatte, und letztlich auch nicht das Volk, sondern die Feinde im eigenen Land, die Anhänger der neuen Republik (Novemberverbrecher – Novemberrepublik) trugen demzufolge die Schuld an der Niederlage.

Die Weimarer Republik blieb eine Demokratie ohne Demokraten; sie ist wesentlich an diesem Mangel zugrunde gegangen. Die alten Eliten und die national und damit antidemokratisch eingestellte Mehrheit des Bürgertums verhinderten die Entwicklung einer zivilen Gesellschaft; sie warteten darauf, dass die „undeutsche" Republik durch ein neues Reich abgelöst werde. Die politischen Institutionen der jungen Demokratie konnten ihre Funktionsfähigkeit nicht entfalten, da die dazu notwendige mentale und soziokulturelle Verankerung im Volk fehlte. Nur eine Minderheit bekannte sich zur Verfassung, und viele taten dies nicht mit dem Ziel, demokratische Werte wie Freiheit, Gleichheit und Solidarität neu zu beleben und politische Beteiligung zu verwirklichen, sondern weil sie so eine Möglichkeit sahen, Deutschland als Machtstaat zu erhalten. Der Mangel an „politischer Tradition", den Max Weber beklagt, verhinderte damals eine Abkehr vom deutschen Sonderweg.

Das Dritte Reich mit einem Politiker an der Spitze, der offenkundig zu führen verstand, erschien vielen Deutschen als der gelungene Versuch einer autoritären Herrschaft. Adolf Hitler traute man zu, die Gesellschaft im Inneren zu einen und auf die Stärkung Deutschlands als Machtstaat nach außen hin auszurichten. Trotz mancherlei Begleiterscheinungen, die viele keineswegs billigten, aber aus Mangel an „politischer Erziehung" (Max Weber) nicht richtig deuten und beurteilen konnten, erfreute sich das NS-System breiter Zustimmung. Adolf Hitler verstand es meisterhaft, die unter Bismarck und seinen Nachfolgern umgeformten und auf die Führung von Machtpolitik hin ausgerichteten nationalen Gefühle der Deutschen anzusprechen und für die Verwirklichung seiner Ziele auszunutzen.

Ohne Erziehung zur politischen Beteiligung hielten damals auch viele intelligente und tatkräftige Menschen zwar vieles für merk- und fragwürdig, machten sich über manche Begleiterscheinungen lustig und setzten sich von Auswüchsen ab; sie konnten sich aber kein eigenes Urteil bilden und blieben handlungsunfähig. Politische Unmündigkeit und die Bereitschaft zur Unterordnung machten sie brauchbar und verbrauchbar – und die NS-Führung hat sie für Vernichtungskrieg und Völkermord ge- und verbraucht.

Joseph Schumpeter

Ausgewählt und interpretiert von Peter Massing

Elitetheorie

(...) Im Gebiet der öffentlichen Angelegenheiten gibt es Sektoren, die mehr innerhalb der Vorstellungskraft des Bürgers liegen als andere. Das gilt erstens für die lokalen Angelegenheiten. Aber selbst dort stoßen wir auf eine beschränkte Fähigkeit, die Tatsachen zu erkennen, eine beschränkte Bereitschaft, danach zu handeln, ein beschränktes Verantwortungsgefühl. Wir alle kennen den Mann – häufig ist er in seiner Art ein Musterexemplar –, der erklärt, daß die lokale Verwaltung nicht seine Sache sei, und der nur die Achseln zuckt über Praktiken, derentwegen er auf seinem eigenen Bureau lieber sterben als daß er sie dulden würde. Hochgesinnte Bürger, die gerne Mahnreden halten und über die Verantwortlichkeit des einzelnen Wählers oder Steuerzahlers predigen, entdecken immer wieder die Tatsache, daß sich dieser Wähler durchaus nicht verantwortlich dafür fühlt, was die Lokalpolitiker tun. Dennoch kann der Lokalpatriotismus, namentlich in Gemeinwesen, die nicht zu groß für persönlichen Kontakt sind, eine sehr wichtiger Faktor für das „Funktionieren der Demokratie" sein. Auch sind die Probleme einer Stadt in mancher Beziehung den Problemen eines Industriekonzerns verwandt. Der Mann, der diesen versteht, versteht bis zu einem gewissen Grad auch jene. Der Fabrikant, der Händler und der Arbeiter braucht nicht aus seiner Welt herauszutreten, um eine rational vertretbare Auffassung (die natürlich richtig oder falsch sein kann) über Straßenreinigung oder Rathäuser zu gewinnen.

Zweitens gibt es viele nationale Streitfragen, welche Individuen und Gruppen so unmittelbar und unmißverständlich angehen, daß sie Willensäußerungen hervorrufen, die durchaus echt und bestimmt sind. Das wichtigste Beispiel bieten jene Fragen, die einen unmittelbaren und persönlichen pekuniären Vorteil für einzelne Wähler und Wählergruppen bedeuten, wie direkte Zahlungen, Schutzzölle, die Silberpolitik und dergleichen mehr. Eine Erfahrung, die bis auf das Altertum zurückgeht, zeigt, daß im großen ganzen die Wähler rasch und rational auf jede solche Chance reagieren. Aber die klassische Lehre von der Demokratie hat offenkundig nur wenig aus der Entfaltung einer derartigen Rationalität zu gewinnen. Die Wähler erweisen sich durch sie als schlechte, sogar korrumpierbare Richter über solche Fragen – ja, sie erweisen sich oft sogar als schlechte Kenner ihrer eigenen langfristigen Interessen; denn es ist nur das kurzfristige Versprechen, das politisch zählt, und nur die kurzfristige Rationalität, die sich wirksam durchsetzt.

Wenn wir uns jedoch noch weiter von den privaten Belangen der Familie und des Bureaus entfernen und uns in jene Regionen nationaler und internationaler Angelegenheiten begeben, denen eine unmittelbare und unmißverständliche Verbindung mit jenen privaten Belangen fehlt, so entsprechen die private Willensäußerung, die Beherrschung der Tatsachen und die Methode der Schlußfolgerung sehr bald nicht mehr den Erfordernissen der klassischen Lehre. Was mir am meisten auffällt und mir der eigentliche Kern aller Schwierigkeiten zu sein scheint, ist die Tatsache, daß der Sinn für die Wirklichkeit so völlig verlorengeht. Normalerweise teilen die großen politischen Fragen im Seelenhaushalt des typischen Bürgers den Platz mit jenen Mußestunden-Interessen, die nicht den Rang von Liebhabereien erreicht haben, und mit den Gegenständen der verantwortungslosen „Konversation". Diese Dinge scheinen so weit weg zu sein; sie haben so gar nichts von einem Geschäftsunternehmen an sich; die Gefahren verwirklichen sich vielleicht überhaupt nicht, und wenn sie es doch tun sollten, so können sie sich immer noch als nicht so ernst erweisen; man hat das Gefühl, sich in einer fiktiven Welt zu bewegen.

Dieser reduzierte Wirklichkeitssinn erklärt nun nicht nur ein reduziertes Verantwortungsgefühl, sondern auch den Mangel an wirksamer Willensäußerung. Jedermann hat natürlich seine eigenen Phrasen, seine Begehren, seine Wunschträume und seine Beschwerden; namentlich besitzt jedermann seine Vorlieben und seine Abneigungen. Aber gewöhnlich entspricht dies nicht dem, was wir seinen Willen nennen – das psychische Gegenstück zu ziel- und verantwortungsbewußtem Handeln. De facto gibt es für den privaten Bürger, der über nationale Angelegenheiten nachsinnt, keinen Spielraum für einen solchen Willen und keine Aufgabe, an der er sich entwickeln könnte. Er ist Mitglied eines handlungsunfähigen Komitees, des Komitees der ganzen Nation, und darum verwendet er auf die Meisterung eines politischen Problems weniger disziplinierte Anstrengung als auf ein Bridgespiel.

Das reduzierte Verantwortungsgefühl und das Fehlen wirksamer Willensäußerung erklären ihrerseits den Mangel an Urteilsvermögen und die Unwissenheit des gewöhnlichen Bürgers in Fragen der innern und äußern Politik, die im Fall gebildeter Leute und solcher Leute, die mit Erfolg in nichtpolitischen Lebensstellungen tätig sind, womöglich noch anstößiger sind als bei ungebildeten Leuten auf bescheidenen Posten. Informationsmöglichkeiten sind reichlich vorhanden und leicht zugänglich. Aber dies scheint überhaupt keinen Unterschied auszumachen. Und wir sollten uns drob nicht weiter verwundern. Wir brauchen nur die Haltung eines Advokaten gegenüber seinen Instruktionen und die Haltung des gleichen Advokaten gegenüber den Darstellungen politischer Tatsachen in seiner Zeitung zu vergleichen, um zu sehen, was los ist. Im einen Fall hat der Advokat durch jahrelange zielbewußte Arbeit, die unter dem eindeutigen Stimulus des Interesses an seiner beruflichen Tüchtigkeit stand, sich dazu befähigt, die Relevanz seiner Fakten richtig zu würdigen; und unter einem nicht weniger starken Stimulus richtet er nun seine Fertigkeiten, seinen Verstand, seinen Willen auf den Inhalt der Instruktionen. Im anderen Fall hat er sich nicht die Mühe genommen, sich auszubilden; er gibt sich auch keine Mühe, die Informationen zu verarbeiten, oder die Regeln der Kritik, die er sonst so gut zu gebrauchen weiß, darauf anzuwenden; und lange und komplizierte Argumentationen machen ihn ungeduldig. Dies läuft alles darauf hinaus, zu zeigen, daß ohne die Initiative, die aus unmittelbarer Verantwortlichkeit hervorgeht, die Unwissenheit angesichts zahlreicher und noch so vollständiger und richtiger Informationen weiterbesteht. Sie besteht weiter auch angesichts der verdienstvollen Bemühungen, die über das bloße Präsentieren von Informationen hinauszugelangen und ihre Verwendung mittels Vorträgen, Kursen und Diskussionsgruppen zu lehren suchen. Die Resultate sind nicht gleich Null. Aber sie sind gering. Man kann die Menschen nicht die Leiter hinauftragen.

So fällt der typische Bürger auf eine tiefere Stufe der gedanklichen Leistung, sobald er das politische Gebiet betritt. Er argumentiert und analysiert auf eine Art und Weise, die er innerhalb der Sphäre seiner wirklichen Interessen bereitwillig als infantil anerkennen würde. Er wird wieder zum Primitiven. Sein Denken wird assoziativ und affektmäßig. Dies zieht nun zwei weitere Folgen von ominöser Bedeutung nach sich.

Erstens würde der typische Bürger – selbst wenn es keine politischen Gruppen gäbe, die ihn zu beeinflussen suchten – in politischen Fragen leicht den außerrationalen oder irrationalen Vorurteilen oder Trieben nachgeben. Die Schwäche der rationalen Verfahrensweise, die er auf die Politik anwendet, und das Fehlen einer wirksamen logischen Kontrolle der Resultate, zu denen er gelangt, würden an sich schon zur Erklärung genügen. Überdies wird er, einfach weil er nicht „ganz dabei" ist, in seinen gewöhnlichen moralischen Anforderungen nachlassen und gelegentlich dunklen Impulsen nachgeben, die die Verhältnisse seines privaten Lebens ihm gewöhnlich zu unterdrücken helfen. Wenn er aber einem Ausbruch edler Entrüstung nachgibt, kann es in bezug auf die Weisheit oder Rationalität seiner Folgerungen und Schlüsse gerade so schlecht herauskommen. Dadurch wird es für ihn noch schwieriger, die Dinge in ihren richtigen Proportionen zu sehen oder gar gleichzeitig mehr als nur eine Seite einer Sache zu sehen. Wenn er einmal aus seiner gewöhnlichen Unbestimmtheit heraustritt und den bestimmten Willen entfaltet, den die klassische Lehre der Demokratie postuliert, ist es infolgedessen sehr wohl möglich, daß er noch unintelligenter und verantwortungsloser wird, als er gewöhnlich schon ist. An gewissen Wendepunkten kann sich das für eine Nation als verhängnisvoll erweisen.

Zweitens: je schwächer jedoch das logische Element in der öffentlichen Meinung ist und je vollständiger die rationale Kritik und der rationalisierende Einfluß persönlicher Erfahrung und Verantwortlichkeit fehlt, desto größer sind die Chancen für Gruppen, die Privatinteressen zu verfolgen. Diese Gruppen können aus berufsmäßigen Politikern bestehen oder aus Exponenten wirtschaftlicher Interessen oder aus Idealisten der einen oder andern Art oder aus Menschen, die einfach an der Inszenierung und Leitung politischer Schaustellungen ein Interesse finden. Die Soziologie solcher Gruppen ist für das vorliegende Argument unwesentlich. Hier ist einzig wichtig, daß sie angesichts der „menschlichen Natur in der Politik“, wie sie nun einmal ist, fähig sind den Volkswillen zu formen und innerhalb sehr weiter Grenzen sogar zu schaffen. Wir sehen uns bei der Analyse politischer Prozesse weithin nicht einem ursprünglichen, sondern einem fabrizierten Willen gegenüber. Und oft ist es einzig dieses Artefakt, das in Wirklichkeit der volonté générale der klassischen Lehre entspricht. Soweit dies so ist, ist der „Wille des Volkes“ das Erzeugnis und nicht die Triebkraft des politischen Prozesses.

(...)

Ich glaube, daß die meisten politisch Interessierten bereits soweit sind, daß sie alle Kritik akzeptieren, die im vorangegangenen Kapitel gegen die klassische Lehre der Demokratie gerichtet wurde. Ich glaube auch, daß die meisten schon jetzt bereit sind oder es bald sein werden, eine andere Theorie zu akzeptieren, die viel lebenswahrer ist und gleichzeitig viel von dem vor dem Untergang bewahrt, was die Paten der demokratischen Methode mit diesem Ausdruck wirklich meinen. Sie sei wie die klassische Theorie in aller Kürze hier definiert.

Es sei daran erinnert, daß unsere Hauptschwierigkeiten bei der klassischen Theorie sich um die Behauptung gruppierten, daß „das Volk“ eine feststehende und rationale Ansicht über jede einzelne Frage besitzt und daß es – in einer Demokratie – dieser Ansicht dadurch Wirkungskraft verleiht, daß es „Vertreter“ wählt, die dafür sorgen, daß diese Ansicht ausgeführt wird. So wird die Wahl der Repräsentanten dem Hauptzweck der demokratischen Ordnung nachgeordnet, der darin besteht, der Wählerschaft, die Macht des politischen Entscheides zu verleihen. Angenommen nun, wir vertauschen die Rollen dieser beiden Elemente und stellen den Entscheid von Fragen durch die Wählerschaft der Wahl jener Männer nach, die die Entscheidung zu treffen haben. Oder um es anders auszudrücken: wir nehmen nun den Standpunkt ein, daß die Rolle des Volkes darin besteht, eine Regierung hervorzubringen oder sonst eine dazwischengeschobene Körperschaft, die ihrerseits eine nationale Exekutive oder Regierung hervorbringt. Und wir definieren: die demokratische Methode ist diejenige Ordnung der Institutionen zur Erreichung politischer Entscheidungen, bei welcher einzelne die Entscheidungsbefugnis vermittels eines Konkurrenzkampfs um die Stimmen des Volkes erwerben.

Die Verteidigung und Erklärung dieser Idee wird sehr bald zeigen, daß sie hinsichtlich der Wahrscheinlichkeit ihrer Prämissen und der Haltbarkeit ihrer Behauptungen die Theorie des demokratischen Prozesses beträchtlich verbessert. Erstens gelangen wir in den Besitz eines leidlich brauchbaren Kriteriums, mit welchem demokratische Regierungen von anderen unterschieden werden können. Wir haben gesehen, daß die klassische Theorie deswegen in Schwierigkeiten gerät, weil durch Regierungen, die nach keinem anerkannten Gebrauch des Begriffes „demokratisch" genannt werden können, sowohl dem Willen wie auch dem Wohl des Volkes gerade so gut oder sogar besser gedient werden kann und in vielen historischen Fällen auch gedient worden ist. Jetzt befinden wir uns aber in einer etwas besseren Lage, zum Teil darum, weil wir die Bedeutung des modus procendendi hervorzuheben entschlossen sind, dessen Vorhandensein oder Fehlen in den meisten Fällen leicht zu verifizieren ist.
Zum Beispiel erfüllt eine parlamentarische Monarchie wie die englische die Anforderungen der demokratischen Methode, weil der Monarch praktisch dazu gezwungen ist, die gleichen Männer in das Kabinett zu berufen, die das Parlament wählen würde. Eine „konstitutionelle" Monarchie besitzt nicht die Eigenschaften, um sie demokratisch nennen zu können, weil den Wählerschaften und Parlamenten – während sie alle andern Rechte mit den Wählerschaften und Parlamenten der parlamentarischen Monarchie gemein haben – doch die Befugnis fehlt, ihre Wünsche in bezug auf das regierende Komitee durchzusetzen: die Kabinettsminister sind in diesem Falle Diener des Monarchen, dem Wesen wie auch dem Namen nach, und können im Prinzip von ihm ebenso gut entlassen wie ernannt werden. Solch eine Ordnung kann das Volk durchaus befriedigen. Die Wählerschaft kann diese Tatsache bestätigen dadurch, daß sie gegen jeden Vorschlag einer Abänderung stimmt. Der Monarch kann so populär sein, daß er jeden Mitbewerber um das höchste Amt zu schlagen vermag. Aber da kein Mechanismus vorhanden ist, um diese Konkurrenz wirksam zu gestalten, fällt dieser Fall nicht unter unsere Definition.
Zweitens läßt uns die in dieser Definition verkörperte Theorie allen wünschbaren Raum für eine angemessene Anerkennung der lebenswichtigen Tatsache der Führung. Die klassische Theorie hat das nicht getan, sondern hat, wie wir gesehen haben, der Wählerschaft ein völlig wirklichkeitsfremdes Ausmaß von Initiative beigelegt, was praktisch auf ein Ignorieren der Führung herauskam. Kollektive handeln jedoch beinahe ausschließlich dadurch, daß sie eine Führung akzeptieren – es ist dies der beherrschende Mechanismus praktisch jedes kollektiven Handelns, das mehr ist als bloßer Reflex. Behauptungen über das Funktionieren und die Resultate der demokratischen Methode, die dem Rechnung tragen, sind daher notwendig sehr viel wirklichkeitsnäher als Behauptungen, die es nicht tun. Sie werden nicht schon bei der Ausführung einer volonté générale haltmachen, sondern werden weitgehend zeigen, wie sie entsteht oder wie sie subsituiert oder verfälscht wird. Was wir den „fabrizierten Willen" genannt haben, steht nun nicht

mehr außerhalb der Theorie, ist keine Verirrung mehr, um deren Nichtvorhandensein wir den Himmel bitten; es gehört, wie es sein muß, in die Mitte unseres Gebäudes.

Drittens jedoch, soweit es überhaupt echte Willensäußerungen von Gruppen gibt – zum Beispiel den Willen von Arbeitslosen, Arbeitslosenunterstützung zu bekommen, oder den Willen anderer Gruppen, zu helfen –, werden auch diese von unserer Theorie nicht vernachlässigt. Im Gegenteil vermögen wir ihnen nun gerade die Rolle zuzuweisen, die sie tatsächlich spielen. Solche Willensäußerungen setzen sich in der Regel nicht unmittelbar durch. Selbst wenn sie kräftig und bestimmt sind, bleiben sie oft während Jahrzehnten latent, bis sie von einem politischen Führer, der sie in politische Faktoren verwandelt, zum Leben erweckt werden. Dies tut er – oder sonst tun es seine Agenten für ihn –, indem er diese Willensäußerungen organisiert, indem er sie aufstachelt und indem er zuletzt geeignete Punkte in seine Werbeschriften aufnimmt. Die Wechselbeziehung zwischen Sonderinteressen und öffentlicher Meinung und die Art, in der sie die Form hervorbringen, die wir die politische Situation nennen, erscheinen von diesem Standpunkt aus in einem neuen und viel klareren Licht.

Viertens ist natürlich unsere Theorie ebensowenig genau bestimmt, als der Begriff des Konkurrenzkampfes um die Führung ist. Dieser Begriff bietet ähnliche Schwierigkeiten wie der Begriff der Konkurrenz in der wirtschaftlichen Sphäre, mit dem er nutzbringend verglichen werden kann. Im Wirtschaftsleben fehlt die Konkurrenz nie völlig, aber sie ist kaum je vollkommen. Ähnlich besteht im politischen Leben immer einige Konkurrenz, wenn auch vielleicht nur potentiell, um die Gefolgschaft des Volkes. Zur Vereinfachung haben wir jene Art von Konkurrenz um die Führung, die die Demokratie definieren soll, auf freie Konkurrenz um freie Stimmen beschränkt. Berechtigt ist dies deshalb, weil „Demokratie" eine anerkannte Methode zu implizieren scheint, nach welcher der Konkurrenzkampf zu führen ist, und weil die Methode der Wahl praktisch die einzig mögliche für Gemeinwesen aller Größen ist. Doch obschon dadurch viele Arten der Gewinnung der Führung ausgeschlossen werden, die ausgeschlossen werden sollten, wie zum Beispiel die Konkurrenz durch einen militärischen Aufstand, werden doch nicht die Fälle ausgeschlossen, die auffallend analog zu jenen wirtschaftlichen Phänomenen sind, die wir als „unfaire" oder „betrügerische" Konkurrenz oder als Konkurrenzbeschränkung bezeichnen. Und wir können sie nicht ausschließen, da uns, wenn wir es täten, nur ein völlig wirklichkeitsfremdes Idealbild übrigbliebe. Zwischen diesem Idealfall, der nicht existiert, und den Fällen, in welchen jegliche Konkurrenz mit dem regierenden Führer mit Gewalt verhindert wird, liegt eine fortlaufende Reihe von Variationen, innerhalb derer die demokratische Regierungsmethode mit unendlich kleinen Schritten allmählich in die autokratische übergeht. Aber wenn wir nicht philosophieren, sondern verstehen wollen, so ist dies durchaus in Ordnung. Der Wert unseres Kriteriums wird dadurch nicht ernsthaft geschädigt.

Fünftens scheint unsere Theorie die Beziehung zu klären, die zwischen der Demokratie und der individuellen Freiheit besteht. Wenn wir mit letzterer das Vorhandensein einer Sphäre individueller Selbstregierung meinen, deren Grenzen historisch veränderlich sind – *keine* Gesellschaft duldet absolute Freiheit, nicht einmal eine absolute Gewissens- und Redefreiheit, *keine* Gesellschaft reduziert diese Sphäre auf Null –, dann wird diese Frage offenkundig zu einer Sache des Grades. Wir haben gesehen, daß die demokratische Methode nicht unbedingt eine größere Summe individueller Freiheit garantiert, als irgendeine andere politische Methode unter gleichen Umständen gestatten würde. Es kann sehr wohl umgekehrt sein! Aber es besteht noch eine Beziehung zwischen den beiden. Wenn wenigsten im Prinzip jedermann die Freiheit hat, sich dadurch um die politische Führung zu bewerben, daß er sich der Wählerschaft vorstellt, dann wird dies in den meisten, wenn auch nicht in allen Fällen, ein beträchtliches Quantum Diskussionsfreiheit für *alle* bedeuten. Namentlich wird es ein beträchtliches Quantum Pressefreiheit bedeuten. Diese Beziehung zwischen Demokratie und Freiheit ist nicht absolut bündig und kann verfälscht werden. Aber vom Standpunkt des Intellektuellen aus ist sie nichtsdestoweniger sehr wichtig. Gleichzeitig ist dies aber auch alles, was über diese Beziehung gesagt werden kann.
Sechstens sollte beachtet werden, daß indem ich es zur Hauptfunktion der Wählerschaft machte, (direkt oder durch eine dazwischengeschobene Körperschaft) eine Regierung hervorzubringen, ich in diese Formulierung auch die Funktion ihrer Absetzung einschließen wollte. Das eine bedeutet einfach die Akzeptierung eines Führers oder einer Gruppe von Führern, das andere einfach die Rücknahme dieser Akzeptierung. Dadurch wird ein Element berücksichtigt, das der Leser bisher vermißt haben dürfte. Er mag daran gedacht haben, daß die Wählerschaft nicht nur installiert, sondern auch kontrolliert. Aber da die Wählerschaft normalerweise ihre politische Führung nur insofern kontrolliert, als sie es ablehnt, sie selbst oder die sie stützenden parlamentarischen Mehrheiten wiederzuwählen, scheint es angebracht zu sein, unsere Vorstellungen einer Kontrolle, in der durch unsere Definition angedeuteten Weise zu reduzieren. Gelegentlich ereignet sich ein spontaner Umschwung, der unmittelbar eine Regierung oder einen einzelnen Minister stürzt oder einen bestimmten Kurs aufzwingt. Aber dies sind nicht nur Ausnahmefälle – sie stehen auch, wie wir noch sehen werden, im Gegensatz zum Geist der demokratischen Methode.
Siebtens erhellt unsere Methode, was sehr wünschenswert ist, einen alten Streitpunkt. Wer immer die klassische Lehre der Demokratie akzeptiert und folglich glaubt, daß die demokratische Methode die Entscheidung der strittigen Fragen und die Gestaltung der Politik nach dem Willen des Volkes gewährleistet, muß sich an der Tatsache stoßen, daß selbst wenn dieser Wille unbestreitbar wirklich und bestimmt wäre, dann die Entscheidung durch einfache Mehrheiten ihn in vielen Fällen mehr verdrehen als wirksam werden lassen würde. Der Wille der Mehrheit ist augenscheinlich der Wille der Mehrheit und nicht der Wille „des

Volkes". Letzterer ist ein Mosaik, das durchaus nicht von ersterem „repräsentiert" wird. Die beiden durch eine Definition gleichzusetzen, heißt nicht das Problem lösen. Versuche zu einer wirklichen Lösung sind jedoch von den Verfassern der verschiedenen Pläne für eine „proportionale Vertretung" unternommen worden. Diese Pläne sind aus praktischen Gründen auf ablehnende Kritik gestoßen. Es liegt in der Tat offen zutage, daß der Proporz nicht nur allen möglichen Idiosynkrasien Gelegenheit bietet sich breitzumachen, sondern daß er auch die Demokratie hindern mag, arbeitsfähige Regierungen hervorzubringen, und sich so als Gefahr in Zeiten der Bedrängnis erweisen kann. Bevor wir jedoch daraus den Schluß ziehen, daß die Demokratie funktionsunfähig wird, sobald man ihr Prinzip folgerichtig durchführt, sollten wir uns lieber fragen, ob dieses Prinzip wirklich die proportionale Vertretung impliziert. In Tat und Wahrheit tut es dies nicht. Wenn die Anerkennung der Führung die eigentliche Funktion der Stimmabgabe der Wählerschaft ist, bricht die Verteidigung des Proporzes zusammen, weil ihre Prämissen nicht mehr bindend sind. Das Prinzip der Demokratie bedeutet dann einfach, daß die Zügel der Regierung jenen übergeben werden sollten, die über mehr Unterstützung verfügen als die anderen, in Konkurrenz stehenden Individuen oder Teams. Und dies wiederum scheint die Geltung des Majoritätssystems innerhalb der Logik der demokratischen Methode zu sichern, obschon wir es auf anderen Gebieten, die außerhalb dieser Logik liegen, immer noch verurteilen mögen. (...)

Joseph A. Schumpeter: Kapitalismus, Sozialismus und Demokratie, 4. Aufl., München 1950 (1. Aufl., New York 1942), (S. 413-420 und S. 427-433, Ausschnitte)

Interpretation

Joseph A. Schumpeter gilt neben Anthony Downs als einer der beiden großen Vordenker der ökonomischen Theorie der Demokratie. Schumpeter setzt bei der politischen Ökonomie, den alten und neuen Elitetheorien und bei Max Weber an (Schmidt: 131). Anthony Downs stützt sich dann auf Schumpeters Ausführungen.

Joseph A. Schumpeter wurde 1883 in Triesch, einem Städtchen in der österreich-ungarischen Provinz Mähren geboren und starb 1950 in den USA. Dazwischen lag ein bewegten Leben: Professor für Nationalökonomie in Graz (1919-21); eine kurze Episode als österreichischer Finanzminister (1919); Präsident der österreichischen Biedermann Bank (1921-1924); Professor in Bonn (1925-1932). 1932 wanderte

Schumpeter dann in die USA aus und wurde Professor in Harvard, wo er bis zu seinem Lebensende blieb. Zu seinen Publikationen gehörten nicht nur viel beachtete Schriften zur Ökonomie, sondern auch wichtige Arbeiten zur Soziologie. Er wollte damit in erster Linie die Entwicklung einer Sozialökonomik befördern.

Schumpeters Beitrag zur Demokratietheorie entstammt seinem Werk „Kapitalismus, Sozialismus und Demokratie“, das 1942 zum ersten Mal erschien und das ihm letztlich zu Weltruhm verhalf. Es entstand in den Jahren 1938 bis 1941 und war als Fortsetzung und Ergänzung seines großen wirtschaftswissenschaftlichen Werkes über die „Business Cycles“ gedacht. Vor allem wollte Schumpeter hier die Institutionenanalyse nachliefern, die er in „Business Cycles“ zurückgestellt hatte (vgl. Schmidt: 132). Die demokratietheoretisch wichtigen Aussagen finden sich im vierten Teil von „Kapitalismus, Sozialismus und Demokratie“. Im ersten Teil analysiert Schumpeter die marxsche Lehre, im zweiten Teil stellt er die Frage „Kann der Kapitalismus weiterleben?“ und im dritten Teil die Frage: „Kann der Sozialismus funktionieren?“ Im vierten Teil setzt sich Schumpeter dann mit dem Verhältnis von Sozialismus und Demokratie auseinander. In allen Teilen kommt er dabei zu, für die damalige Zeit, überraschenden Antworten. Er interpretiert Marx als Vertreter einer Prophetie und einer wissenschaftlichen Analyse, wobei er zwischen Marx dem Soziologen und Marx dem Nationalökonomen unterscheidet. Im zweiten Teil seines Buches stellt er die These auf, dass die Existenz des Kapitalismus aus rein wirtschaftlichen Gründen gesichert sei, allerdings werde er durch die Transformation der Institutionen unterminiert und habe den Weg zum Sozialismus eingeschlagen.

Obwohl Schumpeter den Sozialismus politisch scharf ablehnt (auch wenn in der Einleitung Edgar Salin ihn als Sozialisten bezeichnet. Er fügt allerdings hinzu: „Aber kein Sozialist, gehöre er zu den Marxisten oder zu den Fabiern, wird seinen Sozialismus bei Schumpeter finden“, 8), geht er davon aus, dass er nicht nur funktionieren, sondern dass er auch effizienter als der Kapitalismus sein könne. Zudem seien Sozialismus und Demokratie durchaus miteinander vereinbar.

Vor diesem Hintergrund müssen die Thesen gesehen werden, die er in Kapitel 21 und 22 seines Buches entwickelt und die die demokratietheoretische Auseinandersetzung und die moderne Demokratietheorie prägten.

Ausgangspunkt, Grundlage und negative Interpretationsfolie für seine eigenen demokratietheoretischen Überlegungen, ist die Beschreibung und Kritik der „klassischen Demokratietheorie“. Er fasst die klassische Demokratie des achtzehnten Jahrhunderts (in der sich nach Schumpeter die Ideen von Platon über Rousseau bis Marx bündeln) wie folgt zusammen: „Die demokratische Methode ist jene institutionelle Ordnung zur Erzielung politischer Entscheide, die das Gemeinwohl dadurch verwirklicht, dass sie das Volk selbst die Streitfragen entscheiden lässt und zwar durch die Wahl von Personen, die zusammenzutreten haben, um seinen Willen auszuführen.“

Auch wenn Kritiker diese Definition als haarsträubend falsch und als „gedankenlose Verfälschung des klassischen Begriffs der Demokratie" (Mittermaier/Mair) anprangern, von einer Lehre sprechen, die nie existiert habe, (Schmidt: 132) und die Behauptung, diese Definition erfasse die Philosophie der Demokratie im 18. Jahrhundert für maßlos übertrieben halten (ebd.) bzw. als Mythos bezeichnen (Pateman), so eignet sie sich in dieser Überspitzung doch dazu, die Schwächen direktdemokratischer Konzeptionen aufzuzeigen und die eigene Theorie als allein sinnvolle und „realistische" Demokratietheorie vorzustellen.

Die Schwächen der klassischen Lehre der Demokratie sieht Schumpeter vor allem in folgenden Annahmen:

Erstens gehe die Lehre davon aus, dass es ein vorgegebenes Allgemeinwohl gäbe „als sichtbaren Leitstern der Politik, das stets einfach zu definieren ist und das jedem normalen Menschen mittels rationaler Argumente sichtbar gemacht werden kann" (397). Dieses vorgegebene Gemeinwohl impliziere, dass es auch einen allgemeinen Willen des Volkes gäbe, der mit dem Gemeinwohl oder dem Gemeininteresse, einer volonté générale also gleichbedeutend sei. Nach Schumpeter aber gibt „es kein solches Ding wie ein eindeutig bestimmtes Gemeinwohl, über das sich das ganze Volk kraft rationaler Argumente einig wäre oder zur Einigkeit gebracht werden könnte" (399), denn für verschiedene Individuen und für verschiedene Gruppen müsse auch das Gemeinwohl mit Notwendigkeit etwas Verschiedenes bedeuten. Aber selbst wenn ein hinreichend bestimmtes Gemeinwohl sich für alle als annehmbar erweise, könne man doch über die Mittel, wie es zu erreichen sei, so sehr in Streit geraten, dass größtenteils die gleichen Wirkungen entständen wie bei einer „fundamentalen" Uneinigkeit über die Ziele selbst. Daraus folge, dass sich auch der besondere Begriff des Volkswillens, die volonté générale verflüchtige.

Aber auch wenn man auf die Annahme eines solchen Gemeinwillens verzichte, stände die klassische Lehre der Demokratie immer noch vor der Notwendigkeit, dem Willen des Individuums eine Unabhängigkeit und eine rationale Qualität zuzuschreiben, die völlig wirklichkeitsfremd seien. „Wenn wir argumentieren, daß der Wille des Bürgers per se ein politischer Faktor ist, der Anspruch auf Achtung hat, so muß er erst einmal existieren. Das heißt, das er etwas mehr sein muß als nur eine unbestimmte Handvoll vager Triebe, die um vorhandene Schlagworte und falsch verstandene Eindrücke lose herumspielen. Jedermann müßte eindeutig wissen, wofür er sich einsetzten will. Dieser bestimmte Wille müßte mit der Fähigkeit ausgerüstet sein, die Tatsachen, die jedermann direkt zugänglich sind, richtig zu beobachten und zu interpretieren und die Informationen über Tatsachen, die nicht direkt zugänglich sind, kritisch zu sichten. Endlich müßte aus diesem bestimmten Willen aus diesen gesicherten Tatsachen, gemäß den Regeln der logischen Folgerung, ein klarer und rascher Schluß in bezug auf besondere Probleme gezogen werden – und zwar mit einem so hohen Grade allgemeiner Effizienz, daß die Ansicht des einen als ebenso gut wie die Meinung irgend eines andern gelten könnte, ohne daß dies offensichtlicher Unsinn wäre. Und alles dies müßte der ideale Bürger aus sich selbst heraus und unabhängig vom Druck einzelner Gruppen und von irgendwelcher Propaganda leisten" (403).

Schumpeter kritisiert diese Annahmen mit dem, was er „die menschliche Natur in der Politik" nennt. Ausgehend von Le Bons „Psychologie der Massen" und Erkenntnissen über Einfluss und Techniken der Reklame, entwickelt Schumpeter ein Bürgerleitbild, das in seinem Zynismus kaum noch zu übertreffen ist, das aber die „Demokratietheorie" Schumpeters eigentlich berühmt gemacht hat. Danach fällt der Bürger, dem bei den meisten Entscheidungen des täglichen Lebens, zumindest die Absicht rational zu handeln, nicht abgesprochen werden kann, auf eine tiefere Stufe der gedanklichen Leistung zurück, sobald er das politische Gebiet betritt. „Er argumentiert und analysiert auf eine Art und Weise, die er innerhalb seiner wirklichen Interessen bereitwillig als infantil anerkennen würde. Er wird wieder zum Primitiven. Sein Denken wird assoziativ und affektmäßig" (410 f.). Er erweise sich als schlechter Kenner seiner langfristigen Interessen und er neige dazu, außerrationalen und irrationalen Trieben zu folgen, in seinen gewöhnlichen moralischen Anforderungen nachzulassen und gelegentlich dunklen Impulsen nachzugeben. Dies liege nun nicht darin, dass die Menschen von Natur aus dumm seien, sondern liege an der strukturellen Eigenart des Politischen selbst. Politische Fragen bezögen in der Regel viele Aspekte mit ein, die außerhalb der unmittelbaren Erfahrungswelt von Bürgern lägen. Die Politik sei so komplex, dass sie von Nichtexperten nicht erfasst werden könne und da die Bürger dies durchaus erkennen würden, verwendeten sie „auf die Meisterung eines politischen Problems weniger disziplinierte Anstrengung als auf ein Bridgespiel" (415). Bemühungen politischer Erziehung mittels Vorträge, Kurse und Diskussionsgruppen seien zwar verdienstvoll, aber von geringer Wirksamkeit. Man könne die Menschen nicht die Leiter hinauftragen.

Angesichts der „menschlichen Natur in der Politik" ist auch der Volkswille, nicht wie in der klassischen Lehre, eine eigenständige und unabhängige Größe, sondern das Ergebnis eines politischen Prozesses; er ist nicht ein ursprünglicher, sondern ein fabrizierter Willen. Darin liegt vielleicht der wichtigste und weiterführende Beitrag seiner Demokratietheorie.

Schumpeter hält der klassischen Lehre, die in so offenkundigem Gegensatz zu den Tatsachen steht, seine „andere Theorie der Demokratie" entgegen.

Der vorliegende Text enthält ihre zentralen Elemente, die er in Abgrenzung zur klassischen Lehre formuliert hat. Schumpeter hält seine Theorie für realistischer und lebenswahrer. Gleichzeitig bewahre sie vieles von dem vor dem Untergang, was die Paten der demokratischen Methode mit diesem Ausdruck wirklich meinten.

Ausgangspunkt dieser anderen Theorie der Demokratie ist zunächst ein anderes Verständnis der Rolle des Volkes. Das Volk besitzt jetzt keine feststehende rationale

Ansicht über jede einzelne Frage mehr, der es dadurch Wirksamkeit verleiht, dass es Vertreter wählt, deren alleinige Funktion darin besteht, diese Ansichten auszuführen, sondern die Entscheidung von Fragen durch das Volk, wird der *Wahl der Männer*, die die Entscheidung treffen sollen, nachgestellt. Das heißt, die Rolle des Volkes besteht vor allem darin, mittels Wahl eine Regierung hervorzubringen, oder eine dazwischengedachte Körperschaft, die ihrerseits eine Regierung hervorbringt. „Und wir definieren: die demokratische Methode ist diejenige Ordnung der Institutionen zur Erreichung politischer Entscheidungen, bei welcher Einzelne die Entscheidungsbefugnis vermittels eines Konkurrenzkampfes um die Stimmen des Volkes erwerben" (437 f.).

Diese Definition, behauptet Schumpeter, verbessere die Theorie des demokratischen Prozesses sowohl hinsichtlich der Wahrscheinlichkeit der Prämissen als auch hinsichtlich der Haltbarkeit der Behauptungen beträchtlich. Erstens liefere sie ein leidlich brauchbares Kriterium, mit welchem demokratische Regierungen von anderen unterschieden werden könnten. Zweitens werde in dieser Definition, anders als in der klassischen Lehre, die „lebenswichtige Tatsache der Führung" angemessen anerkannt. Drittens würden die Willensäußerungen der Wähler realistisch interpretiert. Solche Willensäußerungen setzten sich nämlich in der Regel nicht unmittelbar um, sondern müssten erst einmal von irgendeinem politischen Führer zum Leben erweckt und durchgesetzt werden. Viertens impliziere diese Definition der Demokratie, die vereinfacht die Konkurrenz um die Führung auf die freie Konkurrenz um freie Stimmen beschränke, eine anerkannte Methode, nach welcher der Konkurrenzkampf zu führen sei und zeige, dass die Methode der Wahl praktisch die einzig mögliche für Gemeinwesen aller Größen ist. Fünftens garantiere die Auswahl des Führungspersonals zwar nicht unbedingt eine größere Summe individueller Freiheit, aber wenn jeder im Vorfeld die Freiheit habe, sich um die politische Führung zu bewerben, indem er sich der Wählerschaft vorstellt, dann werde dies in der Regel – wenn auch nicht immer – ein hohes Maß an Diskussionsfreiheit, vor allem an Pressefreiheit bedeuten.

Sechstens werde jetzt die tatsächliche Kontrolle der Führerschaft durch die Wähler realistisch, nämlich als sehr begrenzt, eingeschätzt. Kontrolle erfolge nur in Ausnahmefällen, nämlich in Zeiten der Wahl.

Schumpeter versteht also unter seiner „anderen Theorie der Demokratie" vor allem die Elitenkonkurrenz um die politische Führung und er hat dabei die Grundüberlegungen formuliert, die auch heute noch für die Elitetheorien der 90er-Jahre gelten. Aber auch die Elitedemokratie kann nur funktionieren, wenn bestimmte Voraussetzungen erfüllt sind, insofern kommt auch sie nicht ohne normative Annahmen aus. Schumpeter nennt als solche Voraussetzungen: hoch qualifizierte Parteiarbeiter, Parlamentarier und Minister, wenig Staatsintervention in Gesellschaft und Wirtschaft, die Existenz einer qualifizierten Bürokratie, ein hohes intellektuelles und moralisches Niveau der Wählerschaft, und vor allem die Bereitschaft der großen Mehrheit der

Bevölkerung in allen Klassen sich an die Regeln des demokratischen Spiels zu halten (478).

Schumpeters Theorie hat heftige Diskussionen ausgelöst und heftige Kritik provoziert. Kritisiert wurde unter anderem, dass er die intermediären Organisationen, wie die Parteien, Verbände und Interessengruppen, nicht zur Kenntnis genommen sowie den „objektiven Sinn" der Institutionen zugunsten ihrer abstrakten Bestimmung vernachlässigt habe. Man warf ihm Defätismus vor und fragte u.a., wie denn unfähige Wähler in der Lage seien, fähige Führer zu wählen. Grundsätzlich ist richtig, dass Schumpeters Demokratietheorie an einem „mageren", allein auf die Führungsauswahl zugeschnitten, Demokratiebegriff laboriert (so Schmidt). Er wendet sich gegen Übersteigerungen und normative Überhöhungen der klassischen Demokratietheorie, die er allerdings zum großen Teil erst selbst in diese hineininterpretiert hat, und scheut nicht davor zurück in die andere Richtung zu übersteigern. Aus der Diskrepanz zwischen normativen Demokratievorstellungen und der Realität leitet er keinen Impuls zur Veränderung der Realität ab, sondern umgekehrt, er versucht die Theorie an die Realität anzupassen, die dadurch jegliche aufklärerische und reformerische Kraft verliert. Ob dabei von einem „Ausverkauf der Demokratie" (Mittermaier/Mair) gesprochen werden kann, ist allerdings fraglich. Zumindest lag es wohl nicht in seiner Absicht. Schumpeter hat die Schwächen normativer Demokratiekonzepte schonungslos aufgedeckt und er hat versucht, die Demokratie von überzogenen normativen Ansprüchen zu befreien, um wenigstens Teile der Demokratie zu retten. Aber in erster Linie verstand sich Schumpeter als Analytiker, der kein *politisches* Buch geschrieben hat in der Absicht irgendetwas zu verteidigen oder zu befürworten, sondern dessen einziges Ziel es war, den Leser dazu zu bringen, dass er nachdenkt. Zumindest hat er die Diskussion angeregt und Weiterentwicklungen in der Demokratietheorie befördert. In der Auseinandersetzung mit seiner „realistischen" Theorie der Demokratie hat nicht nur die liberale Elitetheorie Profil gewonnen, sondern auch normative Demokratietheorien haben Nutzen daraus gezogen, indem sie sich gezwungen sahen, die politisch-gesellschaftliche Realität stärker zu berücksichtigten.

Darüber hinaus ist Schumpeter neben Max Weber der Begründer einer Schule, die die Institution des Marktes in die Demokratietheorie eingeführt hat und der als der wichtigste Vordenker der ökonomischen Theorie der Demokratie gelten kann, wie sie von Antony Downs weiterentwickelt wurde.

Sir Karl Raimund Popper

Ausgewählt und interpretiert von Volker Pesch

Die offene Gesellschaft und ihre Feinde (1945)

(Es) erhebt sich die Frage, ob sich das politische Denken nicht von Anfang an mit der Möglichkeit schlechter Regierungen vertraut machen sollte; ob wir nicht gut daran täten, uns auf die schlechtesten Führer vorzubereiten und auf die besten zu hoffen. Aber das führt zu einer neuen Betrachtung des Grundproblems der Politik; denn es zwingt uns, die Frage *Wer soll regieren?* Durch die neue Frage zu ersetzen: *Wie können wir politische Institutionen so organisieren, daß es schlechten oder inkompetenten Herrschern unmöglich ist, allzu großen Schaden anzurichten?* (...)

Die Frage nach der institutionellen Kontrolle der Regierenden setzt nicht mehr voraus als die Annahme, daß die Regierenden nicht immer gut oder weise sind. (…) Ich neige zu der Ansicht, daß Herrscher sich moralisch oder intellektuell selten über und oft unter dem Durchschnitt befanden. (…) Es scheint mir Wahnsinn, alle unsere politischen Bemühungen auf die schwache Hoffnung zu gründen, daß die Auswahl hervorragender oder auch nur kompetenter Herrscher von Erfolg begleitet sein wird. (…)

Die Theorie (der demokratischen Kontrolle, VP), die ich im Sinne habe, geht nicht von der Annahme aus, daß die Herrschaft der Mehrheit im Grunde vortrefflich oder rechtschaffen ist, sondern von der Überzeugung, daß die Tyrannei verwerflich ist. Genauer gesagt: die Theorie stützt sich auf den Entschluß, die Tyrannei zu vermeiden oder sich ihr zu widersetzen.

Wir können nämlich zwei Grundtypen von Regierungen unterscheiden. Zur ersten gehören Regierungen, denen wir uns ohne Blutvergießen, zum Beispiel auf dem Wege über allgemeine Wahlen, entledigen können; die sozialen Institutionen sehen also Mittel vor, die es den Beherrschten gestatten, die Herrscher abzusetzen, und die sozialen Traditionen geben die Sicherheit, daß es den augenblicklichen Verwaltern der Macht nicht leicht sein wird, diese Institutionen zu zerstören. Zu der zweiten Art gehören solche Regierungen, die die Beherrschten nur durch eine gewaltsame Revolution loswerden können – und das heißt in den meisten Fällen, überhaupt nicht. Als eine kurze Bezeichnung für eine Regierungsform der ersten Art schlage ich das Wort ‚Demokratie' vor, für eine

Regierungsform der zweiten Art wähle ich den Namen ‚Tyrannei' oder ‚Diktatur'. Ich glaube, daß dies der traditionellen Verwendungsweise der angegebenen Wörter ziemlich genau entspricht (...); und ich würde jeden Versuch herauszufinden, was ‚Demokratie' ‚wirklich' oder ‚ihrem Wesen nach' bedeutet, als irrelevant ablehnen. Zu solchen Versuchen zählt auch die Erklärung, die Demokratie sei ‚die Herrschaft des Volkes'. (Obgleich nämlich ‚das Volk' die Aktionen seiner Herrscher durch Drohung mit Absetzung beeinflussen kann, regiert es doch niemals in irgendeinem konkreten praktischen Sinn.)

Wenn wir nun die zwei Bezeichnungen so verwenden, wie es vorgeschlagen wurde, so können wir den Vorschlag, politische Institutionen zur Vermeidung der Tyrannei zu schaffen, zu entwickeln und zu schützen, das Prinzip einer demokratischen Politik nennen. Aus diesem Prinzip folgt nicht, daß uns der Aufbau von fehlerfrei und leicht zu handhabenden Institutionen der angegebenen Art jemals gelingen wird, oder daß es uns jemals gelingen wird, Institutionen zu entwickeln, die dafür bürgen, daß die von einer demokratischen Regierung vertretene Politik richtig, gut oder weise sein wird – oder notwendigerweise besser und klüger als die Politik eines wohlwollenden Tyrannen. (...) Hingegen ist mit der Annahme des demokratischen Prinzips die Überzeugung verbunden, daß es besser ist, eine schlechte demokratische Politik auszuhalten (solange wir nur auf eine friedliche Umbildung hinarbeiten können) als sich einer Tyrannei, sei sie auch noch so weise und wohlwollend, zu unterwerfen. So betrachtet, beruht die Theorie der Demokratie nicht auf dem Prinzip der Herrschaft der Majorität; die verschiedenen Methoden einer demokratischen Kontrolle – die allgemeinen Wahlen, die parlamentarische Regierungsform – sind nicht mehr als wohlversuchte und, angesichts eines weitverbreiteten traditionellen Mißtrauens der Diktatur gegenüber, ziemlich wirksame institutionelle Sicherungen gegen eine Tyrannei, Sicherungen, die stets der Verbesserung offenstehen und die sogar Methoden für ihre eigene Verbesserung vorsehen.

Wer das Prinzip der Demokratie in diesem Sinn annimmt, ist also nicht gezwungen, das Resultat einer demokratischen Abstimmung als einen autoritativen Ausdruck dessen anzusehen, was Recht ist. Er wird die Entscheidung der Majorität annehmen, um den demokratischen Institutionen die Arbeit zu ermöglichen. Es steht ihm aber frei, diese Entscheidung mit demokratischen Mitteln zu bekämpfen und auf ihre Revision hinzuarbeiten. Und sollte er alt genug werden, um den Tag zu erleben, an dem die demokratischen Institutionen durch Mehrheitsbeschluß zerstört werden, dann wird er aus dieser traurigen Erfahrung nur lernen, daß es keine sichere Methode zur Vermeidung der Tyrannei gibt. Aber diese Erfahrung braucht seine Entschlossenheit zum Kampf gegen die Tyrannei nicht zu schwächen; noch wird seine Theorie durch ein solches Ergebnis des Widerspruchs überführt.

Karl R. Popper: Die offene Gesellschaft und ihre Feinde,
Band I: Der Zauber Platons, 7. Aufl., Tübingen 1992, S. 145-150

Interpretation

Karl Raimund Popper wird 1902 in Wien geboren und wächst dort in einer liberal-bürgerlichen Familie auf. Die Eltern sind beide jüdischer Abstammung, aber zum Protestantismus konvertiert, der Vater ist Rechtsanwalt und Mitglied einer Freimaurerloge. Nach eigenem Bekunden wird Popper schon als Kind vom allgegenwärtigen Elend in Wien angerührt, wobei sicher auch das soziale Engagement des Vaters eine Rolle spielt. Jedenfalls wurzelt in diesen frühen Erfahrungen vielleicht die für sein gesamtes Werk zentrale Überzeugung, sein negativer Utilitarismus: Dass es nicht darum gehen könne, das größte zukünftige Glück für eine bestimmte Gruppe, Klasse, Rasse oder Nation herbeizuführen, sondern darum, das Leid der lebenden Menschen so gering wie möglich zu halten.

Dabei sympathisiert er selbst für kurze Zeit mit marxistischen Ideen. 1918 verlässt er ohne Abschluss die Schule, die er als „Stunden hoffnungsloser Qual" empfindet, und nimmt ein Studium auf, freilich ohne eingeschrieben zu sein. Er verkehrt in marxistischen Studentenkreisen und rechnet sich selbst für kurze Zeit zur „Avantgarde des Sozialismus". Als er im Sommer 1919 miterlebt, wie die Polizei während einer Demonstration einige sozialistische Arbeiter erschießt, wird das sein Erweckungserlebnis: Welcher Gedanke, so fragt er sich, könne es rechtfertigen, dass in seinem Dienste Menschen sterben? Als Marxist fühlt er sich mitverantwortlich, und er kommt zu dem Schluss, dass Zwecke, die auf die Zukunft ausgerichtet sind, niemals die Mittel heiligen können, gerade weil die Zukunft immer offen und unbestimmt ist. Die großen Utopien und Ideologien sind für Popper nichts als „Hybris", wie er 1964 im Vorwort zu *Das Elend des Historizismus* schreiben wird, weil jeder Versuch, das Himmelreich auf Erden zu errichten, uns dazu verführe, „unsere gute Erde in eine Hölle zu verwandeln – eine Hölle, wie sie nur Menschen für ihre Mitmenschen verwirklichen können." Und seine Autobiographie wird er 1974 „Unended Quest" betiteln – unabgeschlossenes Suchen. Das bezeichnet sein Denken.

Im vierten Semester macht er das Abitur nach und wird endlich immatrikuliert. Er hört Vorlesungen der unterschiedlichsten Gebiete, von Geschichte und Literatur über Psychologie und Philosophie bis Medizin, später dann vor allem Mathematik und theoretische Physik. Er beschäftigt sich mit Einsteins Relativitätstheorie ebenso wie mit den Schriften Kants und der Psychoanalyse. Aber er hat zu dieser Zeit keineswegs vor, Philosoph zu werden, denkt vielmehr daran, eine Schule zu gründen, „in der junge Menschen lernen könnten, ohne sich zu langweilen". Er spielt auch mit dem Gedanken, Musiker zu werden, und erlernt das Tischlerhandwerk. Aber zunächst wird er Erzieher in einem Wiener Hort für sozial gefährdete Kinder, 1925 geht er ans neu gegründete Wiener *Pädagogische Institut.* 1928 legt er an der Universität seine Dissertation „Zur Methodenfrage der Denkpsychologie" vor, 1929 erwirbt er noch die Befähigung zum Lehramt in Mathematik und Physik an Hauptschulen.

Popper verfolgt aufmerksam die Diskussionen im „Wiener Kreis“, dessen Mitglieder er kennt und mit denen er gelegentlich diskutiert, zu dessen Treffen er allerdings nicht eingeladen wird. Erkenntnistheoretisch steht er auch für das gerade Gegenteil. Gleichwohl ermutigt Herbert Feigl, Professor an der Wiener Universität und Mitglied des Kreises, den 27-Jährigen, seine Gedanken und Theorien zu veröffentlichen, denn bislang liegen von Popper nur einige wenige Aufsätze vor. 1934 erscheint die *Logik der Forschung*, die ihn schlagartig berühmt macht. Dabei ist das nur eine stark gekürzte Fassung seines Manuskriptes, aber was Popper hier formuliert, ist nicht weniger als die „kopernikanische Wende“ in der Erkenntnistheorie. Die *Logik der Forschung* ist im Grunde die Ausarbeitung eines einzelnen Gedankens, den Popper schon seit längerem mit sich herumträgt: des Gedankens, dass sich Theorien niemals als wahr beweisen lassen, sondern nur kritischen Überprüfungen standhalten oder eben auch nicht standhalten können. Damit widerlegt Popper auch und vor allem den logischen Empirismus des Wiener Kreises.

Er hält jetzt Vorträge unter anderem in London, Cambridge und Oxford, lernt Wissenschaftler wie Gilbert Ryle, Isaiah Berlin, August von Hayek oder Bertrand Russell kennen. Und vom Erfolg ermutigt, bewirbt sich Popper um eine Dozentenstelle in Neuseeland, die er 1937 antreten und damit Österreich verlassen kann. Vor dem Hintergrund des Weltkrieges beschließt er, seine bislang auf naturwissenschaftliche Forschung ausgerichtete Logik auch auf die Geistes- und Sozialwissenschaften anzuwenden. Das Ergebnis ist *Die offene Gesellschaft und ihre Feinde*, und auch *Das Elend des Historizismus* entsteht in diesem Zusammenhang. Popper schreibt zwar gegen Hitler und Stalin, aber er erwähnt sie nicht, sondern setzt sich mit Platon, Hegel und Marx auseinander, in deren Denken er die totalitären Regime begründet sieht. Diesen Arbeiten und der Fürsprache von Hayeks verdankt Popper eine außerordentliche Professur an der renommierten *London School of Economics*, auf die er 1946 berufen wird. Drei Jahre später wird er ordentlicher Professor für Logik und Wissenschaftstheorie. Jetzt ist er endgültig, was er nie werden wollte: Philosoph, und 1965 wird er dafür in den Ritterstand erhoben.

Sir Popper arbeitet weiter an Problemen der Erkenntnistheorie, zeitlebens ohne Fernsehgerät, wie er gerne betont, und auch auf Kriegsfuß mit der Schreibmaschine. Seine Bücher schreibt er mit der Hand, und seine Frau übernimmt die enervierende Arbeit, die Notizen abzutippen. So entstehen auch zahllose Aufsätze zur Logik und Erkenntnistheorie, zur politischen Philosophie und zu anderen Themen – oder vielmehr: zu anderen *Problemen*, denn eine der Maximen, die Popper seinen Schülern immer mit auf den Weg gibt, ist die, ein Wissenschaftler müsse „ein Problem haben, keine Themen.“ Anders als viele seiner Kollegen aus der (sprach-)analytischen Philosophie (allen voran Ludwig Wittgenstein, mit dem Popper einmal heftig aneinander gerät), glaubt er nicht, dass die Probleme der Philosophie lediglich Probleme des alltäglichen Sprachgebrauchs seien, sondern ist, wie er im Vorwort zur englischen

Ausgabe von *Logik der Forschung* schreibt, fest davon überzeugt, „daß es zumindest ein philosophisches Problem gibt, das alle denkenden Menschen interessiert. Es ist das Problem der Kosmologie: das Problem, die Welt zu verstehen – auch uns selbst, die wir ja zu dieser Welt gehören, und unser Wissen." Zu seinen Schülern zählen Wissenschaftler wie Thomas Kuhn, Paul Feyerabend, Imre Lakatos oder William Warren Bartley, die allesamt zunächst „Popperianer" werden, bevor sie sich aus dem Schatten ihres großen Lehrers befreien. Bartley beschreibt Popper als „eindrucksvolle Erscheinung" mit einem „liebenswürdige(n) Gesicht – großmütig, stolz, freundlich und sehr ernst." Hinsichtlich seiner wissenschaftlichen Positionen beschreiben andere ihn allerdings als anmaßend, aggressiv und unbelehrbar – an der LSE nennt man ihn auch den „totalitären Liberalen".

1969 lässt sich Popper emeritieren. Aber er arbeitet weiter an seinen Problemen, insbesondere an einer evolutionären Erkenntnistheorie, die er in den Aufsätzen in *Objektive Erkenntnis* 1972 erstmalig systematisch entfaltet. Er „entdeckt" jetzt die „Welt 3" als eigenständigen Bereich des Geschriebenen und Gedruckten (darauf wird noch kurz zurückzukommen sein), und er wendet sich neurowissenschaftlichen Fragen wie dem Leib-Seele-Problem zu. Vor allem aber hält er zahllose Vorträge in aller Welt, und mehrfach bezeichnet er sich als den glücklichsten Philosophen, den er kenne. Die Titel der späteren Sammelbände, in denen er seine Vorträge und Aufsätze veröffentlicht, lauten *Auf der Suche nach einer besseren Welt* (1984) oder *Alles Leben ist Problemlösen* (1994). Das könnte auch sein Lebenswerk bezeichnen. Karl Popper stirbt 1994, neun Jahre nach seiner Frau.

Zum Verständnis des Textauszuges ist es notwendig, sich die erkenntnistheoretischen Grundannahmen des „Kritischen Rationalismus", wie die von Popper begründete Denkrichtung genannt wird, vor Augen zu führen. Die zentrale Annahme ist dabei die, dass es – wie Kant gesehen hat – keine *vorurteilsfreien* Erfahrungen geben kann. Aber – und hier grenzt sich Popper von Kant ab – es kann auch keine gültigen *erfahrungsfreien* Erkenntnisse (Erkenntnisse a priori) geben. Alles Wissen bleibt immer nur vorläufiges Wissen, und die Offenheit für Kritik und Fähigkeit zur Revison sind daher die Grundtugenden des Wissenschaftlers. „Wir wissen nicht, sondern wir raten", schreibt Popper in *Logik der Forschung*, denn neue Erfahrungen können auch scheinbare Gewissheiten immer widerlegen. Beispielsweise begründet auch die hundertfach gemachte Erfahrung, dass Schwäne weiß sind, nicht den Satz, *alle* Schwäne seien weiß. Denn eines Tages könnte ein schwarzer Schwan auftauchen und den Satz widerlegen. Alle wissenschaftliche Tätigkeit besteht für Popper darin, „Sätze oder Systeme von Sätzen aufzustellen und systematisch zu überprüfen". Aber solche Sätze oder Systeme von Sätzen sind zunächst nichts als Einfälle oder unbegründete Antizipationen, die sich nie beweisen (verifizieren) lassen. Einziges Kriterium für ihre (immer nur vorläufige) Geltung ist, dass sie und die aus ihnen deduzierten Untersätze der wiederholten und differenzierten Überprüfung standhalten, dass sie sich „bewähren", oder – anders gesagt – dass sie nicht widerlegt (falsifiziert) werden. In den empirischen Wissenschaften sind es nun in erster Linie Theorien, die sich „bewähren" müssen, Theorie verstanden als „das Netz, das wir auswerfen, um die ‚Welt' einzufangen – sie zu rationalisieren, zu erklären und zu beherrschen." Theorien müssen empirisch überprüfbar sein, und sie müssen einer kritischen Diskussion standhalten.

Versteht sich die *Logik der Forschung* zunächst nur als Erkenntnistheorie der empirischen Naturwissenschaften, so wendet Popper diese Grundgedanken auch auf die Geistes- und Sozialwissenschaften und auf die Politik an. Für Popper ist es unmöglich, Gesetzmäßigkeiten im historischen Ablauf zu entdecken und daraus sichere Prognosen für die Entwicklung abzuleiten, wie es der „Historizismus" in seinen verschiedenen Spielarten tue, denn auch hier fehlt die Möglichkeit der (empirischen) Überprüfbarkeit. Ideologien und Utopien aller Art führen aber unweigerlich zur Gewalt gegen die Menschen und zur Beeinträchtigung ihrer Freiheit (wenn nicht zu ihrer Eliminierung). Und genau darum geht es Popper, wie er 1982 in *The Open Universe* schreibt: um die „philosophische[n] Verteidigung der menschlichen Freiheit, der menschlichen Kreativität und dessen, was traditionellerweise freier Wille genannt wird".

So begründet sich die Idee einer „offenen Gesellschaft" als einem normativen Ideal, dem sich in Poppers Sicht moderne Staaten annähern sollen. Die politischen Institutionen, Gesetze und Regeln sollen darin so beschaffen sein, dass der Einzelne größtmögliche Freiheit genießt – Freiheit verstanden als negative Freiheit, das heißt Freiheit von Zwängen und Repressalien – und diese Freiheit staatlich garantiert und geschützt wird. Es ist aber keine „schrankenlose Freiheit", in der es dem Starken zustünde, den Schwachen zu tyrannisieren, sondern eine genau so weit eingeschränkte Freiheit, „dass am Ende jedermanns Freiheit vom Gesetz geschützt wird." Mit anderen Worten: Die Freiheit des Einen endet, wo die Freiheit des Anderen berührt wird. Aber selbst wenn Popper darin die erste und wichtigste Aufgabe des Staates sieht, plädiert er nicht generell für einen Minimalstaat, sondern eher für einen freiheitlich-demokratischen Sozialstaat. Er ist kein harter Wirtschaftsliberaler, sondern befürwortet Eingriffe des Staates in die Wirtschaft, wo dies zum Schutz der ökonomisch Schwachen notwendig ist. Es ist gewissermaßen ein Primat der Politik über die Ökonomie, was Popper hier einfordert. In einer „Konfrontation" mit Herbert Marcuse, die das erste deutsche Fernsehen 1971 ausstrahlt, bringt er das einmal auf den Punkt: „Der Staat", sagt er, „schützt seine Bürger durch rechtliche und soziale Institutionen vor dem Erleiden roher Gewalt, und er kann sie auch vor dem Missbrauch durch ökonomische Gewalt schützen. Das geschieht schon jetzt und es kann verbessert werden. Wir müssen eben soziale Institutionen konstruieren, die den wirtschaftlich Schwachen vor dem Starken schützen, das heißt Institutionen zum Schutz vor Ausbeutung. Denn die politische Gewalt kann die ökonomische kontrollieren."

Die „offene Gesellschaft" ist also ein Ideal, dem sich moderne Gesellschaften im

Interesse der Freiheit annähern sollten. Popper spricht – wie John Stuart Mill – gerne von „Verbesserung" der Gesellschaft und Politik, und sein Begriff des „piecemeal social engineering" meint eine schrittweise Umsetzung von Reformen zur Beseitigung aktueller Missstände. Sein Credo bringt er in *Utopie und Gewalt* 1947 auf die „vereinfachte Formel": „Arbeite lieber für die Beseitigung von konkreten Mißständen als für die Verwirklichung abstrakter Ideale. Versuche nicht, mit politischen Mitteln die Menschheit zu beglücken. Setze dich statt dessen für die Behebung von konkreten Mißständen ein. (...) Aber tu all dies mit direkten Mitteln. Entscheide, was du als das schlimmste Übel in der Gesellschaft, in der du lebst, ansiehst, und versuche geduldig, die Leute zu überzeugen, daß wir es loswerden können. – Aber versuche nicht, diese Ziele indirekt zu verwirklichen, indem du ein fernes Ideal einer vollkommen guten Gesellschaft entwirfst und dafür arbeitest. (...) Kurz gesagt lautet meine These, daß vermeidbares menschliches Leid das dringendste Problem einer rationalen öffentlichen Politik ist, während die Förderung des Glücks kein solches Problem darstellt. Die Suche nach Glück sollte unserer privaten Initiative überlassen bleiben."

Aber Popper macht nur selten konkrete Vorschläge zur Gestaltung und Kontrolle der politischen Gewalten, er entwickelt keine Verfassungsmodelle oder institutionellen Arrangements. Wichtig ist ihm, wie er in *Die offene Gesellschaft* schreibt (s. Textauszug), dass die politische Theorie nicht mit Platon fragen dürfe, wer regieren solle (um als Gipfel der Hybris auch noch zu behaupten, die Philosophen sollten Könige werden), sondern fragen müsse: „Wie können wir politische Institutionen so organisieren, daß es schlechten und inkompetenten Herrschern unmöglich ist, allzugroßen Schaden anzurichten?" Und er überträgt den erkenntnistheoretischen Gedanken der kritischen Prüfung und Bewährung und damit auch des Fallibilismus auf die Politik: Nicht die Idee einer „guten Gesellschaft" ist demnach entscheidend, sondern allein die Möglichkeit, eine einmal installierte Regierung auch wieder loszuwerden. Die staatliche Macht ist also durch institutionelle checks and balances zu begrenzen, und die Re-gierenden müssen sich immer darüber im Klaren sein, dass sie bei nächster Gelegenheit abgelöst werden können. Diese Forderung erfüllt in Poppers Sicht von den bislang verwirklichten Staatsformen allein die moderne, pluralistische Demokratie mit ihren institutionellen Gewaltentrennungen und -verschränkungen, mit periodischen Wahlen, mit der öffentlichen Konkurrenz der Interessen und politischen Meinungen und den Verfahren zur friedlichen Konfliktbeilegung. Allein die Demokratie bietet für Popper die Rahmenbedingungen zur Gewährung von Freiheit.

In seinen späteren Arbeiten, das sei hier noch angemerkt, baut Popper seine Positionen und Argumente dann zu einer evolutionären Theorie der Erkenntnis aus. So, wie in der Evolution der Arten das Prinzip des „survival of the fittest" herrsche, so herrsche es auch in der Evolution der (objektiven) Erkenntnis. Popper unterscheidet dazu zwischen drei „Welten": „Welt 1" ist die Welt der Gegenstände und der physischen Dinge. Um diese zu erkennen und gestalten zu können, muss der Mensch sie allerdings überschreiten. Die „Welt 2“ ist die Welt der subjektiven Erfahrungen, der Gefühle, Gedanken und Wahrnehmungen, aber erst die „Welt 3“ ist der Bereich der Bedeutung von Ideen, des logischen Gehaltes von Büchern oder Argumenten, kurz: aller Erzeugnisse des menschlichen Geistes (nicht zu verwechseln mit der Platon'schen Vorstellung einer göttlichen und unwandelbaren Welt der Ideen!). Hier transzendiert der Mensch die Welt der physischen Dinge. Popper drückt das in *Objektive Erkenntnis* so aus: „Alles (hängt) von dem Geben und Nehmen zwischen uns und unseren Werken (ab), die wir zur Dritten Welt beisteuern, von der ständigen Rückkoppelung, die durch bewusste Selbstkritik verstärkt werden kann. Das Wunder des Lebens, die Entwicklung, auch die geistige, ist gerade diese Methode des Gebens und Nehmens, diese Wechselwirkung zwischen unseren Handlungen und ihren Ergebnissen, durch die wir ständig über uns, unsere Fähigkeiten und Begabungen hinauskommen. Diese Selbstüberschreitung ist die auffallendste und wichtigste Tatsache allen Lebens und aller Entwicklung, besonders der menschlichen Entwicklung.“ Popper denkt also nicht vom Subjekt her, sondern von seinen geistigen, insbesondere schriftlichen Erzeugnissen. In deren Welt bewegt sich die Evolution der Erkenntnis.

Auch heute noch kann man gelegentlich lesen, Popper sei ein „Konservativer“ und „Positivist“, dessen Ansatz auf normative Reflexionen zugunsten von bloßem Zweck-Mittel-Denken verzichte und auf die Affirmation des Status Quo ziele. Diese – zweifellos falsche – Interpretation geht zurück auf Jürgen Habermas und Theodor Adorno, Poppers (und Hans Alberts) Kontrahenten im sog. Positivismusstreit in den 60er-Jahren. Gehaltvoller waren da die wissenschaftstheoretischen Kritiken und Modifikationen der eigenen Schüler, etwa Thomas Kuhns Auffassung vom Gang der Erkenntnis durch Phasen der „Normalwissenschaft“, der Krise und der Revolution, Imre Lakatos‘ in Teilen dazu parallele Theorie der lose strukturierten Forschungsprogramme und Theoriereihen oder Paul Feyerabends zunehmende Kritik an Popper im Besonderen und der gesamten Erkenntnistheorie im Allgemeinen, in der er zuletzt nur noch eine „bislang unerforschte Form des Irrsinns“ sah. Popper hat sich in aller Regel gegen die Modifikationen gestellt und sich auf Kritik nur gelegentlich eingelassen. Aber das ist hier nicht das Thema.

In der praktischen Politik hat der Kritische Rationalismus durchaus seine Anhänger gefunden, wenngleich nicht immer klar zu unterscheiden ist, ob er der Auslöser für praktisches Handeln war oder aber bloß eine wissenschaftliche Legitimation. Die Vereinnahmung eines großen Denkers bringt sicher immer Punkte, und so nimmt es nicht wunder, dass sich schon Politiker jedweder Couleur auf Popper berufen haben. In Deutschland liebäugelte insbesondere die Sozialdemokratie mit Popper, und die Politik der (kleinen) Reformschritte, die sie seit dem Godesberger Programm verfolgt, wirkte zuweilen in der Tat wie eine Anwendung der politischen Philosophie Poppers. Jedenfalls bezeichnete sich Helmut Schmidt ebenso als Anhänger des Kritischen

Rationalismus wie Alfred Herrhausen, der später von Terroristen ermordete Chef der Deutschen Bank. Allerdings ist auch schon bezweifelt worden, dass sich sozialdemokratische Politik und Poppers Denken vereinbaren lassen, zielt doch Sozialdemokratie immer auf Verteilungsgerechtigkeit und die Herbeiführung allgemeinen materiellen Wohlstands, also auf eine antizipierte gute Ordnung, und nicht lediglich auf die Beseitigung aktueller Missstände und Leiden. Aber wie dem auch sei: Ohnehin ist die Gefahr einer „Entpolitisierung durch Verwissenschaftstheoretisierung" (Helmut Spinner) nicht ganz von der Hand zu weisen.

Der Schutz der individuellen Freiheit, Poppers Anliegen und Motivation, ist aber zweifellos ein hohes Gut, und die Frage, wie dies zu gewährleisten sei, ist eine demokratietheoretische Grundfrage. Seine Übertragung des erkenntnistheoretischen Falsifikationsgedankens auf die Politik ist dabei ein interessanter Kniff, der weitreichende Folgen für die institutionelle und regelhafte Ausgestaltung der politischen Ordnung hat (etwa in der wechselseitigen Begrenzung und Verschränkung der Gewalten, in der Garantie periodischer Wahlen etc.). Allerdings wünschte man sich von einem Demokratietheoretiker auch konkretere Vorstellungen davon, wie diese Ausgestaltung aussehen könnte. Wichtiger ist aber ein anderer Punkt: Die bloße Beschränkung der staatlichen Gewalten bietet zwar zunächst scheinbar Schutz vor dem Umschlag der Regierung in Tyrannei, das heißt: Schutz der Regierten vor den Regierenden. Aber eines der Paradoxa der Demokratie, darauf macht auch Popper aufmerksam, besteht darin, dass sich die Bürger unter den Bedingungen von Freiheit und Gleichheit auch – ganz demokratisch – dafür entscheiden könnten, eine undemokratische Regierung zu wählen (wie noch in jüngster Zeit beispielsweise in Österreich geschehen) oder gar alle Macht in die Hände eines Einzelnen zu legen und also die Demokratie abzuschaffen. Die Garantie nur negativer Freiheit, also äußerer Freiheit *von* Zwängen und Repressionen, reicht allein noch nicht hin, dies zu verhindern. Hinzukommen muss ein gewisses Maß an positiver Freiheit, also innerer Freiheit *zu* vernünftiger und verständiger (und auch emotionaler) Abwägung und Entscheidung, aber auch an Wissen, Traditionen, Sozialisationsmustern, Reflexion und vielem mehr. Anders gesagt: Was Popper nicht thematisiert, ist die Frage nach Herkunft und Notwendigkeit eines demokratischen Bewusstseins zumindest einer Mehrheit der Bürger, also die Frage nach der Politischen Kultur. Stattdessen baut er ganz auf die Idee einer spezifischen Rationalität, für die ein Mensch sich offensichtlich entscheidet, wenn äußere Zwänge erst einmal abgeschafft sind. In der schon erwähnten Konfrontation mit Marcuse sagt Popper, er glaube an die Vernunft, „in dem Sinn, daß ich glaube, daß wir uns alle bemühen sollen, eine solche Einstellung (...) anzunehmen. (...) Ich glaube (...), daß wir die Wahl haben zwischen Vernunft und Gewalt." Irgendetwas im Menschen, folgt man Popper hier, lässt ihn also in einem vor-vernünftigen Akt von sich aus die Vernunft wählen. Aber dieser Glaube an die Vernunft, das räumt Popper auch selbst ein, ist ein *irrationales* Moment in seinem Denken.

Nun ist Popper fraglos zuzustimmen, wenn er die westlichen Demokratien als relativ freiheitliche Gesellschaften ansieht. Und vielleicht führt hier auch ein „piecemeal social engineering" eines Tages zur vollständig „offenen Gesellschaft", also zu einer Gesellschaftsordnung, die Raum für die unterschiedlichsten Konzeptionen des guten Lebens lässt, auf Toleranz und Freiheit aller gründet und jederzeit zur kritischen Revision ihrer selbst bereit und fähig ist. Das wäre fraglos sehr schön. Allerdings bleibt diese Gesellschaft bis dahin ein *Ideal*, das nach der Popper'schen Erkenntnistheorie wissenschaftlich nicht überprüfbar und damit selbst zur Gruppe der Utopien zu zählen ist, gegen die Popper sich richtet. Und es darf wohl bezweifelt werden, dass die westlichen Demokratien auf dem Weg zur offenen Gesellschaft so weit gekommen wären, wie sie gekommen sind, wenn nicht Menschen über Jahrhunderte für dieses Ideal zu kämpfen bereit gewesen wären – lange bevor überhaupt an kleine Reformschritte gedacht werden konnte. Popper umgeht das Problem lediglich, wenn er auch den Kampf gegen Tyrannen für legitim erklärt, weil diese Legitimität nur aus seiner *Idee* der offenen Gesellschaft resultiert, das heißt: aus einem Ensemble von (Poppers) normativen Vorstellungen. Aber damit setzt er deren Geltung auch ohne ihre empirische Überprüfbarkeit voraus.

Poppers Glaube an den evolutionären Gang der Erkenntnis und Politik lässt ihn nicht nur sehr fortschrittsgläubig erscheinen, sondern bisweilen auch realitätsblind. „Diese ganze Rederei über Kapitalismus und dergleichen", heißt es beispielsweise in einem Interview mit Volker Friedrich (1987), „ist ja vollkommener Unsinn. Es gab natürlich Ausbeuter und so weiter. Aber wenn man die Geschichte ansieht, wird man sehen, wie selten das ist und wie sehr sich das dauernd verbessert hat. Die gegenwärtige Situation ist genau umgekehrt: Die Gewerkschaften sind das größte Hindernis für die Freiheit der Arbeiter und für Freiheit überhaupt." Man kann daran sehen, dass auch bei einem Denker vom Format Sir Karl Raimund Poppers mitunter nur der Wunsch Vater des Gedankens ist.

Giovanni Sartori

Ausgewählt und interpretiert von Peter Massing

Liberale Elitetheorie

(...) Es ist jetzt an der Zeit, zur *präskriptiven Definition* der Demokratie als eines *Regierungssystems* überzugehen. Dieses Problem wird zwar selten direkt aufgeworfen, doch liegt es unserer Beurteilung von Führung zugrunde. Sind Eliten und Führungsminderheiten ein notwendiges (oder sogar unnötiges) Übel, oder sind sie ein lebenswichtiger und nützlicher Faktor? Letzten Endes lautet die Frage, ob wir die Führung gering- oder hochschätzen sollen. (...)

In den vorangegangenen Kapiteln habe ich mich ausführlich mit den Wechselwirkungen zwischen der Trägheit der Tatsachen und der Energie der Ideale beschäftigt, und mein Hauptgedanke war, die Demokratie brauche sowohl Realismus (Beachtung der Tatsachen) als auch Idealismus (Einbindung der Tatsachen durch Werte). Demgemäß frage ich jetzt: Wie verhält sich das vertikale Problem der Demokratie im Hinblick auf diese Kriterien? Die Antwort lautet schlicht: Es verhält sich überhaupt nicht.

Es ist einfach so, daß sich die Ideale der Demokratie gegenüber dem 4. Jahrhundert v. Chr. kaum verändert haben. Und wenn die Ideale der Demokratie im wesentlichen immer noch ihre griechischen Ideale sind, dann bedeutet das, daß sie sich auf eine direkte und keine repräsentative Demokratie beziehen. Daraus folgt, daß noch heute die Deontik und der Wert-Druck der Demokratie nur an der horizontalen Dimension der Politik ansetzen. (...) So kommt es zu der erstaunlichen Tatsache, daß wir eine repräsentative Demokratie geschaffen haben – und damit beinahe ein Wunder vollbracht haben, das noch Rousseau für unmöglich erklärt hatte –, *ohne daß sie durch Werte gestützt wäre.* (...)

Deskriptiv, so sagte ich, *ist* die Demokratie eine Wahl-Polyarchie. Aber was *sollte* sie sein? Polyarchie ist ein *tatsächlicher Zustand*; was aber ist ihre Deontik, ihr entsprechender *NormZustand?* Im Grunde geht es nicht nur darum, ob die repräsentative Demokratie ohne eigenen Wert-Druck auf lange Sicht funktionieren und hoffentlich besser funktionieren kann, sondern, noch dringlicher, wie sie angesichts eines Wert-Drucks weiter funktionieren kann, der die vertikale Dimension immer stärker *abwertet.*

Diese Abwertung drückt sich unmißverständlich in unserer heutigen Sprache aus. Die Wörter, die spezifisch die vertikale Dimension bezeichnen, sind „Wahl". „Elite" und „Auswahl". Diese Bezeichnungen wurden alle ursprünglich als *wertende Filter* konzipiert. Wahl bedeutete runde fünfzehn Jahrhunderte lang ein qualitatives Auswählen – wie in der Sprache des Protestantismus „die (von Gott) Auserwählten". „Elite" leitet sich von der selben Wurzel her und wurde geprägt – als „Aristokratie" seine ursprüngliche Bedeutung verlor und nur noch einen Stand bezeichnete, um gerade „die Besten, die ristoi, als den ausgewählten Teil zu bezeichnen. (Und in dieser Bedeutung machte sich, wie wir wissen, Pareto den Ausdruck zu eigen.) „Auswahl" oder „Selektion" leitet sich dagegen von „seligere" her, nähert sich aber allmählich dem „eligere" (wenn mit Wahl speziell der Wahlakt gemeint ist): Auswahl aufgrund besonderer Fähigkeiten oder Eignung. In der heutigen politischen Sprache sind all diese Bedeutungen entweder verlorengegangen oder werden angegriffen. Unter Wahl wird nur noch die Stimmabgabe verstanden. Auswahl (Selektion) bedeutet kaum mehr als bloße Bevorzugung durch den Willen – soweit es nicht als „Diskrimination" entstellt und herabgewürdigt wird. Demgemäß sind in heutiger Sprache „die Gewählten" einfach die in ein Amt Gewählten; und daß die Gewählten „ausgewählt" werden sollten, kommt uns eher als eine Tautologie vor, denn als eine axiologische Aussage. „Elite" schließlich wurde zunächst von Lasswell zu einem neutralen Wort und dann von den Antielitisten des Tages zu einem Buhwort gemacht. In beiden Fällen werden unter der Elite in völliger Verkennung der eigentlichen Bedeutung die Mächtigen und/oder die Privilegierten verstanden. (...)

Beginnen wir mit dem Wort „Auswahl". Hier ist keineswegs alles verloren, denn der Ausdruck ist – bezeichnenderweise – nur in der Politik neutralisiert und verzerrt worden. Viele Leute, die „Wahl" und „Auswahl" unterschiedslos gebrauchen, gehen in allen nichtpolitischen Zusammenhängen ganz von selbst zur wertenden Bedeutung des Wortes über. Wenn ein wissenschaftliches Unternehmen wissenschaftlich sein will, muß es sein Personal „auswählen". Im akademischen Bereich versteht man die „Auswahl" eines Kandidaten für eine Position so, daß der Ausgewählte der Beste sein soll. Wenn eine Firma Personal einstellt, dann „wählt sie aus", sonst ist sie bald bankrott. Ist denn nun die demokratische Politik so einfach und so grundverschieden von allen anderen gesellschaftlichen Vorgängen, daß hier eine Auswahl überflüssig oder gar eine Sünde wäre? Wenn dem nicht so ist, stelle ich als erste axiologische Definition die folgende auf: Die Demokratie sollte ein *selektives System* konkurrierender gewählter Minderheiten sein. Dasselbe noch kürzer und in Übereinstimmung mit der deskriptiven Definition: Die Demokratie sollte eine *selektive Polyarchie* sein. (...)

Werden die Eliten, insbesondere die politischen, rein aufgrund der Macht oder vertikal definiert, so hindert einen das an der Betrachtung der Diskrepanz zwischen *elitären Eigenschaften* (als Maßstäbe) und *Machtpositionen* (die abwegigerweise als Elitepositionen erscheinen). Und als Folge davon verfehlt die

Eliteforschung das, worum es grundlegend geht – nämlich nicht um die Tatsache, daß es Mächtige gibt, und nicht nur, ob es mehrere *Machteliten* gibt, sondern letztlich darum, ob die Mächtigen echte oder falsche Eliten sind. (…)
Gewiß die Autoren gehen von der als horizontale Gleichheit gedachten „Machtgleichheit" (der für alle gleichen Macht des demos) zu einer „Chancengleichheit" über, die also vertikale Vorgänge voraussetzt. Doch gleiche Chancen deuten mehr auf einen Anfangspunkt als einen Endzustand hin. Interessiert man sich für die *Wertkonsequenzen* der beiden Arten von Gleichheit, dann scheint die Chancengleichheit ein Aufsteigen zu rechtfertigen, braucht es aber nicht positiv bewerten. Daher dürfte die Gleichheit, die zentral die vertikalen Vorgänge und Arbeitsweisen der Demokratie kennzeichnet, die „Verdienstgleichheit" sein, also die Aristotelische verhältnismäßige Gleichheit. Um die Gleichheit als einen *höherführenden Wert* zu begreifen, lautet die Maxime: gleiches Gleiche, also jedem gemäß seinem Verdienst, seiner Fähigkeit, seiner Begabung.
Unsere bisherige normative Definition lautete: Die Demokratie sollte eine selektive Polyarchie sein. Sie kann jetzt durch folgende Definition ergänzt werden: Die Demokratie sollte eine Polyarchie des *Verdienstes* sein. (...)
Ein Einwand neben anderen könnte lauten, das Vorstehende bewege sich auf einem zu hohen Abstraktionsniveau. Um den Gedankengang etwas konkreter zu machen, ist besonders zu fragen: *gleich im Hinblick auf wen*? Für die Antwort möchte ich auf den Begriff der Bezugsgruppe zurückgreifen, und zwar des genaueren auf die Elite (in der ursprünglichen Bedeutung) als Bezugsgruppe. Der Zusammenhang ist der, daß der Elitebegriff mit seiner Idee der „Würdigkeit, ausgewählt zu werden" auf eine Bezugsgruppe verweist – und zwar auf eine eindeutig wertbesetzte Bezugsgruppe. Die Frage, gleich im Hinblick auf wen, läßt sich nun so beantworten: im Hinblick auf *elitäre Wertparameter*. Und das bedeutet, daß die konkreten Eliten keineswegs gerade aus denen bestehen, die zufällig mächtig sind (aus der politischen Klasse). Im Gegenteil, unter dem Gesichtspunkt der Bezugsgruppe stehen die konkreten Gruppen auf einem ständigen Prüfstand; sie liefern einen „Bezugspunkt" aufgrund ihrer Vorzüge und nur dann, wenn sie solche aufweisen. Wir können den Gedanken zusammenfassen: Gleichheit führt konkret zu einer Wert-Anhebung, wenn sie mit Elite zusammengebracht wird – wobei dieser Ausdruck eine Bezugsgruppe bezeichnen und in einer dementsprechenden Elitetheorie fungieren muß.
Wir sind in diesem Kapitel einen weiten Weg gegangen, daher möchte ich an den roten Faden erinnern. Wenn man sich mit der Demokratie als Regierungssystem beschäftigt, muß man sich dem Problem der einflußreichen Gruppen und der Führung stellen. Eine Möglichkeit dazu ist das Anerkennen, daß Macht ungleich verteilt ist, daß es Machtgruppen gibt und aller Wahrscheinlichkeit nach weiter geben wird. Das könnte man den realistischen Standpunkt nennen; und hier wende ich nicht ein, daß irgend etwas davon empirisch falsch sei, sondern daß man alles so läßt, wie es ist. Für die umgekehrte Behandlungsweise des Problems

ist der antielitistische Standpunkt ein Beispiel; und hier wende ich ein, daß die kurzfristigen polemischen Gewinne der antielitistischen Parole von ihrer Tiefenschädlichkeit weit aufgewogen werden. Man bilde sich doch nicht ein, durch Abwertung der Meritokratie gewänne man irgend etwas anderes als Immeritokratie; durch Abwertung der Auswahl etwas anderes als falsche Auswahl; durch Abwertung der Gleichheit nach Verdienst etwas anderes als Gleichheit nach Nichtverdienst.

Stellen wir nun die Argumentation in den großen Zusammenhang und fragen wir, wo heute die unmittelbaren Gefahren für die Demokratie als politische Form liegen. In einer Art „Minderheitsherrschaft"? Ich glaube nicht. Denn es liegt auf der Hand, daß alle demokratischen Regierungen – die einen mehr, die anderen weniger – an Autoritätsverlust leiden und mit zu vielen Forderungen überhäuft werden, mit denen sie nicht zu Rande kommen können. Man beachte, daß Überlastung nicht dasselbe ist wie „Großregierung". Eine „Großregierung" begünstigt zwar die Überlastung, doch das eine kann mit Sicherheit ohne das andere bestehen. Wir leben also in einer blockierten, ganz verschiedenen Druckrichtungen ausgesetzten Demokratie mit geringer Regierungsfähigkeit, nämlich geringem Widerstand gegenüber Forderungen und geringer Fähigkeit zum Fällen und Durchführen von Entscheidungen. Am häufigsten gab es in den sechziger und siebziger Jahren Unentschlossenheit, Kurzsichtigkeit, Ineffizienz und zu hohe Ausgaben. Das ist nicht durchweg etwas Negatives. Es beweist nämlich ganz klar – entgegen den Behauptungen der Perfektionisten, Mitwirkungsverfechtern und Populisten –, daß die repräsentative Demokratie keineswegs eine Attrappe ist, ein Gemeinwesen, in dem dem Volk seine Macht genommen ist. Denn all das beweist, in welchem Maße der repräsentative Mechanismus, das *Eingehen auf* (den Wähler) maximiert hat. Doch das ist nur eines der Elemente der repräsentativen Demokratie. Eine Regierung, die nur Forderungen nachgibt, die einfach klein beigibt, erweist sich als eine höchst unverantwortliche Regierung, sie wird ihrer Verantwortung nicht gerecht. Ein Repräsentant ist nicht nur *Personen* gegenüber verantwortlich, sondern auch *für etwas* verantwortlich. Das heißt nichts anderes, als daß die Repräsentation ihrem Wesen nach zwei Bestandteile hat: Eingehen auf den Wähler *und* unabhängige Verantwortlichkeit. Und je stärker die Regierungen *auf* etwas eingehen und dabei weniger Verantwortung *für* etwas zeigen, desto eher werden wir schlecht und/oder gar nicht regiert. Und das heißt auch: Je mehr auf etwas eingegangen worden ist, desto notwendiger wird die *unabhängige Verantwortlichkeit* – um die es bei der Führung geht.

Damit sind wir wieder bei der Ausgangsfrage, nämlich ob Führung ein untrennbarer Bestandteil der Demokratie ist oder nicht. Die alte und jetzt wieder aufpolierte Auffassung meint, Führung sei nur in dem Maße nötig, wie die Rolle des Volkes etwas Sekundäres bleibe. Diese Auffassung gewinnt leicht Beifall. Doch wenn ihre Vertreter wirklich an sie glauben, warum dann nicht anstelle der Führer durchs Los bestimmte „Administratoren"? Während ich noch darauf

warte, daß diese Möglichkeit erprobt wird, möchte ich meine Darlegungen abschließen
Wenn wir die Demokratie als selektive Polyarchie definieren, haben wir nicht das „gute" Funktionieren des Systems im Auge – denn die Konkurrenz im Hinblick auf Wahlen gewährleistet nicht die Qualität der Ergebnisse –, sondern nur ihren demokratischen Charakter. Das übrige – der Wert des Ergebnisses – hängt von der Qualität (und nicht nur von der Responsivität) der Führung ab. Doch während die lebenswichtige Rolle der Führung häufig anerkannt wird, nimmt sie in der Theorie der Demokratie nur einen verschwindenden Platz ein. Diesem Problem widmet sich meine Suche nach einer vertikalen normativen Definition. Dazu habe ich eine *Bezugsgruppentheorie der Eliten* und zwei einander stützende Kurzdefinitionen vorgeschlagen, nämlich daß die Demokratie a) eine selektive Polyarchie und b) eine Verdienst-Polyarchie sein sollte. (…)

Giovanni Sartori: Demokratietheorie, Darmstadt 1992, (S. 173-182, Ausschnitte)

Interpretation

Giovanni Sartori gilt als der moderne Vertreter und Verteidiger der liberalen Elitedemokratie. In der stark überarbeiteten Neuauflage seiner „Democratic Theory" („Demokratietheorie", englische Erstausgabe 1962) aus dem Jahr 1992, sieht Sartori in den Ereignissen von 1989 eine klare Bekräftigung der Stabilität und der Stärke der liberalen Elitedemokratie. Dennoch zwinge gerade der Zusammenbruch der kommunistischen Systeme zu einem Neudurchdenken dieser liberalen Demokratietheorie, zeige sich doch gerade jetzt, dass die westlichen Demokratien vor einer Vielzahl von Problemen ständen, die im Wesentlichen auf hausgemachten Blockaden beruhten.

Giovanni Sartori wurde 1924 in Florenz geboren. Von 1950 bis 1976 war er in unterschiedlichen Funktionen als Professor für Politikwissenschaft und Soziologie an der Universität Florenz tätig. Von 1976 bis 1979 lehrte er an der Stanford Universität in Kalifornien. Danach war er bis zu seiner Emeritierung als „Albert Schweitzer Professor in the Humanities" an der Columbia Universität in New York. Unter anderem war Sartori auch Gastprofessor in Harvard und Yale sowie Fellow in zahlreichen wissenschaftlichen Einrichtungen. Seinen Namen hat er sich vor allem als profundester Kenner der repräsentativen liberalen Demokratietheorie gemacht. Im Rahmen der „International Political Science Association" hatte Sartori 1970 die Leitung einer Forschungsgruppe mit dem Namen „Comitee on Conceptual and

Terminoligical Analysis" (COCTA) übernommen. Die Forschungsgruppe hatte sich die Aufgabe gestellt, in Anknüpfung an Wittgensteins Gegenüberstellung von der Offenheit der natürlichen Sprache im Vergleich zur Geschlossenheit der mathematischen Sprachen sozialwissenschaftliche Konzepte auf ihre Mehrdeutigkeit und Unbestimmtheit hin zu untersuchen. Diese Intention wird auch in Sartoris Werk „Demokratietheorie" deutlich. Er diagnostiziert darin eine Inflationierung des Demokratiebegriffs (12). Alle politischen Regime, selbst kommunistische und faschistische würden sich als Demokratien bezeichnen. Damit sei Demokratie zwar zu einem allerseits verehrten Wort geworden, gleichzeitig aber auch zu einem undefinierbaren Allerweltswort, zu einer Leerformel. Was heute herrsche, sei eine Theorie der „verworrenen Demokratie" oder eine verworrene Theorie der Demokratie. Vor diesem Hintergrund hält Sartori eine politikwissenschaftliche, vor allem aber eine terminologische Aufräumarbeit für unerlässlich. Notwendig sei, dass saubere und verbindliche Begriffe wieder durchgesetzt würden. Der weitaus größte Teil seines Buches widmet er denn auch dem „begrifflichen Großreinemachen", bevor er im letzten Kapitel „Eine Entscheidungstheorie der Demokratie" zwar nicht eine neue Theorie der Demokratie vorstellt, jedoch der Demokratietheorie aus einer entscheidungstheoretischen Perspektive neue und originelle Wendungen gibt. Seine grundlegende Vorstellung von Demokratie formuliert er jedoch, in dem hier in Ausschnitten abgedruckten Kapitel über die normative Definition der Demokratie.

Sartori knüpft in seiner Arbeit zwar an die realistische Demokratietheorie Schumpeters an, unterscheidet sich aber auch in vielen Aspekten deutlich von ihm. Wie Schumpeter, wenn auch weniger spöttisch und zynisch, geht Sartori davon aus, dass der Normalbürger sich für Politik wenig interessiert. Deshalb benötigten auch demokratische Systeme Eliten und Führung. Demokratietheoretische Konzeptionen dürften die Realität nicht außer Acht lassen und Meinungsumfragen und Wahluntersuchungen hätten zweifelsfrei ergeben, dass wir es mit einem führungssuchenden und führungsbedürftigen Publikum zu tun haben. Allerdings sei es wichtig zu erkennen, welche Art von Führung notwendig sei, um die Merkmale demokratischer Führung herausarbeiten zu können.

Sartori gibt sich also nicht, wie Schumpeter, mit der Beschreibung der Realität – der gewachsenen Zweiteilung aller Gesellschaften in „elitefremde" Schichten und etablierte Eliten zufrieden, sondern er fragt normativ nach der notwendigen Qualität demokratischer Eliten, und wie diese sicherzustellen ist.

Entwickelt Schumpeter von seinem Anspruch her eine „realistische" und empirische Demokratietheorie und hat für normative Demokratietheorien nur Hohn und Spott übrig, versucht Sartori empirische und normative Aspekte in seiner Demokratietheorie zu vereinen und zu versöhnen. Für ihn gibt es denn auch keine zwei alternative Theorien der Demokratie, die klassische als normative und die Konkurrenztheorie der

Demokratie als empirische bzw. deskriptive Theorie, sondern nur eine einzige Demokratietheorie, die zumindest zwei Fragen beantworten muss: die empirische Frage nach der Funktionsfähigkeit der Demokratie und die normative nach der Vervollkommnungsfähigkeit der Demokratie oder wie die Demokratie demokratischer werden kann (164 f.). Sartori hebt zweierlei hervor: „Erstens ist das, was Demokratie *möglich* macht, nicht zu verwechseln mit dem, was sie *demokratischer* macht; und zweitens müssen die beiden Probleme in dieser Reihenfolge behandelt werden, sonst zäumt man das Pferd beim Schwanz auf"(165).

Bei dem Versuch die empirische Frage nach der Funktionsfähigkeit der Demokratie zu beantworten, greift Sartori auf Schumpeters Definition zurück, die er als Konkurrenztheorie der Demokratie bezeichnet. Doch auch schon für die Beantwortung der empirischen Frage hält Sartori diese Theorie nicht für ausreichend. Er kritisiert an Schumpeters Definition, sie sei rein verfahrensmäßig: „die Demokratie wird in eine Methode aufgelöst" (160). Schumpeter beschränke seine Argumentation auf die „Input-Seite" des demokratischen Gesamtprozesses. Man müsse aber fragen, wie man von der Methode zu ihren demokratischen Konsequenzen, von der Eingabeseite der Demokratie zu ihrer Ausgabeseite komme. Die Antwort liefert nach Sartori Friedrichs Regel der „vorweggenommenen Reaktion". Diese Regel, dass gewählte Amtsträger, die unter Konkurrenzbedingungen wieder gewählt werden möchten, bei ihren Entscheidungen beeinflusst werden, durch die Vorwegnahme der Reaktionen der Wähler auf ihre Entscheidung, liefere das Bindeglied zwischen Eingaben und Ausgaben, zwischen dem Verfahren und seinen Konsequenzen. Damit erweitert Sartori die Konkurrenztheorie Schumpeters zur „Konkurrenz-Rückkoppelungstheorie der Demokratie".

Aber auch sie ist noch nicht die ganze Demokratie, sondern eine Minimaldefinition, die eine Gruppe notwendiger und hinreichender Bedingungen für das Bestehen einer politischen Demokratie liefert. Über die Vervollkommnungsfähigkeit der Demokratie sage sie jedoch nichts aus. Um diese Frage beantworten zu können, geht Schumpeter auf Robert A. Dahl zurück, der da einsetze, wo Schumpeter aufhöre. Während Schumpeters Problem darin bestand, zu verstehen wie Demokratie funktioniert, möchte Dahl außerdem die Demokratie fördern. Auch Dahl versucht also empirische und normative Aspekte zu unterscheiden und zusammenzubringen. Dahl macht dies deutlich, indem er von zwei Begriffen ausgeht: von Demokratie und von Polyarchie. Das Wort Demokratie reserviert Dahl für das *ideale* System, das Wort Polyarchie für die unterschiedlichen *realen* demokratischen Systeme. Im Unterschied zu Dahls Ansatz bezeichnet Sartori auch die realen Systeme, wenn sie bestimmte Bedingungen erfüllen, als Demokratie. Er unterscheidet dabei aber die präskriptive (normative) und die deskriptive (empirische) Bedeutungskomponente. Dennoch verwendet Sartori in der Folgezeit den Begriff der Polyarchie. Deskriptiv, sagt er, kann man das „Rückkoppelungsmodell" als – *Wahl-Polyarchie* bezeichnen. Sartoris deskriptive Definition der

Demokratie lautet jetzt: „Die Großdemokratie ist ein Verfahren und/oder *Mechanismus*, der a) eine *offene Polyarchie* erzeugt, deren *Konkurrenz* auf dem Wahl-Markt b) *dem Volk Macht* verleiht und c) insbesondere erzwingt, dass sich die Führer gegenüber den Geführten *aufgeschlossen zeigen*" (165).

Damit hat Sartori den ersten Schritt getan und wendet sich jetzt der präskriptiven Definition der Demokratie zu. Nun bezieht sich der normative Aspekt in Sartoris Demokratietheorie – die Frage, wie die Demokratie demokratischer wird – nicht wie in den meisten normativen Demokratietheorien auf die Möglichkeit erweiterter Partizipation oder auf die Frage nach den Kompetenzen oder Tugenden des Bürgers in der Demokratie, sondern vor allem auf die Frage der Notwendigkeit von Führung – „ob wir die Führung gering schätzen oder hoch schätzen sollten" (172) und auf die Frage nach der Qualität von Führung und wie sich diese Qualität sichern lässt. Die Notwendigkeit von Führung scheint unstrittig. Wenn aber die Demokratie sowohl Realismus, d.h. Beachtung der Tatsachen als auch Idealismus, d.h. Einbindung der Tatsachen durch Werte bedarf, dann stellt sich in erster Linie die Frage, wie lassen sich Werte mit der Notwendigkeit von Führung in Verbindung bringen? Die Ideale der Demokratie, schreibt Sartori, sind noch ihre griechischen Ideale und setzen an der horizontalen Dimension von Politik an, während die vertikale Struktur der repräsentativen Demokratie auf Nationenebene nicht durch Werte gestützt wird.

Wenn Sartori die direkte Demokratie, die Referendumsdemokratie, kurz gesagt alle Formen einer partizipatorischen Demokratie ablehnt und die repräsentative Demokratie für die einzig mögliche Form in größeren Gebilden hält, bedeutet dies nicht, dass er mit der Realität der repräsentativen Demokratien zufrieden wäre, im Gegenteil: „Wäre ich nicht unglücklich damit", schreibt er, „wie unsere Demokratien funktionieren, so würde ich mich mit der deskriptiven Definition von Demokratie zufrieden geben, nämlich als eines diffusen, offenen Systems von Einflussgruppen, die für die Wahlen miteinander konkurrieren – und mir die normative Anstrengung ersparen" (175). Wie aber lässt sich die repräsentative Demokratie und ihre vertikale Struktur normativ, d.h. mit Idealen aufladen? Auf jeden Fall nicht, indem man die Ideale der Vergangenheit wieder entdeckt, die nichts mit der repräsentativen Demokratie zu tun haben und auch nicht, indem man – wie die Neue Linke – schlicht zur horizontalen Demokratie zurückkehrt, sondern der erste Schritt auf dem Wege zur normativen Anreicherung der repräsentativen Demokratie besteht darin, dass die politische Wahl als *Auswahlinstrument* im qualitativen Sinne gedacht wird. Jedes wissenschaftliche oder wirtschaftliche Unternehmen müsse sein Personal im wertenden Sinne „auswählen". „Ist nun die demokratische Politik so einfach und so grundverschieden von allen anderen gesellschaftlichen Vorgängen, dass hier eine Auswahl überflüssig oder gar eine Sünde wäre?" fragt Sartori und definiert dann normativ: „Die Demokratie sollte ein *selektives System* konkurrierender gewählter Minderheiten sein ... Die Demokratie sollte eine *selektive Polyarchie* sein." Um den normativen Gehalt der selektiven Polyarchie noch deutlicher zu machen bezieht er sie auf den Begriff der Gleichheit. Gleichheit aber ist nun der zentrale Wert der horizontalen Demokratie und das Problem das nun gelöst werden muss, besteht darin, den Gleichheitsbegriff in die vertikale Dimension einzubringen. Dies kann weder die als horizontale Gleichheit gedachte „Machtgleichheit" sein, noch die Chancengleichheit, die eher einen Anfangspunkt als einen Endzustand bezeichnet, sondern die Gleichheit, die die vertikalen Vorgänge und Arbeitsweisen der Demokratie kennzeichnet, ist die „Verdienstgleichheit". Diese Überlegung führt ihn dann zu einer erweiterten normativen Definition: Die Demokratie sollte eine selektive Polyarchie des Verdienstes sein.

Damit aber im Zusammenhang von Eliten überhaupt von Verdienst gesprochen werden kann, fordert Sartori von den gewählten politischen Eliten „Führung", d.h. nicht nur Verantwortlichkeit gegenüber Personen (das wäre das Rückkoppelungsmodell), sondern Verantwortlichkeit *für etwas.* „Das heißt nichts anderes, als dass die Repräsentation ihrem Wesen nach zwei Bestandteile hat: Eingehen auf den Wähler *und* unabhängige Verantwortlichkeit. Und je stärker die Regierungen *auf* etwas eingehen und dabei weniger Verantwortung *für* etwas zeigen, desto eher werden wir schlecht und/oder gar nicht regiert. Und das heißt auch: Je mehr auf etwas eingegangen worden ist, desto notwendiger wird die *unabhängige Verantwortlichkeit* – um die es bei der Führung geht".

Damit hat Sartori die wesentlichen begrifflichen Elemente seiner Demokratietheorie entwickelt. Am Ende seiner Arbeit formuliert er auf dieser Grundlage eine „Entscheidungstheorie der Demokratie". Damit erhebt er zwar nicht den Anspruch eine „neue Theorie" der Demokratie vorzustellen, aber er formuliert darin Überlegungen, die aktuelle Probleme der Demokratie aufgreifen. Unter anderem im Zusammenhang mit der Mehrheitsregel, die ungleiche Intensität der Präferenzen, die das Mehrheitsprinzip außer Acht lässt und dazu führt, dass die Mehrheitsregel nie völlig akzeptiert wird, dass ihre Anwendung oft das Ziel verfehlt und dass intensiv empfindende Minderheiten ihren Grundsatz in Frage stellen (225). Um diese Probleme zu minimieren, präferiert Sartori als politisches Entscheidungssystem das Ausschusssystem, das innerhalb der Ausschüsse aufgrund zeitverschobener gegenseitiger Kompensation oder Tauschgeschäfte funktioniert und als System aufgrund von Nebenleistungen, die weitgehend aufgrund vorweggenommener Reaktionen erfolgen. Das Ausschusssystem lässt sich dann mit Demokratie verbinden, wenn man die Betrachtungsweise ändert, wenn man statt des Inputs, den Output in den Blick nimmt. „Mikrodemokratien lassen sich noch allein anhand des *Inputs* fassen und somit auf den Begriff der *Volksmacht* zurückführen; für Makrodemokratien gilt das meiner Auffassung nach nicht mehr, man fasst und fördert sie am besten anhand des *Outputs.* Ich meine also, wichtige Verbesserungen sind nicht auf der Machtseite des Problems möglich – mehr Macht dem Volk –, sondern beim Endergebnis: mehr gleiche Vorteile oder weniger ungleiche Nachteile für das Volk" (235).

Das bedeutet nun nicht, dass Sartori das Mehrheitsprinzip abschaffen und durch ein konsensorientiertes Ausschusswesen ersetzen will. Für ihn gibt es kein optimales Entscheidungssystem und es geht daher vielmehr um die Frage, an welchem Punkt zu viel Ausschusswesen und an welchem zu viel Mehrheitsentscheidung zu negativen Folgen zu führen beginnen. Um diese Frage beantworten zu können, greift er die idealtypische Unterscheidung von Arend Lijphard zwischen „Mehrheitsdemokratie" und „Einhelligkeitsdemokratie" auf. Indem er ihr ihren polaren Charakter nimmt und sie weniger rigide fasst, gelangt er zu folgendem Ergebnis: „Erstens kommen in einigen Ländern die Mehrheitsregeln mit der Intensität zurecht, während sich in anderen Ländern die Entscheidungsregeln den Intensitäten fügen und anpassen müssen. Zweitens sind „Mehrheitsdemokratie" und „Einhelligkeitsdemokratie" zwei Typen des Ausgleichs zwischen Nullsummen- und Positivsummenpolitik. Drittens: Auf einem Kontinuum von „immer mehrheitsorientiert" bis „nie mehrheitsorientiert" sind die wirklichen Demokratien der Tendenz nach umso mehrheitsorientierter, je stärker sie von Konsens beherrscht sind, je (kulturell) homogener und je weniger segmentiert (gespalten) sie sind; und sie sind umso weniger mehrheitsorientiert (d.h. umso stärker einhelligkeitsorientiert), je weniger diese Eigenschaften zutreffen. Etwas anders formuliert: Man findet zwar immer eine Mischung aus mehrheitlichen und nichtmehrheitlichen Entscheidungen, doch die Anteile variieren nach folgender Faustregel: Je stärker intensive Minderheiten präsent sind, desto weniger ist eine Nullsummenregierungsweise ratsam und durchführbar" (241).

Aus dem letzten Zitat wird deutlich, was die gesamte Demokratietheorie Sartoris kennzeichnet. Sartori geht eklektisch vor mit der Folge, dass in seiner Demokratietheorie nichts wirklich neu ist. Das aber ist auch eigentlich nicht sein Anspruch, sondern es geht ihm im Wesentlichen darum, begriffliche Klarheit in die „verworrene Demokratie" zu bringen. Dies ist ihm sicherlich über weite Strecken gelungen. Allerdings kann man gegenüber der Wirkung dieser „terminologischen Aufräumarbeit" skeptisch sein. Standardisierungsversuche bleiben in den Sozialwissenschaften in der Regel isoliert und eine Auswahl und sprachliche Säuberung von Grundbegriffen über Defintionsarbeit wird kaum auf die Zustimmung aller Politikwissenschaftler rechnen und so ist die Verworrenheit in der Demokratietheorie auch nach Sartori nicht weniger geworden.

Ideengeschichtlich lässt sich Sartori in die liberaldemokratische, empirisch-angloamerikanische Demokratietheorie von Locke über Montesquieu, den Autoren der Federalist Papers, Tocqueville bis Schumpeter einordnen. Für die aktuelle Diskussion ist der Versuch Sartoris von Bedeutung empirische *und* normative Elemente in einer Theorie zusammenzufügen, das richtige Verhältnis von rational-normativem, kontinentalem und empirisch-gemäßigtem angloamerikanischem Demokratieverständnis zu finden: die Balance zwischen richtigem Realismus und richtigem Idealismus.

Ähnliche Ansprüche finden sich in den pluralistischen und neopluralistischen Demokratietheorien. Für die aktuelle Diskussion bedeutender sind vielleicht seine Überlegungen zur Legitimität der Mehrheitsregel sowie seine Betonung der Output-Orientierung der Demokratie durch die Effektivität und Qualität von Entscheidungen, die sich beide in aktuellen Diskussionen (vgl. den Text von Fritz W. Scharpf) wieder findet. Seine Entscheidungstheorie der Demokratie, insbesondere das System der Ausschüsse, bietet Anknüpfungspunkte für die Diskussion um die Verhandlungsdemokratie, die im Rahmen interner Differenzierungen und zunehmender Internationalisierung (z.B. im Zusammenhang mit der Europäischen Union) von zentraler Bedeutung ist.

Ernst Fraenkel

Ausgewählt und interpretiert von Peter Massing

Pluralistische Demokratietheorie

(...) Politische Bildung ist unvollkommen, wenn sie sich nicht darüber Rechenschaft ablegt, von welchem Bild des Menschen unser politisches Denken geprägt ist, das heißt aber, zu welcher politischen Anthropologie wir uns bekennen. Die westlichen Demokratien – einschließlich der Bundesrepublik – legen ihrem Demokratiebegriff die auf der jüdisch-christlichen Tradition beruhende Anthropologie zugrunde, daß der Mensch zwar in der Lage ist, das Gute zu erkennen, daß es ihm aber verwehrt ist, es jemals voll zu verwirklichen. Jede Form des Messianismus ist ihnen zuwider; sie erblicken in dem Zustand der Entfremdung das Schicksal des modernen Menschen im Industriezeitalter. Die Aufhebung der Entfremdung streben sie nicht an, weil sie die menschliche Natur nicht für manipulierbar halten.
Politische Bildung muß von der Natur der homines sapientes und darf nicht von der Unnatur von homunculi ausgehen. Politische Bildung muß gleicherweise in Rechnung stellen, daß der Mensch in seinem politischen Denken zwar für die Vorstellung einer gerechten Gesellschaftsordnung empfänglich, in seinem politischen Handeln jedoch weitgehend von dem Bestreben motiviert ist, seinen Interessen bestmöglich zu dienen und seine Bedürfnisse bestmöglich zu befriedigen.
(...) Hier liegt der Ansatzpunkt für das Verständnis der Möglichkeiten und Grenzen der politischen Betätigung der Bürger in der parlamentarischen Demokratie. Die moderne parlamentarische Demokratie gestattet ihren Bürgern, auch in ihrer Eigenschaft als Bürger um die Förderung ihrer Interessen besorgt zu sein. Sie ermuntert sie geradezu, dies auf dem einzig wirksamen Wege – nämlich kollektiv – zu tun. Sie verwirft den Gedanken, daß lediglich gespaltene Persönlichkeiten – Gemeinschaftsmenschen in der politischen und Privatmenschen in der sozio-ökonomischen Sphäre – gute Bürger zu sein vermögen.

(...) Die Gretchenfrage der dem modernen Industriezeitalter adäquaten Staatsform der parlamentarischen Demokratie lautet, ob es angängig ist, unter ihrer Herrschaft trotz des heterogenen Charakters ihrer Gesellschaftsstruktur von einem Gemeinwohl zu sprechen. (...) Politische Bildung schließt die Notwendigkeit ein zu begreifen, daß es noch niemals in der Geschichte einen Staat gegeben hat, der sich nicht zu dem Grundsatz bekannt hat, salus rei publicae sei suprema lex. Eine Politikwissenschaft, die zu dem Phänomen „Gemeinwohl" nichts zu sagen hat, ähnelt einer Vorführung des Hamlet ohne den Prinzen von Dänemark.

Unter Gemeinwohl soll in folgendem eine in *ihrem Kern* auf einem als allgemein gültig postulierten Wertkodex basierende, in ihren *Einzelheiten* den sich ständig wandelnden ökonomisch-sozialen Zweckmäßigkeitserwägungen Rechnung tragende regulative Idee verstanden werden, die berufen und geeignet ist, bei der Gestaltung politisch nicht kontroverser Angelegenheiten als Modell und bei der ausgleichenden Regelung politisch kontroverser Angelegenheiten als bindende Richtschnur zu dienen.

Ich wiederhole, daß mit der für den demokratischen Staat kennzeichnenden Vorstellung der Autonomie politischer Willensbildung der Gedanke eines a priori Gemeinwohls in Form eines politischen Aktionsprogramms nicht in Einklang zu bringen ist. Schließt dies aber – so müssen wir uns fragen – die Möglichkeit eines a posteriori-Gemeinwohls aus – eines Gemeinwohls, das nicht vorgegeben ist, sondern das als Resultante aus dem Parallelogramm der divergierenden ökonomischen, sozialen und ideellen Kräfte entsteht und den optimalen Ausgleich der antagonistischen Gruppeninteressen darstellt? Diese Frage ist nur dann sinnvoll, wenn man es für möglich erachtet, in den mit der kollektiven Wahrnehmung von Gruppeninteressen betrauten Verbänden die geeigneten Instrumente zwecks Überwindung der zentrifugalen Tendenzen zu sehen, die in der heterogenen Gesellschaft in Erscheinung treten. Die Frage ist nur dann nicht paradox, wenn man von der Arbeitshypothese ausgeht, es sei möglich, aus der heterogenen Not eine pluralistische Tugend zu machen.

(...) Eine politische Bildung, die sich nicht in einer phrasenhaften Bejahung oder Verdammung des Pluralismus verlieren will, muß an Tocqueville anknüpfen. Sie darf über den Möglichkeiten nicht die Grenzen einer mittels der Gruppen zu verwirklichenden Mitwirkung der Bürger am Staat übersehen.

Pluralismus darf nicht mit einem Laissez-faire auf kollektiver Ebene gleichgesetzt werden. Ein richtig verstandener Pluralismus schließt die Erkenntnis ein, daß auch in der heterogensten Gesellschaft stets neben dem kontroversen auch ein nicht-kontroverser Sektor des gesellschaftlichen Lebens besteht. Ein richtig verstandener Pluralismus ist sich der Tatsache bewußt, daß das Mit- und Nebeneinander der Gruppen nur dann zur Begründung eines a posteriori-Gemeinwohls zu führen vermag, wenn die Spielregeln des politischen Wettbewerbs mit Fairneß gehandhabt werden, wenn die Rechtsnormen, die den politischen Willensbildungsprozeß regeln, unverbrüchlich eingehalten werden, und wenn

die Grundprinzipien gesitteten menschlichen Zusammenlebens uneingeschränkt respektiert werden, die als regulative Idee den Anspruch auf universale Geltung zu erheben vermögen. Sie tragen einen modifizierenden und korrigierenden Charakter und stellen kein unmittelbar realisierbares Aktionsprogramm dar.
Der Pluralismus stellt gleichsam einen Transformator dar, in dem gesellschaftliche in politische Energie umgewandelt wird. In ihm werden die diffusen Elemente der heterogenen Massengesellschaft in kompakte Gebilde umgeformt, denen in einer parlamentarischen Demokratie der Zugang zu Parlament, Regierung und Verwaltung jederzeit offenstehen sollte. Die pluralistischen Verbände sind dazu berufen, dem einzelnen die Möglichkeit zu eröffnen, einen Ausweg aus der Isolierung und Vereinsamung zu finden, die ihn im Industriezeitalter ständig bedroht. Denn die Mitwirkung des Bürgers an öffentlichen Angelegenheiten darf sich nicht darauf beschränken, alle vier Jahre zur Wahlurne zu gehen und durch seine Stimmabgabe Einfluß darauf auszuüben, welches Team im Bereich der hohen Politik regieren soll – so wichtig dies auch ist. Die Mitwirkung des Bürgers muß die Möglichkeit einschließen, durch Mitgliedschaft und Mitarbeit in den Interessenorganisationen an der Regelung der Alltagsfragen teilzunehmen, die ihn unmittelbar berühren. Letzten Endes ist der Sinn der kollektiven Demokratie darin zu suchen, ohne den utopischen Versuch zu unternehmen, die Wirkungen der Entfremdung völlig abzustellen und aufzuheben, sie doch soweit wie möglich abzuschwächen und erträglich zu machen. Durch aktive Mitarbeit in den Verbänden und Parteien soll das Gefühl der passiven Hilflosigkeit überwunden werden, das den einzelnen befallen muß, wenn er keinen Ausweg aus dem Prozeß der Vermassung sieht, die uns alle täglich bedroht.
Mitarbeit des Bürgers in der parlamentarischen Demokratie gewährt dem einzelnen das unmittelbar politische Wahlrecht; Mitarbeit des Bürgers in der pluralistischen Demokratie gewährt dem einzelnen ein mittelbares, durch die Parteien und Verbände geltend zu machendes Mitgestaltungsrecht auf die öffentliche Meinung, die Fraktionen und damit auch auf Regierung und Parlament (...). Pluralismus ermöglicht eine durch die Parteien und Gruppen zu bewerkstelligende demokratische Mitwirkung der Bürger im Staat nur dann, wenn die Gruppen und Parteien selber demokratisch konstituiert sind und sich gegenüber dem ehernen Gesetz der Partei- und Gruppenoligarchie immun erweisen. Die Existenz einer pluralistischen Demokratie setzt nicht nur voraus, daß der Staat pluralistisch ist, sie setzt auch voraus, daß die pluralistischen Parteien und Verbände demokratisch sind, daß heißt, daß sie offene Gesellschaften darstellen, die nicht von Eliten, die sich durch Kooption ergänzen, beherrscht werden, sondern als Stätten zu dienen vermögen, an denen jeder Bürger sich aktiv zu betätigen in der Lage ist ..."

Ernst Fraenkel: Möglichkeiten und Grenzen politischer Mitarbeit der Bürger in einer modernen parlamentarischen Demokratie, in: ders.: Deutschland und die westlichen Demokratien, herausgegeben und mit einem Nachwort versehen von Alexander von Brünneck, Frankfurt/M., 1991 (erweiterte Ausgabe), S. 261-276, hier S. 271-276 (Auszug)

Interpretation

Ernst Fraenkel gilt heute als der Begründer und wichtigster Vertreter der so genannten Neo-Pluralismustheorie. Grundzüge dieser Theorie, die liberale und sozialistische Demokratievorstellungen verknüpft, lassen sich schon in seinen Veröffentlichungen während der Weimarer Republik finden, in der er sich aus einer reformsozialistischen Perspektive für die Demokratie aussprach. Wie kaum ein anderer Autor hat Ernst Fraenkel die historischen Erfahrungen des 20. Jahrhunderts und die eigenen biographischen Erfahrungen in seiner Theorie verarbeitet.

Ernst Fraenkel wurde am 26. Dezember 1898 als Sohn jüdischer Eltern in Köln geboren. Von 1916 bis 1918 nahm Ernst Fraenkel am Ersten Weltkrieg teil. Seit 1919 bis zu seinem Referendarsexamen 1921 studierte er Rechtswissenschaft und Geschichte in Frankfurt/M. Sein wichtigster akademischer Lehrer war Otto Sinzheimer, bei dem er 1923 mit einer Arbeit aus dem Bereich des kollektiven Arbeitsrechts promovierte. Seit 1921 war Fraenkel Mitglied der SPD und arbeite nebenamtlich in der Arbeiterbildung der Freien Gewerkschaften. Als der Deutsche Metallarbeiterverband eine eigene Gewerkschaftsschule errichtete, wurde Fraenkel hauptamtlicher Dozent an dieser Schule.

Von 1926 bis 1938 wirkte er dann als Rechtsanwalt am Kammergericht in Berlin, war Syndikus des Deutschen Metallarbeiter Verbandes und vertrat auch den Parteivorstand der SPD in öffentlich-rechtlichen Streitigkeiten. Neben seiner praktischen Tätigkeit veröffentlichte Fraenkel wissenschaftliche Beträge zum Arbeitsrecht, zum Verfassungsrecht und zur Politikwissenschaft. In der Endphase der Weimarer Republik kämpfte er in seinen Publikationen leidenschaftlich für die Erhaltung der demokratischen Verfassung. Wegen seiner freiwilligen Kriegsteilnahme behielt Fraenkel 1933 seine Zulassung als Anwalt. In dieser Zeit beteiligte er sich an der Widerstandsarbeit des „Internationalen Sozialistischen Kampfbundes" und war als Verteidiger und Berater politisch und rassistisch Verfolgter tätig. Während dieser Zeit arbeitete er heimlich an der ersten großen kritischen Analyse des nationalsozialistischen Herrschaftssystems: „Der Doppelstaat". Das Buch, das 1941 in englischer Übersetzung in New York erschienen ist, gilt als eines der bedeutendsten Standardwerke der antifaschistischen Literatur der Kriegszeit. Am 20. September 1938 musste Ernst Fraenkel aus Deutschland fliehen. Von 1939 bis 1941 studiere er amerikanisches Recht an der Law School der University of Chicago. 1944 trat er in den amerikanischen Regierungsdienst ein. Er war Berater der amerikanischen Behörde in Südkorea und wirkte dort u.a. an der Ausarbeitung einer Verfassung mit.

1951 kehrte Fraenkel, als amerikanischer Staatsbürger, nach Deutschland zurück, zunächst als Dozent und ab 1953 als Professor an der Deutschen Hochschule für Politik, dem späteren Otto-Suhr-Institut für Politikwissenschaft der Freien Universität Berlin. Nach seine Emeritierung 1967 bis zu seinem Tode am 28. März 1975 lebte Fraenkel in Berlin.

Zentrales Ziel seiner wissenschaftlichen Arbeiten sah Fraenkel darin, die theoretischen Grundlagen der wiedererstandenen deutschen Demokratie zu festigen und die praktische Funktionsfähigkeit ihrer Institutionen zu verbessern. Politikwissenschaft war für Fraenkel vor allem Demokratiewissenschaft und diese gewann einen Teil ihrer Identität auch über ihren politischen Bildungsauftrag, dem sie sich verpflichtet fühlte. Für Ernst Fraenkel, der seinen Wurzeln aus der Arbeiterbildung stets treu blieb, standen Politikwissenschaft und politische Bildung in einem engen Zusammenhang. Dieser Zusammenhang wird auch in dem abgedruckten Text deutlich, der Ausschnitte aus einem Einleitungsreferat zu einem Kongress zur politischen Bildung (1966) in Bonn enthält.

Die grundlegenden Abhandlungen zum Pluralismus publizierte Fraenkel in dem Sammelband „Deutschland und die westlichen Demokratien", der 1964 in der 1. Auflage erschien.

Es sind vor allem drei historische Erfahrungen, die Fraenkels pluralismustheoretischen Arbeiten prägen. Zum einen die Erfahrung der Weimarer Republik und ihres Untergangs, die Erfahrungen mit der Realität des faschistischen Totalitarismus und die Erfahrungen mit der, durch den Gruppenpluralismus geprägten, amerikanischen Demokratie.

Grundlage für die Fraenkel'sche Pluralismustheorie, wie sie seit Mitte der 60er-Jahre zu Verfügung steht, ist ihr normativ-empirischer Charakter. In seiner Theorie verarbeitet er neben seinen biographischen Erfahrungen, die Erfahrungen der politischen Geschichte Kontinentaleuropas und der angloamerikanischen Staaten. Mit der angloamerikanischen Staatstheorie und der amerikanischen Demokratie konnte er sich während seiner Emigration in den USA vertraut machen. Unter „westliche Demokratie" versteht er eine bestimmte gemeinsame Tradition, die ein gemeinsames ideengeschichtliches Band bilden, u.a. die Idee des Rechtsstaates, die Gewaltenteilung und die Betonung des repräsentativen Charakters moderner Demokratien. Er übernimmt aber auch Elemente aus der Arbeiterbewegung, insbesondere die Bedeutung der sozialen Gerechtigkeit und die Notwendigkeit gesellschaftlich-politischer Gruppenbildung. Fraenkel kommt aus der Arbeiterbewegung und ist zunächst marxistisch geprägt, spätestens jedoch nach dem Hitler-Stalin-Pakt ist ihm klar, dass die deutsche Arbeiterbewegung nur eine Zukunft haben kann im Vertrauen und in der „Zusammenarbeit mit den angelsächsischen Demokratien, die die Welt davor bewahrt haben, in der Nacht der Diktatur zu versinken". Der Hitler-Stalin-Pakt zerstörte die Illusion einer klassenfreien Demokratie, die Erfahrung der Roosevelt-Revolution schuf die Bereitschaft an der Entwicklung eines pluralistischen Demokratiemodells mitzuarbeiten.

Bereits während der Weimarer Republik hatte Fraenkel die wichtigsten Elemente seiner pluralistischen Demokratietheorie entwickelt. Er sprach damals nicht von der pluralistischen, sondern von der „dialektischen Demokratie", deren charakteristisches Merkmal er darin sieht, die vorhandenen Gegensätze aufzudecken und sich frei entfalten zu lassen. Fraenkel ging es in der dialektischen Demokratie um die Legitimierung von Vielfalt in der politischen Willensbildung, konkretisiert vor allem als Einfluss sozialer Interessenorganisationen. Die positive Funktion von Interessengruppen, ihre Beteiligung an der Bildung des Staatswillens, die Notwendigkeit des streitigen und des nichtstreitigen Sektors, das Spannungsverhältnis von Konsens und Konflikt und der Kompromiss als Ergebnis politischer Willensbildung und Entscheidung sind Strukturmerkmale, die schon die dialektische Demokratie enthielt. Nach seiner Rückkehr nach Deutschland hat Fraenkel diese Grundgedanken aufgegriffen, weiterentwickelt und zu seiner Konzeption des Neopluralismus verdichtet. Die neopluralistische Theorie ist eine politologische Demokratietheorie. Politikwissenschaft hat im Verständnis Fraenkels ein zweifaches Anliegen: 1. die Beschäftigung mit dem bestehenden und 2. die Beschäftigung mit dem guten Staat. Auf der Grundlage der angelsächsischen Konkurrenztheorie, stark beeinflusst von den frühen englischen Pluralisten, besonders Ernest Barker, hat Fraenkel die Theorie des Neopluralismus, des autonom legitimierten, heterogen strukturieren politischen Gemeinwesens, historisch im Gegensatz zum kontinental-europäischen Denken des heteronom legitimierten und homogen strukturierten Staates, dessen geistigen Vater Fraenkel vor allem in Rousseau sieht und das er vulgärdemokratisch nennt, entwickelt und will sie normativ als Antwort auf die Herausforderung des Totalitarismus verstanden wissen. Im Hinblick darauf, dass man den totalen Staat aus der Negation des Pluralismus gerechtfertigt hat, sieht er es geboten, durch die Negation der Negation, den Totalitarismus durch den Neo-Pluralismus zu überwinden.

Fraenkel geht in seiner neopluralistischen Demokratietheorie von mehreren Grundvoraussetzungen aus. Erstens von einem Menschenbild, das dem der Federalist Papers ähnelt, vielleicht etwas weniger skeptisch ist und das, wie in dem Text deutlich wird, in der jüdisch-christlichen Tradition gründet. Der Neopluralismus erhebt als empirische Theorie den Anspruch, sein Denken auszurichten am Menschen wie er ist. Empirisch ist er ein Wesen, das weitgehend von dem Bestreben motiviert ist, seine Bedürfnisse bestmöglich zu verwirklichen, das verstümmelt und ein seelischer Krüppel wäre, hätte es keine Eigeninteressen mehr und hörte es auf an sich und seine Interessen zu denken. Denn gerade die Verfolgung von Eigeninteressen muss als ein essentieller Bestandteil der menschlichen Natur angesehen werden. In Antithese zu Rousseaus politischer Anthropologie – eines von Natur aus guten, durch die Gesellschaft aber vom Eigennutz verderbten Menschen –, gewinnt der Begriff des Interesses und der an seinen Interessen orientierte Mensch in der neopluralistischen Theorie eine positiv kategoriale Bedeutung.

Zweitens, aus der anthropologischen Fassung des Interesses verknüpft mit dem Bekenntnis zur „westlichen Demokratie“ folgt die Anerkennung der Befugnisse der Bürger, ihre Interessen frei und ungehindert vertreten zu können. Das der „westlichen Demokratie“ zugrunde liegende Konkurrenzmodell beruht auf der „Natürlichkeitsannahme“ der Interessendivergenz, was die Natürlichkeit von Konflikten zwischen den Interessen nach sich zieht. Die Anerkennung der Legitimität partikularer Interessen, die Bejahung der Interessenvielfalt und die positive Bewertung der freien Austragung von Interessenkonflikten als Maßstab der Freiheitlichkeit einer Gesellschaft und Voraussetzung menschlicher Emanzipation, wirft die Frage auf, wie gesellschaftliche Ordnung trotzdem möglich ist. Um der vom Interessenpluralismus ausgehenden Gefahr einer Destabilisierung des politischen Systems zu begegnen, gibt es drittens bei Fraenkel neben dem kontroversen Sektor auch einen nicht-kontroversen Sektor, der zur Stabilität des politischen Systems beiträgt. Voraussetzung hierfür ist ein Minimalkonsens, der sowohl zentrale Werte als auch die Regeln des gesellschaftlichen Konfliktaustrages enthält. Viertens begreift der Neopluralismus – wie im Text deutlich wird – das Gemeinwohl nicht als vorgegeben und objektiv erkennbar. Es gibt kein Gemeinwohl a priori. Nicht zuletzt deswegen übt Fraenkel scharfe Kritik an der Rousseau'schen volonté générale. Das Gemeinwohl des demokratisch pluralistischen Staats muss immer a posteriori als Resultat konkurrierender gesellschaftlicher Gruppeninteressen gefunden werden, das als „Resultante aus dem Parallelogramm der divergierenden ökonomischen, sozialen und ideellen Kräfte entsteht und den optimalen Ausgleich der antagonistischen Gruppeninteressen darstellt.“ Kurz zuvor spricht Fraenkel vom Gemeinwohl als einer regulativen Idee, das in einem immer währenden innergesellschaftlichen Prozess neu definiert werden muss. Fraenkel sieht darin auch den fundamentalen Unterschied zu den totalitären Diktaturen des 20. Jahrhunderts, die ein Gemeinwohl a priori definierten.

Die fünfte Voraussetzung betrifft die Organisation von Partikularinteressen in der modernen Massengesellschaft. Sie haben dann ihre größte Aussicht auf Erfolg, wenn sie sich im Rahmen einer kollektiven Interessenvertretung organisieren lassen. Gerade über autonome Gruppen hat der Einzelne die Möglichkeit sich am politischen Willensbildungs- und Entscheidungsprozess zu beteiligen. Die Mitgliedschaft in der Gruppe gibt dem Bürger die Chance zusammen mit anderen, die gleiche oder ähnliche Interessen haben, diese zu artikulieren und sich für ihre Realisierung einzusetzen. Darüber hinaus vermittelt die Gruppe soziale Identität und schützt vor Vereinsamung.

Dies ist ein Plädoyer für die Parteien, und für die Interessengruppen, die im pluralistischen Staat eine wichtige Funktion erfüllen. Eine pluralistisch strukturierte Gesellschaft zeichnet sich aus durch den Wettbewerb und gleichzeitig die Koexistenz verschiedener gesellschaftlicher Gruppen im politischen Willensbildungsprozess. Dieses Pluralismuskonzept unterstützt die Entfaltung von Minderheiten und neuen gesellschaftspolitischen Entwicklungen. Im Gegensatz zur demokratischen Elitetheorie setzt es einen Bürger voraus, der sich *aktiv* im politischen Willensbildungs- und Entscheidungsprozess engagiert und seine Rolle nicht darauf reduziert, alle vier Jahre zur Wahl zu gehen.

Die neopluralistische Demokratietheorie von Ernst Fraenkel hatte es nicht einfach theoretische und praktische Anerkennung zu finden. Dies lag nur zum geringen Teil daran, dass sie fragmentarisch geblieben ist. Es lag vielmehr daran, dass die politische Kultur der Bundesrepublik weitgehend „antipluralistisch" war. Noch 1964 hielt Fraenkel den Begriff Pluralismus, für eine ausgemachte Provokation und nicht umsonst sprach er davon, dass Pluralismus kein Geschäft für Leisetreter und Opportunisten sei. In den fünfziger und Anfang der sechziger Jahre war es vor allem die Kritik von „rechts", der sich der Pluralismus ausgesetzt sah. Die „rechte" Pluralismuskritik ging dabei von einem Menschen aus, dem als sterbliches Wesen das unausrottbare Bedürfnis innewohne „sich in übergreifenden Ordnungen geborgen zu wissen – in Ordnungen, die ihn überdauern und ihm eine Würde verleihen, die das einzelne gebrechliche Individuum in größere Zusammenhänge stellt" (Armin Mohler). Der Mensch wolle nicht frei sein, sondern in einem Sinnzusammenhang stehen. Andere Autoren wie Carl Schmitt gingen, in Anlehnung an Thomas Hobbes, von einem Menschen aus, der sich darstellt als ein radikal böses Wesen, voll animalischer Kraft, bar jeder Kompromissbereitschaft, ohne Willensfreiheit und kollektivistisch ausgerichtet, „geboren aus einer Erschütterlichkeitssphäre, geschaffen als Verfallsttyp". Jedes Interesse wurde von diesen Ansätzen verstanden als von vornherein emotional bestimmt, als unaufhebbar partikular und als unaufhebbar irrational. Zwischen den Interessen herrsche der reine Naturzustand. Nackte Gewalt kämpft gegen nackte Gewalt, ohne dass von diesem Boden aus ein höheres rationales Korrektiv denkbar wäre. Die Anerkennung des pluralistischen Gemeinwesens bedeute, die Irrationalität der Interessen zum herrschenden gesellschaftlichen Prinzip zu erheben. Das Ergebnis diesen Denkens war die Abneigung gegen Interessen und Interessenwahrnehmung, besonders in ihrer organisierten Form. Man beklagte die „Anarchie der Interessengruppen" und forderte einen „starken und über den hungrigen Interessenhaufen stehenden Staat". Dem Chaos der Interessendurchsetzung sollte eine mit großer Gewalt ausgestattete Institutionalisierung des allgemeinen Interesses gegenübergestellt werden, der Irrationalität der Gesellschaft sollte durch die Rationalität des Staates begegnet werden. Nun darf die „rechte" Pluralismuskritik nicht nur als eine theoretisch-wissenschaftliche Diskussion gesehen werden, sie spiegelt auch einen erheblichen Teil der damals herrschenden politischen Kultur wider. Harmoniebedürftig und konfliktfeindlich, ablehnend gegenüber Parteien, vor allem aber gegenüber gesellschaftlichen Interessengruppen, war sie durchaus politisch wirksam.

Erst Ende der 60er-Jahre begann sich der Pluralismus durchzusetzen, allerdings nur, um allzu bald in das Visier einer jetzt „linken" Pluralismuskritik zu geraten. Die gemeinsame Ausgangsposition dieser Kritik bestand darin, im Pluralismus generell ein Anpassungskonzept zu sehen, ein Instrument der herrschenden Klasse, deren Funktion darin bestehen würde, den tatsächlichen Klassenantagonismus zu verschleiern und die bestehenden Herrschaftsstrukturen zu stabilisieren.

Obwohl die Bundesrepublik seit bald 50 Jahren eine im Großen und Ganzen funktionierende pluralistische Demokratie ist, und die politische Kultur durch den Pluralismus mittlerweile tief geprägt ist, sind bis heute Vorbehalte gegen den Pluralismus nicht ganz geschwunden. Noch immer gibt es im deutschen politischen Denken und zwar von links und rechts, eine etatistische Tradition, die ausgehend vom Dualismus von Staat und Gesellschaft, entweder den Einfluss von gesellschaftlichen Interessen auf politische Entscheidungen für illegitim hält, oder die mehr auf die Regulierungsfähigkeit des Staates hofft, als auf die Selbstregulierung der Gesellschaft vertraut.

Dennoch, bei aller Kritik und bei durchaus vorhanden Defiziten der Theorie, eine überzeugende Alternative zur pluralistischen Demokratie ist bis heute noch nicht entwickelt worden. Seit Beginn der 90er-Jahre erlebt die Pluralismustheorie Fraenkels eine Renaissance ganz in dem Sinne, dass die pluralistische Demokratie in Theorie und Praxis vor allem Arbeitsprogramm ist und bleibt.

Ralf Dahrendorf

Ausgewählt und interpretiert von Peter Massing

Liberale Demokratie

Von der Öffentlichkeit ist heute vielfach im Modus der Klage die Rede. Bei Wissenschaftlern wie bei Politikern erscheint das Publikum oft als Objekt pädagogischer Bemühung, Adressat zorniger Anklage oder Ursache resignierter Abwendung – jedenfalls aber als Problem. Nur die Ebenen der Beschreibung des Problems unterscheiden sich. Manchem steht beim Gedanken der Öffentlichkeit der imaginäre Leser der „Bild"-Zeitung oder der nicht minder imaginäre in der Masse versinkende Besucher des Fußballspiels vor Augen: das wehrlose Objekt der Manipulation, passiv, nicht zu eigener Prägung der Ansprüche seiner Rollen, geschweige denn zum Protest in der Lage. (...)

In den Reden wohlmeinender Politiker und den Diskussionen politischer Akademien kehrt dieselbe Figur als apathischer Staatsbürger wieder, als der Mensch also, der nicht zur Wahl geht oder auch keine Zeitung liest oder nur keiner Partei angehört und keine Politiker-Reden und Podiumsdiskussionen besucht. (...)

Das Grundgesetz für die Bundesrepublik Deutschland dekretiert im Einklang mit vielen Verfassungen seit der französischen Revolution: „Alle Staatsgewalt geht vom Volke aus." In der geltenden politischen Theorie, wie sie beispielhaft durch das Bundesverfassungsgericht verfochten wird, heißt es zu diesem Prinzip: „Das ermöglicht und erfordert aber, daß jedes Glied der Gemeinschaft freier Mitgestalter bei den Gemeinschaftsentscheidungen ist." Weder die Bundesverfassungsrichter noch die Abgeordneten des parlamentarischen Rates waren so naiv, hier an direkte Demokratie zu denken; im Grundgesetz ist ausdrücklich davon die Rede, daß die Staatsgewalt „vom Volke in Wahlen und Abstimmungen und durch besondere Organe der Gesetzgebung, der vollziehenden Gewalt und der Rechtsprechung ausgeübt" wird; aber auch die repräsentative Demokratie beruht auf dem Gedanken, daß das Publikum die letzte Quelle aller politischer Entscheidungen ist.

Nun ist unverkennbar, daß der hier postulierte klare Strom der Souveränität auf dem Weg zur Entscheidung durch mancherlei Abwässer getrübt wird. Die Öffentlichkeit beteiligt sich tatsächlich nur sporadisch, und auch dann nur in beschränktem Umfange am politischen Prozeß; ihre Beteiligung wird durch die Art der Information, die ihren Mitgliedern offensteht, inhaltlich in einer Weise geprägt, die mit der Vorstellung des freien Bürgers nicht immer verträglich ist; die vermittelnden Instanzen der Verbände und Parteien haben ein Eigengewicht erhalten, das es gelegentlich selbst ihren Mitgliedern schwermacht, Meinungen durchzusetzen.

(...)

Doch wäre es ein soziologischer Fehlschluß aus dieser Tatsache schon abzuleiten, daß das fundamentaldemokratische Verständnis ein Mißverständnis ist. Das folgt vielmehr erst, wenn sich auch zeigen läßt, daß die Rolle der Öffentlichkeit, die das Grundgesetz will und deren Fehlen viele beklagen, für den politischen Prozeß einer modernen freien Gesellschaft gar nicht nötig, ja nicht einmal sinnvoll ist. Je strenger eine moderne Gesellschaft die fundamentaldemokratische Verpflichtung der in der französischen und der amerikanischen Revolution begründeten Tradition versteht, desto sicherer wird sie das Ziel verfehlen, das sie sich stellt: den Menschen in ihr die Freiheit einer offenen Gesellschaft zu garantieren. Wir müssen also in unserer Einschätzung der Rolle der Öffentlichkeit im politischen Prozeß umdenken. (...)

Denn die Kritik an der aus dem unmittelbaren Verhalten abgelesenen Nichtteilnahme irrt doppelt. Einmal ist es falsch, zu meinen, daß politische Teilnahme in diesem Sinn gerade in Deutschland besonders unterentwickelt sei. An Wahlen haben sich Deutsche immer schon stärker beteiligt als Menschen in den meisten freien Ländern ohne Wahlpflicht; bei der Mitgliedschaft in politischen Parteien gibt es gewiß unterschiedliche strukturelle Traditionen, doch ist sie in Deutschland immer noch hoch, und das gleiche gilt für Vereinsmitgliedschaft; große Zeitungsleser sind die Deutschen bekanntlich nicht, doch erlauben auch hier die Unterschiede keine weittragenden Schlüsse. Die sichtbaren Indizes politischer Teilnahme bringen die Bundesrepublik also eher der Spitze als dem Ende einer gedachten Rangordnung der Länder nahe. Der zweite Fehler läßt sich auch so ausdrücken, daß dies *leider* so ist: Entgegen der naiven Vermutung nämlich, daß hohe politische Teilnahme ein Zeichen „gesunder" also gefestigter und verläßlicher politischer (gar demokratischer) Verhältnisse wäre, zeigt die vergleichende Forschung, daß sie entweder politische Störungen oder politischen Zwang signalisieren. (...)

Ein gewisses, recht erhebliches Maß an politischer Teilnahmslosigkeit kann also mit durchaus stabilen marktrationalen Verhältnissen zusammengehen. Übersetzen wir diese Erkenntnis in ein Werturteil, so können wir auch sagen, Nichtteilnahme sei innerhalb gewisser Grenzen nicht nur tragbar, sondern geradezu wünschenswert. Es ist ein Element freiheitlicher Verhältnisse, daß die Öffentlichkeit nicht aus einer Menge gleich motivierter und gleicherweise teilnahmeorientierter Individuen besteht. Sie selbst ist gegliedert. (...) Zwischen den Gruppen gibt es ständigen Austausch; aber zu jeder gegebenen Zeit können wir wenigstens diese Gruppen unterscheiden: a) die *latente Öffentlichkeit* der Nichtteilnehmenden, sei es, daß sie durch widerstreitende Einflüsse („cross-pressure") an der Entscheidung gehindert werden; b) die *passive Öffentlichkeit* derer, die als Publikum und Wähler sporadisch im politischen Prozeß in Erscheinung treten, aber deren Initiative nicht über eine Frage in der Wahlversammlung, allenfalls eine nominelle Mitgliedschaft in Organisationen hinausreicht; die *aktive Öffentlichkeit*, der regelmäßig und mit eigenen Vorstellungen am politischen Prozeß Teilnehmenden, die Organisationen angehören, Ämter übernehmen und in ihren Reden die Nichtteilnahme der anderen bedauern. Die Größenordnung der Öffentlichkeit schwankt unter Bedingungen, die die Forschung in beträchtlichem Maße erkundigt hat; normalerweise jedoch ist die aktive Öffentlichkeit sehr viel kleiner als die beiden anderen. Sie dürfte zu keiner Zeit und nach keiner Definition mehr als 10% der Wähler und zu mancher Zeit sowie nach mancher Definition weniger als ein Prozent der Wähler umfassen.

Das – und erst durch diese Behauptung geht unsere Argumentation über wohlbekannte Phänomene hinaus – ist auch ganz in Ordnung so; es ist kein Grund zur Klage. Die demokratische Utopie der total aktivierten Öffentlichkeit ist als Entwurf zur Realisierung so totalitär wie alle Utopien; glücklicherweise ist sie auch ebenso unmöglich. Wer so argumentiert, begibt sich nun allerdings in eine Nähe, über die ein Wort gesagt werden muß, bevor wir uns wieder den Öffentlichkeiten und ihren Aufgaben im politischen Prozeß zuwenden.

„Die Bildung von Oligarchien im Schoße der mannigfaltigen Formen der Demokratien ist eine organische, also eine Tendenz, der jede Organisation, auch die sozialistische, selbst die libertäre, notwendigerweise unterliegt. (...) Somit stellt jede Parteiorganisation eine mächtige, auf demokratischen Füßen ruhende Oligarchie dar. Allüberall Wähler und Gewählte. Aber auch allüberall Macht der gewählten Führerschaft über die wählenden Massen ... Die Idee von der Vertretbarkeit der Volksinteressen, an der die große Mehrzahl der Demokraten, insbesondere die kompakten Arbeitermassen in den Ländern deutscher Zunge, immer noch mit Zähigkeit und aufrichtigem Glauben festhält, ist eine durch einen falschen Lichteffekt, einen effet de mirage, hervorgerufene Wahnidee." Das war Robert Michels, der Erfinder des „ehernen Gesetzes der Oligarchie", seinerzeit auf dem Wege vom Sozialismus zum italienischen Faschismus. Ihm sind in der Weimarer Republik viele gefolgt, und nicht alle nur bis zu Mussolini. Schon deuten sich in der Bundesrepublik erste Tendenzen einer neuerlichen Mode der Demokratie-Kritik an, in der die wahren, nämlich verfassungspolitischen Gaullisten sich mit den Autoritären, den Naiven und den Unverbesserlichen leichtfertig verbinden, um im Namen einer bestimmten (meist allerdings imaginären) aktiven Öffentlichkeit den als solche verketzerten Massen ihre Rechte zu nehmen. Hier aber regieren politische Einfalt oder Zynismus; jedenfalls nicht der Wunsch nach einer modernen Verfassung der Freiheit. So sehr wir im Hinblick auf unsere Verfassung – auch beim Parteiengesetz, auch beim Wahlrecht – aus der Erforschung der politischen Teilnahme und der oligarchischen Neigung aller Organisationen lernen müssen, so wenig darf diese Lehre darin bestehen, denen, die tatsächlich zu einem gegebenen Zeitpunkt der aktiven Öffentlichkeit nicht angehören, den Zugang zu dieser zu versperren. Die aktive Öffentlichkeit mag eine besonders wichtige und qualifizierte Kraft im politischen Prozeß, insofern im funktionalen wie im wertenden Sinne eine Elite sein; ihr Begriff und ihre Rolle sowie die Begründung ihrer Notwendigkeit teilt jedoch nur den nicht-utopischen Zug mit den lateinischen Elitetheoretikern Pareto, Mosca und dem Wahl-Italiener Michels.

Strukturen der politischen Teilnahme erlauben eine Differenzierung der politischen Öffentlichkeit. Analysen des Zusammenhanges von Teilnahme und Regierungssystem zeigen, daß solche Differenzierungen sich wahrscheinlich unter allen Umständen ergeben, daß sie aber jedenfalls in vergleichender und historischer Sicht keinen Einwand gegen marktrationale Verfassungsverhältnisse begründen können. Eine kleine aktive Öffentlichkeit ist mit der Verfassung der Freiheit durchaus verträglich. (...)

Der fundamentaldemokratische Irrtum einer grenzenlos aktiven Öffentlichkeit aller Bürger ist nach dem Klassenkampf nicht mehr zu übersehen. Initiative verlangt Initiatoren (und natürlich Realisierung Realisatoren und Kontrolle Kontrolleure). Daß alle prinzipiell Berechtigten dies leisten, ist unwahrscheinlich; zu fordern, daß alle prinzipiell Berechtigten es leisten sollen, ist für den politischen Prozeß hinderlich, wenn nicht vernichtend, weil es zumindest durch Implikation den Wenigen die Aktivität untersagt. Der politische Prozeß verlangt eine aktive Öffentlichkeit, die kleiner, sehr viel kleiner ist als die Gesamtheit der Bürger; die Förderung, auch die systematische Förderung der aktiven Öffentlichkeit, eine Bedingung der Möglichkeit moderner dynamischer Politik.

Solche Behauptungen werfen vor allem die Frage auf, wie ernst dann wohl die ihnen vorausgeschickte Distanzierung von den lateinischen Elitetheoretikern zu nehmen sei. Die Frage ist um so dringender, als alle drei Genannten zumindest unklare Beziehungen zum Faschismus hatten, sei es auch nur, daß der Faschismus sich auf sie berief. Um solchen Einwänden zu begegnen, sind zwei Dinge noch anzufügen. Einer betrifft die aktive Öffentlichkeit selbst. Um ihre Aufgabe im Sinne der Verfassung der Freiheit zu erfüllen, muß sie offen und vielfältig sein. Offenheit bedeutet, daß jede formalisierende Trennungslinie zwischen aktiver und passiver Öffentlichkeit zu vermeiden ist; ein ständiger Austausch über die Grenzen ist Teil ihres liberalen Begriffs. Der Austausch kann selbst regelhaft sein – wie der Prozeß zunehmender Aktivität bei Jüngeren mit beruflichem Fortkommen, Familiengründung, überhaupt sozialer Etablierung – oder gleichsam zufällig, also aus individuellem Entschluß erfolgen; seine Chance vor allem ist wichtig. Vielfalt bedeutet, daß die aktive Öffentlichkeit nie auf nur einen Entwurf festgelegt sein darf. Die Diskussion ist das Element ihrer Existenz als Öffentlichkeit; der Streit also findet in ihr seinen Ausdruck. (Daß es diesen erleichtert, wenn die Mitglieder der aktiven Öffentlichkeit sozial nicht zu weit voneinander entfernt sind, ist eine andere Frage.)

Doch kann die Garantie der Verfassung der Freiheit nicht in der aktiven Öffentlichkeit allein erfolgen. Für die Aufrechterhaltung marktrationaler Verhältnisse, ja auch für die einer offenen und vielfältigen Öffentlichkeit, ist vielmehr das Verhältnis von aktiver und passiver Öffentlichkeit entscheidend. Dieses aber erscheint in der hier vorgeschlagenen Analyse nicht als eines von Pflanze und Wurzel, von sichtbarer und unsichtbarer Initiative, sondern selbst als ein Verhältnis der Spannung. Die aktive Öffentlichkeit ist die Quelle politischer Initiative. In der Wahl alternativer Strategien, wie sie durch den Prozeß der Initiative zustande kommt, sind nun die Träger der Entscheidung innerhalb gewisser Grenzen frei. Aber es gibt solche Grenzen; das heißt, es gibt politische Entscheidungen, die sich zwar entwerfen, aber nicht realisieren, nämlich durchsetzen lassen. Alle politische Initiative ist in einen Horizont sozialer Möglichkeiten eingebunden. Wird dieser Horizont überschritten, so setzt der Widerstand gegen die Entscheidung ein: Unlust, Abkehr, Abwehr, Protest. Hier, genau hier, tritt die passive Öffentlichkeit aus dem Halbdunkel ihrer „normalen“ Existenz: Ihre Reaktionen zeigen an, ob die Herrschenden die Schwellen ihrer Legitimität überschritten haben. Sie sollten es zumindest tun; denn an den Reaktionen der passiven Öffentlichkeit wird spürbar, ob die Verfassung der Freiheit in einem Lande funktioniert. (...)

In diesen letzten Bemerkungen soll ein bestimmter Begriff von Demokratie erkennbar werden, der mich von Anfang an geleitet hat. Es ist nicht der irreführend harmonisierende Begriff der Autoren der „Federalist Papers“ oder gar Rousseaus. Es ist auch nicht Lipsets Begriff des „demokratischen Klassenkampfes“, also der zum Ausdruck sozialer Spannungen dienenden politischen Institutionen. Es ist vielmehr der Begriff einer Verfassung, deren Kraft im Wechselspiel von Initiative oder Herrschaft und Kontrolle oder Widerstand liegt. Das Wechselspiel mag innerhalb der aktiven Öffentlichkeit stattfinden; aber während die Initiative dort in der Regel auch ihre Quelle findet, lebt der Widerstand von der Protestbereitschaft der passiven Öffentlichkeit. Die Mehrzahl der Bürger nimmt also nur reaktiv, Grenzen markierend, am politischen Prozeß teil, der aber auf diese Weise sowohl seine Marktrationalität als auch seine Dynamik behält. Unter allen Vorzügen eines solchen Begriffes von Demokratie dürfte dies nicht der geringste sein, daß er uns der Verlockung des Kulturpessimismus enthebt und es erlaubt, die Öffentlichkeit klaglos anzuerkennen, wie sie sich uns darstellt. Daran also, daß es nur eine kleine aktive und eine große passive oder bloß latente Öffentlichkeit gibt, liegt es nicht, daß die Verfassung der Freiheit heute soviel gefährdet erscheint.

Ralf Dahrendorf: Fundamentale und liberale Demokratie (Dezember 1967) in: ders.: Für eine Erneuerung der Demokratie in der Bundesrepublik, Sieben Reden und andere Beiträge zur deutschen Politik 1967-1968, München 1968, (S. 31-46, Ausschnitte)

Interpretation

Der Vertreter einer liberalen Demokratie und einer demokratischen Eliteherrschaft in Deutschland ist Ralf Dahrendorf. In den 60er-Jahren versuchte er diese anhand des liberalen Prinzips der Öffentlichkeit auf die Verhältnisse des Nachkriegsdeutschlands zu übertragen. Dahrendorf hat zwar keine eigenständige Demokratietheorie entwickelt, dennoch haben viele seiner Ideen die demokratietheoretische Diskussion in Deutschland nachhaltig beeinflusst.

Ralf Dahrendorf wurde am 1. Mai 1929 in Hamburg geboren. Nach dem Studium der Philosophie und der klassischen Philologie in Hamburg und der Promotion 1952 studierte Dahrendorf Soziologie an der London School of Economics und erwarb dort den englischen Doktortitel. 1957 habilitierte er sich an der Universität Saarbrücken und erhielt 1958 einen Ruf als Professor für Soziologie an die Akademie für Gemeinwirtschaft in Hamburg. Nach einer Gastprofessur an der Columbia Universität in New York lehrte er ab 1966 an der Universität Tübingen und ab 1966 an der Universität Konstanz. Von 1974 bis 1984 war Dahrendorf Rektor der London School of Economics und von 1987 bis 1997 Rektor am St. Antony's College in Oxford. 1993 wurde Dahrendorf, der seit 1988 britischer Staatsbürger ist, zum „Baron of Clare Market in the City of Westminster“ mit Sitz im britischen Oberhaus ernannt.

Ralf Dahrendorf ist nicht nur ein Sozialwissenschaftler von Weltruf, er engagierte sich auch in der Politik. Als Mitglied der F.D.P. war Dahrendorf Landtagsabgeordneter in Baden-Württemberg, Bundestagsabgeordneter, Parlamentarischer Staatssekretär im Auswärtigen Amt und Mitglied der Europäischen Kommission in Brüssel.

Von der Philosophie her kommend, vertritt Dahrendorf einen dezidiert erfahrungswissenschaftlichen Ansatz. Soziologische Erkenntnisse dienen zur Analyse gesellschaftlicher Verhältnisse und als Basis makrosoziologischer Entwürfe. Unter anderem entwickelte er eine moderne Theorie des sozialen Konflikts, sozialer Ungleichheit und in seinem Werk „homo sociologicus“ eine Theorie von der Gesellschaft.

Neben seinen soziologischen Arbeiten hatten vor allem seine bildungspolitischen Arbeiten großen Einfluss. Als Berater der Landesregierung von Baden-Württemberg erarbeitete er mit anderen 1967/68 einen „Hochschulgesamtplan für Baden-Württemberg“, den so genannten „Dahrendorf Plan“, und sein Buch „Bildung ist Bürgerrecht“ von 1965 gab zusammen mit Georg Pichts „Die deutsche Bildungskatastrophe“ den entscheidenden Anstoß für die deutsche Bildungsreform Ende der 60er- und Anfang der 70er-Jahre.

Ralf Dahrendorf war der erste Soziologe, der versucht hat, das „Ganze“ der bundesrepublikanischen Nachkriegsgesellschaft darzustellen. Mit seiner Arbeit „Gesellschaft und Demokratie in Deutschland“ (1968) erhebt Dahrendorf den Anspruch einer

Gesamtanalyse der Bundesrepublik. Im Vorwort nennt Dahrendorf eine Voraussetzung einer solchen Analyse, die sein „liberales“ Verständnis von Demokratie in besonderer Weise deutlich macht. Er geht davon aus, dass gute gesamtgesellschaftliche Analysen einen Leitfaden verlangen. Sie sollten an einem Problem orientiert sein, „das alle Aussagen aus dem lästigen Nebel der Beliebigkeit rückt und dem Ganzen Anfang und Ende gibt.“ – Tocqueville hätte ein solches Problem gehabt: eben die „Demokratie“ in Amerika und der politische Leitfaden seiner eigenen Studie sei die Frage nach der „Demokratie“ in Deutschland. „Allerdings heißt dabei nun ‚Demokratie‘ etwas anderes als bei Tocqueville, nämlich eher *liberté* als *égalité*, ein liberales Staatswesen und nicht eine egalitäre Gesellschaft. Damit werden zwei Aspekte deutlich, die Dahrendorfs Demokratieverständnis prägen. Ersten: Freiheit ist ein zentraler Wert und zweitens: Demokratie bezieht sich im Wesentlichen auf das Staatswesen und definiert das Verhältnis Staat und Bürger.

Die liberale Demokratie im Verständnis von Dahrendorf ist dadurch gekennzeichnet, dass sie in allen Bereichen die Verfassung der Freiheit durchgesetzt hat, und die Frage, die sich für die Zukunft stellt, ist die, wie sich diese Verfassung der Freiheit dauerhaft verankern lässt. „Was muss geschehen, damit Deutschland ein Land liberaler Demokratie werden kann?“ Dabei wird der Begriff der Gleichheit zwar mit einbezogen, allerdings nicht in dem Sinne einer sozialen Gleichheit, sondern im Sinne der Gleichheit möglicher Teilnahme am Leben der Gesellschaft, im Sinne staatsbürgerlicher Gleichheit also.

Der zweite Begriff, der sich aus dem der Freiheit ergibt und der die liberale Demokratie prägt, ist der des Konflikts. Wenn sinngemäß Freiheit charakterisiert ist, durch die Möglichkeit eigene Interessen weitestmöglich zu verfolgen und zu realisieren, dann ist die Folge davon Konkurrenz und Konkurrenz ist eine Form von Konflikt, die in Deutschland allerdings eine schwächliche Tradition hat.

Die Theorie sozialer Konflikte bildet einen Schwerpunkt in Dahrendorfs soziologischen Arbeiten. Dahrendorf entwickelt seine Konflikttheorie in Auseinandersetzung mit der strukturfunktionalistischen Gesellschaftstheorie Talcott Parsons'. Während es Parsons darum geht, die Stabilität und die Integrationskraft von Gesellschaften zu erklären und er gesellschaftliche Konflikte im Wesentlichen als dysfunktional und als Störung interpretiert, geht es Dahrendorf um die Erklärung sozialen Wandels. Von dieser Perspektive aus, sind soziale Konflikte durch „Normalität, Ubiquität und Permanenz“ gekennzeichnet. Dahrendorf bewertet soziale Konflikte positiv als wichtigsten Motor sozialen Wandels, als schöpferische Kraft, die den Wandel vorantreibt. Alle utopischen Gesellschaftsmodelle, von Platons Staat bis George Orwells schöner neuen Welt seien im Wesentlichen dadurch gekennzeichnet, dass sie Gesellschaften seien, in denen der Wandel fehlt und in ihnen ein allgemeiner Consensus über die geltenden Werte und die institutionelle Ordnung herrsche sowie soziale Harmonie existiere. Wenn aber die Utopie wirklich wird, dann wird sie immer totalitär. So verstanden sind Konflikt und Wandel für Dahrendorf weit mehr als notwendige Übel. Der Konflikt bedeutet die große Hoffnung einer würdigen und rationalen Bewältigung des Lebens in Gesellschaft und Gesellschaften bleiben nur dadurch menschliche Gesellschaften, insoweit sie das Unvereinbare in sich vereinen und den Widerspruch lebendig erhalten. Damit hat Dahrendorf zwei zentrale Elemente seiner liberalen Demokratie, die er als soziologische Theorie der Demokratie fasst, formuliert: Liberale Demokratie kann nur wirksam werden in einer Gesellschaft, in der erstens die bürgerlichen Gleichheitsrechte wirksam durchgesetzt sind, zweitens soziale Konflikte in allen Bereichen anerkannt sind.

Als weitere Elemente, die eine liberale Demokratie kennzeichnen, führt Dahrendorf die Elite ein, die die Vielfalt der sozialen Interessen und Gruppierungen spiegeln muss. Der Grad der politischen Vielfalt der Führungsgruppen in einer Gesellschaft ist ein weiterer Strukturbereich für die Soziologie der Demokratie. Nach Fundament (bürgerliche Gleichheitsrechte), Bauwerk (soziale Konflikte) und Dach (Eliten) bleibt noch als viertes Element „die scheinbar vagere, nichtsdestoweniger aber für jeden spürbare Atmosphäre, die das Gebäude besitzt, der Grad der Öffentlichkeit, die Betonung des Sozialen und Politischen in den vorherrschenden Werten." Mit diesen vier Elementen hat Dahrendorf eine „rudimentäre Theorie der Demokratie" entwickelt.

In dem hier abgedruckten Text von 1967 versucht Dahrendorf die beiden letzten Elemente „Eliten" und „Öffentlichkeit" etwas präziser zu fassen. Im Mittelpunkt steht dabei das Verhältnis von Eliten und Normalbürger sowie die Struktur der Öffentlichkeit in der Demokratie.

Dahrendorf nennt seinen Aufsatz „Fundamentale und liberale Demokratie". Im Text wird deutlich, dass beide Demokratiekonzepte durch ein unterschiedliches Verständnis von Öffentlichkeit und ihrer Rolle im politischen Prozess gekennzeichnet sind.

Während Dahrendorf in seinem Werk „Gesellschaft und Demokratie in Deutschland" den Begriff der Öffentlichkeit weitgehend normativ im Zusammenhang mit öffentlichen Tugenden und im Widerspruch zu privaten Tugenden fasst, benutzt er den Begriff der Öffentlichkeit in dem abgedruckten Text eher deskriptiv-pragmatisch. Öffentlichkeit ist hier das Publikum, d.h. die Gesamtheit der Bürger bzw. das Volk eines Staates. Von dieser Öffentlichkeit sei nun sowohl in Theorie als auch in der Realität vielfach im Modus der Klage die Rede. Vor allem als apathischer Staatsbürger, der nicht zu Wahl gehe, keine Zeitung lese, keiner Partei angehöre und sich nicht für Politik interessiere, sei er der Alptraum von Politikern und politischen Bildnern sowie der Adressat zorniger Attacken und Objekt pädagogischer Aktivitäten.

Tatsächlich dekretiere die „Fundamentale Demokratie" und dazu gehören nach Dahrendorf die Traditionslinien von Rousseau über die Federalist Papers bis hin zum Grundgesetz der Bundesrepublik Deutschland, dass alle Staatsgewalt vom Volk ausgehe. Auch die repräsentative Demokratie beruhe auf dem Gedanken, dass das Publikum die letzte Quelle aller politischer Entscheidungen sei. Nun sei aber unverkennbar, „daß der hier postulierte klare Strom der Souveränität auf dem Weg der Entscheidung durch mancherlei Abwässer getrübt wird." Empirisch gehe das fundamentaldemokratische Verständnis (und dazu zählt Dahrendorf, um es noch einmal zu betonen, auch die repräsentative Demokratie) an der Wirklichkeit moderner Gesellschaften vorbei und normativ sei es ein Missverständnis. Denn die Rolle der Öffentlichkeit, die das Grundgesetz wolle, ist für den politischen Prozess nicht nötig, ja sogar schädlich. Denn entgegen dem naiven Verständnis, das hohe politische Teilnahme ein Zeichen gefestigter und verlässlicher demokratischer Verhältnisse wäre, sei es genau umgekehrt. Für demokratische pluralistische Gesellschaften sei eine Nichtteilnahme innerhalb gewisser Grenzen nicht nur tragbar, sondern geradezu wünschenswert. Nach Dahrendorf ist die Öffentlichkeit in liberalen Demokratien in Gruppen gegliedert, zwischen denen es einen ständigen Austausch gibt: 1. die latente Öffentlichkeit der Nichtteilnehmenden, 2. die passive Öffentlichkeit, die als Publikum und Wähler sporadisch am politischen Prozess teilnimmt und 3. die aktive Öffentlichkeit, die regelmäßig und mit eigenen Vorstellungen am politischen Prozess partizipiert.

Dabei ist die aktive Öffentlichkeit sehr viel kleiner als die beiden anderen und die Gesamtheit der Bürger. Diese Thesen bringen Dahrendorf auf den ersten Blick in die Nähe der Elitetheoretiker, und er wird in der demokratietheoretischen Diskussion auch häufig zu diesen gezählt. Der entscheidende Unterschied aber z.B. zu Schumpeter und in der Klarheit der Forderung auch zu Sartori besteht darin, dass nach Dahrendorf die aktive Öffentlichkeit in der liberalen Demokratie durch Offenheit und Vielfältigkeit gekennzeichnet sein muss. „Offenheit bedeutet, daß jede formalisierte Trennungslinie zwischen aktiver und passiver Öffentlichkeit zu vermeiden ist; ein ständiger Austausch über die Grenzen ist Teil ihres liberalen Begriffs." Anders formuliert, die Zugehörigkeit zu aktiver oder passiver Öffentlichkeit ist nicht das Ergebnis sozialer Strukturen, von Expertenwissen oder die Folge von „Verdienst", sondern Ergebnis freier Entscheidung der Bürger, die jederzeit die Chance haben müssen diese revidieren zu können, d.h. von der passiven zur aktiven Öffentlichkeit zu gelangen und umgekehrt.

Ein zweites wesentliches Kennzeichen der aktiven Öffentlichkeit in der liberalen Demokratie besteht darin, dass sie durch Vielfalt gekennzeichnet ist, dass sie nie auf nur einen Entwurf festgelegt sein darf, dass die Diskussion, der Streit, der Konflikt in ihr seinen Ausdruck findet.

Doch die Existenz einer so strukturierten Öffentlichkeit reicht für die liberale Demokratie allein noch nicht aus. Entscheidend für die Garantie der Verfassung der Freiheit ist vor allem das Verhältnis von aktiver und passiver Öffentlichkeit. Während die Aufgabe der Initiative, der Entscheidung bei der aktiven Öffentlichkeit liegt, ist die Aufgabe der passiven Öffentlichkeit die Kontrolle. Sie übt diese aus durch Widerstand gegen die Entscheidungen, durch Unlust, Abkehr, Abwehr, Protest.

Als Soziologe ist Ralf Dahrendorf in der Tradition der Demokratietheorie schwer einzuordnen. Ihn schlicht zu den „liberalen Elitetheoretikern" zu zählen, wird ihm nicht gerecht. Er ist zweifellos ein Liberaler, bei der Kennzeichnung als Elitetheoretiker, sind allerdings erhebliche Abstriche zu machen. Er selbst stellt sich außerhalb der gängigen demokratietheoretischen Traditionen. Als Soziologe sieht er sich eher in der Tradition der Konflikttheoretiker: sowohl in der Denktradition ihrer Gründerväter, für die der Konflikt die zentrale Kategorie zur Erklärung der Veränderung und Verbesserung der Gesellschaft war, als auch in der Denktradition der marxschen Theorie des Klassenkampfes. Dahrendorf nimmt wichtige Elemente aus beiden Traditionen auf und verarbeitete sie zu einer eigenen Konflikttheorie. Gerade in dieser Konflikttheorie und in der positiven Bewertung von Konflikten bietet Dahrendorf Anknüpfungspunkte für eine vertiefte soziologische Fundierung pluralistischer Demokratietheorien. Doch beide entwickeln sich weitgehend isoliert voneinander. Weder findet sich bei Dahrendorf eine systematische Auseinandersetzung mit Pluralismustheorien, noch suchten die politologischen Pluralismustheorien eine Beziehung zu Dahrendorfs Theorien. Dennoch hat Dahrendorf einen wichtigen Beitrag geleistet, um den Konflikt in der politischen Kultur der Bundesrepublik von seinen negativen Konnotationen zu befreien und Einsicht in die Notwendigkeit von Konflikten in der Demokratie zu wecken. Gegen den latenten Autoritarismus der Nachkriegszeit hat er immer wieder die freiheitsfördernde und freiheitssichernde Funktion von Konflikten geltend gemacht. Die Dahrendorf'sche Konflikttheorie bedeutete dann auch mehr als einen Beitrag zur akademischen Theoriediskussion. Sie war praktische Aufklärung über die ideologische Ausbeutbarkeit der Utopie einer konfliktfreien Gesellschaft, die letzten Endes die theoretische Grundlage für das ist, was sich in der Praxis als „Kadavergehorsam, Untertanengeist und blinde Obrigkeitsverehrung" zeigt. So verstanden ist die Konflikttheorie Dahrendorfs vor allem eine „Theorie der Bildung, Praxis und Legitimation von Opposition" (Winfried Steffani), von Widerspruch und Kritik, von politischer Aktivität und Beteiligung in einem demokratischen System und darin liegt auch ihre Bedeutung für unser heutiges Demokratieverständnis.

Für die politische Bildung hat Dahrendorf eine wichtige Rolle gespielt. Der einflussreiche konfliktdidaktische Ansatz, vor allem in der Formulierung Hermann Gieseckes von 1965 basiert im Wesentlichen auf seiner Konflikttheorie. Dahrendorf selbst scheint dagegen der politischen Bildung und ihrer Wirkung gegenüber eher skeptisch zu sein. In seinen Arbeiten finden sich immer wieder Spitzen gegen die politische Bildung, die bis zu der jüngsten Aussage reichen, dass die Stabilität der Demokratie nicht von politischer Bildung abhängt, sondern vom Funktionieren der Institutionen.

Dagegen lässt sich die jüngste Diskussion um Bürgerleitbilder in der Demokratietheorie, und vor allem in der politischen Bildung, die zwischen dem Bürger als reflektiertem Zuschauer, dem interventionsfähigen Bürger und dem Aktivbürger unterscheiden, leicht zu der Dahrendorf'schen Differenzierung von latenter, passiver und aktiver Öffentlichkeit in Verbindung bringen.

Anthony Downs

Ausgewählt und interpretiert von Hubertus Buchstein

Ökonomische Theorie der Politik

(Die Voraussetzungen der Theorie[1])

Die ökonomische Analyse besteht (...) aus zwei Hauptschritten: aus der Auffindung der Ziele, die der betreffende Entscheidungsträger anstrebt, und aus einer Analyse, die zeigt, auf welche Weise sie am besten zu erreichen sind, d.h. mit dem geringsten Aufwand an knappen Mitteln. Bei der Durchführung des ersten Schrittes haben die Theoretiker im allgemeinen versucht, die Zwecke jedes Wirtschaftssubjekts auf ein einziges Ziel zu reduzieren, so daß man *einen* wirtschaftlichsten Weg zu seiner Erreichung finden kann. Wenn eine Vielzahl von Zielen zugelassen wird, dann können die zur Erreichung des einen geeigneten Mittels den Weg zu einem anderen versperren. Folglich kann man dann dem rationalen Entscheidungsträger keinen Kurs vorschreiben, den er als den allein richtigen verfolgen müßte. Um diese Schwierigkeit zu vermeiden, setzen die Theoretiker fest, daß die Unternehmungen den Gewinn und die Verbraucher den Nutzen maximieren. Alle anderen Ziele, die beide Seiten haben mögen, werden als Abweichungen betrachtet, die den rationalen Kurs auf das Hauptziel modifizieren (4-5).

In einer solchen Analyse wird der Begriff *rational* niemals auf die Ziele, sondern stets nur auf die Mittel eines Handlungsträgers angewendet. Dies folgt aus der Definition von *rational* als wirtschaftlich, d.h. den Output eines bestimmten Input maximierend bzw. den zur Erreichung eines bestimmten Outputs nötigen Input minimierend (5).

Ökonomische Rationalität läßt sich formell (...) definieren. Ein rationaler Mensch ist einer, der sich wie folgt verhält: (1) wenn er vor eine Reihe von Alternativen gestellt wird, ist er stets imstande, eine Entscheidung zu treffen; (2) er ordnet alle Alternativen, denen er gegenübersteht, nach seinen Präferenzen so, daß jede im Hinblick auf jede andere entweder vorgezogen wird oder indifferent oder weniger wünschenswert ist; (3) seine Präferenzrangordnung ist transitiv; (4) er wählt aus den möglichen Alternativen stets jene aus, die in seiner Präferenzordnung den höchsten Rang einnimmt; (5) er trifft, wenn er vor den gleichen Alternativen steht, immer die gleiche Entscheidung. Alle rationalen Entscheidungsträger in unserem Modell – politische Parteien, Interessengruppen und Regierungen eingeschlossen – besitzen diese Eigenschaften. (...) Unser Ansatz zur Analyse von Wahlen veranschaulicht, wie sich diese enge Definition der Rationalität auswirkt. Die politische Funktion von Wahlen in einer Demokratie ist, so nehmen wir an, das Auswählen einer Regierung. Daher ist im Zusammenhang mit Wahlen ein Verhalten rational, das auf dieses Ziel und auf kein anderes ausgerichtet ist (6-7).

Unser Modell beruht auf der Annahme, daß jede Regierung das Ausmaß an Ansehen und Unterstützung, das sie beim Volk genießt, zu maximieren sucht. Wir nehmen ferner an, daß wir es mit einer Regierung in einer demokratischen Gesellschaft zu tun haben, in der periodisch Wahlen abgehalten werden, daß das Hauptziel der Regierenden die Wiederwahl ist und daß ferner ein Wahlsieg das Ziel auch jener Parteien ist, die im Augenblick nicht regieren. Nach jeder Wahl beherrscht die Partei, die die meisten Stimmen (wenn auch nicht unbedingt eine absolute Mehrheit) erhält, bis zur nächsten Wahl den gesamten Staatsapparat, Zwischenabstimmungen, entweder durch das Volk als Ganzes oder durch ein Parlament, sind dabei ausgeschlossen. Die regierende Partei verfügt daher über unbegrenzte Handlungsfreiheit innerhalb der durch die Verfassung gesetzten Grenzen (11).

(Die Schlussfolgerungen aus der Theorie)

Satz 2. In einem Zweiparteiensystem stimmen beide Partner in allen Fragen überein, für die eine Mehrheit der Bürger eine starke Vorliebe hat.
Satz 3. In einem Zweiparteiensystem sind die politischen Konzepte der Parteien (a) verschwommener, (b) einander ähnlicher und (c) weniger direkt mit Ideologien verknüpft als in einem Mehrparteiensystem.
Satz 4. In einem von einer Koalition regierten Mehrparteiensystem unternimmt die Regierung weniger wirksame Schritte zur Lösung der sozialen Grundprobleme, und ihre Politik ist weniger integriert und folgerichtig als in einem Zweiparteiensystem.
Satz 5. Neue Parteien entstehen entweder (a) wenn eine Änderung des Wahlrechts die Verteilung der Bürger auf der politischen Skala stark verändert, oder (b) wenn

die Wählerschaft ihre sozialen Anschauungen auf Grund eines Umsturzes (Krieg, Revolution, Inflation, wirtschaftliche Depression) plötzlich ändert, oder (c) in einem Zweiparteiensystem, wenn eine der Parteien zu einer Streitfrage einen gemäßigten Standpunkt einnimmt und ihre radikalen Mitglieder eine Splitterpartei gründen, um sie in eine extremere Position zurückzuzwingen.

Satz 6. Demokratische Regierungen neigen dazu, das Einkommen von den Reichen auf die Armen umzuverteilen.

Satz 7. Demokratische Regierungen neigen dazu, in ihren Maßnahmen die Produzenten gegenüber den Konsumenten zu begünstigen.

(...)

Satz 12. Weil fast jedem Bürger klar ist, daß seine Stimme bei der Wahl nicht entscheidend ist, besteht für die meisten Bürger nur ein sehr geringer Anreiz, vor der Wahl Informationen zu erwerben.

Satz 13. Ein großer Prozentsatz der Bürger – einschließlich der Wähler – informiert sich nicht in bedeutendem Ausmaß über die Streitfragen, um die es bei der Wahl geht, selbst wenn diese Bürger den Wahlausgang für wichtig halten.

Satz 14. Die Bürger, die über eine bestimmte Streitfrage jeweils am besten informiert sind, sind jene, auf deren Einkommen sie sich direkt auswirkt, d.h. jene, die ihre Einkommen in dem betreffenden politischen Bereich verdienen.

(...)

Satz 23. Politische Parteien neigen dazu, möglichst viele ihrer Versprechungen zu halten, wenn sie gewählt werden.

Satz 24. Politische Parteien neigen dazu, im Ablauf der Zeit an ihrer ideologischen Linie konsequent festzuhalten, es sei denn, sie erleiden schwere Niederlagen; dann ändern sie ihre Ideologien so, dass diese der Ideologie der Siegerpartei ähneln (290-292).

Anthony Downs: Ökonomische Theorie der Demokratie, Tübingen 1968

Interpretation

Anthony Downs (geb. 1930), seit 1977 Senior Fellow am Brookings-Institute in Washington D.C., gilt mit der Veröffentlichung seines bahnbrechenden Buches „An Economic Theory of Democracy“ im Jahre 1957 (dt. Ausgabe 1968) als ein Begründer der Ökonomischen Theorie der Demokratie. Die Demokratietheorie ist seitdem eines der wichtigsten Gebiete der Ökonomischen Theorie der Politik, für die sich im politikwissenschaftlichen Sprachgebrauch auch die Bezeichnungen „Rational Choice“, „Public Choice“ oder „Neue Politische Ökonomie“ eingebürgert haben[2]. Rational Choice-Theorien erstellen Modelle und Hypothesen, die sie aus Grundannahmen über das menschliche Verhalten, die aus den Wirtschaftswissenschaften übernommen worden sind, logisch ableiten. Neben Downs gelten Kenneth Arrow mit seinem Buch „Social Choice and Individual Values“ (1951) und Mancur Olson mit „The Logic of Collective Action“ (1965) zu den Wegbereitern dieses Ansatzes, der sich seit den 60er-Jahren zu einer eigenständigen Richtung in der modernen Demokratietheorie entwickelt hat und in den 80er- und 90er-Jahren zumindest die US-amerikanische Politikwissenschaft dominiert hat. Erst in den letzten Jahren konnten sich die kritischen Stimmen gegen Rational Choice etwas mehr Gehör verschaffen[3]. Der Ansatz verliert seitdem wieder etwas an Bedeutung.

Im Kern geht Rational Choice auf die Überlegungen Joseph A. Schumpeters zurück, nach denen man sich das Handeln politischer Akteure wie das wirtschaftlicher Akteure auf einem Markt – in diesem Fall: dem politischen Markt – vorstellen solle[4]. Schumpeter wollte in seiner Demokratietheorie von – wie er sie nannte: „realistischen“ – Grundannahmen des menschlichen Verhaltens ausgehen. Hierfür erfand er die Figur des „rationalen Akteurs“ in der Politik, der seine Präferenzen, d.h. seine Ziele, wie im wirtschaftlichen Leben von Marktgesellschaften möglichst kostengünstig erreichen möchte und paradoxerweise dazu neigt, sich in politischen Dingen nicht genauer informieren zu wollen. Anthony Downs hat im Anschluss an Schumpeter die Voraussetzungen der ökonomischen Theorie der Demokratie stringenter definiert. Ein rationaler Akteur ist – wie im Textauszug zu lesen – durch fünf Verhaltenseigenschaften charakterisiert: (1) Wenn er vor eine Reihe von Alternativen gestellt wird, ist er stets imstande, eine Entscheidung zu treffen; (2) er ordnet alle Alternativen, denen er gegenübersteht, nach seinen Präferenzen; (3) die Präferenzrangordnung ist logisch transitiv; (4) er wählt aus den möglichen Alternativen stets jene aus, die in der eigenen Präferenzordnung den höchsten Rang einnimmt; (5) er trifft, wenn er vor den gleichen Alternativen steht, immer die gleiche Entscheidung.

Bis heute nehmen alle Rational Choice-Theorien Bezug auf die von Downs formulierten Voraussetzungen. Vor dem Hintergrund seiner fünf Grundannahmen gelangt Downs mittels streng logischer Ableitungen zu den im Textauszug abgedruckten „Deduktionen“ über das Verhalten von Politikern und Wählern sowie über die

Funktionsmechanismen von Parteien, Parlamenten und Regierungen. Diese Deduktionen erheben den Anspruch, einen gewissen vorhersagbaren Wert im Hinblick auf das Handeln von politischen Akteuren bereitzustellen. Stößt man in der Realität auf Abweichungen von den Deduktionen, muss das Modell Downs zufolge um weitere Zusatzannahmen erweitert werden, bis es die Vorgänge in der politischen Realität nachvollziehbar zu erklären vermag. So muss zum Beispiel jede Übertragung auf das deutsche politische System die föderative Struktur der Bundesrepublik einbeziehen, da sie das Handeln in der Bundesrepublik bei entsprechenden Mehrheitsverhältnissen (Stichwort: unterschiedliche parteipolitische Mehrheiten zwischen Bundestag und Bundesrat) stark beeinflussen kann. Aus empirischer Sicht beansprucht Downs lediglich Deutungsangebote zu geben, die erst noch im Einzelnen überprüft werden müssen.

In dem Textauszug beschreibt Downs die Politiker als politische Unternehmer. Sie sind von dem Interesse geleitet, Macht zu haben und die Regierungsgeschäfte zu übernehmen. Sie treten bei Wahlen mit Programmen auf, von denen sie sich die größte Unterstützung der Wählerschaft versprechen. Die Bürger sieht Downs als Akteure. Sie wollen mittels der Abgabe ihres Stimmzettels (oder anderer Beteiligungsformen) ihre jeweils eigenen, meist materiellen Interessen durchsetzen. In einem Zweiparteiensystem wie den USA führt dies nach Downs dazu, dass die Parteien vornehmlich um die Wähler in der Mitte konkurrieren. Extreme, aber auch innovative Politikvorschläge haben nach der Logik dieses Modells nur eine sehr geringe Durchsetzungschance. In einem Parteiensystem wie dem der Bundesrepublik, in der neben den zwei großen Volksparteien auch eine geringe Zahl kleinerer Parteien in den Parlamenten vertreten sind, bemühen sich die großen Parteien ebenfalls, die Mitte für sich zu besetzten, während kleinere Parteien relevante Minderheiten zu bedienen versuchen. Koalitionsregierungen sind nach Downs wenig geeignet, wirksame Schritte zur Lösung sozialer Grundprobleme zu leisten.

Die Kritik an Rational Choice-Theorien konzentriert sich zumeist auf ihre Orientierung am „homo oeconomicus". Sehr oft treten in der politischen Wirklichkeit jedoch Personen auf, die dem Bild des egoistischen und nutzenmaximierenden Bürgers und Politikers so gar nicht entsprechen. Auch wird Rational Choice von seinen Gegnern häufig unterstellt, gegenüber den Schwächen westlicher Demokratien unkritisch zu sein. Zumindest dieser Vorwurf läuft ins Leere und verbaut die Einsicht in Mängel und Problemlagen moderner Demokratien, die erst durch die Brille von Rational Choice sichtbar werden. Die Problembeschreibungen in der Nachfolge von Downs beziehen sich auf drei Bereiche:

Die „Konsumenten" des politischen Marktes, die Bürger. Rational Choice erinnert an das triviale Faktum, dass Wählen und andere Formen der politischen Partizipation Kosten verursachen, seien es Zeit, Geld oder Aufmerksamkeit. Die Bürger, die über eine bestimmte Streitfrage am besten informiert sind, sind zuvorderst jene, auf deren

Einkommen sich die Streitfrage besonders auswirkt. Generell gilt: Der Ertrag einer informierten Wahlentscheidung ist aufgrund der randständigen Bedeutung seiner eigenen Stimme so gering, dass es „für die meisten Bürger irrational ist, politische Informationen für Wahlzwecke zu erwerben" (134). Downs nennt dies die „rationale Unwissenheit" (ebd.) der Bürger. Diese Überlegung lässt sich noch weiterführen: Da bei einer Bevölkerung von 60 Millionen Wählern (so derzeit in der Bundesrepublik) die Wahrscheinlichkeit, auf dem Weg zur Wahlurne tödlich zu verunglücken, höher ist als die Wahrscheinlichkeit, dass die eigene Stimme die Wahl entscheidet, ist es für den Bürger „rational", sich erst gar nicht an der Wahl zu beteiligen. Eine sinkende Wahlbeteiligung ist nach Rational Choice demnach ebenso plausibel wie Wahlkämpfe, die auf Gefühle statt auf gute Argumente setzen. Das paradoxe Ergebnis von Rational Choice: Es ist für Bürger in der Demokratie rational, der politischen Irrationalität Vorschub zu leisten.

Der zweite Punkt betrifft die „Anbieter" auf dem politischen Markt, die Politiker. In den Modellen von Rational Choice finden wir sie in der Rolle von politischen Unternehmern, die ausschließlich am Machterwerb interessiert sind. Sie haben kein Interesse daran, die Bürger mit kostenintensiven Argumentationsangeboten zu versorgen. Ihr Kalkül muss es sein, für möglichst viele Bürger als wählbar zu gelten. Programmatisch werden sie deshalb so unklar wie möglich bleiben und versuchen, unterschiedliche Wählergruppen mit – sich zum Teil ausschließenden – Programmpunkten zu gewinnen; auch werden sie sich an einer Emotionalisierung der politischen Auseinandersetzung und dem Aufgreifen populistischer Forderungen beteiligen, wann immer es ihren Erfolgskalkülen dient. Einmal an die Regierung gekommen, haben Politiker ein Interesse, ihre Klientel zu bedienen, um wieder gewählt zu werden. Von den Medien und der Opposition ermuntert, greifen sie in kurzen Abständen immer neue Themen publikumswirksam auf. Ihr kurzfristiges Interesse an der Wiederwahl konterkariert langfristige Politiken, wie sie insbesondere in den Politikfeldern der Finanzpolitik, Rentenpolitik, Bildungspolitik oder Umweltpolitik notwendig sind. In Anschluss an Downs wurden verschiedene formale Modelle von „Politischen Konjunkturzyklen" konstruiert, die die Verlagerung politischer Probleme in die Zukunft zugunsten kurzfristiger Interessen von politischen Unternehmern in demokratischen Systemen veranschaulichen. Für die Politikbereiche Umweltpolitik, Bildungspolitik, Rentenpolitik und Staatsverschuldung weisen diese Modelle auf signifikante Schwächen in der Problemlösungsfähigkeit demokratischer Systeme hin.

Schließlich werfen Rational Choice-Theorien einen kritischen Blick auf die „Spielregeln" des politischen Marktes, also die demokratischen Entscheidungsprozeduren. An diesem Punkt haben die logischen Modellkonstruktionen des Rational Choice unweigerlich normative Implikationen. So wird von der normativen Demokratietheorie als eine der wichtigsten Begründungen für Demokratie angeführt, dass sie den Mehrheitswillen fälschungsfrei zum Ausdruck bringt. Dass aber selbst eindeutige

Mehrheitsentscheidungen dieser Norm nicht unbedingt genügen, geht aus dem sog. „Ostrogorski-Paradox" hervor. Dieses Paradox verdeutlicht, wie relativ gering erscheinende Änderungen in Abstimmungsverfahren bei den Abstimmungsresultaten zu gravierenden Unterschieden führen[5]. Das Ostrogorski-Paradox ist insofern brisant, als es die Frage der Anerkennungswürdigkeit demokratisch erzielter Mehrheitsentscheidungen gezielt anzweifelt. Eine mögliche Konsequenz daraus hat der amerikanische Politikwissenschaftler William H. Riker gezogen: Wenn sich aufgrund des Ostrogorski-Paradoxes keine sachliche Entscheidung in der Demokratie vor dem Verdacht schützen kann, manipulativ erzeugt worden zu sein, dann muss der Begriff Demokratie radikal umdefiniert werden. Riker schlägt vor, „Demokratie" ausschließlich auf die Möglichkeit der Abwahl politischer Amtsinhaber zu beziehen. Anders als Diktaturen bieten Demokratien nicht mehr und nicht weniger als die Möglichkeit „to permit people to get rid of rulers"[6]. Eine andere Reaktion auf das Paradox hat die deliberative Demokratie-Konzeption von Jürgen Habermas im Visier. Sie setzt auf eine Veränderung festgefahrener Präferenzen bei den Bürgern durch öffentliche Kommunikation.

Anmerkungen

1 Zwischenüberschriften in den Klammern, H.B.

2 Den besten deutschsprachigen Überblick über den Rational Choice-Ansatz in der Politikwissenschaft bietet Dietmar Braun, Theorien Rationalen Handelns in der Politikwissenschaft. Eine kritische Einführung. Opladen 1999.

3 Den besten Überblick über die neuere Kritik an Rational Choice und die Ökonomische Theorie der Demokratie bieten Ian Shapiro/Donald Green, Pathologies of Rational Choice. New Haven/London 1994.

4 Vgl. Joseph A. Schumpeter, Kapitalismus, Sozialismus und Demokratie (1942). München 1992, S. 427 ff.

5 Das Pardox ist benannt nach dem Parteienforscher Morsei Ostrogorski (1854-1919). Was sich dahinter verbirgt, illustriert die nachfolgende Tabelle (aus: Claus Offe, Politische Legitimation durch Mehrheitsentscheidung? In: Ders./Bernd Guggenberger (Hrsg.), An den Grenzen der Mehrheitsdemokratie. Opladen 1984, S. 163). In der Tabelle besteht das Paradox in dem Sieg der Partei B über die Partei A, sobald die Parteipräferenz nicht für jedes Thema getrennt, sondern für alle Themen zusammen ermittelt wird.

Tabelle: Beispiel für das Ostrogorski-Paradox

Wählergruppe	Stärke	Parteipräferenz bei Abstimmung über Thema 1	Thema 2	Thema 3	alle Themen gemeinsam
W	20%	A	B	B	B
X	20%	B	A	B	B
Y	20%	B	B	A	B
Z	40%	A	A	A	A
Wahlsieger		A	A	A	B

Wie aus der Tabelle hervorgeht, hat in dem Beispielfall allein die Abstimmungsweise über Erfolg oder Misserfolg der Parteien entschieden. Entweder wird das Ergebnis auf Grundlage getrennter Abstimmungen über die einzelnen Themen ermittelt, dann gewinnt jeweils Partei A, oder aber es kommt zu einer simultanen Abstimmung über alle Themen, dann gewinnt Partei B. Der Erfolg ist in jedem Fall das künstliche Produkt des Abstimmungsmodus. Die Konsequenz daraus: In diesem Fall entscheidet derjenige, der die Tagesordnung und den Abstimmungsmodus bestimmt, auch den Ausgang des demokratischen Verfahrens.

6 William H. Riker, Liberalism against Populism. Prospect Heights 1982, S. 244

Mancur Olson

Ausgewählt und interpretiert von Hubertus Buchstein

Die „vergessenen Gruppen" – die schweigend leiden

Nachdem nun die wichtigsten ökonomischen Interessengruppen untersucht und die Beziehungen der hier entwickelten Theorien zu den nicht-ökonomischen Gruppen und den politischen Parteien umrissen worden sind, bleibt nur noch ein wichtiger Gruppentyp zu betrachten. Dies ist leider der Gruppentyp, über den am wenigsten bekannt ist und über den nur sehr wenig gesagt werden kann. Es ist die nicht organisierte Gruppe, die Gruppe, die keine Lobby unterhält und keinerlei Tätigkeit entfaltet. Auf Gruppen dieser Art paßt das Hauptargument dieses Buches am besten. Sie veranschaulichen seinen Hauptgegenstand: daß in großen oder latenten Gruppen keine Tendenz besteht, sich freiwillig für gemeinsame Interessen einzusetzen. Dieser Gedanke wurde in der Einleitung vorgetragen, und mit ihm muß die Untersuchung abschließen. Denn die unorganisierten Gruppen, die Gruppen, die keine Lobbys unterhalten und keinen Druck ausüben, gehören zu den größten Gruppen des Landes und vertreten einige der lebenswichtigsten gemeinsamen Interessen.

Landwirtschaftliche Wanderarbeiter stellen eine beachtliche Gruppe mit dringenden kollektiven Interessen dar, und sie haben keine Lobby, die ihren Nöten Ausdruck verleiht. Die Angestellten sind eine große Gruppe mit gemeinsamen Interessen, aber sie haben keine Organisation, die sich um diese Interessen kümmert. Die Steuerzahler bilden eine riesige Gruppe mit einem offenkundigen gemeinsamen Interesse, aber in einem entscheidenden Sinn fehlt es ihnen an einer Vertretung. Die Konsumenten sind mindestens so zahlreich wie jede andere Gruppe in der Gesellschaft, aber sie haben keine Organisation, die sie der Macht der organisierten oder monopolistischen Produzenten entgegenstellen können. Breite Schichten haben ein Interesse am Frieden, aber sie besitzen keine Lobby, die es mit denjenigen der „Sonderinteressen" aufnehmen könnte, die gelegentlich ein Interesse am Krieg haben können. Unzählige sind an der Verhinderung von Inflation und Depression interessiert, aber sie haben keine Organisation, um dieses Interesse laut werden zu lassen.

Man kann auch nicht erwarten, daß diese Gruppen sich organisieren und handeln werden, nur weil die durch Gruppentätigkeit erzielbaren Gewinne die Kosten übersteigen. Warum sollten die Bürger dieses (oder irgendeines anderen) Landes sich politisch zusammenschließen, um eine Inflation zu verhindern, wenn sie doch ihr gemeinsames Interesse an Preisstabilität ebensogut wahren könnten, indem jeder einzelne von ihnen weniger ausgibt? Niemand ist wirklich so unvernünftig, anzunehmen, in einer Wirtschaft würden die Individuen ihre Ausgaben freiwillig beschränken, um eine Inflation aufzuhalten – wie groß auch immer der Gewinn sein mag, den sie als Gruppe davon hätten. Gleichwohl nimmt man gewöhnlich als selbstverständlich an, daß dieselben Individuen sich für politische oder soziale Zwecke organisieren und im Interesse ihrer Kollektivziele handeln werden. In der Wirtschaft wird der rational handelnde Einzelne seine Ausgaben nicht einschränken, um eine Inflation zu verhindern (oder sie erhöhen, um eine Depression zu verhindern), denn er weiß erstens, daß seine persönlichen Bemühungen ohne merkliche Wirkung bleiben werden, und zweitens, daß er die Vorteile der Preisstabilität, die andere erzielt haben, in jedem Fall mitgenießen würde. Aus denselben beiden Gründen wird der rational handelnde einzelne der großen Gruppe auf sozio-politischem Gebiet nicht bereit sein, irgendwelche Opfer für die Ziele zu bringen, die er mit anderen teilt. Folglich besteht kein Grund zu der Annahme, daß große Gruppen sich organisieren werden, um ihre gemeinsamen Interessen zu fördern. Nur wenn die Gruppen klein sind oder in der glücklichen Lage, über unabhängige Quellen selektiver Anreize zu verfügen, werden sie sich organisieren oder sich für ihre Ziele einsetzen.

Die Existenz großer, unorganisierter Gruppen mit gemeinsamen Interessen ist also mit dem Hauptargument dieser Untersuchung durchaus vereinbar. Aber die großen unorganisierten Gruppen liefern nicht allein den Beweis für das Hauptargument dieser Untersuchung: Sie tragen den Schaden, wenn es richtig ist (163-164).

Mancur Olson: Die Logik des kollektiven Handelns.
2. durchgesehene Aufl., Tübingen 1985

Interpretation

Wie Anthony Downs zählt auch Mancur Olson (1932-1998) zu den mittlerweile klassischen Autoren des Rational Choice-Ansatzes. Olson hatte seit 1969 bis zu seinem Tode eine Professur für Wirtschaftswissenschaften an der University of Maryland, USA inne. Sein Ruhm basiert auf dem 1965 veröffentlichten Buch „The Logic of Collective Action“ (dt. 1968/1985). Dieses Buch versteht sich als Kritik an der Pluralismustheorie, wie sie in den USA von Arthur Bentley und David Truman vertreten wurde und die ihren bekanntesten deutschen Vertreter in Ernst Fraenkel hatte[1].

Die amerikanische pluralistische Demokratietheorie ging davon aus, dass sich Individuen angesichts der Durchsetzung ihrer politischen Interessen zu Gruppen zusammenschließen um so Einfluss auf staatliche Entscheidungen zu nehmen. Da der Einzelne in der modernen Massengesellschaft politisch nichts ausrichten kann, organisieren sich solche Gruppeninteressen zwangsläufig, und ihre Vielfalt gilt den Pluralisten als Indikator der Komplexität, Differenziertheit und demokratischen Kultur von Gesellschaft. Sonderinteressen, so die weitere Überlegung, werden im konkreten Ringen der verschiedenen Gruppen in größere, allgemeinere Interessen gleichsam aufgehoben. Die organisierten politischen Gruppen bieten eine Art Mittler zwischen dem Einzelnen und dem Staat.

Olson nimmt für seine Überlegungen jene in der Finanzwissenschaft beheimatete Theorie der Öffentlichen Güter in Anspruch. Für ihn ist es – anders als die Annahmen der Pluralisten – nicht selbstverständlich, dass Menschen, die ein gemeinsames Interesse haben, sich auch gemeinsam für dieses Interesse einsetzen: „Wenn aber die Individuen in einer großen Gruppe an ihrem eigenen Wohlergehen interessiert sind, werden sie nicht freiwillig irgendwelche Opfer bringen, um ihrer Gruppe zu helfen, ihre politischen Ziele zu erreichen“ (125). Dies gilt auch und gerade unter der Voraussetzung, dass der Mensch gemäß der pluralismustheoretischen Unterstellung bemüht ist, seine Interessen rational durchzusetzten.

Olsons Überlegung liegen bestimmte Annahmen zugrunde:

(1) Wie auch die anderen Theoretiker von Rational Choice (beispielsweise Anthony Downs) unterstellt Olson einen rational handelnden, nutzenmaximierenden Akteur.

(2) Als Zweck und Ziel einer Organisation definiert er die Förderung der gemeinsamen Interessen ihrer Mitglieder.

(3) Das „Gut“, das von der Organisation angestrebt werden soll, verfügt über die Eigenschaften eines Öffentlichen Gutes. Sprich: Niemand – auch derjenige, der nichts zu seiner Herstellung beigetragen hat – kann von der Nutzung des Gutes ausgeschlossen werden. Ein allgemeines Beispiel für solche Güter sind Leuchttürme, von deren Licht auch diejenigen Schiffer profitieren, die keinen Beitrag zu deren Erstellung und Instandsetzung leisten; ein anderes Beispiel sind Lohnerhöhungen, die nicht nur den Gewerkschaftsmitgliedern, sondern allen Arbeitern einer Branche zugute kommen.

(4) Mit einer Organisation ein Ziel zu erreichen, verursacht Kosten (Geld, Material, Zeit, Informationen etc).

(5) Jeder Akteur hat Kosten und Nutzen aus der Organisation. Ein rational handelndes Individuum verrechnet beides miteinander und beteiligt sich bei der Erstellung des Öffentlichen Gutes „Organisation" nur, wenn der individuelle Nutzen höher ist als die von ihm eingesetzten Kosten.

(6) Ein nutzenmaximierendes Individuum kann zwar ein Interesse daran haben, dass das Ziel einer Organisation erreicht wird. Schließlich steigt so sein eigener Nutzen. Die aktive Mitarbeit oder andere Formen der Beteiligung wären aber mit Kosten verbunden. Das heisst: Der Vorteil eines Individuums ist dann am größten, wenn Kosten vermieden werden können und trotzdem der Nutzen genossen werden kann. Mit anderen Worten: Das Individuum hat ein rationales Interesse daran, sich als „Trittbrettfahrer" („free rider") zu betätigen, indem es den Vorteil des Engagements anderer genießt, ohne selbst aktiv werden zu müssen.

(7) Wenn aber Akteure so strategisch denken, wird es gar nicht erst dazu kommen, dass sich Bürger politisch organisieren, um ihre Interessen durchzusetzen. Entsprechend unwahrscheinlich ist es, dass sich überhaupt Interessengruppen konstituieren. Olson nennt dieses Kalkül „Die Logik des kollektiven Handelns".

Olsons beharrt nicht auf dem Standpunkt, die Unmöglichkeit von Interessengruppen zu behaupten. Auch ihm blieb nicht verborgen, dass in der sozialen Realität eine Vielzahl Interessengruppen existieren. Er will vielmehr deren Existenz vor dem Hintergund der geschilderten Logik „rational" erklären. Dies erreicht er über Erweiterungen seiner Theorie. Im Wesentlichen sind es zwei Bausteine, um die er die Logik des kollektiven Handelns ausbaut: der Einfluss der Gruppengröße auf die Konstitutionsbedingungen kollektiven Handelns (1) und die Theorie der selektiven Anreize (2).

(1) *Die Gruppengröße.* Zunächst argumentiert Olson mit der Gruppengröße. Dabei schlägt er eine Gruppentypologie vor, die drei Fälle – latent, mittelgroß und privilegiert – unterscheidet. Die latente Gruppe ist dadurch gekennzeichnet, dass keines ihrer Mitglieder fühlbar betroffen wird, ob irgendein Mitglied zur Bereitstellung des Gutes aktiv etwas beiträgt oder nicht. Eine solche Gruppe bietet Akteuren keinen Beitragsanreiz. Die mittelgroße Gruppe nimmt eine schwer vorhersagbare Zwischenposition ein. In einer privilegierten Gruppe hat jedes Gruppenmitglied – oder mindestens eines ihrer Mitglieder – Veranlassung, das Kollektivgut bereitzustellen, selbst wenn es die gesamten Kosten dafür zu tragen hat. In solchen Konstellationen ist die Bildung von Interessengruppen am wahrscheinlichsten.

(2) *Selektive Anreize.* Der zweite Erweiterungsbaustein betrifft in erster Linie große latente Gruppen und ist an die Existenz bestimmter Bedingungen geknüpft. Unter welchen Voraussetzungen, so die Frage, werden sich auch Angehörige latenter Gruppen motivieren, Kosten für eine gemeinsame Interessenorganisation zu tragen? Nur dann, so Olsons Antwort, wenn es einen zusätzlichen Anreizmechanismus gibt, der

mit dem eigentlichen Gruppeninteresse zunächst einmal gar nichts zu tun hat. Einzig ein selektiver Anreiz wird ein rational handelndes Mitglied einer großen Gruppe dazu bewegen, gruppenorientiert zu handeln. Selektivität bedeutet hier: Das oben genannte Ausschlussprinzip wird wieder eingeführt, also diejenigen, die sich der Organisation anschließen, können anders behandelt werden als Nichtteilnehmer. Die Herstellung des Öffentlichen Gutes Kollektivinteresse wird an die Produktion und Verteilung eines privaten Gutes gekoppelt.

Die selektiven Anreize können negativer wie positiver Natur sein. Dies, indem sie entweder Zwang auf free rider ausüben oder aber denjenigen Belohnungen zuweisen, die im Gruppeninteresse agieren. Eine latente Gruppe, die Kraft selektiver Anreize dazu gebracht wurde, im Gruppeninteresse organisiert zu handeln, bezeichnet Olson als mobilisierte latente Gruppe. Wichtig sind hier vor allem die positiven selektiven Anreize. Olson erklärt sie mit der Theorie der „Nebenprodukte". Auffällige Gemeinsamkeit fast aller Interessenorganisationen ist es, dass sie auch für andere Zwecke organisiert sind. Faktisch sind die das Kollektivgut produzierenden Lobbys sogar nur Nebenprodukt von Organisationen, die ihre Stärke und Anhängerschaft gewonnen haben, weil sie zusätzlich zu ihrer Lobby-Tätigkeit noch weitere Funktionen ausüben. Um die Mitglieder latenter Gruppen anzuregen, einen Teil der Kosten für die Errichtung des Kollektivgutes zu tragen, machen die Organisationen ein kombiniertes Angebot eines kollektiven mit einem nicht-kollektiven, privaten Gut (z.B. gewerkschaftlicher Rechtsschutz). Das eigentliche Kollektivgut einer derart mobilisierten Gruppe (z.B. Kampf um höhere Löhne) wird Nebenprodukt der organisatorischen Tätigkeit.

Was bedeutet dieser Erweiterungsbaustein aus Sicht der pluralistischen Demokratietheorie? Mit der Nebenprodukttheorie ist die pluralistische Waffengleichheit bei den Chancen der Machteinflussnahme zwischen den gesellschaftlichen Interessen in keiner Weise hergestellt. Olson geht von dem damaligen Befund aus, dass über 70 Prozent der dem amerikanischen Lobby-Index gemeldeten Interessenorganisationen Unternehmerverbände mit spezifischen Sonderinteressen sind. Für die meisten wirtschaftlichen Branchen gilt: Die Zahl der Firmen ist nicht größer als die einer mittelgroßen Gruppe und sogar selten größer als die einer privilegierten Gruppe. Die Masse der Arbeiter, Angestellten und Verbraucher sind im Gegensatz zur Unternehmensseite nur in besonderen Fällen organisierbar und organisationsfähig – und zwar dann, wenn das schwierige Unterfangen gelingt, eine Organisation nach dem Muster der Nebenproduktttheorie auszubauen (siehe Textauszug).

Folgt man dem Resümee Olsons im letzten Kapitel seines Buches, aus dem der Textauszug stammt, so stehen die Leidtragenden des politischen Prozesses bereits vor Beginn des pluralistischen Ringens der pressure groups um die politische Einflussnahme fest: Es sind die größten latenten Gruppen. Sie leiden meist schweigend, obwohl sie – nein: weil sie – gerade die allgemeinen Ziele vertreten: saubere Umwelt, Frieden, gerechte Nutzung der Steuergelder etc. Da sie zumeist nicht in der glücklichen Lage sind, über eine unabhängige Quelle selektiver Anreize zu verfügen, werden sie sich gegen die organisierten Sonderinteressen kleinerer Gruppen nicht behaupten können (siehe Textauszug). Sozial Unterprivilegierte trifft es doppelt, wenn sie sich aus Zeit- und Kostengründen den Luxus kollektiven Handelns gar nicht erst leisten können.

Olsons Theorie ist seit den siebziger Jahren von verschiedenen Autoren debattiert worden. Ihm wurde vor allem ein allein instrumentelles Verständnis politischen Handels unterstellt. Würde er berücksichtigen, dass die Beteiligung an politischen Aktionen und Organisationen zuweilen auch Spaß mache und einfach ein soziales Bedürfnis nach Engagement ausdrücke, dann sei die Existenz kollektiven politischen Handelns ein sehr viel leichter zu erklärendes Phänomen[2]. Olson hat seine Theorie 1982 in dem Buch ‚The Rise and Decline of Nations'[3] in Bezug auf Fragen der Industrie- und Innovationspolitik weiterentwickelt. Die zentrale These dieses Buches lautet: Demokratien werden durch die Existenz einer Vielzahl von kleinen Interessenverbänden, die jeweils versuchen, ihre Klientel mit Subventionen zu versorgen, längerfristig in ihrer wirtschaftlichen Leistungsfähigkeit beeinträchtigt. Die demokratietheoretische Brisanz der Überlegungen in Olsons „Logik des kollektiven Handelns“ ist eher von anderen Autoren ausgearbeitet worden, in Deutschland unter anderem von Claus Offe.

Anmerkungen

1 Zu den Differenzen zwischen der amerikanischen Pluralismustheorie und Ernst Fraenkel vgl. Hubertus Buchstein, Ernst Fraenkel als Klassiker? In: Leviathan 26 (1998), S. 460 f.

2 Zu dieser Kritik an Olson vgl. Albert O. Hirschman, Engagement und Enttäuschung. Frankfurt/M. 1984, S. 85 ff.

3 Mancur Olson, The Rise and Decline of Nations. New Haven/London 1982

Niklas Luhmann

Ausgewählt und interpretiert von Hubertus Buchstein

Die Zukunft der Demokratie

Je nachdem, welchen Begriff von Demokratie wir uns machen, sieht auch die Zukunft der Demokratie verschieden aus; und je nach der Zukunft sieht man dann auch in der Gegenwart schon Probleme, von denen man glaubt, daß andere sie nicht sehen oder sie nicht ernst genug nehmen. Wenn es bei Demokratie um Vernunft und Freiheit, um Emanzipation aus gesellschaftlich bedingter Unmündigkeit, um Hunger und Not, um politische, rassistische, sexistische und religiöse Unterdrückung, um Frieden und um säkulares Glück jeder Art geht, dann sieht es in der Tat schlimm aus. Und zwar so schlimm, daß die Wahrscheinlichkeit groß ist, daß alles, was man dagegen tut, die Verhältnisse nur noch verschlimmert. Darüber zu reden möchte ich anderen überlassen.

Selbst bei einem engeren Begriff von Demokratie sind aber noch Eingrenzungsentscheidungen zu treffen, wenn man Boden unter die Füße bekommen will. Und auch hier gilt es, Unmöglichkeiten oder Extremunwahrscheinlichkeiten aus dem Begriff auszuschließen. Demokratie ist nicht:

1. Herrschaft des Volkes über das Volk. Sie ist nicht kurzentschlossene Selbstreferenz im Begriff der Herrschaft. Sie ist also nicht: Aufhebung von Herrschaft, Annullierung von Macht durch Macht. In einer herrschaftstheoretisch fixierten Sprache ist dies die einzige Möglichkeit, Selbstreferenz auszudrücken; und das dürfte auch der Grund sein, weshalb das Wort ‚Demokratie' überlebt hat. Theoretisch aber ist die Annahme, daß das Volk sich selbst beherrschen könne, unbrauchbar.

Demokratie ist auch nicht:

2. ein Prinzip, nach dem alle Entscheidungen partizipabel gemacht werden müssen; denn das würde heißen: alle Entscheidungen in Entscheidungen über Entscheidungen aufzulösen. Die Folge wäre eine ins Endlose gehende Vermehrung der Entscheidungslasten, eine riesige Teledemobürokratisierung und eine letzte Intransparenz der Machtverhältnisse mit Begünstigung der Insider, die genau dies durchschauen und in diesem trüben Wasser sehen und schwimmen können.

Statt dessen schlage ich vor, unter Demokratie die Spaltung der Spitze zu verstehen: die Spaltung der Spitze des ausdifferenzierten politischen Systems durch die Unterscheidung von Regierung und Opposition. Man kann, in systemtheoretischer Terminologie, auch von Codierung des politischen Systems sprechen, wobei Codierung nichts anderes heißt, als daß das System sich an einer Differenz von positivem und negativem Wert orientiert: an der Differenz von wahr und unwahr im Falle der Wissenschaft, an der Differenz von Recht und Unrecht im Falle des Rechtssystems, an der Differenz von Immanenz und Transzendenz im Falle des Religionssystems, und im Falle des politischen Systems eben an der Differenz von Regierung und Opposition (207-209).

Solange die Gesamtgesellschaft durch das Prinzip stratifikatorischer Differenzierung hierarchisch geordnet war, war eine solche Spaltung der Spitze undenkbar gewesen bzw. hätte Erfahrungen wie Schisma oder Bürgerkrieg, also Unordnung und Kalamität assoziiert. Erst wenn die Gesellschaft so strukturiert ist, daß sie als Gesellschaft keine Spitze mehr braucht, sondern sich horizontal in Funktionssysteme gliedert, wird es möglich, daß Politik mit gespaltener Spitze operiert. Die Politik verliert in dieser Situation, die heute unausweichlich ist, die Möglichkeit der Repräsentation. Sie kann sich nicht anmaßen, das Ganze im Ganzen zu sein – oder auch nur zu vertreten. Sie gewinnt aber die Möglichkeit einer eigenen Codierung (209).

Es ist keine Übertreibung, wenn man diese Spaltung der Spitze, diese Codierung des politischen Systems als eine hochunwahrscheinliche evolutionäre Errungenschaft beurteilt. Politische Macht ist ja zunächst codiert, nämlich durch die Unterscheidung von überlegener und unterlegener Macht, oder, so zum Beispiel in Staatstheorien der zweiten Hälfte des 18. Jahrhunderts, durch die Unterscheidung von (überlegener) öffentlicher und (unterlegener) privater Macht. Die Eindeutigkeit der Machtdifferenz war Motor und Ziel der Ausdifferenzierung eines besonderen politischen Systems gewesen. Dies wird durch eine Art Zweitcodierung, durch Supercodierung der überlegenen Macht in eine positiv und eine negativ bewertete Person zwar nicht aufgegeben, aber relativiert. Und zugleich verzichtet man darauf, die Regierungsgewalt mit der Autorität der richtigen Meinung auszustatten. Statt dessen gibt es eine „öffentliche Meinung“, die launisch wechselnd mal die Regierenden und mal die Opposition begünstigt. Die Oberste Gewalt wird labilisiert. Es wäre eine Selbsttäuschung, sie jetzt der öffentlichen Meinung als dem heimlichen Souverän oder gar dem Volk zuzusprechen. Der Strukturgewinn liegt vielmehr in der Sensibilität des Systems.
Diese strukturelle Errungenschaft korreliert ihrerseits mit der Ausdifferenzierung des politischen Systems als eines von vielen Funktionssystemen der Gesellschaft. Diese Ausdifferenzierung bedeutet ja, daß das politische System in, nicht über einer hochkomplexen gesellschaftlichen Umwelt operieren muß, die durch eigen-

dynamische Funktionssysteme ständig verändert wird. Die Wirtschaft fluktuiert; die Wissenschaft erfindet Atombomben, empfängnisverhütende Pillen, chemische Veränderungen aller Art; Familien und Schulen erzeugen nicht mehr den Nachwuchs, den das Militär sich wünscht. Kurz: es geht für die Politik turbulent zu, und eben deshalb kann sie nur noch als geschlossenes, ich sage gern: autopoietisches System operieren, das dann sich selbst auf Kontingenz codieren und programmieren muß. Die dazu passende strukturelle Erfindung hat aus historisch-zufälligen Gründen den Namen Demokratie bekommen (210-211).

Niklas Luhmann: Die Zukunft der Demokratie. In: Der Traum der Vernunft. Vom Elend der Aufklärung. Herausgegeben von der Berliner Akademie der Künste. Darmstadt/Neuwied 1986, S. 207-217

Interpretation

Die Systemtheorie von Niklas Luhmann (1927-1998) beansprucht den Status einer umfassenden Theorie sozialer Systeme. Nach einigen Jahren Arbeit als Verwaltungsjurist studierte Luhmann in den sechziger Jahren Soziologie und lehrte dann von 1969 bis zu seiner Emeritierung im Jahre 1993 soziologische Theorie an der Universität Bielefeld. Neben Jürgen Habermas gilt Luhmann als der international bekannteste und bedeutendste zeitgenössische Sozialtheoretiker in Deutschland. Abgesehen von der Soziologie und der Politikwissenschaft wird Luhmann vor allem in der Kommunikationswissenschaft und in der Literaturwissenschaft rezipiert. Sein Gesamtwerk umfasst mehr als 30 Bücher und einige 100 wissenschaftliche Aufsätze.

Die Systemtheorie geht zurück auf die Überlegungen des amerikanischen Soziologen Talcott Parsons (1902-1979) aus den fünfziger und sechziger Jahren. Luhmann hat seine Theorie in einem Zeitraum von fast dreißig Jahren bis zu seinem Tod konsequent weiterentwickelt, revidiert und ausgebaut. In den ersten Jahren orientierte er sich noch enger an Parsons. Doch spätestens seit der Veröffentlichung des opus magnum „Soziale Systeme“ (1984)[1] hat seine Theorie eine Wendung genommen, die ob ihrer Radikalität mit der traditionellen Systemtheorie nicht viel mehr als ihren Namen gemein hat. Luhmann beansprucht, sämtliche wichtigen Bereiche der Gesellschaft – die Wirtschaft, die Wissenschaft, die Politik, das Rechtssystem, die Medien, die Erziehung, die Moral, die Religion, die Kunst, ja: auch die Liebe[2] – adäquat beschreiben zu können. Kurz vor seinem Tode konnte er eine neue zweibändige Gesamtdarstellung seiner

Theorie mit dem Titel „Die Gesellschaft der Gesellschaft" (1997) veröffentlichen[3]. Seit seinem Tode im Jahre 1998 werden weitere Arbeiten aus seinem Nachlass veröffentlicht, zuletzt die drei Bücher „Die Religion der Gesellschaft", „Organisation und Entscheidung" und „Die Politik der Gesellschaft" (alle 2000).

Luhmann richtet sich gegen ein Verständnis von Demokratie, das alles enthält, was heute als positiver politischer Wert gilt. „Mehr und mehr", so Luhmann, sei die Demokratie „zu einer Selbstbeschreibungsformel des politischen Systems im Allgemeinen"[4] geworden. Um dagegen die Leistungen und Mängel der Demokratie genauer angeben zu können, sortiert Luhmann sie in seine systemtheoretische Begrifflichkeit ein und will ihre Idee aller normativen Gehalte und Versprechungen entkleiden[5]. „Gesellschaft" ist die zentrale Kategorie innerhalb der Systemtheorie Luhmanns. Die Politik ist nur eines ihrer Teilsysteme und die Demokratie nur eine von vielen möglichen Organisationsformen des politischen Systems. Gesellschaft wird von Luhmann als Einheit miteinander horizontal verknüpfter und sich immer weiter ausdifferenzierender Funktionssysteme verstanden. Das politische System ist dabei eines von mehreren Teilsystemen moderner, funktional differenzierter Gesellschaften. Seine Funktion ist es, die Fähigkeit zu gewährleisten, kollektiv bindende Entscheidungen zu treffen. Das spezifische Medium des politischen Systems ist „Macht", der Code für die systemspezifische Kommunikation entsprechend „Macht/Ohnmacht". Zwar wird Macht gelegentlich auch in anderen sozialen Teilsystemen realisiert, sie entfaltet dort jedoch nicht die Reproduktionsfähigkeit, die sie in der Politik hat. Auch ist nicht alle politische Kommunikation Machtkommunikation. Ein politisches System kann sich Luhmann zufolge nur dann ausdifferenzieren, wenn Macht festzustellen ist, die zur Annahme bindender Entscheidungen motivieren kann[6]. Die Kontrolle des Machtgebrauchs im politischen System wird durch den formellen Besitz von Ämtern gesichert. Das politische System ist wie alle Systeme „autopoietisch" und „selbstreferentiell". Demnach reproduziert es sich ausschließlich selbst und besteht relativ abgeschlossen gegenüber anderen gesellschaftlichen Teilsystemen wie der Wirtschaft, der Religion oder der Wissenschaft. Diese basieren nicht auf dem Medium Macht, sondern haben ein eigenes Medium und operieren jeweils auf der Grundlage von Geld, Glaube bzw. Wahrheit. Moderne Gesellschaften sind durch das Nebeneinander dieser autopoietischen Systeme gekennzeichnet. Sie verfügen über kein gemeinsames Medium und somit über keinen Kommunikationscode für einen Austausch untereinander.

Demokratie definiert Luhmann in dem Textauszug als „die Spaltung der Spitze des ausdifferenzierten politischen Systems durch die Unterscheidung von Regierung und Opposition" (208). Der ursprüngliche politische Code Macht/Ohnmacht wird durch eine Zweitcodierung überlagert: Macht wird nochmals aufgespalten in den demokratiespezifischen Code Regierung/Opposition. Zwar hat die Opposition keine Regierungsmacht, sie übt aber indirekt Einfluss aus über die Option, nach den nächsten Wahlen die Macht erringen zu können. Entsprechend ist die gesamte politische

Kommunikation darüber codiert, dass sie entweder Vorteile für die Regierung oder für die Opposition sieht. Zudem kann die Regierung Vorschläge der Opposition aufgreifen. Auf diese Weise wird die Spitze des politischen Systems zum Ausgangspunkt der Produktion von alternativen Möglichkeiten.

Infolge der Doppelcodierung zeichnet sich die Demokratie nach Luhmann durch ein „möglichst weitgehendes Offenhalten von Optionen" (Textauszug, 211) und eine besondere „Sensibilität des Systems" (ebd.) für interne Krisen aus. Der Besitz politischer Ämter in der Demokratie bleibe kontingent, denn er sei nur das Resultat einer periodisch wiederholten und vormalige Entscheidungen zuweilen revidierenden Selektion von Personen und politischen Programmen. Die Legitimation politischen Machtbesitzes erfolge durch die Verfahren, die der Code Regierung/Opposition vorgebe. Neben den Wahlen ist bei Luhmann vor allem die Medienöffentlichkeit das wichtigste dieser Verfahren. Für ihn ist Oppositionsmangel gleichbedeutend mit Demokratiemangel und Diktatur. Aufgrund ihrer Systemeigenschaften sieht er in der Demokratie eine politische Organisationsform, die erst nach dem Übergang von traditionellen, stratifizierten Gesellschaften zu modernen, funktional ausdifferenzierten Gesellschaften möglich wurde. Die Demokratie ist keine Selbstverständlichkeit der Moderne, sondern – wie es in dem Textauszug heißt – eine „höchst voraussetzungsvolle" und „evolutionär unwahrscheinliche" (216) politische Errungenschaft.

Die hohe interne Flexibilität der Demokratie sieht Luhmann im krassen Gegensatz zu ihren externen Wirkungsmöglichkeiten. Das moderne politische System sei nicht zu vergleichen mit dem herausgehobenen Status, den der Staat in hierarchisch stratifizierten Gesellschaftsformationen eingenommen habe. Das dem politischen System eigene Medium der Macht habe zwar eine hohe Binnen-, aber so gut wie keine Außenwirkung[7]. Zwar seien moderne Wohlfahrtsstaaten durch den Versuch gekennzeichnet, alle Menschen in das politische System einzubeziehen. Dieser Versuch stoße jedoch auf enge Grenzen und große Schwierigkeiten, da finanzielle und rechtliche Mittel dem politischen System nur unzureichend zur Verfügung stünden. Geld und Recht sind in der Systemtheorie zwei externe Codes, die aus anderen Systemen, der Wirtschaft und dem Recht, stammen und jeweils über Eigenlogiken verfügen. Sie können für die generalisierte politische Inklusion nur begrenzt verwendet werden und stellen unüberwindbare Beschränkungen der politischen Intervention dar. Eine demokratisch legitimierte staatliche Steuerung der Gesellschaft wird dadurch unmöglich. Laut Luhmann machen vor allem die wirtschaftlichen Schwierigkeiten des Wohlfahrtsstaates die Grenzen der Politik deutlich[8]. Aber auch in anderen Bereichen, wie dem Schutz der natürlichen Umwelt, könne das politische System keine Wirkungen erzeugen[9]. Demokratie ist nach der Systemtheorie Luhmanns die Möglichkeit des geordneten, aber faktisch weitgehend folgenlosen Machtwechsels zwischen Regierung und Opposition.

Luhmanns Theorie gilt als ebenso abstrakt wie originell. In der empirischen Forschung tätige Sozialwissenschaftler halten sie für so abstrakt, dass ihre einzelnen Aussagen gegenüber einer empirischen Überprüfung immun sind. In der Politikwissenschaft ist Luhmann vor allem für seine Thesen über die politische Steuerungsunfähigkeit moderner Gesellschaften in die Kritik geraten. So hat Fritz W. Scharpf ihm vorgehalten, dass sich, ungeachtet des Luhmann'schen Unmöglichkeitstheorems, immer wieder politische Steuerung an verschiedenen Stellen beobachten lasse: „Die Wirtschaft bietet trotz aller Proteste bleifreies Benzin an, wenn die Umweltpolitik das so vorschreibt; das Bildungssystem hat in Reaktion auf politische Interventionen die neue Mathematik eingeführt und dann wieder abgeschafft; die politischen Bemühungen um Kostendämpfung im Gesundheitswesen haben beispielsweise in Großbritannien zum faktischen Verzicht auf Organtransplantationen und teure Apparatemedizin für ältere Patienten geführt."[10]

Bei aller Kritik an Luhmann verdankt die moderne Demokratietheorie seinen Überlegungen aber mindestens zwei Lektionen. Die erste besteht in der Einsicht, dass die Demokratie als Staatsform eine eher unwahrscheinliche evolutionäre Errungenschaft und überaus fragil ist; die zweite Lektion basiert auf der Erkenntnis, Politik sei bei der Lösung vieler gesellschaftlicher Probleme hoffnungslos überfordert. Luhmanns Werk ist seit Hegel der wohl ambitionierteste Versuch einer systematischen und flächendeckenden Theorie des Menschen, der Geschichte und der Gesellschaft. Für moderne Demokraten enthält sie die nüchterne Mahnung an die Grenzen politischen Handelns und der Demokratie.

Anmerkungen

1 Niklas Luhmann: Soziale Systeme. Grundriß einer allgemeinen Theorie. Frankfurt/M. 1984
2 Niklas Luhmann: Liebe als Passion. Zur Codierung von Intimität. Frankfurt/M. 1982
3 Niklas Luhmann: Die Gesellschaft der Gesellschaft. 2 Bände. Frankfurt/M. 1997
4 Niklas Luhmann: Die Politik der Gesellschaft. Frankfurt/M. 2000, S. 356
5 Seine Erwiderung auf den hier ausgewählten Beitrag Luhmanns hat Claus Offe mit der Formel der „höheren Amoralität der Demokratie" umschrieben und eingewandt: „Wer darauf besteht, dass Politik und Moral streng auseinander zu halten seien, gebraucht selbst ein moralisches Argument." Claus Offe, Demokratie und ‚höhere Amoralität'. Eine Erwiderung auf Niklas Luhmann. In: Der Traum der Vernunft. Vom Elend der Aufklärung. Herausgegeben von der Berliner Akademie der Künste. Darmstadt/Neuwied 1986, S. 218-232, hier S. 228
6 Niklas Luhmann: Die Gesellschaft der Gesellschaft. Frankfurt/M. 1997, S. 355
7 Niklas Luhmann: Die Politik der Gesellschaft. Frankfurt/M. 2000, S. 189 ff.
8 Niklas Luhmann: Politische Theorie im Wohlfahrtsstaat. München 1981; Niklas Luhmann: Politische Steuerung. In: Politische Vierteljahresschrift 30 (1989), Heft 1, S. 4-9
9 Niklas Luhmann: Ökologische Kommunikation. Köln/Opladen 1987, S. 176 ff.
10 Fritz W. Scharpf: Politische Steuerung und politische Institutionen. In: Politische Vierteljahresschrift 30 (1989), S. 10-21, hier S. 12

Jürgen Habermas

Ausgewählt und interpretiert von Hubertus Buchstein

Das Verhältnis von Volkssouveränität und Freiheit

So ist es erstaunlich, daß die Theorien des Vernunftrechts die Legitimationsfrage einerseits mit dem Hinweis auf das Prinzip der Volkssouveränität und andererseits mit Bezugnahme auf die durch Menschenrechte garantierte Herrschaft der Gesetze beantwortet haben. Das Prinzip der Volkssouveränität drückt sich in den Kommunikations- und Teilnahmerechten aus, die die öffentliche Autonomie der Staatsbürger sichern; die Herrschaft der Gesetze in jenen klassischen Grundrechten, die die private Autonomie der Gesellschaftsbürger gewährleisten. Das Recht legitimiert sich auf diese Weise als Mittel zur gleichmäßigen Sicherung privater und öffentlicher Autonomie. Allerdings hat die politische Philosophie die Spannung zwischen Volkssouveränität und Menschenrechten, zwischen der ‚Freiheit der Alten' und der ‚Freiheit der Modernen', nicht ernstlich zum Ausgleich bringen können. Die politische Autonomie der Bürger soll sich in der Selbstorganisation einer Gemeinschaft verkörpern, die sich durch den souveränen Willen des Volkes ihre Gesetze selber gibt. Die private Autonomie der Bürger soll andererseits in Grundrechten Gestalt annehmen, die die anonyme Herrschaft der Gesetze gewährleisten. Wenn die Weichen erst einmal so gestellt sind, kann die eine Idee nur auf Kosten der anderen zur Geltung gebracht werden. Die intuitiv einleuchtende Gleichursprünglichkeit beider Ideen bleibt auf der Strecke.

Der auf Aristoteles und den politischen Humanismus der Renaissance zurückreichende Republikanismus hat stets der öffentlichen Autonomie der Staatsbürger Vorrang vor den vorpolitischen Freiheiten der Privatleute eingeräumt. Der auf Locke zurückgehende Liberalismus hat die Gefahr tyrannischer Mehrheiten beschworen und einen Vorrang der Menschenrechte postuliert. Im einen Fall

sollten die Menschenrechte ihre Legitimität dem Ergebnis der ethischen Selbstverständigung und souveränen Selbstbestimmung eines politischen Gemeinwesens verdanken; im anderen Fall sollten sie von Haus aus legitime Schranken bilden, die dem souveränen Willen des Volkes den Übergriff auf unantastbare subjektive Freiheitssphären verwehren. Rousseau und Kant haben zwar das Ziel verfolgt, im Begriff der Autonomie der Rechtsperson beides, den souveränen Willen und die praktische Vernunft, so vereinigt zu denken, daß sich Volkssouveränität und Menschenrechte wechselseitig interpretieren. Aber selbst sie sind der Gleichursprünglichkeit der beiden Ideen nicht gerecht geworden; Rousseau legt eher eine republikanische, Kant eher eine liberale Lesart nahe. Sie verfehlen die Intuition, die sie auf den Begriff bringen sollten: die Idee der Menschenrechte, die sich im Recht auf gleiche subjektive Handlungsfreiheiten ausspricht, darf weder dem souveränen Gesetzgeber als äußere Schranke bloß auferlegt noch als funktionales Requisit für dessen Zwecke instrumentalisiert werden.
Um diese Intuition richtig auszudrücken, empfiehlt es sich, das demokratische Verfahren, das dem Prozeß der Rechtsetzung unter Bedingungen des gesellschaftlichen und weltanschaulichen Pluralismus erst seine legitimitätserzeugende Kraft verleiht, unter diskurstheoretischen Gesichtspunkten zu betrachten. Dabei gehe ich von dem hier nicht näher zu erörternden Grundsatz aus, daß genau die Regelungen Legitimität beanspruchen dürfen, denen alle möglicherweise Betroffenen als Teilnehmer an rationalen Diskursen zustimmen könnten. Wenn nun Diskurse und Verhandlungen – deren Fairneß wiederum auf diskursiv begründeten Verfahren beruhen – den Ort bilden, an dem sich ein vernünftiger politischer Wille bilden kann, muß sich jene Vermutung auf Vernünftigkeit, die das demokratische Verfahren begründen soll, letztlich auf ein kunstvolles kommunikatives Arrangement stützen: es kommt auf die Bedingungen an, unter denen die für eine legitime Rechtsetzung notwendigen Kommunikationsformen ihrerseits rechtlich institutionalisiert werden können. Der gesuchte interne Zusammenhang zwischen Menschenrechten und Volkssouveränität besteht dann darin, daß das Erfordernis der rechtlichen Institutionalisierung einer staatsbürgerlichen Praxis des öffentlichen Gebrauchs kommunikativer Freiheiten eben durch die Menschenrechte selbst erfüllt wird. Menschenrechte, die die Ausübung der Volkssouveränität ermöglichen, können dieser Praxis nicht als Beschränkung von außen auferlegt werden.
Diese Überlegung leuchtet freilich unmittelbar nur für die politischen Bürgerrechte, also die Kommunikations- und Teilnahmerechte ein, die die Ausübung der politischen Autonomie sichern, nicht jedoch für die klassischen Menschenrechte, die die private Autonomie der Bürger gewährleisten. Hier denken wir in erster Linie an das fundamentale Recht auf das größtmögliche Maß gleicher subjektiver Handlungsfreiheiten, aber auch an Grundrechte, die den Status eines Staatsangehörigen sowie umfassenden individuellen Rechtsschutz konstituieren. Diese Rechte, die jedem allgemein eine chancengleiche Verfolgung seiner priva-

ten Lebensziele garantieren sollen, haben einen intrinsischen Wert, jedenfalls gehen sie in ihrem instrumentellen Wert für die demokratische Willensbildung nicht auf. Der Intuition der Gleichursprünglichkeit der klassischen Freiheitsrechte mit den politischen Bürgerrechten werden wir erst dann gerecht, wenn wir unsere These, daß die Menschenrechte die Selbstbestimmungspraxis der Bürger ermöglichen, (…) präzisieren (298-300).

Jürgen Habermas: Über den internen Zusammenhang von Rechtsstaat und Demokratie 1994. In: Jürgen Habermas, Die Einbeziehung des Anderen. Frankfurt/M. 1996, S. 293-305

Interpretation

Jürgen Habermas (geb. 1929) ist gegenwärtig der wichtigste Vertreter einer zweiten Generation der „Kritischen Theorie" der „Frankfurter Schule". Es ist dies eine Denkrichtung in der linken Sozialwissenschaft, die auf Max Horkheimer (1895-1973) und Theodor W. Adorno (1903-1969) zurückgeht und in der Weimarer Republik, der amerikanischen Emigration und später in der jungen Bundesrepublik eine Gesellschafts- und Kulturkritik vertrat, die aus einer eigenständigen Mischung aus westlichem Marxismus, Psychoanalyse, Philosophie, Ökonomie und empirischer Sozialwissenschaft bestand. Seit 1956 war Habermas Assistent von Adorno in Frankfurt und arbeitete dort an einer empirischen Studie über das demokratische Bewusstsein Frankfurter Studenten. In den Folgejahren verfasste er seine Habilitationsschrift über den „Strukturwandel der Öffentlichkeit" (1961)[1], die heute als Klassiker der modernen Demokratietheorie gilt. Habermas zeichnet in diesem Buch ein dunkles Bild der Transformation von Öffentlichkeit, das noch stark von den Motiven der älteren Frankfurter Schule Adornos geprägt ist: Im Zuge der Etablierung des modernen Sozial- und Interventionsstaats seit dem Ende des 19. Jahrhunderts und der damit verbundenen Verflechtung von Staat und bürgerlicher Gesellschaft sei die ehemals freie Sphäre einer kritischen Öffentlichkeit zunehmend vermachtet worden. Für die späten fünfziger Jahre stellte Habermas die These auf, dass eine politische Öffentlichkeit, in der vernunftgeleitet und frei argumentiert würde, nur noch in Nischen existiere und das öffentliche Leben stattdessen von interessegeleiteten „Öffentlichkeitsarbeitern" dominiert sei. Gegen diese Entwicklung verteidigt Habermas seinen emphatischen Begriff von demokratischer Öffentlichkeit und beschließt das Buch mit Überlegungen, wie diese in der modernen Gesellschaft wieder zum Leben erweckt werden könne.

1961 übernahm Habermas eine Professur für Philosophie in Heidelberg und wurde 1964 Nachfolger von Max Horkheimer als Professor für Philosophie und Soziologie in Frankfurt. Er beteiligte sich in diesen Jahren engagiert auf Seiten der Studenten für eine Hochschul- und Gesellschaftsreform. Nach Konflikten mit der Studentenschaft kehrte Habermas Frankfurt 1971 den Rücken, um zusammen mit Carl-Friedrich von Weizsäcker in Starnberg das Max-Planck-Institut zur Erforschung der Lebensbedingungen in der wissenschaftlich-technischen Welt zu leiten.

In den folgenden zehn Jahren arbeitete er eine eigenständige Version der Kritischen Theorie aus, deren philosophische, gesellschaftstheoretische und demokratietheoretische Grundlinien er 1981 in seiner zweibändigen „Theorie des kommunikativen Handelns"[2] zusammenfasste. 1983 kam Habermas nach Frankfurt zurück und lehrte dort bis zu seiner Emeritierung im Jahre 1994. Seitdem hat er verschiedene Gastprofessuren in den USA wahrgenommen, unter anderem in Chicago, Cambridge/Mass. und New York.

Ähnlich wie Niklas Luhmann ist Jürgen Habermas ein ungemein produktiver Autor. Er hat seine Theorie in wichtigen Aspekten – bis hin zu seinen neuesten Arbeiten zur philosophischen Wahrheitstheorie[3] – als Reaktion auf Kritiken immer wieder revidiert, korrigiert oder weiterentwickelt. Inzwischen sind von ihm über 20 Bücher und über 100 Aufsätze publiziert worden. Sein Werk umfasst eine außergewöhnliche thematische Breite und ist mittlerweile in über dreißig Sprachen übersetzt. Stärker noch als Luhmann hat Habermas schulbildend gewirkt und es finden sich Vertreter seiner Theorie auf philosophischen, politikwissenschaftlichen, soziologischen und juristischen Professuren an in- und ausländischen Universitäten. Mit Beginn seines Wirkens hat er Einfluss auf aktuelle politische Kontroversen genommen: sei es in den 50er-Jahren in seiner Kritik an der Wiederaufrüstung der Bundesrepublik, in den 60er-Jahren auf Seiten der studentischen Protestbewegung, in den 70er-Jahren als Verteidiger der Prinzipien des demokratischen Rechtsstaats gegen die politischen Repressionen im Zuge der staatlichen Terroristenhatz, in den 80er-Jahren als Gegner der Versuche, den Holocaust zu relativieren (sog. „Historikerstreit") oder in den 90er-Jahren als Kritiker des Klonierens von Menschen.

Seinem Selbstverständnis nach hat Habermas dieses öffentliche Engagement nicht in seiner Rolle als Wissenschaftler, sondern als Intellektueller und Bürger betrieben. Dies führt zurück zu seinem Verständnis von Öffentlichkeit und Demokratie. Denn trotz aller Wandlungen in seiner Theorie hat er in den letzten vierzig Jahren am normativen Begriff einer Öffentlichkeit, in der interessenfrei, vernunftgeleitet und fair argumentiert wird, um zu einer gerechten und problemadäquaten Lösung politischer Konflikte zu gelangen, festgehalten. Im philosophischen Teil seiner Theorie bemüht er sich um eine umfassende Fundierung dieses Prinzips in einer Diskursethik; in seinen gesellschafts- und politiktheoretischen Arbeiten skizziert er die Randbedingungen, institutionellen Formen sowie die Gefährdungen einer solchen Öffentlichkeit.

In dem Textauszug diskutiert Habermas das Verhältnis von Volkssouveränität und Freiheit in der Demokratie. In der liberalen Tradition der modernen Demokratietheorie – etwa der Federalist Papers oder von Alexis de Tocqueville – werden diese beiden Werte in Konkurrenz zueinander gestellt. Hintergrund dieser Konkurrenz ist die Angst vor Mehrheitsentscheidungen im Namen der Demokratie, mit denen die Freiheitsrechte von Minderheiten beschnitten, wenn nicht sogar ihr Leib und Leben vernichtet werden. Die liberale Antwort auf diese Angst ist die Begrenzung der Demokratie und die institutionelle Garantie in Form der Herrschaft des Gesetzes in Form klassischer Grundrechte. Habermas möchte nun zeigen, dass diese Konkurrenz auf einem Missverständnis der demokratischen Grundwerte von Volkssouveränität und Freiheit beruht. Bedenklich ist dieses Missverständnis deshalb, weil dann „die eine Idee nur auf Kosten der anderen zur Geltung gebracht werden" (299) kann. Habermas will dagegen die „intuitiv einleuchtende Gleichursprünglichkeit beider Ideen" (299) begründen. Er betrachtet daher den politischen Prozess „unter diskurstheoretischen Gesichtspunkten" (299). Dies geschieht in drei Schritten:

In einem ersten Schritt erinnert Habermas an den von ihm an anderer Stelle entfalteten diskurstheoretischen Grundsatz[4], dass „genau die Regelungen Legitimität beanspruchen dürfen, denen alle möglicherweise Betroffenen als Teilnehmer an rationalen Diskursen zustimmen könnten" (299, 300). Zu diesem Grundsatz gibt es in einer pluralen Welt keine Alternative. Denn: Keine besondere Sicht der Dinge, Heilslehre, Religion oder Ideologie kann für andere Menschen legitimerweise den Anspruch erheben, ‚die Wahrheit' zu wissen und zu vertreten. Wenn dem aber so ist, dann bleibt in einer pluralen Gesellschaft nur der freie Austausch von Argumenten und die Hoffnung auf einen Konsens oder Kompromiss als Quelle der Legitimitätserzeugung.

In einem zweiten Schritt führt Habermas die Bedingungen eines „rationalen Diskurses" ein. Dazu gehört die Öffentlichkeit im weitesten Sinne, also die Offenheit für die Ansichten aller möglicherweise Betroffenen und die Offenheit der gleichberechtigten und freien Rede für alle Beteiligten.

Im dritten Schritt sieht Habermas den „internen Zusammenhang zwischen Menschenrechten und Volkssouveränität" durch das „Erfordernis einer rechtlichen Institutionalisierung einer staatsbürgerlichen Praxis des öffentlichen Gebrauchs kommunikativer Freiheiten eben durch die Menschenrechte selbst" (300) hergestellt. Die Menschenrechte stehen der Volkssouveränität nicht entgegen, sondern ermöglichen deren Ausübung erst. Beide bedingen einander wechselseitig.

Habermas begründet mit diesem Dreischritt eine Sicht demokratischer Werte, die zwei Konsequenzen hat. Erstens hebt er dadurch die Stellung der politischen Bürgerrechte, also der Kommunikations- und Teilhaberechte innerhalb des liberalen Grundrechtekatalogs hervor. Andere liberale Rechte – wie z.B. das Recht auf Eigentum – sind demgegenüber nachgeordnet; so lässt sich ein unverletzliches Eigentumsrecht nur schwerlich als Bedingung der gleichberechtigten politischen Teilhabe behaupten, wohingegen ein Mindestmaß an sozialstaatlicher Aktivität zu den Ermöglichungsbedingungen politischer Teilhabe gerechnet werden muss.

Zweitens redet Habermas – entgegen der bundesrepublikanischen Tradition – einer Beschränkung der Verfassungsgerichtsbarkeit das Wort. In der traditionellen Begründung für Verfassungsgerichte gelten diese als „Hüter der Verfassung", die vor allem aktiv werden müssen, wenn der demokratisch gewählte Gesetzgeber (also das Parlament) „gegen die Verfassung verstößt". Nun ist die Frage, ob ein bestimmtes Gesetz die Verfassung verletzt, innerhalb des Bundesverfassungsgerichts keine eindeutig zu beantwortende Frage. Und so hat sich im Laufe der Zeit eine Kritik an der Institution der deutschen Verfassungsgerichtsbarkeit formiert, die in vielen ihrer Entscheidungen (unabhängig von ihrem Inhalt) eine Art Ersatzgesetzgeber sieht, die das demokratisch gewählte Parlament entmachtet.

Folgt man den skizzierten Überlegungen von Habermas, dann lassen sich die Fragen, die dem Bundesverfassungsgericht zur Entscheidung vorgelegt werden dürfen, auf jenen Themenbereich beschränken, der unmittelbar und mittelbar die politischen Teilhaberechte und die Existenz einer demokratischen Öffentlichkeit umfasst. In allen anderen Fragen hat die Verfassungsauslegung des gewählten Parlaments Vorrang.

In seinem Buch „Faktizität und Geltung"[5] hat Habermas 1992 nicht nur die These der Gleichursprünglichkeit von Volkssouveränität und Menschenrechten ausführlicher dargelegt, sondern auch seine Vorstellung demokratischer Öffentlichkeiten weiter entwickelt. Summa summarum gelangt er dabei zu einem positiveren Bild als noch dreißig Jahre zuvor im „Strukturwandel der Öffentlichkeit". Für seine gegenwärtige Öffentlichkeitsvorstellung hat er in „Faktizität und Geltung" den Begriff ‚deliberative Demokratie' übernommen. Die Bezeichnung deliberative Demokratie stammt aus der amerikanischen Rechtstheorie der 80er-Jahre. Unter Deliberation wird zunächst einmal nur die öffentliche Kommunikation über politische Fragen auf Versammlungen, in Gremien oder den Institutionen der Medienöffentlichkeit verstanden. Doch die Erwartungen, die an deliberative Prozesse adressiert werden, sind hoch. Vom Medium des Gesprächs wird erwartet, dass es – wenn es „nur" auf richtige Weise institutionalisiert ist – zu einem rationalen Umgang miteinander beiträgt; von deliberativen Prozessen wird angenommen, dass sie die beteiligten Personen in der Entwicklung ihrer Fähigkeiten und Kompetenzen als Bürger animieren; und von den Ergebnissen deliberativer Prozesse wird deshalb angenommen, dass sie eine größere Rationalität und damit eine höherrangige Legitimität beanspruchen dürfen.

Die deliberative Demokratietheorie ist nicht zuletzt im Anschluss an die kritischen Überlegungen von Schumpeter und Downs über die Kompetenzen von „rationalen" Bürgern entwickelt worden. Wie Rational Choice geht sie davon aus, dass viele Bürger heute in der Regel über keine informierten, vollständigen und logisch konsistenten politischen Überzeugungen verfügen. Politische Entscheidungen allein von derartigen Ansichten abhängig zu machen, sei unverantwortlich. Doch anders als Schumpeter, der aus diesen Überlegungen eine Elitentheorie der Demokratie ableitet, postuliert die deliberative Demokratietheorie: die politischen Überzeugungen von Bürgern sind nicht nur aufklärungsbedürftig, sondern in großem Maße auch aufklärungsfähig. Als wirksamstes Mittel sehen sie die politische Kommunikation der Bürger untereinander an.

Habermas richtet noch weitergehende Erwartungen an die deliberative Demokratie. In seiner Konzeption fungiert die deliberative Demokratie nicht als Mittel der Erhöhung des sachlichen Informationsgrades politischer Entscheidungen, sondern auch als eine Art moralischer Filter[6]. Im öffentlichen Diskurs speisen die Beteiligten laut Habermas nicht nur ihre Eigeninteressen in den politischen Prozess ein, sondern auch ihre Vorstellung von dem, was sie für das Gemeinwohl halten. Es ist jenes gemeinwohlorientierte Verhalten, das an die Stelle des egoistischen und egozentrischen tritt; es wird dem Element der Öffentlichkeit der Deliberation zugeschrieben und als „moralizing effect of public discussion“[7] bezeichnet.

Von hier aus lässt sich wiederum eine Brücke zum philosophischen Ansatz von Habermas schlagen. Danach können nur solche Normen Geltung beanspruchen, die für alle direkt oder indirekt Beteiligten zustimmungsfähig sind. Zustimmungsfähigkeit ist näher qualifiziert als das Resultat eines Deliberationsprozesses, der den Bedingungen der Gleichheit aller Teilnehmer, der Offenheit einer Agenda und der Möglichkeit der Infragestellung geltender Diskursregeln unterliegt. Das Ziel des demokratischen Deliberationsprozesses ist es nicht, eine feststehende moralisch richtige Lösung freizulegen, sondern gemeinsam all die Argumente aus dem politischen Prozess herauszuhalten, die allein der Verfolgung privaten Nutzens dienen.

Habermas setzt in seiner konkreten institutionellen Umsetzung auf eine Mischstrategie: Zum Einen reklamiert er eine Wiedergewinnung der Formen des argumentativen Austausches in den etablierten politischen Institutionen des Parlaments, der politischen Parteien und der Verbände. Zum Anderen sieht er in den Institutionen der Bürger- oder Zivilgesellschaft – also Bürgerinitiativen, sozialen Bewegungen und sonstigen aktiven Bürgervereinigungen – eine unverzichtbare Ressource moderner Politik. Schliesslich fordert er eine weniger kommerziell organisierte Medienöffentlichkeit zur Unterstützung deliberativer Prozesse in westlichen Demokratien.

Jürgen Habermas hat sich von einem skeptischen Kritiker der westdeutschen Nachkriegsdemokratie zu einem optimistischen Kritiker der etablierten Demokratie der Bundesrepublik gewandelt. Er selbst führt diesen Rollenwandel nicht allein auf Anpassungen seiner Theorie, sondern auch auf positive Veränderungen in der bundesrepublikanischen politischen Kultur der vergangenen dreißig Jahre zurück.

In seinen politischen Schriften seit Mitte der 90er-Jahre setzt sich Habermas insbesondere für eine verstärkte Integration Deutschlands in die Europäische Union ein und fordert in diesem Zusammenhang eine europäische Verfassung. Die aktuellen

Gefährdungen der Demokratie – so führte er in einem Streitgespräch mit Gerhard Schröder aus[8] – sieht er vor allem in den Folgen einer Globalisierung der Wirtschaft, der die Politik (noch) keinen entsprechenden Aufbau internationaler Institutionen zur Seite stellt.

Anmerkungen

1 Jürgen Habermas: Strukturwandel der Öffentlichkeit. Frankfurt/M. Neuauflage 1990
2 Jürgen Habermas: Theorie des kommunikativen Handelns. 2 Bände. Frankfurt/M. 1981
3 Jürgen Habermas: Wahrheit und Rechtfertigung. Frankfurt/M. 1999
4 Jürgen Habermas: Theorie des kommunikativen Handelns. 2 Bände. Frankfurt/M. 1981
5 Jürgen Habermas: Faktizität und Geltung. Frankfurt/M 1992
6 Jürgen Habermas: Faktizität und Geltung. Frankfurt/M 1992, S. 367 ff.
7 David Miller: Deliberative Democracy and Social Choice. In: Political Studies 40 (1992), S. 54-67, hier S. 61
8 Jürgen Habermas: Die postnationale Konstellation. Frankfurt/M. 1999

Claus Offe

Ausgewählt und interpretiert von Hubertus Buchstein

Fünf Voraussetzungen der Demokratie

(Einleitung[1])

Die liberale Demokratie des Westens laboriert heute an ihrem welthistorischen Sieg. Gesiegt hat die Regierungsform des demokratischen Verfassungsstaates mit stark sanktionierten Bürger- und Menschenrechten, mit Gewaltenteilung und Parteienkonkurrenz, mit egalitären Teilnahmerechten und repräsentativen gesetzgebenden Körperschaften (141).

Die westliche Demokratie hat nicht nur keine ideologisch und organisatorisch formierten Gegner – auf Dauer wohl nicht einmal in Gestalt fundamentalistisch-theokratischer Regime. Sie hat sogar als kopierwürdig geltendes Erfolgsmodell eine weltweite Konjunktur. So richten sich die Besorgnisse auch nicht auf eine Gefahr der ‚Abschaffung' der Demokratie durch ihre Gegner, sondern eher auf die der ‚Aushöhlung' durch anonyme soziale Prozesse und strukturelle Verschiebungen, die der Idee der Demokratie und ihrer verpflichtenden Kraft für Bürger wie Eliten Abbruch tun. Diese Aushöhlung könnte, wenn sie nicht aufgehalten wird, normative Schwundstufen von Demokratie, ja bloße Demokratie-Fassaden übriglassen, von denen sich nicht leicht angeben läßt, wer oder was im verfassungspolitischen Konfliktfall sie eigentlich noch stützen sollte.

In diesem Beitrag wird nach dem einfachen Denkmodell der doppelten Negation verfahren und der Frage nachgegangen, welche Voraussetzungen eigentlich erfüllt sein und von relevanten Teilen der Bevölkerung auch als erfüllt betrachtet werden müssen, wenn jene schleichende innere Erosion des democratic creed aufgehalten und in ihren zerstörerischen Wirkungen neutralisiert werden soll. Welche Beweislasten müssen Demokratien überzeugend auf sich nehmen können, um Versuche, sie zu diskutieren, unglaubwürdig zu machen? Demokratie ,fortzuschreiben', so die hier verfolgte Perspektive, hieße nichts anderes, als Desiderate zu beschreiben, durch deren Erfüllung ihre endogenen Erosionserscheinungen neutralisiert und ihre schleichende De-Konsolidierung aufgehalten werden könnten. Diese Perspektive unterscheidet sich von der in den siebziger Jahren populären, in der nach Möglichkeiten der Ausweitung, ja Radikalisierung demokratischer Ideen und Praktiken gefragt wurde. Statt um das Bewirken von ,Fortschritt' geht es hier, durchaus defensiv, darum, durch welche Vorkehrungen und institutionellen Innovationen sich Rückschritte aufhalten und kontrollieren lassen (143-144).

(Die innere Souveränität)

Der demokratische Gemeinplatz ist, daß in der Demokratie das Staatsvolk – vermittelt durch Wahlen, Abstimmungen, repräsentative Organe – die Herrschaft ausüben soll. Unterwirft man diesen Satz einer doppelten Verneinung, so ändert sich an seinem logischen Gehalt nichts, wohl aber an seinen politischen Implikationen: Innere Souveränität bedeutet dann, daß es nicht der Fall sein soll, daß andere als unter der letztinstanzlichen Kontrolle des verfaßten Staatsvolkes stehende Akteure maßgeblich an der Ausübung politischer Herrschaft beteiligt sind. Unter die Kategorie solcher ,anderen' Akteure, bei denen sowohl ein Interesse wie die Fähigkeit zutageliegt, die politische Herrschaftsausübung positiv und negativ mitzukontrollieren, fallen militärische Gegeneliten wie im Spanien der späten siebziger Jahre, terroristische Gruppen und illegale, ,mafiöse' ökonomische Organisationen wie in Italien und Kolumbien, militante separatistische Organisationen wie in Spanien und Nordirland – aber auch markt- und regionenbeherrschende multinationale Großunternehmen mit ihrer erwiesenen Fähigkeit, mit den Mitteln der offenen Erpressung oder auch der weniger offenen Bestechung Entscheidungen von Exekutive und Legislative in einem von ihnen bevorzugten Sinne zu blockieren oder abzufälschen. (...) In allen der hier nur angedeuteten Varianten werden Teile der Staatsgewalt, sowohl was ihre Formierung wie was ihre Verwendung betrifft, zur Beute privater Akteure, denen bei der Ausübung der Staatsgewalt keine verfassungsmäßige Rolle zukommt. (...) Das Desiderat ist eindeutig: Die Unterstellung einer effektiven und robusten inneren Souveränität muß für die meisten Bürger für die meiste Zeit plausibel sein – einfach deshalb, weil die gegenteilige Unterstellung zur Brutstätte von Apathie, Zynismus, unter Umständen auch schlicht paranoischer Feindbilder und aus ihnen herrührender Gewaltbereitschaft zu werden tendiert (144-145).

(Offene politische Kanäle)

Was immer man unter der demokratischen Leitidee der Volkssouveränität genau verstehen will – sie ist diskreditiert, wenn der Gedanke Nahrung findet, der empirische Volkswille, wie er sich in Wahlen und Abstimmungen bekundet, sei nicht die unabhängige Variable demokratischer Politik, sondern geradezu ein Artefakt von Elitenkartellen und Medienstrategien. Schon der Verdacht, daß es sich so verhält, dissoziiert das Staatsvolk in der Weise, daß jeder Bürger alle anderen nicht als Träger legitimer Interessen und Präferenzen und als Subjekt autonomer Urteilsbildungen, sondern – vulgärsoziologisch – als Projektionsfläche betrachtet, auf der sich nur die Folgen manipulativer Strategien von politischen Eliten und Medien widerspiegeln. Es ist nicht leicht, institutionelle Abhilfen gegen die korrumpierenden Auswirkungen einer solchen ‚populistischen' Wahrnehmung politischer Realitäten zu konzipieren (146).

(Politische Alternativen)

Demokratische politische Eliten müssen nicht nur in Prinzipien und Prozeduren übereinstimmen – sie müssen ebenso material differieren. (...) Dies insbesondere dann, wenn die Natur der Probleme und der Ressourcen des Regierungshandelns die Formulierung sachlicher Alternativen erschwert. Vordringliche Politikthemen wie die Beschäftigungslage, die Sicherung der sozialen Systeme, die Krise der öffentlichen Haushalte oder transnationale Fragen der militärischen Sicherheit beziehungsweise der Friedenssicherung werden dann im Geiste entweder eines überparteilichen Einverständnisses abgehandelt – oder im Geiste einer überparteilich geteilten Ratlosigkeit samt der daraus folgenden Neigung zum Verschweigen, Vertragen und Verharmlosen von Problemen. (...) Die ‚TINA-Logik' der früheren britischen Premierministerin Thatcher – ‚There is no alternative' – taugt jedenfalls nicht zum Dauerzustand einer demokratischen Ordnung. Sollten sich die verfügbaren Alternativen tatsächlich auf eine einzige reduzieren, schrumpft die Demokratie auf Null (148-149).

(Sozialökonomische Verbesserungen)

Eine weitere Voraussetzung demokratischer politischer Verkehrsformen auf Massenebene ist die durch Erfahrung bestätigte und gestützte Erwartung, daß die staatliche Politik gegenüber dem ökonomischen Prozeß zwar – qua Marktwirtschaft und Privateigentum – ‚eigentumslos' aber dennoch nicht machtlos ist. Die Gestaltung und Gewährleistung adäquater materieller Lebensverhältnisse ist sogar der eigentliche Gegenstand demokratischer Politik. Auf die eine oder andere Weise, durch ihre Steuer-, Wirtschafts- und Sozialpolitik führen politische Entscheidungen von Regierungen und Parlamenten zu mindestens marginalen,

aber kontinuierlichen, gewollten und zurechenbaren Auswirkungen auf die materiellen Lebenschancen von Wirtschaftsbürgern.
(...)
Eine der wichtigsten Beweislasten, die der demokratischen Politik aufgebürdet sind, ist deshalb ihre Fähigkeit, mit wirtschafts- und sozialpolitischen Mitteln eine als gerecht beschreibbare Ordnung von materiellen Lebenschancen auch noch unter Bedingungen der Globalisierung aufrechtzuerhalten. Wenn die Politik an dieser Front entweder die Waffen streckt oder Gerechtigkeitsansprüche aufkündigt, dann entfallen die interessenrationalen Gründe dafür, demokratische Prozeduren als verbindlich anzuerkennen. Wir werden in der unmittelbaren Zukunft sehen, ob und wieweit der Prozeß der europäischen Einheitsbildung in der Lage sein wird, einen entscheidenden Teil der auf anonyme Weltmarktvorgänge abgezogenen wirtschafts- und sozialpolitischen ‚governing capacity' zurückzugewinnen (152-153).

(Selbstanerkennung)

Der moderne Staat wird als ein Gebilde beschrieben, das drei Dinge zur Deckung bringt: Staatsvolk, Staatsgebiet und Staatsgewalt. Eine Achillesferse der Demokratie besteht darin, daß keines dieser begriffsnotwendigen Elemente des Staates auf demokratischem Wege seine Bestimmung finden kann. Will sagen: Das Volk kann nicht, jedenfalls nicht pauschal und keinesfalls negativ, sondern nur mit den Mitteln des Einwanderungsrechts, darüber entscheiden, wer zum Volk gehört. Denn bevor das Volk entscheiden kann, muß der Kreis der Entscheidungs- und Teilnahmeberechtigten schon feststehen. Das Volk kann ferner nicht darüber entscheiden, wo die Grenzen des Staatsgebietes verlaufen. Und am wenigsten kann eine demokratische Staatsgewalt selbst auf demokratischem Wege ins Leben treten; vielmehr ist sie, wo sie besteht, in aller Regel durch die pouvoir constituant von ‚runden Tischen', Staatsstreichen, Besatzungsregimen und Revolten begründet worden.
Demokratien sind deshalb auf eine Art von Selbstanerkennung der gegebenen Lage und ihrer historischen Voraussetzung angewiesen. Diese Selbstanerkennung ‚verbietet es' – ohne daß es irgend jemand wirksam verbieten kann –, Fragen nach Grenzen, Bevölkerung und Regimetyp erneut aufzuwerfen. Für die effektive Abdunkelung solcher Großthemen sind internationale Organisationen und völkerrechtliche Verträge eine hilfreiche und unersetzliche, aber nicht die zureichende Voraussetzung. Sie sanktionieren Menschen- und Bürgerrechte, die Unverletzlichkeit der Grenzen und die Einhaltung demokratischer Prozeduren mit den Mitteln des ‚Konditionalismus', also der bedingten Zuweisung beziehungsweise Vorenthaltung ökonomischer und militärischer Ressourcen. Zu diesen Außenstützen des verfassungs- und territorialpolitischen Status quo hinzukommen muß allerdings eine effektive Selbstbindung im Inneren – eine ‚verfassungspatrioti-

sche' Verpflichtung der Bürger auf das politische Gemeinwesen, wie es nun einmal geworden ist. Die Stabilität von Demokratien hängt demnach davon ab, daß im demokratischen Prozeß keine Anlässe zur Aufkündigung dieser Selbstverpflichtung aufkommen (153-154).

Claus Offe: Bewährungsproben. Über einige Beweislasten bei der Verteidigung der liberalen Demokratie. In: Werner Weidenfeld (Hrsg.), Demokratie am Wendepunkt. Die demokratische Frage als Projekt des 21. Jahrhunderts. Berlin 1996, S. 141-157

Interpretation

Claus Offe (geb. 1940) gilt wie Jürgen Habermas als Vertreter einer zweiten Generation der „Kritischen Theorie" der „Frankfurter Schule". Er studierte Soziologie, Philosophie und Volkswirtschaft in Köln, Berlin und Frankfurt/M., wo er 1968 promovierte. Zwischen 1965 und 1969 war er Assistent von Jürgen Habermas am Frankfurter Institut für Sozialforschung. Nach einem Studienaufenthalt in den USA 1969-72 wurde er Mitarbeiter von Habermas an dessen Starnberger Institut. 1975 erhielt er eine Professur für Politikwissenschaft und Soziologie in Bielefeld, wechselte 1988 an die Universität Bremen und lehrt seit 1995 Politikwissenschaft an der Humboldt Universität zu Berlin. Seine Arbeitsgebiete sind die Demokratie- und Staatstheorie, die Erforschung der Transformationsprozesse in den Ländern des ehemaligen Ostblocks sowie Probleme des Wohlfahrtstaats, der Arbeitsgesellschaft und Arbeitspolitik. Offes Werk besteht weniger aus Büchern denn aus Aufsätzen, von denen einige mittlerweile in mehr als zehn Sprachen übersetzt sind. Wie sehr Offe sich an der internationalen Wissenschaft orientiert, spiegelt die Tatsache wider, dass er in den letzten Jahren zumeist auf Englisch publizierte.

Noch als Student verfasste Offe zusammen mit drei anderen Autoren 1965 die Programmschrift des SDS (Sozialistischer Deutscher Studentenbund) „Hochschule und Demokratie"[2], die einen wesentlichen Anstoß für die Versuche der demokratischen Reform an den bundesdeutschen Universitäten gab. Offes Arbeiten in den späten 60er- und frühen 70er-Jahren nahmen Argumente des westlichen Marxismus, der Systemtheorie und der empirischen Sozialforschung auf. Seinen wissenschaftlichen Durchbruch erlangte er mit dem Aufsatz „Politische Herrschaft und Klassenstrukturen" (1969)[3], in dem er sich kritisch mit der Demokratietheorie der Pluralisten auseinander setzte. Ähnlich wie Mancur Olson – wenn auch mit einer marxistischen und nicht mit einer Rational Choice-Argumentation – hielt er den Pluralisten vor, dass einige gesellschaftliche Gruppen hinsichtlich der Organisations- und Durchsetzungsfähigkeit ihrer Interessen strukturell benachteiligt wären und das Ergebnis des demokratischen Ringens deshalb unter dem Verdacht stehe, bestimmte gesellschaftliche Interessen zu privilegieren. Zu den Benachteiligten zählte Offe damals die Interessen von schwer organisierbaren Gruppen wie Arbeitslose oder Hausfrauen sowie Fragen des Umweltschutzes, für die es zunächst einmal keine „natürliche" Lobby gebe. Die Institutionen der liberalen Demokratie wirkten als Mechanismen, die nicht-systemkonforme Interessen systematisch aus dem politischen Prozess ausgrenzten. Betroffen von den „Filtersystemen"[4] seien vor allem diejenigen Interessen, die „nur in Institutionen solidarischer Willensbildung und kollektiver Reflexion" (ebd.) zur Sprache kommen könnten. Die Demokratie entzieht sich dadurch der Zustimmung bestimmter Teile der Bevölkerung, auch wenn diese sich dagegen noch nicht wehren. In seiner Aufsatzsammlung „Strukturprobleme des kapitalistischen Staates" (1972)[5] führte er die Kritik weiter aus und prognostizierte den liberalen westlichen Demokratien nicht nur das Anwachsen einer radikalen Opposition, sondern damit verbunden auch eine massive Legitimationskrise, die der kapitalistische Staat nicht lösen könne. Die politische Alternative zur liberalen Demokratie sah Offe in Formen eines freiheitlichen Sozialismus.

Die von Offe und anderen linken Sozialwissenschaftlern angekündigte Krise ist in der prognostizierten Schärfe während der 70er-Jahre ausgeblieben, und die Bundesrepublik hat sich ähnlich wie andere westliche Demokratien nach einer Dekade innenpolitischer Konflikte wieder konsolidieren können. Als Reaktion darauf ist Offe in den folgenden Jahren sowohl von seinem Krisenszenario wie von seiner sozialistischen Alternative gründlich abgerückt. Die Arbeiten zur Demokratietheorie aus den letzten Jahren befassen sich zwar weiterhin mit den Gefährdungen, denen liberale Demokratien weltweit gegenüberstehen. Er nimmt nunmehr aber eine interne Perspektive der Verteidigung dieser Demokratie ein.

Nach Offe hat sich die Situation für die westlichen Demokratien mit dem Zusammenbruch des ‚realsozialistischen Lagers' nicht nur erleichtert. Zum einen können sie sich nun nicht mehr darauf zurückziehen, dass sie doch auf jeden Fall vorzugswürdiger und ‚besser' seien als die Staaten des ehemaligen Ostblocks. Vielmehr müssen sie sich nun ihre Legitimität aus ihrem eigenen Leistungsprofil verschaffen[6]. Zum anderen haben sich in den letzten zehn Jahren die Prozesse der Globalisierung und der Integration der alten Nationalstaaten in die Europäische Union derart intensiviert, dass auf Ebene des Nationalstaats nur noch wenige politische Entscheidungen getroffen werden können[7]. Offe sieht die westlichen liberalen Demokratien zukünftigen Bewährungsproben ausgesetzt, von denen er nicht sicher ist, dass sie diese längerfristig auch bestehen können.

In dem Textauszug sind fünf Voraussetzungen der Demokratie genannt, deren

Erfüllung notwendig ist, damit die Demokratie auch weiterhin die Unterstützung ihrer Bürger und Politiker behält. Dies sind:

1. Die innere Souveränität, d.h. dass in einer Demokratie die wichtigen politischen Entscheidungen durch das Staatsvolk vermittels Parlament und Regierung getroffen werden.
2. Die Offenheit der politischen Kanäle, d.h. eine Demokratie muss von dem Verdacht frei sein, die politische Willensbildung werde durch Methoden der Korruption oder Manipulation von oben gesteuert.
3. Das Vorhandensein politischer Alternativen, d.h. in einer Demokratie müssen wirkliche Unterschiede zur Wahl und Entscheidung anstehen.
4. Die Aussicht auf sozialökonomische Verbesserungen, d.h. in einer Demokratie muss die Mehrheit der Nicht-Wohlhabenden die Chance haben, dass sich ihre soziale Lage durch politische Maßnahmen verbessert.
5. Die Selbstanerkennung durch ihre Bürger, d.h. die grundlegende Akzeptanz der politischen Ordnung in ihren Grenzen, ihren geschichtlichen Leistungen und Hypotheken, ihrer Bevölkerung und ihres Regimetyps.

Offe macht in dem Textauszug wenig Hehl aus seiner Sorge, liberale Demokratien könnten sich als unfähig erweisen, die von ihm aufgezählten Bewährungsproben längerfristig zu bestehen. Die Institutionen der modernen Demokratie unterfordern die Bürger und leisten so letztlich populistischen Politikstilen Vorschub[8]. Seine besondere Sorge gilt der Erosion zwischenmenschlicher Vertrauensbeziehungen im Zuge der weiteren Modernisierung moderner Gesellschaften. Für ihn steht außer Frage, dass das Vertrauenskapital in der Bundesrepublik und anderen westlichen Demokratien unter einen mehrfachen Stress geraten ist[9]. Er folgt Luhmann in dessen Beschreibung einer Gesellschaft, die in eine Vielzahl von Teilsystemen ausdifferenziert ist. Dies hat Konsequenzen für das menschliche Alltagsverhalten, die von Luhmann freilich nicht weiter thematisiert werden. Im Alltag erfahren wir, dass es nicht nur für Routinehandlungen im Reisebüro, sondern gerade auch für extreme Lebenslagen Experten gibt, die zuständig sind – sei es das „Jahr-2000-Computer-Problem", der Brand im Kaufhaus oder der Verkehrsunfall auf der Straße. In all diesen Situationen kann die Erfahrung gemacht werden, sich tunlichst herauszuhalten, weil Experten solch extreme Situationen besser beurteilen und meistern können als wir selbst. Die Allgegenwart des abrufbaren Experten- und Spezialistenwissens führt zu einer wachsenden „Inkompetenzvermutung der Bürger gegen sich selbst" (Offe) – zwar bin auch ich ein Experte, aber eben nur für einen kleinen Bereich unserer arbeitsteiligen Gesellschaft.

Claus Offe ist ein Autor, der sich die Formulierung von Paradoxien und Unmöglichkeitstheoremen gern zu Eigen macht. Zugleich ist er derjenige Autor aus der zweiten Generation der „Kritischen Theorie" der „Frankfurter Schule", der sich den skeptischen Blick der „alten" Frankfurter Schule auf die moderne Massengesellschaft bewahrt hat und ihn mit dem Instrumentarium von Rational Choice, Systemtheorie und empirischer Sozialforschung virtuos auf Höhe der Zeit weiterschreibt. Diese skeptische Grundhaltung unterscheidet ihn von Jürgen Habermas. Zwar vertritt auch Offe normativ die deliberative Demokratietheorie, er sieht deren Verwirklichung aber von den sozialen Grundtendenzen der Moderne ernsthafter bedroht. Ihm zufolge basiert der demokratische Verfassungsstaat – und erst recht die deliberative Demokratie – ganz wesentlich auf dem gegenseitigen Vertrauen der Bürger darauf, dass auch die anderen Bürger sich „an die Spielregeln" halten und zuweilen sogar gewisse freiwillige Vorleistungen bringen. Dieses Vertrauen beruht auf gemeinsamen Erfahrungen miteinander und der Annahme, man würde „irgendwann einmal im späteren Leben" für sein eigenes „tugendhaftes" Verhalten eine Gratifikation erhalten, die im tugendhaften Verhalten der Mitbürger besteht. Wird dieses Vertrauenskapital ausgehöhlt und können westliche Demokratien die oben aufgelisteten Bewährungsproben nicht länger zur Zufriedenheit ihrer Mitbürger erfüllen, dann könnten die politischen Systeme des Westens letztlich doch von – zumindest aus demokratischer Sicht – weniger attraktiven Regimeformen abgelöst werden.

Anmerkungen

1 Zwischenüberschriften in den Klammern, H.B.

2 Wolfgang Nitsch/Uta Gerhard/Claus Offe/Ulrich K. Preuss: Hochschule in der Demokratie. Berlin 1965

3 Claus Offe: Politische Herrschaft und Klassenstrukturen. Zur Analyse spätkapitalistischer Gesellschaftsysteme. In: Gisela Kress/Dieter Senghaas (Hrsg.): Politikwissenschaft. Frankfurt/M. S. 155-189.

4 Claus Offe: Politische Herrschaft und Klassenstrukturen, S. 174

5 Claus Offe: Strukturprobleme des kapitalistischen Staates. Frankfurt/M. 1972

6 Claus Offe: Der Tunnel am Ende des Lichts. Erkundungen der politischen Transformation im Neuen Osten. Frankfurt/M. 1994, S. 81 ff.

7 Claus Offe: Demokratie und Wohlfahrtsstaat. Eine europäische Regimeform unter dem Streß der europäischen Integration. In: Wolfgang Streeck (Hrsg.): Internationale Wirtschaft, internationale Demokratie. Frankfurt/M. 1998, S. 99-136

8 Claus Offe: Microaspects of Democratic Theory: What Makes for the Deliberative Competence of Citizens? In: Axel Hadenius (Hrsg.): Democracy's Victory and Crisis. Cambridge 1998, S. 81-104

9 Hierzu vor allem Claus Offe, Modern Barbarity. In: Constellations. An International Journal of Critical and Democratic Theory 2 (1995), S. 354-377 und Claus Offe: How can We Trust our Fellow Citizens? In: Mark E. Warren (Hrsg.): Democracy and Trust. Cambridge 1999, S. 42-87

Fritz Scharpf

Ausgewählt und interpretiert von Peter Massing

Input-orientierte und output-orientiert Demokratie

(...) In der Demokratie wird die Ausübung von Herrschaftsgewalt als Ausdruck kollektiver Selbstbestimmung legitimiert. Aber wie Demokratie selbst, ist auch Selbstbestimmung ein wertbehafteter, umstrittener und komplexer Begriff. Dennoch lassen sich in der Geschichte der normativen politischen Theorien zwei unterschiedliche, aber komplementäre Perspektiven feststellen – eine betont den ersten Teil, eine andere den zweiten des Kompositums „Demokratie". In meinen eigenen Arbeiten habe ich sie als „input-orientierte" und „output-orientierte" Legitimitätsargumente bezeichnet. Die input-orientierte Perspektive betont die „Herrschaft *durch das Volk*". Politische Entscheidungen sind legitim, wenn und weil sie den „Willen des Volkes widerspiegeln" – das heißt, wenn sie von den authentischen Präferenzen der Mitglieder einer Gemeinschaft abgeleitet werden können. Im Unterschied dazu stellt die output-orientierte Perspektive den Aspekt der „Herrschaft *für das Volk*" in den Vordergrund. Danach sind politische Entscheidungen legitim, wenn und weil sie auf wirksame Weise das allgemeine Wohl im jeweiligen Gemeinwesen fördern. Obwohl beide Argumente komplementär verwendet werden, sind sie analytisch zu unterscheiden und sie beruhen bei separater Betrachtung auf höchst unterschiedlichen Vorbedingungen. (...)

Input-orientierte Argumente stützen sich häufig gleichzeitig auf die Formeln der „Partizipation" und des „Konsenses". Das ist plausibel, wenn der empirische Schwerpunkt bei lokalen Problemen liegt, bei denen die von einer Entscheidung betroffenen Personen oder mit ihnen eng verbundene Vertreter zur Beratung über Lösungen zusammenkommen, die im gemeinsamen Interesse liegen, und denen deshalb alle zustimmen können. Die Überzeugungskraft der Partizipations-Formel schwindet jedoch in dem Maße, wie sich die Distanz zwischen den direkt betroffenen Personen und ihren Vertretern vergrößert; und die Konsens-Formel versagt, wenn Lösungen zum Nutzen aller nicht möglich sind und demzufolge

Mehrheitsentscheidungen getroffen werden müssen. Deswegen muß unter pragmatischen Gesichtspunkten die Rechtfertigung der Mehrheitsherrschaft als Zentralproblem input-orientierter Theorien demokratischer Legitimation angesehen werden.
Wenn man unterstellt, daß sich die „Herrschaft durch das Volk" auf Individuen und nicht auf kollektive Organismen bezieht, dann folgt daraus logischerweise, daß die Konsens-Formel – die ihre Rechtfertigung in der römischen Maxime *„volenti non fit iniuria"* hat – nicht zur Rechtfertigung eine Mehrheitsentscheidung, die der dissentierenden Minderheit aufgezwungen wird, herangezogen werden kann. Nicht viel besser steht es um die Partizipationsformel der gleichen Teilnahme am politischen Entscheidungsprozeß. (...) Deren Legitimationskraft beruht auf der Logik des Duells – der in einem fairen Kampf Unterlegene kann sich über das Ergebnis nicht beklagen. Aber welche Überzeugungskraft hätten solche Argumente für den einzelnen Bürger in der modernen Massen-, Parteien- und Mediendemokratie? Angesichts der Gefahr, daß feindselige Mehrheiten die Minderheit vernichten könnten, und Beispiele dafür gibt es genug, reicht das formale Partizipationsargument keineswegs aus, um die moralische Pflicht zur Respektierung des Mehrheitsvotums zu begründen. Mehr noch: Es läßt sich analytisch nachweisen, daß die Mehrheitsregel auch dann zu normativ nicht vertretbaren Entscheidungen führt, wenn die Mitglieder der Mehrheit der Minderheit nicht feindselig gegenüberstehen, sondern lediglich ihre Eigeninteressen rational verfolgen, und wenn das Abstimmungsverfahren diese Präferenzen unverzerrt aggregiert. (...) Unter den Standardprämissen des normativen Individualismus lassen sich überzeugend Legitimitätsrechtfertigungen nicht auf rein input-orientierte – „populistische" oder „dezisionistische" – Demokratiekonzepte stützen.
Um die Gehorsamspflicht rein input-orientiert zu begründen, bedarf es also zusätzlicher, und nicht rein formaler Argumente, die das Vertrauen der Minderheit in die Mehrheit – *„the people can do no wrong"* – begründen könnten. Letztlich fordert dies die begründete Unterstellung, daß die Präferenzfunktion jedes einzelnen Mitglieds des Gemeinwesens die Wohlfahrt aller Mitglieder als ein Argument enthält. Meine Pflicht, so Claus Offe (1998), zur Akzeptanz der Opfer, die mir im Namen der Allgemeinheit auferlegt werden, setzt mein Vertrauen auf den guten Willen meiner Mitbürger voraus. Soziopsychische Grundlage dieses Vertrauens ist ein *„Gemeinsamkeitsglauben"* (Max Weber), der sich auf präexistente geschichtliche, sprachliche, kulturelle und ethnische Gemeinsamkeiten gründet. Kann diese starke kollektive Identität vorausgesetzt werden, so verliert die Mehrheitsherrschaft in der Tat ihren bedrohlichen Charakter und kann dann auch Maßnahmen der interpersonellen und interregionalen Umverteilung legitimieren, die anderenfalls nicht akzeptabel sind.
Innerhalb etablierter Nationalstaaten, in denen die sozio-kulturellen Vorbedingungen kollektiver Identität mehr oder minder gesichert sind, mögen diese

Erwägungen eher akademisch erscheinen. Für die Europäische Union dagegen erklären sie die Sorge um ein „demokratisches Defizit", die nicht geringer, sondern noch größer wird, obwohl die Kompetenzen des Europäischen Parlaments durch die Einheitliche Europäische Akte und die Verträge von Maastricht und Amsterdam beträchtlich erweitert wurden. In Anbetracht der historischen, linguistischen, kulturellen, ethnischen und institutionellen Unterschiede in ihren Mitgliedstaaten besteht kein Zweifel darüber, daß die Union noch weit von einer starken kollektiven Identität entfernt ist, wie sie in den Nationalstaaten als selbstverständlich vorausgesetzt wird – und solange eine solche fehlt, können harte Entscheidungen auch nicht durch Mehrheitsvoten des Europäischen Parlaments legitimiert werden.

Diese Implikationen wurden im vielkritisierten Maastricht-Urteil des Bundesverfassungsgerichts (BVerfG 1993) auf recht überzeugende Weise entwickelt. Darin war die Frage zu klären, ob das Zustimmungsgesetz zum Vertrag über die Europäische Union die Garantie einer demokratischen Regierungsform des deutschen Grundgesetzes verletzte. Dabei ging das Gericht davon aus, daß der Vertrag einen auf ein „Staatsvolk" gegründeten Staat nicht konstituieren sollte. Hätte er dies allerdings tun wollen, dann wäre in der Tat die demokratische Legitimität des Vorhabens zweifelhaft gewesen. Diese erforderte – so die rein input-orientierte Argumentation des Gerichts – Prozesse politischer Willensbildung und Kontrolle, welche *„eine vom Volk ausgehende Legitimation und Einflußnahme"* gewährleisten. Unter den gegebenen Umständen seien diese Voraussetzungen auf der europäischen Ebene nicht gegeben, so daß vorderhand die demokratische Legitimation europäischer Entscheidungen weiterhin von den Völkern und Parlamenten der Mitgliedstaaten abzuleiten sei. Originäre europäische Legitimation möge zwar künftig in dem Maße entstehen, wie europaweite politische Kommunikations- und Meinungsbildungsprozesse durch europäische Parteien, Verbände und Medien erleichtert würden. Da jedoch gegenwärtig Demokratie tatsächlich nur auf nationaler Ebene existiere, seien europäische Kompetenzen eng auszulegen, und ihre Ausübung müsse weiterhin von der Zustimmung demokratisch verantwortlicher nationaler Regierungen im Ministerrat abhängen. Aus einer input-orientierten Perspektive scheint mir diese Schlußfolgerung nach wie vor völlig überzeugend. (...)

Während die Input-Perspektive, indem sie die demokratische Legitimität von einer präexistenten kollektiven Identität abhängig macht, die nicht veränderbare Aspekte des Demokratiedefizits der europäischen Politik betont, erlaubt die Output-Perspektive die Berücksichtigung einer größeren Zahl legitimierender Mechanismen. Eben deshalb ist ihre legitimierende Kraft jedoch im Vergleich zur identiätsgestützten Mehrheitsdemokratie in höherem Maße von Zusatzbedingungen abhängig und in ihrer Reichweite enger begrenzt.

Die „Herrschaft für das Volk" leitet Legitimität von der Lösung von Problemen ab, die kollektiver Lösungen bedürfen, weil sie weder durch individuelles Handeln noch durch den Markt und auch nicht durch freiwillig-gemeinsames Handeln in der Zivilgesellschaft gelöst werden könnten. Da solche Probleme häufig aus Bedingungen entstehen, die viele Personen in ähnlicher Weise betreffen oder ihre Ursache in der Interdependenz individueller Handlungen haben, erfordert ihre Lösung typischerweise nicht einmalige und eng spezialisierte, sondern dauerhafte und multifunktionale Strukturen. Aus praktischen Gründen setzt deswegen auch output-orientierte Legitmitiät die Existenz einer politischen Einheit mit abgrenzbarer Mitgliedschaft voraus. Aber diese Anforderungen sind geringer als die Voraussetzungen input-orientierter Legitimität. Nötig ist lediglich ein Bestand gemeinsamer Interessen, der hinreichend groß und dauerhaft erscheint, um institutionelle Arrangements für kollektives Handeln zu rechtfertigen. Legitimität kann also auch in politischen Einheiten erreicht werden, deren schwache Identität keinerlei organismische Interpretation zuließe. Darüber hinaus sind solche politische Einheiten auch nicht auf die ausschließliche, oder auch nur auf die primäre Loyalität ihrer Mitglieder angewiesen. Im Prinzip jedenfalls erlaubt die output-orientierte Legitimität eine problemlose Koexistenz multipler – hierarchisch gegliederter oder überlappender – kollektiver Identitäten, deren Reichweite jeweils durch bestimmte Kategorien von Problemen definiert wird, und deren Organisation entweder territorialen oder funktionalen Kriterien entsprechen kann. Deshalb kann man hier die Europäische Union auch ohne konzeptionelle Skrupel als die geeignete politische Einheit für die kollektive Lösung bestimmter Arten von gemeinsamen Problemen definieren.

So weit, so gut. Jedoch koexistieren in demokratischen Nationalstaaten input- und output-orientierte Legitimität Seite an Seite, und sie verstärken, ergänzen und ersetzen sich gegenseitig – was erklärt, warum die hier eingeführte theoretische Unterscheidung in der Praxis politischen Diskurses kaum eine Rolle spielt. Im Nationalstaat soll und kann Demokratie Herrschaft durch das Volk und für das Volk zugleich sein. Für die Europäische Union hat dies die bedauerliche Konsequenz, daß die Legitimität ihrer institutionellen Praxis, wenn sie überhaupt explizit diskutiert wird, fast automatisch unter Bezugnahme auf die für nationale Debatten kennzeichnende Vermengung input- und output-orientierter Kriterien beurteilt und dementsprechend als unzureichend abgelehnt wird. Gleichzeitig scheint jedoch das angeblich grundlegende demokratische Defizit eine eher akademische Sorge zu bleiben, während die europäische Politik ihren Lauf nimmt, so als ob es auf Legitimität nicht ankäme.

Das ist in doppelter Hinsicht bedauerlich, da es eine klare Wahrnehmung und überzeugende öffentliche Darstellung sowohl der grundlegenden Legitimität europäischer Politik als auch ihrer notwendigen Beschränkungen verhindert. Nach meiner Überzeugung können die Verwirrungen und Enttäuschungen der gegenwärtigen Diskussion nur überwunden werden, wenn die Unterscheidung zwischen input- und output-orientierter demokratischer Legitimität anerkannt wird und wenn sich die Einsicht durchsetzt, daß das europäische politische System sich grundlegend von nationalen Demokratien unterscheidet, da es derzeit nur Output-Legitimation erreichen kann. Unverzichtbar ist insbesondere die Erkenntnis, daß diese zwar im Vergleich zur identitätsgeschützten Input-Legitimation eine höhere Toleranz für schwache kollektive Identitäten ermöglicht, aber zugleich höhere institutionelle Anforderungen stellt und in ihrer sachlichen Reichweite begrenzter ist als jene.

Beide Implikationen folgen aus dem Postulat, daß output-orientierte Legitimität zwar auf ein gemeinsames Interesse, aber nicht auf eine gemeinsame Identität gegründet sei. Hier gibt es also keinen Grund für mich, auf den guten Willen meiner Mitbürger zu vertrauen oder zu glauben, daß das Volk kein Unrecht begehen könne; ebensowenig plausibel wäre deshalb die Unterstellung einer aus der Prämisse wesensmäßiger Gemeinsamkeiten abgeleiteten Pflicht, solidarische Opfer zu akzeptieren. Daraus lassen sich zwei Folgerungen ableiten.

Wenn es keinen Grund gibt, auf die Solidarität zwischen den Mitgliedern des Gemeinwesens zu vertrauen, dann gibt es auch keinen Grund, die direkte Demokratie den Formen repräsentativer Demokratie vorzuziehen. Aber wenn schon auf die Solidarität zwischen den Mitgliedern des Gemeinwesens kein Verlaß ist, dann gibt es erst recht keinen Grund anzunehmen, daß die mit kollektiv verbindlichen Entscheidungen beauftragten Akteure ausschließlich und effektiv das öffentliche Interesse verfolgen. Statt dessen beruht output-orientierte Legitimität auf institutionellen Normen und Anreizmechanismen, die zwei potentiell widersprüchlichen Zwecken zugleich dienen müssen: Sie sollen einerseits den Mißbrauch öffentlicher Macht verhindern und andererseits effektive Problemlösungen erleichtern – was auch bedeutet, daß bei der Definition des öffentlichen Interesses alle Interessen berücksichtigt werden sollen und daß Kosten und Nutzen von Maßnahmen im öffentlichen Interesse nach überzeugenden Normen distributiver Gerechtigkeit aufzuteilen sind. (...)

Fritz Scharpf, Regieren in Europa, Frankfurt/M. 1999, (S. 16-26, Ausschnitte)

Interpretation

Eine der wesentlichen und bisher als selbstverständlich vorausgesetzten Existenzbedingungen der Demokratie ist ihre Stabilisierung und Entfaltung in einem staatlich fixierten territorialen Rahmen. Demokratietheorien beziehen sich daher bisher auch in der Regel auf das politische System des Nationalstaates. Die Auflösung des Nationalstaates und die Auszehrung seiner staatlichen Zuständigkeit stellt die Demokratie jedoch vor ein völlig neues Problem, das sie bisher nur ungenügend aufgegriffen hat. Die zunehmende inter- und transnationale Auslagerung klassischer nationaler

Regierungsfunktionen in internationale Regime und im Falle der Europäischen Union sogar in transnationales Regieren, wird häufig im Modus normativer bzw. demokratischer Defizite interpretiert. Sie werden nur selten zum Gegenstand demokratietheoretischer Überlegungen gemacht und nur gelegentlich wird die Frage gestellt, auf welche Weise auch das internationale Leben nach der Idee der Demokratie gestaltet werden könnte und von welchem Demokratieverständnis sinnvollerweise auszugehen ist um diese Entwicklungen demokratietheoretisch zu erfassen. Der hier abgedruckte Beitrag von Fritz Scharpf versucht am Beispiel der Europäischen Union die Richtung aufzuzeigen, in die ein solcher Versuch gehen könnte.

Fritz W. Scharpf ist seit 1986 Direktor des Max-Planck-Instituts für Gesellschaftsforschung in Köln. 1959 legte er sein Erstes Juristisches Staatsexamen in Recht und Politischer Wissenschaft an der Universität Freiburg i. Br. ab. Von 1955-1956 studierte er Politikwissenschaft an der Universität Yale in New Haven, Connecticut. 1961 erwarb er dort den Master of Law und 1964 machte er sein zweites Staatsexamen und promovierte zum Dr. jur. an der Universität Freiburg. Von 1964 bis 1966 war Scharpf Assistant Professor an der Yale Law School und 1968 wurde er Ordinarius am Fachbereich Politikwissenschaft der Universität Konstanz. Zwischen 1973 und 1984 war er Direktor am Internationalen Institut für Management und Verwaltung des Wissenschaftszentrums Berlin. Von 1984 bis 1986 hatte er am selben Institut eine Forschungsprofessur inne.

Seine bisherigen Forschungsschwerpunkte lagen u.a. im Bereich Organisationsprobleme und Entscheidungsprozesse in der Ministerialverwaltung, Politikverflechtung zwischen Bund, Ländern und Gemeinden, Föderalismus und europäische Integration sowie vergleichende Untersuchungen zur politischen Ökonomie von Inflation und Arbeitslosigkeit in Westeuropa.

Innerhalb der demokratietheoretischen Diskussion wurde Fritz W. Scharpf im Wesentlichen bekannt durch seine Arbeit „Demokratie zwischen Utopie und Anpassung“ (Konstanz 1970). Sie war die überarbeitete Fassung seiner 1969 gehaltenen Antrittsvorlesung an der neu gegründeten Konstanzer Universität. „Komplexe Demokratietheorie“ nennt Scharpf das Kapitel, in dem er im Anschluss an die Arbeiten von Frieder Naschhold und Niklas Luhmann, zentrale Elemente seiner Demokratietheorie entwickelt, in der er, ähnlich wie Sartori, versucht empirische und normative Elemente miteinander zu verknüpfen. Wie Sartori stellt auch Scharpf zunächst fest, dass „Demokratie“ wie kaum ein anderer Begriff der politischen Theorie zum Signalwort für positive Wertungen geworden sei, aber auch kaum ein anderer Begriff schillere so sehr in seiner Bedeutung und diene sehr viel weniger der Verständigung als der Auseinandersetzung.

Ausgangspunkt seiner eigenen Überlegungen sind Forderungen, die in der damaligen demokratietheoretischen Diskussion erhoben wurden. Danach gehörte es zur Aufgabe einer adäquaten Theorie der Demokratie, die überkommen Vorstellungen der Demokratie in Einklang zu bringen mit der tatsächlichen gesellschaftlichen Entwicklung. Dazu bedürfe es, wenn richtig sei, dass wir in einer stark differenzierten, gruppenmäßig gegliederten, hochgradig komplexen Industriegesellschaft lebten, einer dieser Gesellschaft angemessenen Demokratietheorie. Die herrschende westliche Demokratietheorie befinde sich jedoch in einer Krise. Sie sei in einem sterilen dichotomen Denken verhaftet, das sich in Begriffspaaren konkretisiere wie: Identität oder Repräsentation, Partizipation oder Effizienz, demokratische Gleichheit oder bürgerlich Freiheit, Mehrheitsprinzip oder gewaltenteilender Rechtsstaat, politische Teilnahme oder Elitenkonkurrenz, Klassenantagonismus oder Gruppenpluralismus. Scharpf versucht diese Dichotomien aufzubrechen. Der Untertitel seiner Demokratietheorie heißt denn auch „Zwischen Utopie und Anpassung". Mit Utopie meinte er den Teil der Theorie, der den Istzustand der partizipatorischen Möglichkeiten in westlichen Ländern normativ überschreiten sollte und mit Anpassung, den Realitätsbezug der Theorie. Damit begegnet Scharpf dem Vorwurf, die Demokratietheorie habe es versäumt, auf die Komplexität politischer und sozialer Prozesse zu reagieren. Die komplexe Demokratietheorie versucht nun disparate Anforderungen der Gesellschaft zu berücksichtigen, die formal unter die Begriffe Partizipation, Transparenz und Effizienz gefasst werden können. Diese drei Begriffe sind weniger analytisch, sondern als normative Kategorien zu verstehen, die auf alle Bereiche der Gesellschaft angewandt, nach Optimierung verlangen. Jede politische Theorie lässt sich nach ihrer Komplexität – und ihrem Demokratisierungspotential befragen, und zwar unter Anwendung folgender Kriterien: der ihr zugrunde liegenden normativen Annahmen, der angewandten analytischen Modelle und der Komplexität der im Rahmen von normativen Annahmen und analytischen Modellen entwickelten Konzepte. Im Hinblick auf die analytischen Modelle lässt sich im Anschluss an die Organisationssoziologie zwischen Zielmodellen, Systemüberlebensmodellen und Systemzielmodellen unterscheiden.

Zielmodelle sind Maximierungsmodelle, die den Erfolg als eine vollständige oder wenigstens teilweise Realisierung des Organisationsziels definieren, ohne Rücksicht auf andere Funktionen. Die entscheidende Frage beim Systemüberlebensmodell ist, wie das System, bei gegebenen Normen, seine Ressourcen optimal in dem Sinne auf seine verschiedenen Aktivitäten verteilen kann, dass es in seinen wichtigsten Strukturen zu überleben vermag. Dagegen besteht das Problem im Systemzielmodell darin, wie die Ressourcen verteilt werden können, dass unter Aufrechterhaltung, wenn nicht sogar Leistungssteigerung seiner Überlebensfunktionen, ein bestimmtes Organisationsziel, z.B. Demokratie, optimal erreicht wird. Der komplexen Demokratietheorie von Fritz Scharpf liegt als analytisches Modell ein mulitdimensionales Systemzielmodell zugrunde. Mulitdimensionale Systemzielmodelle sind Optimierungsmodelle, bei denen mehrere Zielvariablen in Relation zueinander gebracht werden um bei Akzentuierung einer Norm zu untersuchen, wie und unter welchen Bedingungen sie unter Berücksichtigung der übrigen Zielvariablen optimal verwirklicht werden kann.

Die komplexe Demokratietheorie analysiert die Eingabeseite des politischen Prozesses, die Inputs. Inputs sind die Eingaben in ein politisches System aus seiner Umwelt. Dazu gehören die artikulierten und aggregierten Interessen, Wandel, Bedürfnisse und Forderungen. Zum anderen analysiert sie auch die Produktionsseite des politischen Prozesses, die Outputs. Outputs sind die verbindlichen Entscheidungen, die Politikergebnisse in Reaktion auf die Inputs. Im Unterschied allerdings zu Sartori, plädiert Scharpf in den 70er-Jahren für ein Mehr an Partizipation. Zu den normativen Anforderungen, die eine komplexe Demokratietheorie berücksichtigen muss, zählt vor allem das Partizipationspostulat und das zugrunde liegende Axiom des Eigenwertes individueller Selbstentfaltung und Selbstbestimmung, der Mäßigung der Macht, des Minderheitenschutzes, die institutionalisierte Suche nach Konsens, die „bessere Vertretung der Unterschichtsinteressen in den Entscheidungsprozessen“, sodann die Stabilisierungsleistung einer vitalen demokratischen politischen Kultur. In späteren Veröffentlichungen zu Beginn der 90er-Jahre, nennt Scharpf zusätzlich die Kombination von kollektiver Wohlfahrt, Wahrung der Authentizität und Gewährleistung signifikanter Beteiligungschancen und Wahlmöglichkeiten.

Scharpfs komplexe Demokratietheorie in den 70er-Jahren plädiert jedoch nicht nur für ein Mehr an Partizipation, sondern auch für ein Mehr an Effizienz, durch intelligente, vorausschauende politisch administrative Steuerung. Er versucht damit eine Balance zwischen partizipatorischer und realistischer Demokratietheorie zu halten. An der partizipatorischen Demokratie kritisiert er vor allem ihre unrealistischen Voraussetzungen, ihre Beschränkung auf kleine politische Gemeinwesen, auf eine geringe Zahl zu entscheidender politischer Angelegenheiten und die Vorstellung, dass das Zeitbudget des einzelnen Bürgers groß genug für eine dauernde Partizipation sei. In der Regel würde es sich jedoch um große Staaten, um viele zu entscheidende Fragen und um ein knappes Zeitbudget handeln, das dem einzelnen Bürger zur Verfügung stände. Man könne also keineswegs von einer ausreichenden Motivation der Bürger zu einer umfassenden politischen Beteiligung ausgehen. Daraus folgt jedoch – anders als in den realistischen Demokratietheorien – nicht die Entscheidung für eine „Elitedemokratie“, sondern Scharpf sieht über die Realität pluralistischer Demokratie hinaus, durchaus die Möglichkeit die Chancen politischer Partizipation zu erweitern und aufzustocken: die Schaffung gleicher Beteiligungschancen für alle, die fähig und bereit sind, zu aktivem Engagement. Ähnlich wie Dahrendorf setzt er auf eine aktive Öffentlichkeit und wie die liberale Demokratie auf den ständigen personellen Austausch der Eliten zwischen Wissenschaft, Wirtschaft und Politik.

Die komplexe Demokratietheorie will, wie schon erwähnt, nicht nur die Input-Seite stärken, sondern auch die Output-Seite, d.h. die Steuerungsleistung der politischen

Systeme. In diesem Aspekt unterscheidet sie sich von den gängigen pluralistischen Theorien, wenn sie fordert, dass politische Entscheidungen weitgehend unabhängig von der Einflussnahme und dem Druck organisierter Interessengruppen allein in den politischen Institutionen getroffen und durchgesetzt werden müssen und dass zweitens, „die Politik auf dieser Ebene gerade auf jene Bedürfnisse, Interessen, Probleme und Konflikte reagieren kann, die innerhalb der pluralistischen Entscheidungsstruktur nicht ausreichend berücksichtigt werden" (1970: 75): Autonomie der Politik und der Verwaltung also, trotz zunehmender Partizipation.

Die komplexe Demokratietheorie Scharpfs von 1970 wirkte in der damaligen Phase der Dichotomisierung und der demokratietheoretischen Stagnation wie eine Befreiung und sie gab bedeutsame Anstöße zu normativen *und* empirischen Weiterentwicklungen.

Scharpf selbst hat die grundlegende Struktur, die Verknüpfung von Input- und Output-Orientierung, beibehalten und später in der Theorie der Politikverflechtung und der Theorie der Verhandlungssysteme fortentwickelt.

Seine neueren Beiträge zur Demokratietheorie lassen sich in den Bereich der vergleichenden Demokratieforschung einordnen. Unter Berücksichtigung des Rückgangs staatlicher Souveränität einmal durch „interne Differenzierung", das heißt durch die Ausweitung der Verhandlungen zwischen staatlichen Institutionen und Verbänden und durch Verlagerung wichtiger politischer Entscheidungen in den vorstaatlichen Raum, zum anderen durch Internationalisierung, die dazu führt, dass die autonomen Entscheidungsbefugnisse der nationalstaatlichen Instanzen immer weiter eingeschränkt werden, hat Scharpf den Gedanken einer erweiterten Partizipation ziemlich zurückgestellt. Dagegen hebt er sehr viel stärker die Bedrohung der Demokratie durch diese Prozesse hervor, die dazu führen, dass dem Nationalstaat „mehr und mehr die Kontrolle über das kollektive Schicksal seiner Bürger" entgleite. Damit stehe aber die Demokratie auf dem Spiel, die er jetzt definiert als die Selbstbestimmung der Mitglieder eines „Wir-Identität-besitzenden" Gemeinwesens über das eigene kollektive Schicksal.

Die Prozesse der internen Differenzierung und der Internationalisierung haben ein System entstehen lassen, das unter dem Begriff „Verhandlungsdemokratie" diskutiert wird. Wenn es richtig ist, dass die Input-Seite des politischen Prozesses dann demokratische Legitimität beanspruchen kann, wenn sie die Anforderungen der Transparenz und der Partizipationsmöglichkeiten erfüllt und in Verhandlungsdemokratien diese erheblich eingeschränkt sind, dann stehen die Legitimitätsdefizite von Verhandlungsdemokratien außer Frage. Wenn es andererseits aber auch richtig ist, dass ohne Verhandlungen auf der vorstaatlichen und der internationalen Ebene keine effektiven Entscheidungen zustande kommen, ineffektive Entscheidungen bzw. unzureichende Outputs des politischen Prozessen zu einem Mangel an Akzeptanz durch die Bürger führen und ebenfalls Legitimitätsprobleme hervorrufen, dann kommt es zu dem, was

Manfred Schmidt als „Effektivitäts-Legitimitäts-Dilemma" bezeichnet. Für einen Ausweg aus diesem Dilemma finden sich bei Scharpf zwei Vorschläge. Anfangs der 90er-Jahre plädiert er für eine autonomieschonende Gestaltung der internationalen Verhandlungen, für die Respektierung der nationalstaatlichen Souveränität, für weitgehende Entflechtung, für eine eindeutige Zuordnung der Verantwortlichkeiten, für bilaterale statt multilateraler Verhandlungen usw. Insgesamt ist er zu dieser Zeit von einer tiefen Skepsis geprägt hinsichtlich der Chancen und der Zukunft der Demokratie. „Wenn nicht alle Anstrengungen unternommen werden, um die praktizierte Politikverflechtung immer wieder auf ihr notwendiges Maß zu reduzieren, so laufen wir heute Gefahr, dass die Demokratie, die alle konkurrierenden Legitimationsprinzipien überlebt hat, entweder an der weltweit zunehmenden Interdependenz der Probleme scheitert oder in einem immer dichteren Gestrüpp von interorganisatorischen, föderalen und transnationalen Verflechtungen erstickt wird" (Scharpf 1993).

Fünf Jahre später, in dem hier abgedruckten Text, klingt Scharpf weit weniger skeptisch und resignativ.

Ausgangspunkt in diesem Text ist die schon in der komplexen Demokratietheorie getroffene Unterscheidung zwischen zwei komplementären Perspektiven, die er als „input-orientierte" und „output-orientierte" Legitimitätsargumente bezeichnet. Die input-orientierte Perspektive betont die Herrschaft *durch das Volk*, die output-orientierte Perspektive die Herrschaft *für das Volk*. „Obwohl beide Argumente komplementär verwendet werden, sind sie analytisch zu unterschieden und sie beruhen auf höchst unterschiedlichen Vorbedingungen. Vor allem aber unterscheiden sie sich in ihren Implikationen für die demokratische Legitimität der Herrschaft in Europa. Bezogen auf Europa kommt Scharpf demokratietheoretisch zu folgenden Ergebnissen. Input-orientierte Legitimität stützt sich sowohl auf Partizipation als auch auf Konsens. Die Konsensformel sei dann plausibel, wenn es um Probleme gehe, bei denen die von der Entscheidung betroffenen Personen oder mit ihnen eng verbundene Vertreter zur Beratung über Lösungen zusammenkommen, die im gemeinsamen Interesse liegen und denen deshalb alle zustimmen können. Sobald aber in größeren Einheiten Mehrheitsentscheidungen getroffen werden müssten, schwindet sowohl die Plausibilität der Partizipationsformel als auch der Konsensformel. Warum sollten in größeren Einheiten Minderheiten die Entscheidungen der Mehrheit akzeptieren? Scharpf verweist in diesem Zusammenhang auf Claus Offe, der deutlich macht, dass die Akzeptanz von Mehrheitsentscheidungen und die damit u.U. verbundenen Opfer durch die Minderheit, Vertrauen in den guten Willen der Mitbürger voraussetze. Grundlage dieses Vertrauens, so Scharpf dann weiter, sei ein „Gemeinsamkeitsglauben", der sich auf präexistente geschichtliche, sprachliche, kulturelle Gemeinsamkeiten gründe. Eine solche starke kollektive Identität kann unter Umständen im Nationalstaat vorausgesetzt werden, nicht aber innerhalb der Europäischen Union, die noch weit von einer starken kollektiven Identität entfernt sei. Daraus zieht er den Schluss, dass aus einer Input-Perspektive erhebliche Demokratiedefizite zu konstatieren seien und dass eine „Input-Legitimität“ für europäische Entscheidungen weder gegeben noch in der nächsten Zeit zu erwarten sei. Allerdings ist er jetzt der Meinung, die Effektivität oder die „Output-Legitimität“ könne dieses Defizit vollständig ausgleichen. Zum einen hätten Verhandlungslösungen auf der europäischen Ebene eine „indirekte“ demokratische Qualität, da die Ausübung staatlicher Gewalt von einer aufmerksamen Öffentlichkeit verfolgt und von öffentlichen Debatten begleitet würden, die in der Lage wären, das Ergebnis anstehender Wahlen zu beeinflussen und die von den Entscheidungsträgern antizipiert würden. Zudem könne durch die ausreichende Interessenvertretung jegliche interessenschädigende Politik verhindert werden. Zusammenfassend geht Scharpf davon aus, dass das europäische politische System sich grundlegend von nationalen Demokratien unterscheide. Während im demokratischen Nationalstaat nach wie vor input-orientierte und output-orientierte Legitimität Seite an Seite koexistieren und sich gegenseitig verstärken und ergänzen und Demokratie Herrschaft durch das Volk und für das Volk zugleich sein könne, gälte dies nicht für die Europäische Union, die derzeit nur in der Lage sei, eine Output-Legitimität zu erreichen. Die Diskussion um das Demokratiedefizit der Europäischen Union ließe sich daher sinnvoll nur in output-orientierten Kategorien führen.

Die Bedeutung der komplexen Demokratietheorie von Fritz Scharpf liegt demokratietheoretisch vor allem in der Kombination von empirischer und normativer Analyse und in der weitgehenden Überwindung des bis in die 70er-Jahre vorherrschenden dichotomen Denkens. In der demokratietheoretischen Diskussion hat sie den Blick geschärft für die Inputs *und* die Outputs des politischen Prozesses, insbesondere auch für die Bedeutung der Outputs hinsichtlich der Legitimität von Demokratien. Vielleicht liegt auch eine besondere Stärke der komplexen Demokratietheorie darin, „dass sie besser als die meisten anderen modernen Demokratietheorien einen klaren Blick für die Gefährdungen der Demokratie behält“, wie Manfred Schmidt formuliert.

Inwieweit die Auflösung der Verknüpfung von input-orientierter und output-orientierter Perspektive zugunsten einer reinen Output-Orientierung im Zusammenhang der Europäischen Union demokratietheoretisch zu einem Komplexitätsverlust führt, bleibt abzuwarten. Dieser Perspektivenwechsel kann aber auch dazu führen, dass die, vor allem auf „Demokratiedefizite“ fixierte Diskussion zur europäischen Integration, neue Impulse dadurch erhält, dass deutlich wird, dass die Schwäche europäischer Politik nicht, wie immer wieder behauptet, in ihrer mangelnden Legitimität liege, sondern in der geringen Problemlösungsfähigkeit der europäischen Institutionen. Die Rede vom „europäischen Demokratiedefizit“ gehe an den Problemen vorbei, es gebe viel mehr ein europäisches Problemlösungsdefizit. Vor allem das müsse in Zukunft durch institutionelle Reformen beseitigt werden, um nicht auch noch die output-orientierte Legitimität der Europäischen Union zu gefährden.

Benjamin Barber

Ausgewählt und interpretiert von Hubertus Buchstein und Kerstin Pohl

Starke Demokratie

Die Zukunft der Demokratie liegt in der starken Demokratie – in der Wiederbelebung einer Form von Gemeinschaft, die nicht kollektivistisch, einer Form des öffentlichen Argumentierens, die nicht konformistisch ist, und einer Reihe bürgerlicher Institutionen, die mit einer modernen Gesellschaft vereinbar sind. Starke Demokratie ist durch eine Politik der Bürgerbeteiligung definiert: sie ist buchstäblich die Selbstregierung der Bürger, keine stellvertretende Regierung, die im Namen der Bürger handelt. Tätige Bürger regieren sich unmittelbar selbst, nicht notwendigerweise auf jeder Ebene und jederzeit, aber ausreichend häufig und insbesondere dann, wenn über grundlegende Maßnahmen entschieden und bedeutende Macht entfaltet wird. Selbstregierung wird durch Institutionen betrieben, die eine dauerhafte Beteiligung der Bürger an der Festlegung der Tagesordnung, der Beratung, Gesetzgebung und Durchführung von Maßnahmen (in der Form „gemeinsamer Arbeit“) erleichtern. Die starke Demokratie setzt kein grenzenloses Vertrauen in die Fähigkeit der Individuen, sich selbst zu regieren, hält aber wie Machiavelli daran fest, daß die Menge im großen und ganzen ebenso einsichtig, wenn nicht gar einsichtiger als die Fürsten sein wird. Sie pflichtet Theodore Roosevelts Ansicht bei, daß „die Mehrheit des einfachen Volkes tagein tagaus weniger Fehler machen wird, wenn sie sich selbst regiert als jene kleine Gruppe von Männern, die versucht das Volk zu regieren“.
Als Antwort auf die Dilemmata der politischen Ausgangsbedingungen betrachtet, läßt sich starke Demokratie formal so definieren: *Starke Demokratie als Bürgerbeteiligung löst Uneinigkeit bei Fehlen eines unabhängigen Grundes durch den partizipatorischen Prozeß fortwährender, direkter Selbstgesetzgebung sowie die Schaffung einer politischen Gemeinschaft, die abhängige, private Individuen in freie Bürger und partikularistische wie private Interessen in öffentliche Güter zu transformieren vermag.*

Die entscheidenden Begriffe in dieser starken Formulierung von Demokratie sind: *Tätigkeit, Prozeß, Selbstgesetzgebung, Schaffung einer Gemeinschaft* und *Transformation.* Während schwach-demokratische Formen Uneinigkeit entweder auflösen (die anarchistische Disposition) oder unterdrücken (die realistische Disposition) bzw. tolerieren (die minimalistische Position), transformiert starke Demokratie Uneinigkeit. Sie macht aus Meinungsverschiedenheiten einen Anstoß zu Gegenseitigkeit und aus privaten Interessen ein erkenntnistheoretisches Werkzeug des öffentlichen Überlegens.

Eine Politik der Bürgerbeteiligung handhabt öffentliche Streitfragen und Interessenkonflikte so, daß sie einem endlosen Prozeß der Beratung, Entscheidung und des Handelns unterworfen werden. Jeder Schritt des Prozesses vollzieht sich auf eine flexible Weise im Rahmen anhaltender Verfahren, die in konkret historische Bedingungen, soziale und wirtschaftliche Gegebenheiten eingebettet sind. Starke Demokratie sucht nicht nach einem vorpolitischen, unabhängigen Grund oder einem veränderlichen rationalen Plan, vielmehr vertraut sie der Partizipation in einer Gemeinschaft, die sich weiterentwickelt, Probleme löst und öffentliche Zwecke schafft, wo es zuvor keine gab. All dies vermag die Gemeinschaft zu leisten, weil sie tätig ist und ihre eigene Existenz zum Brennpunkt des Verlangens nach wechselseitig anerkannten Lösungen wird. In Gemeinschaften dieser Art leiten sich öffentliche Zwecke weder aus etwas Absolutem her, noch werden sie in einem vorgängig existierenden, »verborgenen Konsens« entdeckt. Sie werden buchstäblich im Akt der öffentlichen Partizipation geformt und durch gemeinsame Beratung wie gemeinsames Handeln geschaffen, wobei eine besondere Rolle spielt, daß sich der Gehalt und die Richtung von Interessen ändert, sobald sie partizipatorischen Prozessen dieser Art ausgesetzt sind.

Starke Demokratie scheint demnach potentiell in der Lage zu sein, die Grenzen des Prinzips der Repräsentation und das Vertrauen auf vermeintlich unabhängige Gründe zu überschreiten, ohne so entscheidende demokratische Werte wie Freiheit, Gleichheit und soziale Gerechtigkeit aufzugeben. Tatsächlich gewinnen diese Werte eine reichere und gehaltvollere Bedeutung als ihnen jemals im instrumentellen Rahmen liberaler Demokratie zukommen könnte. Denn die starkdemokratische Lösung für die politische Ausgangsbedingung entsteht aus einer sich selbst zuarbeitenden Dialektik aktiver Bürgerbeteiligung und ununterbrochener Schaffung einer Gemeinschaft, in der Freiheit und Gleichheit gefördert und politisches Leben aufrechterhalten werden. Gemeinschaft erwächst aus Bürgerbeteiligung und ermöglicht zugleich Partizipation. Nehmen Individuen ihre Aufgaben als Bürger wahr, dann werden sie zugleich dazu erzogen, öffentlich als Bürger zu denken, so wie die Bürgerschaft die staatsbürgerliche Tätigkeit mit dem erforderlichen Sinn für Öffentlichkeit und Gerechtigkeit erfüllt. Politik wird zu ihrer eigenen Universität, Bürgerschaft zu ihrer eigenen Lehranstalt und Partizipation zu ihrem eigenen Lehrmeister. Freiheit ist das, was diesem Prozeß entspringt, nicht was in ihn eingeht (146-149).

Wie viele andere politische Begriffe hat auch die Idee der Bürgerschaft eine wesentlich normative Dimension – eine Dimension, die von dem Begriff der Bürgerschaft umrissen wird. Massen machen Lärm, Bürger beratschlagen, Massen verhalten sich, Bürger handeln, Massen stoßen zusammen und überschneiden sich, Bürger engagieren sich, teilen etwas miteinander und leisten einen Beitrag. In dem Augenblick wo »Massen« beginnen, sich zu beratschlagen, zu handeln und beizutragen, hören sie auf, Massen zu sein und werden zu Bürgern. Erst dann »nehmen sie teil«.
Wir können auch, aus einer anderen Richtung kommend, sagen: Bürger zu sein *heißt*, auf eine bestimmte, bewußte Weise an etwas teilzunehmen, auf eine Weise, die voraussetzt, daß man andere wahrnimmt und gemeinsam mit ihnen handelt. Aufgrund dieses Bewußtseins verändern sich die Einstellungen und gewinnt Partizipation jenen Sinn von *wir*, den ich mit Gemeinschaft assoziiert habe. Teilzunehmen *heißt*, eine Gemeinschaft zu schaffen, die sich selbst regiert und eine sich selbst regierende Gemeinschaft zu schaffen, *heißt* teilzunehmen. Ja, vom Standpunkt starker Demokratie aus sind die zwei Begriffe, *Partizipation* und *Gemeinschaft*, Aspekt ein und derselben sozialen Daseinsweise: der Bürgerschaft (152).

Ein stark demokratisches Programm zur Wiederbelebung der Bürgerschaft

1. Ein landesweites System von *Nachbarschaftsversammlungen*, die aus jeweils eintausend bis fünftausend Bürgern bestehen; sie hätten anfangs nur Beratungsfunktionen, später dann auch legislative Kompetenzen im kommunalen Bereich.
2. Eine nationale *Kommunikationsgenossenschaft der Bürger*, die die staatsbürgerlich förderliche Nutzung neuer Kommunikationstechnologien regelt und überwacht, und gleichzeitig Debatte und Diskussion von Fragen beaufsichtigt, die zur Volksabstimmung vorliegen.
3. Ein *Videotext-Dienst* und eine *Postverordnung zur staatsbürgerlichen Erziehung*, um den Zugang zu Informationen für alle zu gewährleisten und die staatsbürgerliche Erziehung aller Bürger zu fördern.
4. Versuche in *Entkriminalisierung* und *informeller Laienjustiz* durch eine engagierte Bürgerschaft.
5. Ein nationales *Volksbegehren- und Volksabstimmungsverfahren*, das Volksbegehren und Volksabstimmungen über die Gesetzgebung des Kongresses möglich macht. Dazu gehören ein Multiple-Choice-Format und ein Abstimmungsprozess in zwei Phasen.
6. Versuche mit *elektronischer Abstimmung*, anfangs ausschließlich zu erzieherischen Zwecken und zur Meinungsforschung, unter Supervision der Kommunikationsgenossenschaft der Bürger.
7. Besetzung kommunaler Ämter in ausgewählten Bereichen durch *Losentscheid*, mit finanziellen Anreizen.

8. Versuche mit einem *internen Gutscheinsystem* für ausgewählte Schulen, öffentlichen Wohnungsbau sowie Transport und Verkehr.
9. Ein *allgemeiner Bürgerdienst*, mit der Möglichkeit für alle Bürger, Militärdienst zu leisten.
10. Öffentliche Finanzierung von *kommunalen Programmen mit Freiwilligen.*
11. Öffentliche Förderung von Versuchen zur *Demokratisierung der Arbeitswelt*, wobei öffentliche Einrichtungen als Beispiele alternativer Wirtschaftsformen zu dienen hätten.
12. Eine neue *Architektur des öffentlichen Raumes.*

Dieses Programm ist keine Illusion starker Demokratie; es *ist* starke Demokratie. Wird es umgesetzt, bekommt die hier von uns entwickelte Theorie die Lebendigkeit echter Praxis (290-291).

Benjamin Barber: Starke Demokratie. Über die Teilhabe am Politischen. Aus dem Amerikanischen von Christiane Goldmann und Christel Erbacher-von Grumbkow, mit einem Nachwort von Hubertus Buchstein und Rainer Schmalz-Bruns. Hamburg 1994 (Original: Benjamin Barber: Strong Democracy. Participatory Politics for a New Age, Berkeley: University of California Press 1984). Gekürzter Auszug, S. 146-152, alle Hervorhebungen im Original

Interpretation

Benjamin Barber wurde 1939 in New York geboren. Er ist seit 1970 Professor für Politikwissenschaft an der Rutgers University in New Jersey und leitet daneben das „Walt Whitman Center for the Culture of Politics of Democracy". Er beschäftigt sich vor allem mit Fragen der Demokratietheorie und seine Arbeiten zeichnen sich durch sehr praktisch orientierte Vorschläge zur Verbesserung der Partizipation der Bürgerinnen und Bürger aus. In den letzten Jahren hat er sich mit den Möglichkeiten des Internet für die Verbesserung politischer Mitwirkung auseinandergesetzt und ein Projekt zur Umgestaltung von amerikanischen shopping-malls zu Begegnungsstätten durchgeführt. Auf Deutsch ist gerade sein Buch „Demokratie im Würgegriff" erschienen, in dem er sich mit seiner kraftvoll-bildhaften Sprache sehr polemisch mit den Gefahren von Fundamentalismus und globalem Kapitalismus für die Demokratie auseinandersetzt. Bei einem seiner letzten Deutschlandbesuche hat Barber, der sehr gut Deutsch spricht, den Deutschen empfohlen, sich stärker für die Gemeinschaft zu engagieren. In einem Interview in der „Zeit", wirft er ihnen vor, sie zeigten zu wenig Eigeninitiative und warteten „immer auf den Staat" (1998). Neben seiner wissenschaftlichen Arbeit war Barber auch als politischer Berater Bill Clintons tätig.

Barbers Buch „Starke Demokratie" erschien im Original 1984, hat aber bis heute nichts von seiner Aktualität eingebüßt. Ganz im Gegenteil erscheint es geradezu als Antwort auf die Herausforderungen der liberalen westlichen Demokratien nach dem Zusammenbruch des Sozialismus. Ohne einen ideologischen Gegner müssen diese ihre Legitimation jetzt aus sich selbst heraus schöpfen, was ihnen angesichts zunehmender rechtsextremistischer Tendenzen und anderer Krisen immer schwerer fällt. Es scheint sich ein Misstrauen in die Fähigkeit demokratischer Institutionen breit zu machen, effektiv auf die Gestaltung des sozialen und wirtschaftlichen Lebens Einfluss zu nehmen und die drängendsten Probleme zu lösen. Die Ursachen für dieses Misstrauen werden sehr unterschiedlich gedeutet. Die Deutungsmöglichkeit, der sich Benjamin Barber anschließt, könnte man als „Motivationsverlust der Bürger" bezeichnen (11 ff., vgl. auch Buchstein/Schmalz-Bruns 297 ff.). Barber befürchtet, dass die sozio-moralischen Ressourcen für ein gemeinwohlorientiertes staatsbürgerliches Engagement der Menschen zunehmend wegschmelzen und durch privatistische und egoistische Orientierungen ersetzt werden. Als Gegenmittel sieht er zum einen eine starke Gemeinschaft, die den vorpolitischen Zusammenhalt der demokratischen Ordnung gewährleisten soll, zum anderen ein stärkeres Engagement der Bürgerinnen und Bürger in zivilgesellschaftlichen und politischen Gruppen und Organisationen. Barber steht damit in der Tradition republikanischer Theoretiker wie Thomas Jefferson, Alexis de Tocqueville, Walt Whitman, John Dewey und Hannah Arendt.

Benjamin Barbers „Starke Demokratie" ist in ihrem Ansatz radikal-demokratisch und zeichnet sich durch einen vorwärts gewandt optimistischen Duktus aus: Es geht Barber um die Aussöhnung eines demokratischen Republikanismus mit der modernen Gesellschaft. Er will die Idee eines republikanischen politischen Gemeinwesens mit dem Ideal breiter Partizipation in Einklang bringen. Hierfür entwirft er eine demokratische Reformagenda, die die Assoziationsformen auf der Ebene der Zivilgesellschaft besser für die Aufgaben der politischen Willensbildung erschließen soll.

Das Buch „Starke Demokratie" ist in den USA sehr schnell zu einem Klassiker geworden. Die deutsche Übersetzung, in der Barbers Ausführungen zur Wissenschaftstheorie weggelassen wurden, erschien 1994. Der Argumentationsgang Barbers zur Entwicklung seiner demokratisch-partizipatorischen Demokratietheorie auf liberaler Grundlage folgt dem Dreischritt: „Krisendiagnose" – „alternative Begrifflichkeit" – „demokratische Reformagenda" und soll entsprechend hier dargestellt werden (vgl. Buchstein/Schmalz-Bruns 313 ff.).

Im ersten Teil seines Buches (31-95) stellt Barber unter der Überschrift „Magere Demokratie – Die Kritik am Liberalismus" seine *Krisendiagnose* der heutigen westlichen Demokratien vor und führt die bestehenden Probleme auf Denkfehler in der liberalen Tradition zurück. Barber bemängelt, dass die Mittel, die die liberale Theorie als zentrale Sicherheitsbedingungen der Demokratie für notwendig hält, die Demokratie letztlich zerstören: vom Recht auf Privatheit sei nur der Egoismus geblieben, Toleranz degeneriere zur Apathie, aus Rechten werde Indifferenz, die Institutionen haben die politischer Beteiligung der Bürgerinnen und Bürger ausgetrocknet. Barber skizziert eine regelrechte Untergangsvision, wenn er erklärt, die derzeitige demokratische Stabilität sei nur vordergründig und das sozialpsychologische Potential für autoritäre Lösungen habe eine riskante Schwelle überschritten, so dass kollektive Autoritarismen drohten. Er folgert daraus, das zentrale Anliegen dürfe heute nicht mehr der Schutz des Privatbereiches sein, sondern die Ausweisung der Grenzen des öffentlichen Raumes (87 ff.).

Im zweiten Teil (99-232), dem der hier wiedergegebene Textauszug entnommen ist, entwickelt Barber unter der Überschrift „Starke Demokratie – Für ein Leben als Bürger“ seine *alternative Begrifflichkeit*. Zunächst formuliert er einen normativ sehr bescheidenen Politikbegriff: Barber grenzt sich von dem Anspruch ab, eine philosophische Letztbegründung für seine politische Theorie liefern zu müssen. Politik beginnt für ihn dort, wo Entscheidungszwang besteht, obwohl keine allgemein anerkannte Wahrheit mehr zu erkennen ist (104 ff.). Für die Legitimität demokratischer Werte und Normen ist nicht ihre Genealogie entscheidend, sondern ihr Status als Resultat einer demokratischen Wahl. Gegen eine rein prozeduralistische Begründung von Normen und Werten setzt Barber allerdings die Einbindung des Einzelnen in eine ethisch integrierte Gemeinschaft. Die an der Staatsbürgerrolle stilisierten normativen Verhaltenserwartungen und Tugenden dürfen allerdings nicht auf kleinräumige Gemeinschaftsbildungen zurückgeführt werden – diese republikanische Option hält Barber für riskant, weil sie die Gefahr birgt, individuelle Freiheitsrechte aufzuheben. Gemeinschaften sind bei Barber immer nur politische Gemeinschaften in dem Sinne, dass sie erst durch die Partizipation und Interaktion der Bürgerinnen und Bürger entstehen und keines unhinterfragbaren Hintergrundkonsenses oder gar einer Homogenität ihrer Mitglieder bedürfen. Die ethische Integration der Bürgerinnen und Bürger erfolgt durch die Transformation der Privatinteressen in gemeinwohlorientierte Interessen in der Gemeinschaft selbst (147).

Inbegriff der Politik ist bei Barber zudem die Existenz unhintergehbarer politischer Konflikte. Anders als in der „mageren Demokratie“ sollen diese Konflikte im politischen Prozess aber nicht durch das Aushandeln eines Interessenausgleichs, sondern durch ein „anhaltendes Gespräch“ (127) gelöst werden. Die Konfliktaustragung soll durch gegenseitiges Verständnis und wechselseitige Anerkennung geprägt sein. Zum so genannten „democratic talk“ gehört auf jeden Fall ein affektives Moment: Empathie als die Fähigkeit, sich in den anderen hineinzuversetzen, wird zur wesentlichen Motivationsbasis für eine erweiterte politische Urteilskraft. Nur so können private Interessen im „democratic talk“ des politischen Prozesses letztlich zu gemeinwohlorientierten Interessen – oder, wie es in der deutschen Übersetzung heißt, „öffentlichen Gütern“ (147) – transformiert werden. Barber gibt der politischen Urteilskraft somit eine kommunikative Deutung. Die Qualität des politischen Urteils ist angewiesen auf die Einbeziehung möglichst vieler divergenter Perspektiven und auf qualitative Mindestanforderungen wie die Fähigkeit der Bürgerinnen und Bürger zur Selbstreflexion und ihren Willen, ihre Interessen neu zu definieren. Erst diese Standards machen es Barber möglich, politische Urteilskraft von den Meinungen der Masse zu unterscheiden; nur so kann er demokratische Praxis von Populismus abgrenzen.[1]

Im letzten Kapitel expliziert Barber unter der Überschrift „Die reale Gegenwart: Starke Demokratie in der modernen Welt institutionalisieren" seine *demokratische Reformagenda.* Barber geht es in seinem pragmatischen Ansatz anders als den bundesrepublikanischen Radikaldemokraten der 70er-Jahre oder auch dem kommunitaristischen Programm eines Amitai Etzioni nicht um einen direkten Appell an die Bürgerinnen und Bürger sowie an die politischen Eliten. Er zielt vielmehr auf die institutionellen Ermöglichungsbedingungen politischen Handelns: Wie müssen Institutionen gebaut sein, die die Beteiligung der Bürgerinnen und Bürger bei der politischen Entscheidungsfindung erleichtern? In seinen Vorschlägen geht es Barber darum, eine unrealistische Überbeanspruchung der Bürgerinnen und Bürger zu vermeiden und ihnen zugleich eine Chance zu geben, „wenigstens eine Zeit lang an zumindest einigen öffentlichen Angelegenheiten teilzuhaben".[2] Insofern legt Barber die Idee demokratischer Selbstregierung nicht auf die Utopie permanenter politischer Partizipation hin aus, sondern lediglich auf ein höheres, zu bestimmten Anlässen besonders zu aktivierendes Niveau (240).

Barber präsentiert im letzten Kapitel zwölf konkrete institutionelle Reformvorschläge, die er ausführlich einzeln erläutert (241-289). Vorab warnt er jedoch: „Werden sie nacheinander in Angriff genommen, so steigt ihre Anfälligkeit für Missbrauch und die Aussichten auf eine erfolgreiche Neuorientierung des demokratischen Systems sinken" (236). Barber will seine Reformagenda also als systematisches Programm verstanden wissen, das als Ganzes verwirklicht werden soll. Barbers zusammenfassender Überblick über dieses Programm ist im Textauszug im Original wiedergegeben.

Auch wenn Barber im ersten Teil seines Buches eine fundamentale, polemische Liberalismuskritik formuliert, zeigen seine konkreten politischen Vorschläge, dass er letztlich das liberal-demokratische Institutionengefüge nur ergänzen will. Seine basisdemokratischen Beteiligungsrechte und Verantwortlichkeiten sollen dazu dienen, die liberale Demokratie partizipatorisch anzureichern, um gerade dadurch die hier verwirklichte individuelle Freiheit aufrechterhalten zu können. Barbers Liberalismuskritik liest sich vor diesem Hintergrund wie ein gelungener rhetorischer Versuch, die Menschen wachzurütteln und sie über Krankheiten und Gefahren ihres gegenwärtigen gesellschaftlichen und politischen Systems aufzuklären, um sie für seine „starkdemokratische" Therapie empfänglich zu machen.

Wir danken Imke Scheurich für ihre konstruktive Kritik.

Literatur

Benjamin Barber: „Räumen Sie doch mal auf!“ Die Deutschen warten immer auf den Staat, meint Benjamin Barber. Ein ZEIT-Gespräch über die Zukunft der Demokratie, in: Die Zeit, 29.10.1998, S. 58-59

Benjamin Barber: Demokratie im Würgegriff. Kapitalismus und Fundamentalismus – eine unheilige Allianz, Frankfurt/M. 1999 (am. Originalausgabe: Jihad vs. McWorld, New York 1994; dt. Erstausgabe 1994: Coca Cola und heiliger Krieg. Wie Kapitalismus und Fundamentalismus Demokratie und Freiheit abschaffen, Bern 1996).

Hubertus Buchstein/Rainer Schmalz-Bruns: Nachwort: Republikanische Demokratie, in: Barber 1994, S. 297-323.

Walter Reese-Schäfer: Was ist Kommunitarismus? Frankfurt/M. 1994

Anmerkungen

1 Eine weiterreichende Explikation dieser Standards könnte möglicherweise die starke Abgrenzung Barbers von der deliberativen Demokratietheorie Jürgen Habermas‘, wie er sie erneut in der Einleitung zur deutschen Ausgabe der „Starken Demokratie“ vorgenommen hat, etwas relativieren. Vgl. Buchstein/Schmalz-Bruns, S. 318.

2 Vorwort zur vierten amerikanischen Auflage von Strong Democracy, Berkeley/Los Angeles 1990, S. XVII, zitiert nach: Buchstein/Schmalz-Bruns 1994, S. 320.

Iris Marion Young

Ausgewählt und interpretiert von Kerstin Pohl

Das politische Gemeinwesen und die Gruppendifferenz. Eine Kritik am Ideal des universalen Staatsbürgerstatus

In ihrer Studie über die Funktionsweise einer regierenden Stadtversammlung in New England erörtert Jane Mansbridge, wieso Frauen, Schwarze, Angehörige der Arbeiterklasse und arme Menschen dazu neigen, weniger daran zu partizipieren, und wieso ihre Interessen weniger vertreten werden als die von Weißen, Berufstätigen der Mittelklasse und Männern. Obwohl doch alle Staatsbürger das Recht haben, am Prozeß der Entscheidungsfindung teilzunehmen, werden die Erfahrungen und die Perspektiven mancher Gruppen aus vielen Gründen eher zum Verstummen gebracht. Weiße Männer aus der Mittelklasse strahlen mehr Autorität als andere aus, sie sind mehr darin geübt überzeugend zu reden. Für Mütter und alte Leute ist es häufig schwieriger, zu den Sitzungen zu kommen (278-279).
Die Lösung besteht zumindest teilweise darin, institutionalisierte Wege zur ausdrücklichen Anerkennung und Repräsentation unterdrückter Gruppen zu schaffen. Bevor jedoch über Prinzipien und Praktiken diskutiert werden kann, die in eine solche Lösung eingehen, wird es notwendig sein, etwas darüber zu sagen, was eine Gruppe ist und wann eine Gruppe unterdrückt ist (279).
Ich werde hier nicht versuchen, eine soziale Gruppe zu definieren, aber es sei auf mehrere Kennzeichen verwiesen, die eine soziale Gruppe von anderen Kollektiven unterscheidet. Eine soziale Gruppe beinhaltet zunächst einmal eine Affinität mit anderen Personen, über die sie sich mit dem jeweils anderen identifizieren und vermittels derer andere Menschen sie identifizieren (279-280).
Die Gruppenaffinität hat den Charakter dessen, was Heidegger »Geworfenheit« nennt: Man findet sich selbst als Mitglied einer Gruppe vor, deren Existenz und Verhältnisse man als immer schon dagewesen erlebt, denn die Identität einer Person wird im Zusammenhang damit definiert, wie andere sie oder ihn identifizieren, und andere tun dies gemäß den Gruppen, mit denen schon spezifische

Attribute, Stereotype und Normen assoziiert sind, auf die auch Bezug genommen wird, wenn sich die Identität einer Person ausbildet. Aus der Geworfenheit der Gruppenaffinität folgt nicht, daß man Gruppen nicht verlassen und in neue eintreten kann. Viele Frauen werden lesbisch, auch wenn sie sich zuvor als heterosexuell identifiziert hatten, und jeder bzw. jede, die lange genug lebt, wird alt. Diese Fälle veranschaulichen die Geworfenheit genau in dem Punkt, daß solche Änderungen in der Gruppenaffinität als eine Wandlung der eigenen Identität erlebt werden (281).

Ich denke, die Ausdifferenzierung von Gruppen ist ein unvermeidlicher und wünschenswerter Prozeß in den modernen Gesellschaften. Aber wir müssen diese Frage nicht entscheiden. Ich mache nur geltend, daß unsere Gesellschaft heute eine nach Gruppen differenzierte Gesellschaft ist und daß dies in absehbarer Zukunft so bleiben wird. Daß manche Gruppen privilegiert und andere unterdrückt sind, macht unser politisches Problem aus.

Aber was ist Unterdrückung? Ich habe den Begriff der Unterdrückung an anderer Stelle ausführlicher analysiert. Kurz gesagt, eine Gruppe ist dann unterdrückt, wenn auf alle oder auf einen großen Anteil ihrer Mitglieder einer oder mehrere der folgenden Sachverhalte zutreffen:

1. Der Nutzen ihrer Arbeit oder Energie geht auf andere über, ohne daß diese anderen ihnen in reziproker Weise nützen (Ausbeutung).

2. Sie sind von der Partizipation an wichtigen sozialen Tätigkeiten ausgeschlossen, womit in unserer Gesellschaft vorrangig ein Arbeitsplatz gemeint ist (Marginalisierung).

3. Sie leben und arbeiten unter der Autorität von anderen, verfügen über wenig Autonomie bei der Arbeit und haben selbst kaum Autorität über andere (Machtlosigkeit).

4. Sie werden als Gruppe stereotypisiert, und gleichzeitig bleiben ihre Erfahrungen und ihre Situation in der Gesellschaft im allgemeinen unbemerkt, zudem haben sie wenig Gelegenheit, ihrer Erfahrung und ihrer Sichtweise von sozialen Geschehnissen Ausdruck zu verleihen und finden kaum Gehör, wenn sie es tun (Kulturimperialismus).

5. Die Gruppenmitglieder erleiden willkürliche Gewalt und Schikane, die von Gruppenhaß oder -angst motiviert ist. In den Vereinigten Staaten werden heute zumindest die folgenden Gruppen auf eine oder mehrere dieser Arten unterdrückt: Frauen, Schwarze, amerikanische Indianer, Chicanos, Puertoricaner und andere spanisch sprechende Amerikaner, asiatische Amerikaner, schwule Männer, Lesben, Angehörige der Arbeiterklasse, arme Menschen und alte Menschen sowie geistig und körperlich Behinderte (282-283).

In irgendeiner utopischen Zukunft wird es vielleicht eine Gesellschaft ohne Unterdrückung und Benachteiligung geben. Wir können aber keine politischen Prinzipien entwickeln, wenn wir mit der Annahme einer vollends gerechten Gesellschaft beginnen, wir müssen von den allgemeinen historischen und sozialen

Bedingungen, unter denen wir existieren, ausgehen. Das heißt, wir haben eine partizipatorische demokratische Theorie nicht unter der Voraussetzung einer undifferenzierten Menschheit zu entwickeln, sondern unter der Voraussetzung, daß Gruppendifferenzen vorhanden sind und daß manche Gruppen tatsächlich oder potentiell unterdrückt und benachteiligt sind.

Ich mache also das folgende Prinzip geltend: Eine demokratische Öffentlichkeit, wie immer diese beschaffen sein mag, sollte Mechanismen bereitstellen zur wirksamen Vertretung und Anerkennung der unterschiedlichen Stimmen und Perspektiven, die denjenigen Gruppen gehören, die konstitutive Bestandteile dieser Öffentlichkeit sind und die in ihr unterdrückt und benachteiligt sind. Eine solche Gruppenvertretung impliziert institutionelle Mechanismen und öffentliche Ressourcen zur Unterstützung von drei Betätigungen:

1. Die Selbstorganisation der Gruppenmitglieder, so daß sie einen Sinn für kollektive Ermächtigung gewinnen sowie ein reflexives Verständnis ihrer kollektiven Erfahrung und ihres kollektiven Interesses im Kontext der Gesellschaft.

2. Das Öffentlichmachen einer von der Gruppe erstellten Analyse, wie sich gesellschaftspolitische Maßnahmen auf sie auswirken, sowie das Hervorbringen eigener politischer Vorschläge und zwar in institutionellen Zusammenhängen, wo die Entscheidungsträger dazu verpflichtet sind zu zeigen, daß sie diese Perspektiven in ihre Überlegungen einbezogen haben.

3. Die Vetomacht im Hinblick auf ganz bestimmte politische Maßnahmen, die eine Gruppe direkt betreffen – Beispiele sind die Reproduktion betreffende Rechte für Frauen oder die Nutzung von Reservatsgebieten für amerikanische Indianer (283).

In Verhältnissen, die von sozialer Unterdrückung und Beherrschung geprägt sind, ist die Gruppenvertretung die beste Institutionalisierung von Fairneß. Aber sie maximiert auch das in der Diskussion geäußerte Wissen und verhilft so zu praktischer Klugheit. Die Gruppendifferenzen umfassen nicht nur verschiedene Bedürfnisse, Interessen und Ziele, sondern, was höchstwahrscheinlich bedeutsamer ist, auch verschiedene soziale Lagen und Erfahrungen, von denen aus soziale Tatsachen und gesellschaftspolitische Maßnahmen verstanden werden. Die Mitglieder verschiedener sozialer Gruppen wissen sehr wahrscheinlich unterschiedliche soziale Dinge über die Struktur sozialer Beziehungen und über potentielle und wirkliche Folgen gesellschaftspolitischer Maßnahmen. Auf Grund ihrer Geschichte, ihrer gruppenspezifischen Werte oder Ausdrucksweisen, ihres Verhältnisses zu anderen Gruppen, der Art von Arbeit, die sie verrichten usw. verfügen die verschiedenen Gruppen über unterschiedliche Arten, die Bedeutung sozialer Geschehnisse zu verstehen, die, wenn sie geäußert und gehört werden, zum Verständnis, das andere Gruppen haben, beitragen können (286-287).

[Die] partizipatorische Demokratie [beinhaltet] dem Prinzip nach die Verpflichtung auf Institutionen einer heterogenen Öffentlichkeit in allen Sphären demokratischer Entscheidungsfindung. Politische Öffentlichkeiten, einschließlich demokratischer Arbeitsplätze und entscheidungsfindender Regierungsorgane, sollen die spezifische Vertretung jener unterdrückten Gruppen übernehmen, wenn und so lange die Unterdrückung dieser Gruppen nicht beseitigt ist. Dadurch können verschiedene Gruppen ihre spezifische Sicht der strittigen Fragen in der Öffentlichkeit darstellen und ein gruppenspezifisches Votum abgeben. Solche Strukturen der Gruppenvertretung sollen die Strukturen einer regionalen Vertretung oder einer Vertretung durch eine Partei nicht ersetzen, sie sollen allerdings neben ihnen existieren (288).

Iris Marion Young: Das politische Gemeinwesen und die Gruppendifferenz. Eine Kritik am Ideal des universalen Staatsbürgerstatus, in: Herta Nagl-Docekal/Herlinde Pauer-Studer (Hrsg.): Jenseits der Geschlechtermoral. Beiträge zur feministischen Ethik, Frankfurt/M. 1993, S. 267-304 (Original: Iris Marion Young: Polity and Group Difference: A Critique of the Ideal of Universal Citizenship, in: Ethics 99, 1989, S. 250-274)

Interpretation

Iris Marion Young ist eine der bekanntesten Vertreterinnen der aktuellen amerikanischen Demokratietheoriedebatte. Sie wurde 1949 in New York City geboren und studierte und promovierte in Philosophie an der Pennsylvania State University. Bevor sie als Professorin an das Department of Political Science der University of Chicago berufen wurde, lehrte sie unter anderem an der University of Pittsburgh sowie an der Johann-Wolfgang-Goethe-Universität in Frankfurt am Main. Ihre Arbeitsschwerpunkte sind politische Philosophie, moderne kontinentale Philosophie und feministische Theorie.

Die professionalisierte, akademische feministische Theorie ist erst in den 80er-Jahren des 20. Jahrhunderts entstanden. Sie ist aus der neuen Frauenbewegung hervorgegangen und zeichnet sich bei aller Heterogenität durch das gemeinsame Ziel aus, die Situation von Frauen zu verbessern. In der Phase der so genannten „älteren Frauenbewegung", deren Beginn meist gegen Anfang des 19. Jahrhunderts datiert wird, bestand das zentrale Anliegen darin, den Frauen einen Einritt in die öffentliche Sphäre zu ermöglichen, aus der sie weitgehend ausgeschlossen waren (vgl. Benhabib/Nicholson 552 ff.). Zentrale Anliegen waren dabei die Durchsetzung des Frauenwahlrechts und der Zugang zu Bildungseinrichtungen. Die „neue Frauenbewegung" knüpfte seit Mitte bis Ende der 60er-Jahre an die Forderung nach Gleichheit der Geschlechter an und thematisierte Fragen wie die mangelnde Entscheidungsfreiheit der Frauen über ihren Körper, die fehlende berufliche Gleichstellung, die häusliche Gewalt sowie die Unterrepräsentanz von Frauen in der Politik als Ausdruck und Ursache für die fortgesetzte Diskriminierung.

Innerhalb der akademischen feministischen Debatte wurden dann v.a. Fragen der Moral, der Wissenschaftstheorie und der Demokratietheorie diskutiert. In der demokratietheoretischen Debatte lassen sich zum gegenwärtigen Zeitpunkt eine Vielzahl unterschiedlicher Ansätze unterscheiden. Gemeinsam ist diesen Ansätzen, dass sie nach Möglichkeiten zur Verbesserung der Repräsentation von Frauen in der Politik fragen. Dieser Frage geht die empirische Beobachtung einer weltweit und auf allen Ebenen gegebenen Unterrepräsentanz von Frauen in den politischen Institutionen voraus. In der Folge werden Lebenssituationen und Bedürfnisse von Frauen im politischen Prozess unzureichend berücksichtigt. Die Diskriminierung in der Politik greift nach den feministischen Demokratietheoretikerinnen auf alle anderen Sphären des gesellschaftlichen Lebens durch, da diese von den Ergebnissen der Politik beeinflusst werden. Zudem werde durch das Fehlen öffentlicher Diskurse mit und zwischen den Frauen auch ihre Identitätsbildung behindert (vgl. Rössler 1996, 279 ff.).

Um das Ziel einer größeren Repräsentation von Frauen zu erreichen, werden sehr unterschiedliche Wege vorgeschlagen. Idealtypisch lassen sich drei verschiedene Positionen unterscheiden:

(a) Die liberale Britin Anne Phillips hält an der universellen Gleichheit aller Menschen als Norm fest, leitet daraus jedoch ab, dass die Politik nicht nur für gleiche Partizipationsrechte sorgen soll, sondern eine tatsächliche Repräsentation aller Gruppen gemäß ihres Anteils in der Gesellschaft auch in der Politik durchsetzen muss. Das wichtigste Instrument hierfür sind Phillips zufolge Quotenregelungen (vgl. Phillips 1995, 103 ff.).

Andere Theoretikerinnen gehen darüber hinaus und analysieren die vermeintlich universalistischen Gleichheitsideale als in Wirklichkeit männlich-konnotierte Ideale, die alle anders gearteten Ausgangsbedingungen und Lebenssituationen ausblenden oder als Abweichung von der Norm entwerten. Dahinter steht meist die Überzeugung grundlegender Differenzen, nicht nur zwischen Männern und Frauen, sondern auch innerhalb der Geschlechter. Ausgehend von der Erkenntnis, dass auch die Frauen kein homogenes Kollektivsubjekt sind, lassen sich zwei verschiedene Strategien unterscheiden, damit umzugehen (vgl. Rössler 1996, 273 ff.):

(b) In ihrem postmodernen Ansatz argumentiert Judith Butler, nicht nur das Geschlecht als soziale Kategorie (gender) sei ein Konstrukt, sondern auch das biologische Geschlecht (sex) sei sozial konstruiert. Sie plädiert für eine Dekonstruktion und damit für die allgemeine Auflösung von Identitäten, weil nur so die grundlegende Dichotomie zwischen männlich und weiblich überwunden werden könne.

(c) Weniger radikal fordert das hier vorgestellte Konzept einer Gruppenvertretung von Iris Young nicht die Auflösung, sondern lediglich die Pluralisierung von Identitäten. Nicht alle Frauen bilden eine Gruppe, die gleichermaßen benachteiligt ist, sondern innerhalb der Frauen und neben den Frauen gibt es viele verschiedene Gruppen, die unterdrückt werden und ihre Interessen im politischen Prozess nicht zur Geltung bringen können. Anders als Phillips geht es Young nicht nur aus Gründen der Partizipationsgerechtigkeit um eine gleiche Repräsentation aller Gruppen. Sie denkt vielmehr ausdrücklich vom Politikergebnis her und setzt voraus, dass die Gruppenvertreter andere, gruppenspezifische Standpunkte im politischen Prozess zur Geltung bringen.

Youngs Konzept steht damit nicht nur in Zusammenhang mit der feministischen Debatte zur Demokratietheorie, sondern auch mit der seit Ende der 80er-Jahre geführten Debatte zum kulturellen Pluralismus und zur Identitätspolitik. Young geht über die Geschlechterproblematik hinaus und begreift die Frauen als eine neben vielen anderen unterdrückten Gruppen. Für diese Gruppen fordert Young eine gerechtere Repräsentation in der Politik und präsentiert Vorschläge, wie diese erreicht werden könnte.

Die theoretische Fundierung für ihre Vorschläge gewinnt Young aus einer Kritik am normativen Ideal eines universellen Staatsbürgerstatus (267-278). Dieses Ideal, das wir aus der Aufklärung geerbt haben, fordert, alle Menschen als abstrakte Individuen zu behandeln, unabhängig von ihrem Geschlecht, ihrer Ethnie oder Klasse. Ein solcher abstrakter Individualismus führt nach Young aber letztlich dazu, dass sich ein uniformes Bild menschlicher Bedürfnisse durchsetzt, das bestehende Differenzen zwischen den Menschen vernachlässigt. Es bildeten sich dominante Normen heraus, die so stark seien, dass Gruppen, die von diesen Normen abwichen, marginalisiert würden. Darüber hinaus lege uns ein solcher universeller Staatsbürgerstatus nahe, im demokratischen Prozess von unseren eigenen Bedürfnisssen zu abstrahieren. Es sei uns zwar erlaubt, unsere eigenen, speziellen Bedürfnisse zu äußern, eine faire demokratische Entscheidungsfindung verlange jedoch, dass jeder sich auch in sein Gegenüber hineinversetzt und dessen Bedürfnisse berücksichtigt (vgl. Phillips 1992, 82 ff.).

Young hält dieses Konzept eines unparteilichen Staatsbürgers für einen Mythos und fordert stattdessen eine „heterogene Öffentlichkeit" und ein nach Gruppen differenziertes Staatsbürgerschaftsrecht. Mitglieder bestimmter Gruppen würden im politischen Prozess nicht nur als Individuen, sondern auch als Gruppenmitglieder in die politische Gemeinschaft integriert.

Diese Forderung nach Mechanismen der Gruppenvertretung macht Youngs Position zu einer radikalen Herausforderung der universalistischen liberalen Demokratietheorie, denn nach der orthodoxen Sichtweise ist Staatsbürgerschaft qua Definition die Behandlung von Menschen als Individuen mit gleichen Rechten vor dem Gesetz. Das unterscheidet demokratische Bürgerschaften von feudalen und anderen prämodernen Ansichten, nach denen der Staatsbürgerstatus von der religiösen, der ethnischen oder der Klassenzugehörigkeit abhängig war (vgl. Kymlicka/Norman, 302).

Youngs Forderungen nach einer Gruppenvertretung liegt ein Staatsbürgerkonzept zugrunde, das an die Diskussion in der politischen Philosophie der 70er und 80er-Jahre anschließt, als Qualitäten und Einstellungen der Bürger als wichtiges Moment der Funktionsfähigkeit und Stabilität der modernen Demokratie (wieder-)entdeckt wurden. An die Stelle der älteren Konzepte, die Bürgerschaft fast ausschließlich formalrechtlich, definiert durch bestimmte Rechte und Pflichten, verstanden haben, tritt die Vorstellung von Bürgerschaft als Ausdruck einer Zugehörigkeit zu einer Gemeinschaft, als politischer Identität (vgl. Kymlicka/Norman, 283 ff.).

Dass sich viele Gruppen heute aus dieser Gemeinschaft ausgeschlossen fühlen, obwohl sie über den Staatsbürgerstatus verfügen, liegt nach Young zunehmend nicht mehr (nur) am sozioökonomischen Status dieser Gruppen, sondern an ihrer spezifischen soziokulturellen Identität, die zur allgemeinen politischen Identität in einem Spannungsverhältnis steht.[1] Young und zunehmend auch andere Theoretiker/innen argumentieren daher, dass der Staatsbürgerstatus die heterogenen soziokulturellen Identitäten der Staatsbürgerinnen und -bürger berücksichtigen muss. Nur so lässt sich in einer zunehmend multikulturellen Gesellschaft die Identifikation aller Staatsbürger mit dem politischen Gemeinwesen gewährleisten (vgl. Kymlicka/Norman, 301).

Der hier wiedergegebene Textauszug ist dem zweiten Teil des Aufsatzes von Iris Young entnommen. Unter dem Titel „Differenzierte Staatsbürgerschaft als Gruppenvertretung" stellt Young ihre Vorschläge zur Institutionalisierung von Mechanismen einer Gruppenvertretung vor, die zur besseren Inklusion und Partizipation aller Staatsbürger führen sollen. Zuvor erläutert sie ihr Verständnis von sozialen Gruppen und von Unterdrückung.

Young definiert Gruppen über das Vorhandensein eines gemeinsamen Identitätsempfindens. Die Zugehörigkeit zur Gruppe ist dabei mehr als der Eintritt in einen Verein oder eine Partei: „Man findet sich selbst als Mitglied einer Gruppe vor, deren Existenz und Verhältnisse man als immer schon da gewesen erlebt" (281, *Textauszug: 285*). Trotz einer gegenseitigen „Affinität" gibt es aber kein „gemeinsames Wesen", das alle Mitglieder einer Gruppe teilten. Das Verlassen der Gruppe ist durchaus möglich, verändert allerdings die Wahrnehmung der eigenen Identität gravierend. Als benachteiligte Gruppen bezeichnet Young Gruppen, die von Ausbeutung, Machtlosigkeit, kultureller Unsichtbarkeit, Marginalisierung in der Arbeitswelt oder durch Gruppenhass motivierter Gewalt betroffen sind. Nicht jede benachteiligte Gruppe muss nun nach Young an allen Entscheidungen beteiligt werden: „Die Vertretung ist immer dann angezeigt, wenn die Geschichte und die soziale Situation einer Gruppe eine besondere Perspektive auf strittige Fragen mit sich bringt, wenn die Interessen ihrer Mitglieder besonders betroffen sind und wenn ihre Wahrnehmungen und Interessen ohne eine solche Vertretung wenig Aussicht haben, Ausdruck zu finden" (289).

Die Existenz von Gruppen und die Tatsache, dass es unterdrückte Gruppen gibt, versteht Young als empirische Gegebenheit, die es voraussichtlich noch länger geben wird. Daraus folgert sie: „Das heißt, wir haben eine partizipatorische Theorie nicht unter der Voraussetzung einer undifferenzierten Menschheit zu entwickeln, sondern unter der Voraussetzung, dass Gruppendifferenzen vorhanden sind und dass manche Gruppen tatsächlich oder potentiell unterdrückt und benachteiligt sind" (283, *Textauszug: 287*). Aufgrund ihrer Prämisse, dass die Unterschiede zwischen Gruppen irreduzibel sind, lautet Youngs Schlussfolgerung, dass die entsprechenden Gruppen ihre Anliegen im öffentlichen demokratischen Prozess selbst repräsentieren müssen. Anders als die Theoretiker eines Interessengruppenpluralismus geht Young jedoch im Anschluss an Habermas' deliberative Demokratietheorie davon aus, dass in einer demokratischen Öffentlichkeit die Gruppen nicht einfach ihre Eigeninteressen geltend machen können. Sie müssen ihre Anliegen mit Gerechtigkeitsargumenten vertreten und speisen somit nur ihre spezifische Version von dem, was sie für das Gemeinwohl halten, in den öffentlichen Diskurs ein.

Young verbindet ihre sozialphilosophische Reflexion mit politischen Institutionalisierungsvorschlägen. Vorbilder für die zivilgesellschaftliche Institutionalisierung einer solchen heterogenen Öffentlichkeit sieht sie in den Neuen Sozialen Bewegungen (287). Für eine wirkungsvolle Repräsentation ihrer Anliegen auf der politischen Ebene bedürfen Gruppen ihres Erachtens der finanziellen und institutionellen Förderung zur Selbstorganisation und zur Artikulation eigener Vorschläge im politischen Entscheidungsprozess sowie der Institutionalisierung einer Vetomacht bei Entscheidungen, die sie direkt betreffen. Die speziellen Mittel sollen jedoch ausdrücklich nur den benachteiligten Gruppen zur Verfügung gestellt werden und auch wieder ausgesetzt werden, wenn die Kriterien für eine Unterdrückung irgendwann auf eine Gruppe nicht mehr zutreffen (283).

Im dritten Teil ihres Textes diskutiert Young unter der Überschrift „Universale Rechte und spezielle Rechte" (291 ff.) mögliche konkrete Rechte für unterdrückte Gruppen: Um gegenwärtige Benachteiligung und vergangene Diskriminierung zu kompensieren, fordert sie affirmativ-action-Programme, die die Gruppen so lange finanziell oder durch Quoten bevorzugen, bis sie anderen Gruppen gleichgestellt sind. Unter der Verwirklichung des „Grundsatzes des vergleichbaren Werts" versteht Young die gleiche Bewertung und Bezahlung zum Beispiel unterschiedlicher Arbeitsfelder von Männern und Frauen. Schließlich fordert sie die dauerhafte Institutionalisierung von Minderheitenrechten für kulturelle Minderheiten, v.a. für Einwanderer. Als Beispiel nennt sie hier die Zweisprachigkeit und Bikulturalität in öffentlichen Einrichtungen.

Youngs Vorschläge haben in der demokratietheoretischen Diskussion eine heftige Debatte ausgelöst. Die drei wichtigsten Kritikpunkte sollen hier kurz wiedergegeben werden.

(a) Zum einen befürchten viele Kritiker/innen, eine institutionalisierte Gruppenvertretung könnte die Identifikation aller Bürgerinnen und Bürger mit der politischen Gemeinschaft schwächen. Diese Befürchtung wird ausführlich bei Kymlicka/Norman diskutiert. Sie kommen zu dem Ergebnis, dass sowohl die Forderung nach vorübergehenden speziellen Repräsentationsrechten als auch das Bestreben, dauerhaft bestimmte multikulturelle Rechte, wie beispielsweise eine bilinguale Erziehung, zu institutionalisieren, letzten Endes vom Ziel einer besseren Integration der benachteiligten Gruppen in die Gesamtgesellschaft getragen seien. Einzig die Forderung nach Selbstverwaltungsrechten bei nationalen Minderheiten stellen nach Kymlicka/Norman in Bezug auf die gesamtgesellschaftliche Integration ein Problem dar (vgl. 304 ff.).

Die meisten Kritiker/innen beziehen sich jedoch weniger auf die Konsequenzen der von Young vorgeschlagenen Maßnahmen, als vielmehr auf Probleme bei der Umsetzung ihrer Vorschläge.

(b) Ein Einwand richtet sich auf den ungeklärten Auswahlmechanismus, nach dem einzelnen Gruppen die speziellen Repräsentationsrechte zugestanden werden sollen. Young selbst sieht dieses Problem und argumentiert, es müsste eine entsprechende Öffentlichkeit gebildet werden, die dies entscheiden könne. Sie schlägt vor, in einer öffentlichen Diskussion über die zu institutionalisierenden Gruppenvertretungsmechanismen das Prinzip der Gruppenvertretung bereits anzuwenden. Die Art der Gruppenvertretung in dieser Diskussion solle jedoch das Diskussionsergebnis darüber, welche Mechanismen schließlich dauerhaft institutionalisiert werden sollten, nicht vorwegnehmen (289 ff.). Kymlicka/Norman (213) argumentieren, Youngs Liste unterdrückter Gruppen umfasse 80% der amerikanischen Bevölkerung – jeder außer den gesunden, relativ wohlhabenden, relativ jungen, heterosexuellen weißen Männern gelte bei Young als unterdrückt und zudem gebe es bei jeder dieser Gruppen wieder etliche Untergruppen, die eigene Gruppenidentitäten ausbildeten. Nach Phillips (1992, 85 f.) wird die Gefahr einer falschen Zuteilung von Gruppenrechten immer gravierender, je größer die tatsächliche Entscheidungsgewalt der Gruppenvertreter wird. Sie schlägt daher vor, anhand der von Young entwickelten Kriterien ein Verfahren für eine zwingende Konsultation unterdrückter Gruppen im politischen Prozess zu institutionalisieren, bei dem die Gruppen selbst jedoch keine Entscheidungsbefugnisse erhalten.

(c) Ein weiterer zentraler Angriffspunkt liegt in der Frage, wie sichergestellt werden soll, dass die Gruppenvertreter auch tatsächlich legitimiert sind, die Interessen ihrer Gruppe zu vertreten (vgl. Phillips 1992, 86). Es stellt sich die Frage, wer die Repräsentanten auswählt, wie ihre Rechenschaftspflicht gegenüber ihren Gruppen ausgestaltet sein müsste, ob sie ein freies oder ein imperatives Mandat erhalten usw. Young selbst schlägt hier vor, dass die Gruppen über eine demokratische Selbstorganisation verfügen sollten. Will man jedoch eine demokratische Auswahl der Repräsentanten sicherstellen, müssten sich die größtenteils informellen Gruppen nach dem Vorbild demokratischer Parteien oder Verbände rechtlich organisieren, was schwer vorstellbar und angesichts der damit verbundenen Verrechtlichung der Lebenszusammenhänge auch nicht unbedingt als wünschenswert erscheint.

Trotz der gravierenden Probleme, die sich bei dem Versuch einer Formulierung konkreter Maßnahmen zur institutionellen Umsetzung des Konzepts der Gruppenvertretung auftun, bleibt Youngs Ansatz ein wichtiger Diskussionsbeitrag für die aktuelle demokratietheorietische Debatte. Ihre nicht von der Hand zu weisenden Einwände gegen den orthodoxen universalistischen Staatsbürgerbegriff und die eher zunehmende Relevanz ihrer Überlegungen angesichts des wachsenden kulturellen Pluralismus gerade in den mit dem Problem noch relativ unerfahrenen europäischen Gesellschaften machen ihre Vorschläge trotz aller Anfechtungen dikussionswürdig.

Ich danke Hubertus Buchstein für seine wichtigen Hinweise und Imke Scheurich für ihre konstruktive Kritik.

Literatur

Seyla Benhabib/Linda Nicholson: Politische Philosophie und die Frauenfrage, in: Iring Fetscher/Herfried Münkler (Hrsg.): Pipers Handbuch der Politischen Ideen, Bd. 5, München 1987, S. 513-561

Nancy Fraser: Debate: Recognition or Redistribution? A Critical Reading of Iris Young's Justice and the Politics of Difference, in: The Journal of Political Philosophy: Volume 3, Number 2, 1995, S. 166-180

Will Kymlicka/Wayne Norman: Return of the Citizen: A Survey of Recent Work on Citizenship Theory, in: Ronald Beiner (Hrsg.): Theorizing Citizenship, State University of New York Press, Albany, 1995, S. 283-322

Andrea Maihofer: Geschlecht als Existenzweise. Macht, Moral, Recht und die Geschlechterdifferenz, Frankfurt/M. 1995

Anne Phillips: Democracy and Difference: Some Problems for Feminist Theory, in: The Political Quarterly, Heft 1, 1992, S. 79-90

Anne Phillips: Geschlecht und Demokratie. Hamburg 1995

Beate Rössler: Feministische Theorien der Politik, in: Klaus von Beyme/Claus Offe (Hrsg.): Politische Theorien in der Ära der Transformation, Opladen 1996 (PVS Sonderheft 26/1995), S. 267-291

Iris MarionYoung: Justice and the Politics of Difference: Princeton, N.J.: Princeton University Press 1990

Anmerkung

1 Zur Debatte, welche Rolle die ökonomische Situation im Verhältnis zur soziokulturellen Identität spielt, vgl. den Aufsatz zu „Recognition or Redistribution" von Nancy Fraser 1995.

V. Unkommentierter Anhang

Auszüge aus Verfassungstexten
ausgewählt von Gotthard Breit

MAGNA CHARTA LIBERTATUM (1215)

1215 trotzten weltliche und geistliche Feudalherren dem englischen König Johann Ohneland Rechte ab. Sie wurden in der „Magna Charta“ verbrieft. Seit dem 16. Jahrhundert wird dieses Dokument als der Beginn einer Entwicklung angesehen, in der die Macht der Krone und damit der Exekutive Schritt für Schritt vertraglich eingegrenzt wurde. Die „Magna Charta“ steht daher am Anfang des demokratischen Verfassungsrechts.

1.
An erster Stelle Gott gelobt und durch diese Unsere hier vorliegende Urkunde für Uns und all Unsere Nachfolger auf ewig bestätigt haben, daß die englische Kirche frei und im Besitz ihrer vollen Rechte und unangetasteten Freiheiten sein soll. (...) Wir haben weiterhin allen freien Männern Unseres Königreiches für Uns und Unsere Erben auf ewig alle nachstehend aufgezeichneten Freiheiten zugestanden, die sie von Uns und Unseren Nachfolgern auf ewig haben und behalten sollen. (...)

20.
Ein freier Mann soll für ein geringes Vorgehen nicht mit einer Geldstrafe belegt werden, es sei denn entsprechend dem Grade seines Vergehens; und für ein schweres Vergehen soll er mit einer der Schwere des Vergehens entsprechenden Geldstrafe belegt werden, jedoch stets unter Wahrung seines Lebensunterhaltes; desgleichen soll ein Kaufmann sein Warenlager und ein Bauer sein Inventar behalten dürfen, wenn sie Unserer Strafe verfallen sind: Und keine der erwähnten Strafen soll auferlegt werden, es sei denn auf Grund des Eides ehrlicher Männer der Nachbarschaft.

21.
Grafen und Barone sollen nur durch ihresgleichen und einzig gemäß dem Grade ihres Vergehens bestraft werden. (...)

23.
Kein Dorf und kein einzelner sollen gezwungen werden, an Flußufern Brücken zu bauen; hiervon ausgenommen sind diejenigen, die von alters her rechtlich dazu verpflichtet waren. (...)

28.
Kein Vogt und keiner Unserer sonstigen Amtsleute soll irgend jemandes Getreide oder sonstige Vorräte beschlagnahmen, ohne dafür sogleich Geld zu bieten oder vom Verkäufer Zahlungsaufschub bewilligt zu bekommen. (...)

30.
Keiner Unserer Vizegrafen oder Amtsleute oder irgend jemand sonst sollen irgendeines freien Mannes Pferde oder Wagen gegen den Willen des besagten freien Mannes zu Transportdiensten beschlagnahmen.

38.
Kein Amtmann soll in Zukunft jemanden allein auf seine eigene Anklage hin und ohne die Beibringung glaubwürdiger Zeugen vor Gericht stellen.

39.
Kein freier Mensch soll ergriffen, gefangengenommen, aus seinem Besitz vertrieben, verbannt oder in irgendeiner Weise zugrunde gerichtet werden, noch wollen Wir gegen ihn vorgehen oder ihm nachstellen lassen, es sei denn auf Grund eines gesetzlichen Urteiles seiner Standesgenossen und gemäß dem Gesetz des Landes.

45.
Wir wollen nur solche Männer zu Richtern, Vögten, Vizegrafen und Amtsleuten erheben, die das Recht des Königreiches kennen und die gewillt sind, es zu beachten.

Zit. nach: Wolfgang Heidelmeyer (Hrsg.) 1977, Die Menschenrechte. Erklärungen, Verfassungsartikel, Internationale Abkommen. 2. Aufl., Paderborn, S. 49-52. In: Hagen Schulze/Ina U. Paul (Hrsg.): Europäische Geschichte. Quellen und Materialien, München 1994, S. 449-450

HABEAS-CORPUS-AKTE (1679)

Die Habeas-Corpus-Akte schützte jeden Untertanen der englischen Krone vor willkürlicher Verhaftung. Der hier zum Ausdruck kommende Schutz der persönlichen Freiheit des einzelnen vor staatlicher Willkür findet sich in allen modernen demokratischen Verfassungen und in den Erklärungen der Menschenrechte und Grundfreiheiten wieder. (Zur Erklärung: „Habeas corpus ad subiciendum“ [Du habest die Person, um sie dem Gericht zuzuführen] – mit diesen Worten wurde im Mittelalter ein Haftbefehl eingeleitet.)

1. Wann immer eine oder mehrere Personen einen an einen Sheriff, Kerkermeister, Beamten oder an eine sonstige Person, in deren Gewahrsam sie sich befinden, gerichteten Habeas-Corpus-Erlaß vorweisen und der besagte Erlaß dem besagten Beamten überreicht oder im Kerker oder Gefängnis bei irgendeinem Unterbeamten oder Unterkerkermeister oder bei den Stellvertretern der besagten Beamten oder Kerkermeister hinterlassen wird, so sollen der besagte Beamte oder die besagten Beamten oder seine oder ihre Unterbeamten, Unterkerkermeister und Stellvertreter innerhalb von 3 Tagen nach der vorerwähnten Überreichung des Erlasses (sofern es sich bei der besagten Verhaftung nicht um Verrat oder Treubruch handelt und dies im Haftbefehl klar und besonders zum Ausdruck kommt) den Erlaß sowie den so Verhafteten oder Eingesperrten leibhaftig zu dem oder vor den derzeitigen Lordkanzler oder Lordsiegelbewahrer von England oder die Richter oder Barone des besagten Gerichtshofes, von dem der besagte Erlaß ergangen war, oder vor eine solche andere Person oder vor solche andere Personen, denen der Erlaß gemäß den darin enthaltenen Vorschriften wieder zugestellt werden muß, bringen oder bringen lassen – und zwar gegen Zahlung oder Angebot der Zahlung der Unkosten der Überführung des Gefangenen (welche durch den Richter oder Gerichtshof, die sie zuerkannten, festgestellt und auf dem Erlaß vermerkt werden müssen und 12 Pence pro Meile nicht übersteigen dürfen) und gegen Sicherheitsleistung durch einen von dem Gefangenen selbst in Höhe der Kosten für seine Rückführung ausgestellten Schuldschein (falls er von dem Gerichtshof oder Richter, vor den er gemäß der wahren Absicht dieses Gesetzes gebracht wird, in die Haft zurückgesandt wird) sowie gegen die Versicherung, daß er auf dem Wege keinen Fluchtversuch unternehmen werde; und sie sollen dann auch die wahren Gründe seiner Haft oder Einkerkerung bescheinigen, es sei denn, die Verhaftung der besagten Person sei an einem Orte erfolgt, der mehr als 20 Meilen von dem Ort oder den Orten entfernt ist, an dem ein solches Gericht oder eine solche Person wohnt oder wohnen wird; und wenn die Entfernung größer als 20 Meilen ist, jedoch 100 Meilen nicht überschreitet, soll dies innerhalb von spätestens 10 Tagen, wenn sie größer ist als 100 Meilen, innerhalb von spätestens 20 Tagen, nach der oben erwähnten Überreichung (des Erlasses) geschehen. (...)

5. Durch die vorerwähnte Autorität wird zur Verhütung von ungerechter Schikane durch wiederholte Verhaftung wegen desselben Vergehens weiterhin verordnet, daß niemand, der auf Grund eines Habeas-Corpus-Erlasses freigegeben und auf freien Fuß gesetzt wird, zu irgendwelcher Zeit danach von irgend jemandem wegen desselben Vergehens erneut eingekerkert oder in Haft genommen werden darf, es sei denn auf Grund eines gesetzmäßigen (Gerichts-) Befehls und eines Verfahrens vor dem Gerichtshof, vor dem zu erscheinen er auf Grund schriftlicher Verpflichtung gebunden ist, oder vor einem anderen zuständigen Gerichtshof; wenn irgend jemand diesem Gesetz zuwider jemanden, der auf die vorerwähnte Weise freigegeben und auf freien Fuß gesetzt wurde, wissentlich wegen desselben Vergehens oder angeblichen Vergehens erneut verhaftet oder einkerkert oder dafür sorgt oder veranlaßt, daß er wieder verhaftet oder eingekerkert wird oder Hilfe oder Beistand dazu leistet, so verwirkt er – ungeachtet irgendwelcher Vorspiegelungen oder Veränderungen des oder der Haftbefehle – an den Gefangenen oder die beschwerte Person die Summe von 500 Pfund, die auf die vorerwähnte Weise einzuklagen ist.

Zit. nach: Wolfgang Heidelmeyer (Hrsg.) 1977, Die Menschenrechte. Erklärungen, Verfassungsartikel, Internationale Abkommen. 2. Aufl., Paderborn, S. 52 ff. In: Hagen Schulze, Ina U. Paul (Hrsg.) 1994, Europäische Geschichte. Quellen und Materialien. München, S. 487 f.

BILL OF RIGHTS (1689)

Die Bill of Rights von 1689 bedeuteten den Sieg des englischen Parlaments über den König und den Beginn der konstitutionellen Monarchie in England.

Und daraufhin haben sich jetzt die geistlichen und weltlichen Lords und die Gemeinen (...) versammelt und erklären nach ernsthafter Erwägung der besten Mittel zur Erreichung der vorerwähnten Ziele (wie es ihre Vorfahren in solchen Fällen zu tun pflegten) zur Verteidigung und Behauptung ihrer alten Rechte und Freiheiten vor allem das Folgende:

1. daß die angemaßte Befugnis, kraft königlicher Autorität und ohne die Zustimmung des Parlamentes Gesetze vorübergehend außer Kraft zu setzen oder ihre Vollstreckung auszusetzen, ungesetzlich ist;

2. daß die in der letzten Zeit angemaßte und ausgeübte Befugnis, kraft königlicher Autorität von der Befolgung oder Vollstreckung von Gesetzen zu entbinden, ungesetzlich ist;

3. daß die Weisung zur Errichtung des ehemaligen Gerichtshofes der Kommissare für kirchliche Angelegenheiten sowie alle Weisungen und Gerichtshöfe ähnlicher Art ungesetzlich und verderblich sind;

4. daß die Erhebung von Geldern für und zum Nutzen der Krone unter dem Vorwand der Prärogative und ohne Zustimmung des Parlaments insoweit ungesetzlich ist, als sie nur für kürzere Zeit oder in anderer Form bewilligt wurde oder bewilligt werden wird;

5. daß die Untertanen das Recht haben, Petitionen an den König zu richten, und daß eine jede Verhaftung oder gerichtliche Verfolgung wegen der Einreichung solcher Petitionen ungesetzlich ist;

6. daß die ohne die Zustimmung des Parlamentes in Friedenszeiten erfolgende Aushebung oder Unterhaltung eines stehenden Heeres innerhalb des Königreiches unrechtmäßig ist;

7. daß die Untertanen protestantischen Glaubens, ihrer Stellung gemäß und soweit das Gesetz es erlaubt, Waffen zu ihrer Verteidigung besitzen zu dürfen;

8. daß die Wahl der Parlamentsmitglieder frei sein solle;

9. daß die Freiheit der Rede sowie der Inhalt von Debatten oder Verhandlungen im Parlament an keinem anderen Gerichtshof oder Orte außerhalb des Parlamentes unter Anklage oder in Frage gestellt werden solle;

Zit. nach: Wolfgang Heidelmeyer (Hrsg.) 1977, Die Menschenrechte. Erklärungen, Verfassungsartikel, Internationale Abkommen. 2. Aufl., Paderborn, S. 54 ff. In: Hagen Schulze, Ina U. Paul (Hrsg.) 1994, Europäische Geschichte. Quellen und Materialien. München, S. 488 ff.

GRUNDRECHTSERKLÄRUNG VIRGINIAS (1776)
(Virginia Bill of Rights)

Die Virginia Bill of Rights nimmt die Menschen- und Grundrechte der amerikanischen Verfassung von 1789 voraus. In ihnen wird die Freiheit des Individuums garantiert. Die Virginia Bill of Rights hat alle späteren demokratischen Verfassungen und Menschenrechtserklärungen beeinflußt. Der Anspruch des Volkes auf Selbstregierung wird hier mit dem Schutz der Menschen- und Grundrechte und dem Prinzip der Gewaltenteilung verbunden.

Eine Erklärung der Rechte, verkündet von den Vertretern der rechtschaffenen Bevölkerung von Virginia, die sich in vollzähliger und freier Versammlung zusammengefunden haben, welche Rechte für sie und ihre Nachkommenschaft als Grundlage und Rechtsquelle ihrer Regierung Geltung besitzen.

Artikel 1: Alle Menschen sind von Natur gleichermaßen frei und unabhängig und besitzen gewisse angeborene Rechte, deren sie ihre Nachkommenschaft bei der Begründung einer politischen Gemeinschaft durch keinerlei Abmachungen berauben oder zwingen lassen können, sich ihrer zu begeben; nämlich das Recht auf Leben und Freiheit und dazu die Möglichkeit, Eigenbesitz zu erwerben und zu behalten und Glück und Sicherheit zu erstreben und zu erlangen.

Artikel 2: Alle Macht ruht im Volke und leitet sich daher von ihm ab; alle Amtspersonen sind seine Treuhänder und Diener und ihm jederzeit verantwortlich.

Artikel 3: Die Regierung ist eingesetzt oder soll eingesetzt werden um des gemeinsamen Wohles, Schutzes und der Sicherheit des Volkes, der Nation oder des Gemeinwesens willen; von all den verschiedenen Regierungen und Regierungsformen ist diejenige die beste, die ein Höchstmaß an Glück und Sicherheit zu bieten vermag und die am wirksamsten gegen die Gefahr des Machtmißbrauchs gesichert ist; und wenn irgendeine Regierung sich als dieser Aufgabe nicht gewachsen erweist oder ihr zuwiderhandelt, so soll die Mehrheit der Gemeinschaft ein unleugbares, unveräußerliches und unverletzliches Recht haben, sie zu reformieren, umzugestalten oder zu beseitigen, so wie es für das allgemeine Wohl für am zweckmäßigsten erachtet wird.

Artikel 4: Kein Mensch und keine Gruppe von Menschen hat ein Recht auf alleinige oder besondere Zuwendungen oder Vergünstigungen seitens der Allgemeinheit; es sei denn in Anerkennung von der Allgemeinheit geleisteten Diensten; und so wie diese nicht übertragbar sind, so sollen auch Beamtenstellen und die Ämter von Abgeordneten und Richtern nicht erblich sein.

Artikel 5: Die gesetzgebende und die ausführende Gewalt des Staates sollen von der richterlichen Gewalt getrennt und klar geschieden sein, und damit die Angehörigen der beiden ersteren dadurch vor Machthunger bewahrt werden, daß sie die Lasten der Bevölkerung ebenfalls zu fühlen bekommen und an ihnen mittragen, sollen sie in regelmäßigen Abständen ins Privatleben zurückkehren, und zwar in diejenige Gemeinschaft, aus der sie ursprünglich kamen.
Und die frei gewordenen Stellen sollen durch häufige im voraus bestimmte und regelmäßig stattfindende Wahlen wiederbesetzt werden, bei denen die vormaligen Amtspersonen sämtlich oder zum Teil nach Maßgabe der Gesetze wiedergewählt werden dürfen oder nicht.

Artikel 6: Die Wahlen der Männer, die als Abgeordnete des Volkes in die Volksvertretung entsandt werden, sind frei; alle Männer, die ihr ständiges Interesse an der Gemeinschaft und ihre dauernde Anhänglichkeit an sie hinlänglich unter Beweis gestellt haben, genießen das Wahlrecht und können ohne ihre Einwilligung oder die ihrer so gewählten Vertreter weder zugunsten der öffentlichen Hand besteuert oder enteignet noch irgendeinem Gesetz unterworfen werden, dem sie nicht in gleicher Weise in Ansehung des öffentlichen Wohls zugestimmt haben.

Artikel 7: Die Ausübung irgendeiner Gewalt seitens irgendeiner Behörde, insbesondere der Vollzug oder die Suspendierung von Gesetzen, ohne Zustimmung der Volksvertretung verletzt die Rechte des Volkes und ist daher unstatthaft.

Artikel 8: Bei allen schwerwiegenden Amtsvergehen und in Strafsachen hat jedermann das Recht, Grund und Art der Anklage zu erfahren, Anklägern und Zeugen gegenüber gestellt zu werden und Entlastendes vorzubringen, und auf die unverzügliche Durchführung des Verfahrens vor einem unparteiischen Gerichtshof von zwölf Geschworenen aus den Reihen seiner Mitbürger, ohne deren einstimmigen Spruch er nicht für schuld befunden werden kann; auch kann er nicht gezwungen werden, gegen sich selbst auszusagen; kein Mensch kann seiner Freiheit beraubt werden, außer auf Grund der Landesgesetze oder eines Urteilsspruchs von seinesgleichen.

Artikel 12: Die Pressefreiheit ist eines der stärksten Bollwerke der Freiheit und kann niemals, außer durch despotische Regierungen, eingeschränkt werden.

Artikel 16: Religion oder die Ergebenheit, die wir unserem Schöpfer schuldig sind, und die Art, wie wir sie erfüllen, kann lediglich durch Vernunft oder Überzeugung bestimmt werden, nicht durch Zwang oder Gewalt, und deshalb haben alle Menschen einen gleichen Anspruch auf freie Ausübung der Religion nach den Geboten ihres Gewissens. Und alle haben die Pflicht, christliche Vergebung, Liebe und Barmherzigkeit untereinander zu üben.

Zit. nach: Angela Adams, Willi Paul (Hrsg.) 1971, Die Amerikanische Revolution und die Verfassung 1754-1791. München, S. 259 ff. In: Hagen Schulze, Ina U. Paul (Hrsg.) 1994, Europäische Geschichte. Quellen und Materialien. München, S. 520 ff.

Unabhängigkeitserklärung der Vereinigten Staaten
EINSTIMMIGE ERKLÄRUNG DER DREIZEHN VEREINIGTEN STAATEN VON AMERIKA

Die von Thomas Jefferson verfaßte amerikanische Unabhängigkeitserklärung leitet von der Idee des Naturrechts die Aufgabe des Staates und seiner Regierungen ab. Die Erklärung geht von der Annahme aus, dass alle Menschen gleich geschaffen und mit gewissen unveräußerlichen Rechten ausgestattet sind und „daß dazu Leben, Freiheit und das Streben nach Glück gehören". In den wenigen, leicht verständlichen Sätzen zu Beginn der Erklärung hat die Idee der Demokratie als Herrschaftsform in unübertroffener Weise ihren bleibenden Ausdruck gefunden. Diese Erklärung hat eine Tradition begründet, in der bis heute die Menschenrechtsdeklarationen und Verfassungen von demokratischen Staaten stehen. Danach stellt der Schutz der Gleichheit und Freiheit der Menschen und ihrer unveräußerlichen Rechte die wichtigste Aufgabe des Staates und seiner Regierungen dar. Nur durch die Erfüllung dieser Aufgaben erhalten der demokratische Staat, seine Regierung ebenso wie staatliche Institutionen, die Legitimation zu Macht- und Herrschaftsausübung.
Mit der Proklamation erklärten sich die 13 vereinigten Kolonien von Amerika am 4. Juli 1776 zu freien und unabhängigen Staaten. Damit wurde die Trennung vom englischen Mutterland vollzogen.

Wenn es im Zuge der Menschheitsentwicklung für ein Volk notwendig wird, die politischen Bande zu lösen, die es mit einem anderen Volke verknüpft haben, und unter den Mächten der Erde den selbständigen und gleichberechtigten Rang einzunehmen, zu dem Naturrecht und göttliches Gesetz es berechtigen, so erfordert eine geziemende Rücksichtnahme auf die Meinung der Menschheit, daß es die Gründe darlegt, die es zu der Trennung veranlassen.
Folgende Wahrheiten erachten wir als selbstverständlich: daß alle Menschen gleich geschaffen sind; daß sie von ihrem Schöpfer mit gewissen unveräußerlichen Rechten ausgestattet sind; daß dazu Leben, Freiheit und das Streben nach Glück gehören; daß zur Sicherung dieser Rechte Regierungen unter den Menschen eingesetzt werden, die ihre rechtmäßige Macht aus der Zustimmung der Regierten herleiten; daß, wenn immer irgendeine Regierungsform sich als diesen Zielen abträglich erweist, es Recht des Volkes ist, sie zu ändern oder abzuschaffen und eine neue Regierung einzusetzen und diese auf solchen Grundsätzen aufzubauen und ihre Gewalten in der Form zu organisieren, wie es ihm zur Gewährleistung seiner Sicherheit und seines Glückes geboten zu sein scheint. Gewiß gebietet die Weisheit, daß von alters her bestehende Regierungen nicht aus geringfügigen und vorübergehenden Anlässen geändert werden sollten; und demgemäß hat jede Erfahrung gezeigt, daß die Menschen eher geneigt sind, zu dulden, solange die

Mißstände noch erträglich sind, als sich unter Beseitigung altgewohnter Formen Recht zu verschaffen. Aber wenn eine lange Reihe von Mißbräuchen und Übergriffen, die stets das gleiche Ziel verfolgen, die Absicht erkennen läßt, sie absolutem Despotismus zu unterwerfen, so ist es ihr Recht und ihre Pflicht, eine solche Regierung zu beseitigen und neue Wächter für ihre künftige Sicherheit zu bestellen.
So haben diese Kolonien geduldig ausgeharrt, und so stehen sie jetzt vor der zwingenden Notwendigkeit, ihre bisherige Regierungsform zu ändern. Die Regierungszeit des gegenwärtigen Königs von Großbritannien ist von unentwegtem Unrecht und ständigen Übergriffen gekennzeichnet, die alle auf die Errichtung einer absoluten Tyrannei über diese Staaten abzielen. Zum Beweise dessen seien der gerecht urteilenden Welt Tatsachen unterbreitet:
Er hat Gesetzen seine Zustimmung verweigert, die für das Wohl der Allgemeinheit äußerst nützlich und notwendig sind.
(...)
(...)
In jedem Stadium dieser Bedrückung haben wir in der untertänigsten Form um Abhilfe nachgesucht: Unser wiederholtes Bitten ist lediglich durch wiederholtes Unrecht beantwortet worden. Ein Monarch, dessen Charakter durch jede seiner Handlungen in dieser Weise gekennzeichnet wird, die einem Tyrannen zuzutrauen ist, kann nicht geeignet sein, über ein freies Volk zu herrschen.
(...)

Zit. nach: US-Informationsdienst (Hrsg.) o.J., Leben, Freiheit und das Streben nach Glück. Dokumente der amerikanischen Demokratie. Bad Godesberg, S. 63 ff.
In: Janko Musulin (Hrsg.) 1961, Proklamationen der Freiheit. Dokumente von der Magna Charta bis zum Ungarischen Volksaufstand. 3. Aufl., Frankfurt/M., S. 62 ff.

DIE FRANZÖSISCHE VERFASSUNG

Die französische Verfassung vom 3.9.1791 enthält eine Erklärung der Rechte des Menschen und des Bürgers, die universalen Charakter besitzt. Wie in den amerikanischen Vorbildern (Virginia Bill of Rights, Unabhänggigkeitserklärung, Verfassung) werden entsprechend dem Naturrecht allen Menschen die gleichen Rechte zuerkannt.

Erklärung der Rechte des Menschen und Bürgers

Daher erkennt und erklärt die Nationalversammlung, in Gegenwart und unter dem Schutze des höchsten Wesens, folgende Rechte des Menschen und des Bürgers:

1. Die Menschen werden frei und gleich an Rechten geboren und bleiben es. Die gesellschaftlichen Unterschiede können nur auf den gemeinsamen Nutzen gegründet sein.

2. Der Endzweck aller politischen Vereinigung ist die Erhaltung der natürlichen und unabdingbaren Menschenrechte. Diese Rechte sind die Freiheit, das Eigentum, die Sicherheit, der Widerstand gegen Unterdrückung.

3. Der Ursprung aller Souveränität liegt seinem Wesen nach beim Volke. Keine Körperschaft, kein einzelner kann eine Autorität ausüben, die nicht ausdrücklich hiervon ausgeht.

4. Die Freiheit besteht darin, alles tun zu können, was einem anderen nicht schadet. Also hat die Ausübung der natürlichen Rechte jedes Menschen keine Grenzen als jene, die den übrigen Gliedern der Gesellschaft den Genuß dieser nämlichen Rechte sichern. Diese Grenzen können nur durch das Gesetz bestimmt werden.

5. Das Gesetz hat nur das Recht, solche Handlungen zu verbieten, die der Gesellschaft schädlich sind. Alles, was durch das Gesetz nicht verboten ist, kann nicht verhindert werden, und niemand kann genötigt werden, zu tun, was das Gesetz nicht verordnet.

6. Das Gesetz ist der Ausdruck des allgemeinen Willens. Alle Staatsbürger sind befugt, zur Feststellung desselben persönlich oder durch ihre Repräsentanten mitzuwirken. Es soll für alle das gleiche sein, es mag beschützen oder bestrafen. Da alle Bürger vor seinen Augen gleich sind, so können sie gleichmäßig zu allen Würden, Stellen und öffentlichen Ämtern zugelassen werden auf Grund ihrer Fähigkeit und ohne anderen Unterschied, als den ihrer Tugenden und ihrer Talente.

7. Kein Mensch kann angeklagt, in Haft genommen oder gefangengehalten werden, als in den durch das Gesetz bestimmten Fällen und in den Formen, welche es vorgeschrieben hat. Diejenigen, welche willkürliche Befehle erlassen, ausfertigen, vollziehen oder vollziehen lassen, sollen bestraft werden; jeder Bürger hingegen, vorgeladen oder festgenommen kraft des Gesetzes, soll sogleich gehorchen; er macht sich durch Widerstand strafbar.

8. Das Gesetz soll nur solche Strafen festsetzen, welche unbedingt und offenbar notwendig sind, und niemand kann bestraft werden, als kraft eines vor Begehung des Verbrechens eingesetzten, verkündeten und rechtlich angewandten Gesetzes.

9. Da jeder Mensch so lange für unschuldig erachtet wird, bis er für schuldig erklärt ist, so soll, wenn seine Verhaftung für unumgänglich gehalten wird, alle Härte, die nicht notwendig wäre, um sich seiner Person zu versichern, durch das Gesetz streng unterbunden werden.

10. Niemand soll wegen seiner Ansichten, auch nicht wegen der religiösen, beunruhigt werden, sofern ihre Äußerung die durch das Gesetz errichtete öffentliche Ordnung nicht stört … (3. September 1791)

Zit. nach: Fritz Hartung (Hrsg.) 1954, Die Entwicklung der Menschen- und Bürgerrechte von 1776 bis zur Gegenwart. Göttingen, S. 28 ff. In: Janko Musulin (Hrsg.) 1961, Proklamationen der Freiheit. Dokumente von der Magna Charta bis zum Ungarischen Volksaufstand. 3. Aufl., Frankfurt/M., S. 74 ff.

VERFASSUNG DES DEUTSCHEN REICHES VOM 28. MÄRZ 1849 (Paulskirchenverfassung)

1848/49 versuchte das Bürgertum in Deutschland, den Gedanken der Volkssouveränität zu verwirklichen, und scheiterte dabei. Die deutsche Nationalversammlung hat aber mit der Paulskirchenverfassung vom 28.3.1849 einen Katalog von Grundrechten geschaffen, auf den die späteren freiheitlichen Verfassungen in Deutschland Bezug genommen haben. Die Grundrechte haben die Aufgabe, staatliche Bevormundung und Willkür von den Bürgerinnen und Bürgern abzuwehren.

Abschnitt VI

Die Grundrechte des deutschen Volkes.

§ 130. Dem deutschen Volke sollen die nachstehenden Grundrechte gewährleistet sein. Sie sollen den Verfassungen der deutschen Einzelstaaten zur Norm dienen, und keine Verfassung oder Gesetzgebung eines deutschen Einzelstaates soll dieselben je aufheben oder beschränken können.

Artikel I.

§ 131. Das deutsche Volk besteht aus den Angehörigen der Staaten, welche das deutsche Reich bilden.

§ 132. Jeder Deutsche hat das deutsche Reichsbürgerrecht. Die ihm kraft dessen zustehenden Rechte kann er in jedem deutschen Lande ausüben. Über das Recht, zur deutschen Reichsversammlung zu wählen, verfügt das Reichswahlgesetz ...

§ 133. Jeder Deutsche hat das Recht, an jedem Orte des Reichsgebietes seinen Aufenthalt und Wohnsitz zu nehmen, Liegenschaften jeder Art zu erwerben und darüber zu verfügen.

§ 135. Die Strafe des bürgerlichen Todes soll nicht stattfinden, und da, wo sie bereits ausgesprochen ist, in ihren Wirkungen aufhören, soweit nicht hierdurch erworbene Privatrechte verletzt werden.

§ 136. Die Auswanderungsfreiheit ist von Staats wegen nicht beschränkt; Abzugsgelder dürfen nicht erhoben werden.

Artikel II.

§ 137. Vor dem Gesetze gilt kein Unterschied der Stände. Der Adel als Stand ist aufgehoben.
Alle Standesvorrechte sind abgeschafft.
Die Deutschen sind vor dem Gesetze gleich ...

Artikel III.

§ 138. Die Freiheit der Person ist unverletzlich ...

§ 139. Die Todesstrafe, ausgenommen wo das Kriegsgericht sie vorschreibt, oder das Seerecht im Falle von Meutereien sie zuläßt, sowie die Strafen des Prangers, der Brandmarkung und der körperlichen Züchtigung sind abgeschafft.

§ 140. Die Wohnung ist unverletzlich …

§ 141. Die Beschlagnahme von Briefen und Papieren darf, außer bei einer Verhaftung oder Haussuchung, nur in Kraft eines richterlichen, mit Gründen versehenen Befehls vorgenommen werden, welcher sofort oder innerhalb der nächsten vierundzwanzig Stunden den Beteiligten zugestellt werden soll.

§ 142. Das Briefgeheimnis ist gewährleistet …

Artikel IV.

§ 143. Jeder Deutsche hat das Recht, durch Wort, Schrift, Druck und bildliche Darstellung seine Meinung frei zu äußern. Die Preßfreiheit darf unter keinen Umständen und in keiner Weise durch vorbeugende Maßnahmen, namentlich Zensur, … beschränkt, suspendiert oder aufgehoben werden …

§ 158. Es steht einem Jeden frei, seinen Beruf zu wählen und sich für denselben auszubilden, wie und wo er will.

Artikel V.

§ 144. Jeder Deutsche hat volle Glaubens- und Gewissensfreiheit. Niemand ist verpflichtet, seine religiöse Überzeugung zu offenbaren …

Artikel VI.

§ 152. Die Wissenschaft und ihre Lehre ist frei …

Artikel VII.

§ 159. Jeder Deutsche hat das Recht, sich mit Bitten und Beschwerden schriftlich an die Behörden, an die Volksvertretungen und an den Reichstag zu wenden …

Artikel VIII.

§ 161. Die Deutschen haben das Recht, sich friedlich und ohne Waffen zu versammeln; einer besonderen Erlaubnis dazu bedarf es nicht …

Artikel IX.

§ 164. Das Eigentum ist unverletztlich …

Artikel X.

§ 174. Alle Gerichtsbarkeit geht vom Staate aus. Es sollen keine Patrimonialgerichte bestehen …

§ 177. KeinRichter darf, außer durch Urteil und Recht, von seinem Amte entfernt oder an Rang und Gehalt beeinträchtigt werden …

Artikel XIII.

§ 188. Den nicht deutsch redenden Volksstämmen Deutschlands ist ihre volkstümliche Entwicklung gewährleistet, namentlich die Gleichberechtigung ihrer Sprachen, soweit deren Gebiete reichen, in dem Kirchenwesen, dem Unterrichte der inneren Verwaltung und der Rechtspflege.

Artikel XIV.

§ 189. Jeder deutsche Staatsbürger steht unter dem Schutze des Reiches …

Zit. nach: Informationen zur politischen Bildung 239 „Grundrechte". Bonn 1993, S. 9

ATLANTIK-CHARTA
(14. August 1941)

Im August 1941 sah es um die Zukunft der Demokratie, der Menschenrechte und Grundfreiheiten auf der Welt nicht gut aus. Totalitäre Staaten schienen dabei zu sein, die Weltherrschaft zu erringen. Die Atlantik-Charta erinnerte die Menschen daran, was demokratische Herrschaft für sie bedeutete. Auch wenn seitdem demokratische Staaten bzw. deren Regierungen oftmals gegen die 1941 verkündeten Grundsätze verstoßen haben, so bleibt für die Menschen weltweit mit der Demokratie die Hoffnung auf Frieden und ein „Leben in Freiheit von Furcht und Not" verbunden.

Der Präsident der Vereinigten Staaten von Amerika und Ministerpräsident Churchill als Vertreter der Regierung Seiner Majestät im Vereinigten Königreich, die zusammengetroffen sind, halten es für angebracht, gewisse allgemeine Prinzipien der Politik ihrer Länder bekanntzugeben, Prinzipien, auf die sie ihre Hoffnung auf eine bessere Zukunft der Welt gründen.

Erstens: Ihre Länder erstreben keine Bereicherung in territorialer und anderer Hinsicht.

Zweitens: Sie wünschen keine territorialen Veränderungen, die nicht im Einklang stehen mit den frei ausgesprochenen Wünschen der betroffenen Völker.

Drittens: Sie achten das Recht der Völker, sich diejenige Form der Regierung zu wählen, unter der sie leben wollen; und sie wollen souveräne Rechte und Selbstregierung für jene, die ihrer gewaltsam beraubt worden sind, wiederhergestellt sehen.

Viertens: Sie werden bestrebt sein – unter gebührender Beachtung ihrer bestehenden Verpflichtungen – zu fördern, daß alle Staaten, ob groß oder klein, Sieger oder Besiegte, unter gleichen Bedingungen Zutritt zum Handel genießen und zu den Rohstoffen der Welt, die für ihren wirtschaftlichen Wohlstand benötigt werden.

Fünftens: Sie erstreben engste Zusammenarbeit aller Nationen auf wirtschaftlichem Gebiet mit dem Ziel, für alle verbesserte Arbeitsbedingungen, wirtschaftlichen Ausgleich und soziale Sicherheit zu gewährleisten.

Sechstens: Nach der endgültigen Vernichtung der Nazi-Tyrannei erhoffen sie die Schaffung eines Friedens, der allen Völkern ermöglicht, innerhalb ihrer Grenzen in Sicherheit zu leben, und der allen Menschen in allen Ländern die Sicherheit gewährleistet, ihr Leben in Freiheit von Furcht und Not zu verbringen.

Siebentens: Ein solcher Friede soll allen Menschen freie Schifffahrt auf den Meeren und Ozeanen ermöglichen.

Achtens: Sie sind der Meinung, daß alle Völker der Welt aus praktischen wie aus sittlichen Gründen von der Anwendung von Gewalt abkommen müssen. Da kein Friede in Zukunft aufrechterhalten werden kann, solange Land-, See- oder Luftstreitkräfte weiterhin von solchen Staaten benutzt werden, welche mit Angriffskriegen drohen oder drohen könnten, halten sie bis zur Schaffung eines umfassenden und dauerhaften Systems einer allgemeinen Sicherheit die Entwaffnung solcher Staaten für sehr wesentlich.
Sie wollen in gleicher Weise alle anderen tunlichen Maßnahmen unterstützen und ermutigen, die die erdrückenden Rüstungslasten für friedliebende Völker erleichtern.

Franklin Delano Roosevelt
Winston Churchill

Zit. nach: Fritz Hartung (Hrsg.) 1954, Die Entwicklung der Menschen- und Bürgerrechte von 1776 bis zur Gegenwart. Göttingen, S. 155 ff. In: Janko Musulin (Hrsg.) 1961, Proklamationen der Freiheit. Dokumente von der Magna Charta bis zum Ungarischen Volksaufstand. 3. Aufl., Frankfurt/M., S. 142 ff.

PRÄAMBEL ZUR CHARTA DER VEREINTEN NATIONEN

Im Sommer 1945, noch während des Zweiten Weltkrieges, wurde die UNO gegründet. Die Unterzeichnung der UN-Charta am 26. Juni 1945 in San Francisco eröffnete die Aussicht auf eine friedvolle Zukunft. Überall auf der Welt sollten die Würde des Menschen und die Menschenrechte Anerkennung finden. Auch wenn die Erwartungen seitdem oftmals enttäuscht wurden, so bleibt bis heute mit der UNO die Hoffnung für alle Menschen auf Frieden und Freiheit verbunden.

Wir, die Völker der Vereinten Nationen, entschlossen,
die kommenden Generationen vor der Geißel des Krieges zu bewahren, die zweimal zu unseren Lebzeiten unsägliches Leid über die Menschheit gebracht hat, und
den Glauben an grundlegende Menschenrechte, an Würde und Wert der menschlichen Person und an die Gleichberechtigung von Mann und Frau und von großen und kleinen Nationen erneut zu bekräftigen und
Bedingungen zu schaffen, unter denen Gerechtigkeit und Achtung der Verpflichtungen, die auf Verträgen oder anderen Quellen des Völkerrechts beruhen, gewährleistet werden können und
Sozialen Fortschritt und bessere Lebensbedingungen bei größerer Freiheit zu fördern
und für diese Zwecke
Toleranz zu üben und als gute Nachbarn in Frieden miteinander zu leben und
Unsere Macht zu vereinen, um den Weltfrieden und die internationale Sicherheit aufrechtzuerhalten und
durch die Annahme von Grundsätzen und die Schaffung entsprechender Methoden sicherzustellen, daß Waffengewalt nicht zur Anwendung komme, es sei denn im Interesse des Gemeinwohles, und
Internationale Organisationen heranzuziehen, um den wirtschaftlichen und sozialen Fortschritt aller Völker zu fördern,
haben beschlossen, unsere Anstrengungen zu vereinen, um diese Absichten zu erreichen.
Dementsprechend haben sich unsere Regierungen durch ihre in der Stadt San Francisco versammelten Vertreter, die ihre in guter und gehöriger Form befundenen Vollmachten vorgewiesen haben, auf die vorliegende Satzung der Vereinten Nationen geeinigt und errichten hiermit eine internationale Organisation, die den Namen Vereinte Nationen tragen soll.
(26. Juni 1945)

Zit. nach: Informationsabteilung der Vereinten Nationen (Hrsg.) 1948, Die Charta der Vereinten Nationen. Bonn. In: Janko Musulin (Hrsg.) 1961, Proklamationen der Freiheit. Dokumente von der Magna Charta bis zum Ungarischen Volksaufstand. 3. Aufl., Frankfurt/M., S. 150

ALLGEMEINE ERKLÄRUNG DER MENSCHENRECHTE DURCH DIE VEREINTEN NATIONEN

Die Idee der Menschenrechte und Grundfreiheiten, die in der amerikanischen Unabhängigkeitserklärung 1776 in so unvergleichlicher Weise auf den Begriff gebracht worden war, fand in der Allgemeinen Erklärung der Menschenrechte durch die UN ihre weltweite Proklamation.
Die Wirkung ist begrenzt. Seit dieser Erklärung haben sich auf der Welt zahlreiche Menschenrechtsverletzungen ereignet. Aber es besteht die Hoffnung, dass die Idee der Menschenrechte und Grundfreiheiten sich weltweit durchsetzt. Seit dem Ende des Ost-West-Gegensatzes 1989/90 sind es vor allem Regierungen in der Dritten Welt, die eine Verwirklichung der Menschenrechte verhindern. Doch wenden sich überall Menschen gegen Unterdrückung und Diktatur.

Artikel 1. Alle Menschen sind frei und gleich an Würde und Rechten geboren. Sie sind mit Vernunft und Gewissen begabt und sollen einander im Geiste der Brüderlichkeit begegnen.

Artikel 2. Jeder Mensch hat Anspruch auf die in dieser Erklärung verkündeten Rechte und Freiheiten ohne irgendeine Unterscheidung, wie etwa nach Rasse, Farbe, Geschlecht, Sprache, Religion, politischer oder sonstiger Überzeugung, nationaler und sozialer Herkunft, nach Eigentum, Geburt oder sonstigen Umständen.
Weiters darf keine Unterscheidung gemacht werden auf Grund der politischen, rechtlichen oder internationalen Stellung des Landes oder Gebietes, dem eine Person angehört ohne Rücksicht darauf, ob es unabhängig ist, unter Treuhandschaft steht, keine Selbstregierung besitzt oder irgendeiner anderen Beschränkung seiner Souveränität unterworfen ist.

Artikel 3. Jeder Mensch hat das Recht auf Leben, Freiheit und Sicherheit der Person.

Artikel 4. Niemand darf in Sklaverei oder Leibeigenschaft gehalten werden; Sklaverei und Sklavenhandel sind in allen ihren Formen verboten.

Artikel 5. Niemand darf der Folter oder grausamer, unmenschlicher oder erniedrigender Behandlung oder Strafe unterworfen werden.

Artikel 6. Jeder Mensch hat überall Anspruch auf Anerkennung als Rechtsperson.

Artikel 7. Alle Menschen sind vor dem Gesetze gleich und haben ohne Unterschied Anspruch auf gleichen Schutz durch das Gesetz. Alle haben Anspruch auf gleichen Schutz gegen jede unterschiedliche Behandlung, welche die vorliegende Erklärung verletzen würde, und gegen jede Aufreizung zu einer derartigen unterschiedlichen Behandlung.

Artikel 8. Jeder Mensch hat Anspruch auf wirksamen Rechtsschutz vor den zuständigen innerstaatlichen Gerichten gegen alle Handlungen, die seine ihm nach der Verfassung oder nach dem Gesetz zustehenden Grundrechte verletzen.

Artikel 9. Niemand darf willkürlich festgenommen, in Haft gehalten oder des Landes verwiesen werden.

Artikel 10. Jeder Mensch hat in voller Gleichberechtigung Anspruch auf ein der Billigkeit entsprechendes und öffentliches Verfahren vor einem unabhängigen und unparteiischen Gericht, das über seine Rechte und Verpflichtungen oder über irgendeine gegen ihn erhobene strafrechtliche Beschuldigung zu entscheiden hat.

Artikel 11. (I) Jeder Mensch, der einer strafbaren Handlung beschuldigt wird, ist so lange als unschuldig anzusehen, bis seine Schuld in einem öffentlichen Verfahren, in dem alle für seine Verteidigung nötigen Voraussetzungen gewährleistet waren, gemäß dem Gesetz nachgewiesen ist.
(2) Niemand kann wegen einer Handlung oder Unterlassung verurteilt werden, die im Zeitpunkt, da sie erfolgte, auf Grund des nationalen oder internationalen Rechts nicht strafbar war. Desgleichen kann keine schwerere Strafe verhängt werden als die, welche im Zeitpunkt der Begehung der strafbaren Handlung anwendbar war.

Artikel 12. Niemand darf willkürlichen Eingriffen in sein Privatleben, seine Familie, sein Heim oder seinen Briefwechsel noch Angriffen auf seine Ehre und seinen Ruf ausgesetzt werden. Jeder Mensch hat Anspruch auf rechtlichen Schutz gegen derartige Eingriffe oder Anschläge.

Artikel 13. (I) Jeder Mensch hat das Recht auf Freizügigkeit und freie Wahl seines Wohnsitzes innerhalb eines Staates.
(2) Jeder Mensch hat das Recht, jedes Land, einschließlich seines eigenen, zu verlassen sowie in sein Land zurückzukehren.

Artikel 14. (I) Jeder Mensch hat das Recht, in anderen Ländern vor Verfolgungen Asyl zu suchen und zu genießen.
(2) Dieses Recht kann jedoch im Falle einer Verfolgung wegen nichtpolitischer

Verbrechen oder wegen Handlungen, die gegen die Ziele und Grundsätze der Vereinten Nationen verstoßen, nicht in Anspruch genommen werden.

Artikel 15. (I) Jeder Mensch hat Anspruch auf eine Staatsangehörigkeit.
(2) Niemandem darf seine Staatsangehörigkeit willkürlich entzogen noch ihm das Recht versagt werden, seine Staatsangehörigkeit zu wechseln.

Artikel 16. (I) Heiratsfähige Männer und Frauen haben ohne Beschränkung durch Rasse, Staatsbürgerschaft oder Religion das Recht, eine Ehe zu schließen und eine Familie zu gründen. Sie haben bei der Eheschließung, während der Ehe und bei deren Auflösung gleiche Rechte.
(2) Die Ehe darf nur auf Grund der freien und vollen Willenseinigung der zukünftigen Ehegatten geschlossen werden.
(3) Die Familie ist die natürliche und grundlegende Einheit der Gesellschaft und hat Anspruch auf Schutz durch Gesellschaft und Staat.

Artikel 17 (I) Jeder Mensch hat allein oder in Gemeinschaft mit anderen Recht auf Eigentum.
(2) Niemand darf willkürlich seines Eigentums beraubt werden.

Artikel 18. Jeder Mensch hat Anspruch auf Gedanken-, Gewissens- und Religionsfreiheit; dieses Recht umfaßt die Freiheit, seine Religion oder seine Überzeugung zu wechseln, sowie die Freiheit, seine Religion oder seine Überzeugung allein oder in Gemeinschaft mit anderen, in der Öffentlichkeit oder privat, durch Lehre, Ausübung, Gottesdienst und Vollziehung von Riten zu bekunden.

Artikel 19. Jeder Mensch hat das Recht auf freie Meinungsäußerung; dieses Recht umfaßt die Freiheit, Meinungen unangefochten anzuhängen und Informationen und Ideen mit allen Verständigungsmitteln ohne Rücksicht auf Grenzen zu suchen, zu empfangen und zu verbreiten.

Artikel 20. (I) Jeder Mensch hat das Recht auf Versammlungs- und Vereinigungsfreiheit zu friedlichen Zwecken.
(2) Niemand darf gezwungen werden, einer Vereinigung anzugehören.

Artikel 21. (I) Jeder Mensch hat das Recht, an der Leitung der öffentlichen Angelegenheiten seines Landes unmittelbar oder durch frei gewählte Vertreter teilzunehmen.
(2) Jeder Mensch hat unter gleichen Bedingungen das Recht auf Zulassung zu öffentlichen Ämtern in seinem Lande.
(3) Der Wille des Volkes bildet die Grundlage für die Autorität der öffentlichen Gewalt; dieser Wille muß durch periodische und unverfälschte Wahlen mit

allgemeinem und gleichem Wahlrecht bei geheimer Stimmabgabe oder in einem gleichwertigen freien Wahlverfahren zum Ausdruck kommen.

Artikel 22. Jeder Mensch hat als Mitglied der Gesellschaft Recht auf soziale Sicherheit; er hat Anspruch darauf, durch innerstaatliche Maßnahmen und internationale Zusammenarbeit unter Berücksichtigung der Organisation und der Hilfsmittel jedes Staates in den Genuß der für seine Würde und die freie Entwicklung seiner Persönlichkeit unentbehrlichen wirtschaftlichen, sozialen und kulturellen Rechte zu gelangen.

Artikel 23. (I) Jeder Mensch hat das Recht auf Arbeit, auf freie Berufswahl, auf angemessene und befriedigende Arbeitsbedingungen sowie auf Schutz gegen Arbeitslosigkeit.
(2) Alle Menschen haben ohne jede unterschiedliche Behandlung das Recht auf gleichen Lohn für gleiche Arbeit.
(3) Jeder Mensch, der arbeitet, hat das Recht auf angemessene und befriedigende Entlohnung, die ihm und seiner Familie eine der menschlichen Würde entsprechende Existenz sichert und die, wenn nötig, durch andere soziale Schutzmaßnahmen zu ergänzen ist.
(4) Jeder Mensch hat das Recht, zum Schutz seiner Interessen Berufsvereinigungen zu bilden und solchen beizutreten.

Artikel 24. Jeder Mensch hat Anspruch auf Erholung und Freizeit sowie auf eine vernünftige Begrenzung der Arbeitszeit und auf periodischen, bezahlten Urlaub.

Artikel 25. (I) Jeder Mensch hat Anspruch auf eine Lebenshaltung, die seine und seiner Familie Gesundheit und Wohlbefinden, einschließlich Nahrung, Kleidung, Wohnung, ärztlicher Betreuung und der notwendigen Leistung der sozialen Fürsorge, gewährleistet; er hat das Recht auf Sicherheit im Falle von Arbeitslosigkeit, Krankheit, Invalidität, Verwitwung, Alter oder von anderweitigem Verlust seiner Unterhaltsmittel durch unverschuldete Umstände.
(2) Mutter und Kind haben Anspruch auf besondere Hilfe und Unterstützung. Alle Kinder, eheliche und uneheliche, genießen den gleichen sozialen Schutz.

Artikel 26. (I) Jeder Mensch hat das Recht auf Bildung. Der Unterricht muß wenigstens in den Elementar- und Grundschulen unentgeltlich sein. Der Elementarunterricht ist obligatorisch. Fachlicher und beruflicher Unterricht soll allgemein zugänglich sein; die höheren Studien sollen allen nach Maßgabe ihrer Fähigkeiten und Leistungen in gleicher Weise offen stehen.
(2) Die Ausbildung soll die volle Entfaltung der menschlichen Persönlichkeit und die Stärkung der Achtung der Menschenrechte und Grundfreiheiten zum Ziele haben. Sie soll Verständnis, Duldsamkeit und Freundschaft zwischen allen

Nationen und allen rassischen oder religiösen Gruppen fördern und die Tätigkeit der Vereinten Nationen zur Aufrechterhaltung des Friedens begünstigen.
(3) In erster Linie haben die Eltern das Recht, die Art der ihren Kindern zuteil werdenden Bildung zu bestimmen.

Artikel 27. (I) Jeder Mensch hat das Recht, am kulturellen Leben der Gemeinschaft frei teilzunehmen, sich der Künste zu erfreuen und am wissenschaftlichen Fortschritt und dessen Wohltaten teilzuhaben.
(2) Jeder Mensch hat das Recht auf Schutz der moralischen und materiellen Interessen, die sich aus jeder wissenschaftlichen, literarischen oder künstlerischen Produktion ergeben, deren Urheber er ist.

Artikel 28. Jeder Mensch hat Anspruch auf eine soziale und internationale Ordnung, in welcher die in der vorliegenden Erklärung angeführten Rechte und Freiheiten voll verwirklicht werden können.

Artikel 29. (I) Jeder Mensch hat Pflichten gegenüber der Gemeinschaft, in der allein die freie und volle Entwicklung seiner Persönlichkeit möglich ist.
(2) Jeder Mensch ist in der Ausübung seiner Rechte und Freiheiten nur den Beschränkungen unterworfen, die das Gesetz ausschließlich zu dem Zwecke vorsieht, um die Anerkennung und Achtung der Rechte und Freiheiten der anderen zu gewährleisten und den gerechten Anforderungen der Moral, der öffentlichen Ordnung und der allgemeinen Wohlfahrt in einer demokratischen Gesellschaft zu genügen.
(3) Rechte und Freiheiten dürfen in keinem Fall im Widerspruch zu den Zielen und Grundsätzen der Vereinten Nationen ausgeübt werden.

Artikel 30. Keine Bestimmung der vorliegenden Erklärung darf so ausgelegt werden, daß sich daraus für einen Staat, eine Gruppe oder eine Person irgendein Recht ergibt, eine Tätigkeit auszuüben oder eine Handlung zu setzen, welche auf die Vernichtung der in dieser Erklärung angeführten Rechte und Freiheiten abzielen.
(10. Dezember 1948)

Zit. nach: Informationsabteilung der Vereinten Nationen (Hrsg.) 1949, Die Charta der Vereinten Nationen. Bonn. In: Janko Musulin (Hrsg.) 1961, Proklamationen der Freiheit. Dokumente von der Magna Charta bis zum Ungarischen Volksaufstand. 3. Aufl., Frankfurt/M., S. 150 ff.

GRUNDGESETZ FÜR DIE BUNDESREPUBLIK DEUTSCHLAND

Seit dem Zweiten Weltkrieg bildet in Deutschland die Unantastbarkeit der Menschenwürde die Grundlage der Verfassung und damit das Fundament des Staates. In Art. 1 GG kommt zum Ausdruck, dass der Staat für den Menschen da ist und nicht umgekehrt, wie zu Zeiten des Obrigkeitsstaates, der Mensch für den Staat. Mit dem Bekenntnis „zu unverletzlichen und unveräußerlichen Menschenrechten als Grundlage jeder menschlichen Gemeinschaft, des Friedens und der Gerechtigkeit in der Welt" (Art. 1 Abs. 2 GG) steht das Grundgesetz in der naturrechtlichen Tradition der westlichen Verfassungsentwicklung (vgl. Virginia Bill of Rights).

PRÄAMBEL

Im Bewußtsein seiner Verantwortung vor Gott und den Menschen, von dem Willen beseelt, als gleichberechtigtes Glied in einem vereinten Europa dem Frieden der Welt zu dienen, hat sich das Deutsche Volk kraft seiner verfassungsgebenden Gewalt dieses Grundgesetz gegeben.
Die Deutschen in den Ländern Baden-Württemberg, Bayern, Berlin, Brandenburg, Bremen, Hamburg, Hessen, Mecklenburg-Vorpommern, Niedersachsen, Nordrhein-Westfalen, Rheinland-Pfalz, Saarland, Sachsen, Sachsen-Anhalt, Schleswig-Holstein und Thüringen haben in freier Selbstbestimmung die Einheit und Freiheit Deutschlands vollendet. Damit gilt dieses Grundgesetz für das gesamte Deutsche Volk.

I. Die Grundrechte

Artikel 1

(1) Die Würde des Menschen ist unantastbar. Sie zu achten und zu schützen ist Verpflichtung aller staatlichen Gewalt.
(2) Das Deutsche Volk bekennt sich darum zu unverletzlichen und unveräußerlichen Menschenrechten als Grundlage jeder menschlichen Gemeinschaft, des Friedens und der Gerechtigkeit in der Welt.
(3) Die nachfolgenden Grundrechte binden Gesetzgebung, vollziehende Gewalt und Rechtsprechung als unmittelbar geltendes Recht.

Grundgesetz für die Bundesrepublik Deutschland. Textausgabe, Bonn 1995

KONVENTION ZUM SCHUTZ DER MENSCHENRECHTE UND GRUNDFREIHEITEN (1950)

Die vom Europarat am 4.11.1950 beschlossene Konvention garantiert Menschenrechte und Grundfreiheiten. Die Bürgerinnen und Bürger der EU besitzen die Möglichkeit, bei Menschen- und Grundrechtsverstößen den europäischen Gerichtshof anzurufen. Menschenrechte und Grundfreiheiten gehören damit in Europa ebenso wie in der Bundesrepublik zum unmittelbar einklagbarem Recht.

PRÄAMBEL

Die vertragschließenden Regierungen, die Mitglieder des Europarates sind, sind unter Bedachtnahme auf die von der Generalversammlung der Vereinten Nationen am 10. Dezember 1948 verkündete Allgemeine Erklärung der Menschenrechte, in der Erwägung, daß diese Erklärung darauf hinzielt, die allgemeine und wirksame Anerkennung und Einhaltung der darin niedergelegten Rechte zu sichern,

in der Erwägung, daß die Aufgabe des Europarates in der Schaffung einer stärkeren Verbindung seiner Mitglieder besteht und eine der Methoden zur Verfolgung dieses Zieles die Einhaltung und fortschreitende Verwirklichung der Menschenrechte und Grundfreiheiten ist,

indem sie ihren tiefen Glauben an diese Grundfreiheiten neuerlich bekunden, die die Grundlage von Gerechtigkeit und Frieden in der Welt sind und am besten erhalten werden einerseits durch eine wirksame politische Demokratie und andererseits durch eine gemeinsame Auffassung der Menschenrechte und gemeinsame Einhaltung dieser Rechte, von denen sie sich ableiten,

entschlossen, als Regierungen vom gleichen Geiste beseelter europäischer Länder, die ein gemeinsames Erbe politischer Traditionen, Ideale, Freiheiten und der Herrschaft des Rechtes besitzen, die ersten Schritte zur kollektiven Sicherheit gewisser in der Allgemeinen Erklärung angeführter Rechte zu tun,

übereingekommen, wie folgt:

Artikel 1

Die Hohen Vertragsschließenden Parteien sichern allen Personen innerhalb ihres Hoheitsbereiches die in Abschnitt I dieser Konvention niedergelegten Rechte und Freiheiten zu.

(...)

Zit. nach: Europa-Archiv 1 (1951), Bonn, S. 3620-3623. In: Hagen Schulze, Ina U. Paul (Hrsg.) 1994, Europäische Geschichte. Quellen und Materialien. München, S. 602 f.

SCHLUSSAKTE DER KSZE-KONFERENZ VON HELSINKI (1975)

Die Mitglieder der NATO und des Warschauer Pakts nahmen 1973 Verhandlungen auf, die am 1. August 1975 zu der Unterzeichnung der Schlußakte der Konferenz von Helsinki (Konferenz über Sicherheit und Zusammenarbeit in Europa) führte. Alle Teilnehmerstaaten verpflichteten sich darin zu der Achtung der Menschenrechte und Grundfreiheiten. Viele Menschen wurden dadurch in ihrer Hoffnung auf Freiheit gestärkt. Die „Wende" in den Ostblockstaaten und insbesondere die Ereignisse in der DDR 1989, stehen in einem direkten Zusammenhang mit der Schlußakte von Helsinki.

Die Teilnehmerstaaten der Konferenz über Sicherheit und Zusammenarbeit in Europa haben (...).
folgendes angenommen:
(...)

VI. Nichteinmischung in innere Angelegenheiten
Die Teilnehmerstaaten werden sich ungeachtet ihrer gegenseitigen Beziehungen jeder direkten oder indirekten, individuellen oder kollektiven Einmischung in die inneren oder äußeren Angelegenheiten enthalten, die in die innerstaatliche Zuständigkeit eines anderen Teilnehmerstaates fallen.

VII. Achtung der Menschenrechte und Grundfreiheiten, einschließlich der Gedanken-, Gewissens-, Religions- oder Überzeugungsfreiheit
Die Teilnehmerstaaten werden die Menschenrechte und Grundfreiheiten, einschließlich der Gedanken-, Gewissens-, Religions- oder Überzeugungsfreiheit für alle ohne Unterschied der Rasse, des Geschlechts, der Sprache oder der Religion achten.
Sie werden die wirksame Ausübung der zivilen, politischen, wirtschaftlichen, sozialen, kulturellen sowie der anderen Rechte und Freiheiten, die sich alle aus der dem Menschen innewohnenden Würde ergeben und für seine freie und volle Entfaltung wesentlich sind, fördern und ermutigen.
In diesem Rahmen werden die Teilnehmerstaaten die Freiheit des Individuums anerkennen und achten, sich allein oder in Gemeinschaft mit anderen zu einer Religion oder einer Überzeugung in Übereinstimmung mit dem, was sein Gewissen ihm gebietet, zu bekennen und sie auszuüben.
Die Teilnehmerstaaten, auf deren Territorium nationale Minderheiten bestehen, werden das Recht von Personen, die zu solchen Minderheiten gehören, auf Gleichheit vor dem Gesetz achten; sie werden ihnen jede Möglichkeit für den tatsächlichen Genuß der Menschenrechte und Grundfreiheiten gewähren und

werden auf diese Weise ihre berechtigten Interessen in diesem Bereich schützen.
Die Teilnehmerstaaten anerkennen die universelle Bedeutung der Menschenrechte und Grundfreiheiten, deren Achtung ein wesentlicher Faktor für den Frieden, die Gerechtigkeit und das Wohlergehen ist, die ihrerseits erforderlich sind, um die Entwicklung freundschaftlicher Beziehungen und der Zusammenarbeit zwischen ihnen sowie zwischen allen Staaten zu gewährleisten.
Sie werden diese Rechte und Freiheiten in ihren gegenseitigen Beziehungen stets achten und sich einzeln und gemeinsam, auch in Zusammenarbeit mit den Vereinten Nationen, bemühen, die universelle und wirksame Achtung dieser Rechte und Freiheiten zu fördern.
Sie bestätigen das Recht des Individuums, seine Rechte und Pflichten auf diesem Gebiet zu kennen und auszuüben.
Auf dem Gebiet der Menschenrechte und Grundfreiheiten werden die Teilnehmerstaaten in Übereinstimmung mit den Zielen und Grundsätzen der Charta der Vereinten Nationen und mit der Allgemeinen Erklärung der Menschenrechte handeln. Sie werden ferner ihre Verpflichtungen erfüllen, wie diese festgelegt sind und in den internationalen Erklärungen und Abkommen auf diesem Gebiet, soweit sie an sie gebunden sind, darunter auch in den Internationalen Konventionen über die Menschenrechte.
(...)

Zit. nach: Wolfgang Heidelmeyer (Hrsg.) 1977, Die Menschenrechte. Erklärungen, Verfassungsartikel, Internationale Abkommen. 2. Aufl., Paderborn, S. 270-273. In: Hagen Schulze, Ina U. Paul (Hrsg.) 1994, Europäische Geschichte. Quellen und Materialien. München, S. 283 f.

Literatur

Einführungen in die Demokratietheorien

Charles F. Cnudde/Deane E. Neubauer (Hrsg.): Empirical Democratic Theory, Chicago 1999
Frank Grube/Gerhard Richter (Hrsg.): Demokratietheorien. Konzeptionen und Kontroversen, Hamburg 1975
David Held: Models of Democracy, Cambridge/Oxford 1987
Peter Massing (Hrsg.): Ideengeschichtliche Grundlagen der Demokratie, Schwalbach/Ts. 1999
Karl Mittermaier/Meinhard Mair: Demokratie. Die Geschichte einer politischen Idee von Platon bis heute, Darmstadt 1995
Narr, Wolf Dieter/Frieder Naschold: Theorie der Demokratie, Stuttgart u.a., 1995, 2. Auflage
Giovanni Sartori: Demokratietheorie, Darmstadt 1992
Manfred G. Schmidt: Demokratietheorien, Opladen 2000, 3. Auflage
Arno Waschkuhn: Demokratietheorien, Oldenburg 1998
Elmar Wiesendahl: Moderne Demokratietheorie. Eine Einführung in ihre Grundlagen, Spielarten und Kontroversen, Frankfurt/M. u.a. 1981

Autorinnen und Autoren

Prof. Dr. Gotthard Breit
Lehrstuhl für Didaktik des Politikunterrichts, Universität Magdeburg, Universitätsplatz I, 39105 Magdeburg

Prof. Dr. Hubertus Buchstein
Lehrstuhl für Politische Theorie und Ideengeschichte, Universität Greifswald, Baderstr. 6/7, 17489 Greifswald

Prof. Dr. Joachim Detjen
Lehrstuhl für Politikwissenschaft III: Politische Bildung, Katholische Universität Eichstätt, Universitätsallee 1, 85072 Eichstätt

Dr. Peter Massing
Vertreter des Lehrstuhls Sozialkunde und Didaktik der Politik, Otto-Suhr-Institut für Politikwissenschaft, Freie Universität Berlin, Ihnestr. 21, 14195 Berlin

PD Dr. Rudolf Speth
Otto-Suhr-Institut für Politikwissenschaft, Freie Universität Berlin, Ihnestr. 21, 14195 Berlin

Volker Pesch
Segelschule Volker Pesch, Salinenstr. 22, 17689 Greifswald

Kerstin Pohl
Wissenschaftliche Mitarbeiterin am Otto-Suhr-Institut für Politikwissenschaft, Freie Universität Berlin, Ihnestr. 21, 14195 Berlin

Dr. Klaus Roth
Lacknerstr. 7, 12167 Berlin